U0110875

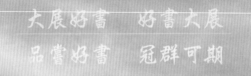

大展好書 好書大展
品嘗好書 冠群可期

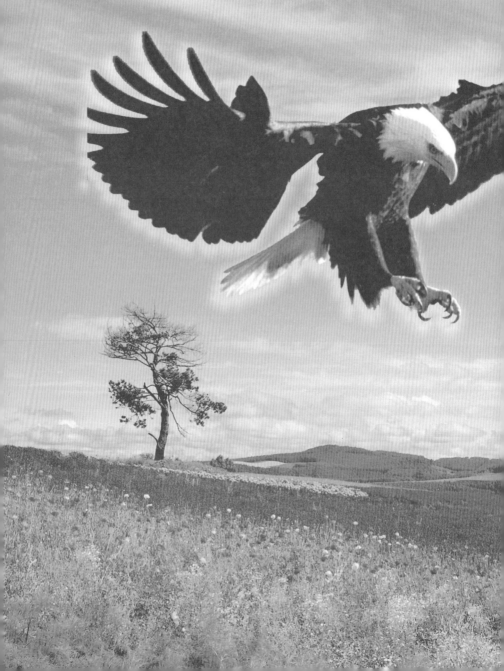

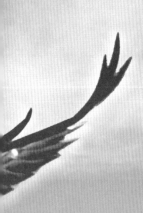

大展好書　好書大展
品嘗好書　冠群可期

象棋輕鬆學
30

中炮巡河炮對屏風馬短局殺〈上〉

黃杰雄 編著

品冠文化出版社

前　言

　　本書從每年的全國象棋甲級聯賽、個人賽、團體賽、冠軍賽、精英賽、公開賽、邀請賽、對抗賽、擂台賽、右誼賽等各種杯賽中精選出101盤精妙殺法短局，全面展現出中國當今棋壇高手雲集、新人輩出、棋藝高超、殺法精彩的嶄新面貌。

　　中炮巡河炮對屏風馬（也稱「五八炮巡河對屏風馬」）是中炮對屏風馬佈局體系的一個重要分支，早在20世紀50年代中期即已風行棋壇。楊官璘、李義庭、王嘉良三位特級大師擅長此道，並先後有過著述。其中1958年全國象棋個人錦標賽冠軍李義庭特級大師曾總結研究此佈局理論，著有《中炮巡河炮對屏風馬》一書，由上海文化出版社出版，開創了理論研究之先河。

　　中炮巡河炮屬緩攻型佈局之一，其佈局特點是：中炮方的攻勢能在左右兩翼平衡發展，佈局陣形較為協調穩健，易於掌控先行之利；屏風馬方則會採用以逸待勞、以柔克剛和後中先等的戰略戰術，與中炮方相抗衡。其戰術目的是憑借巡河炮架來兌三兵、通右馬、亮左車、升右車、盤左馬等不同變化，使子力兩翼均衡發展。到了20世紀60年代，特級大師胡榮華創造的「象位車」被稱為「巡河新變」，使屏風馬方應付的變例發展為黑右象右包巡河變例、黑右象左包巡

河變例、黑右象左包過河變例、黑巧兌兵卒變例、黑走象位車變例、黑先上士象變例、黑退右包變例、黑左象士車變例、黑左象左包巡河變例等，堪稱為「屏風九應」。

此後幾年中，特級大師劉殿中等人發現了傌九進二高傌保傌的攻法，又推進了此佈局的發展。到了20世紀80年代末，以胡榮華為代表的大師們又推出了「巡河炮緩開右傌」格局，仍流行於當今棋壇，為這類佈局的進一步發展又做出了新貢獻。

總之，巡河炮旨在挺兵活傌、兌卒、左炮可右移，使兩翼兵力通暢，既可掩護左傌順利佔領河口，又可防止黑方右包過河的反擊手段，屬穩步進取著法，為局面型棋手所喜用。屏風馬「九應」變例回擊有力、針對性強，反擊速度雖緩慢，但較易持久，有風捲殘雲之勢和可圈可點之招！由於此陣式攻守內容複雜多變，故近些年棋手仍在不時啟用，並還在不斷創新發展。

本書以開門見山、短兵相接、刀光劍影、攻殺精妙、耐人尋味、令人心醉為實戰特色，力爭選材精、點得準、評到位、有新意，讓初學者能充分領悟到開局要領，不同棋手能掌握到各種攻殺技巧，名將與高手也可從中研究、搜集、珍藏。讓各類讀者回味無窮、從中受益，是本書問世的初衷。

作者　黃杰雄

目　錄

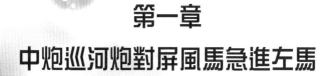

第一章
中炮巡河炮對屏風馬急進左馬

第一節　中炮巡河炮對屏風馬進左外肋馬

第1局　（浙江）趙鑫鑫　先勝　（四川）鄭惟桐

轉左傌盤河雙橫俥卸中炮對右中象橫車高左直車退右包

1. 炮二平五　馬8進7　　2. 傌二進三　車9平8

3. 兵七進一　卒7進1　　4. 傌八進七　馬2進3

5. 炮八進二　………

這是2011年10月11日全國象棋個人錦標賽第3輪趙鑫鑫與鄭惟桐之間的一場精彩廝殺。對方很快以中炮巡河炮對屏風馬左直車互進七兵卒拉開戰幕。中炮巡河炮的佈陣特點是：攻勢左右兩翼平均發展，比較協調、穩健、持久，易掌握先行之利，但攻勢較為緩慢，心急不得。

5. …………　馬7進8

屏風馬後手方則採用以逸待勞、以柔克剛和後中先的戰略戰術與中炮方抗衡。而現黑跳左外肋馬的特點是：往往能儘快起到封俥和破壞紅左炮右移的出動計畫，但中路防守相對要薄弱些，右翼也往往易成為紅方攻擊的重點。黑除進左

外肋馬封俥後，黑有以下5種走法：①象3進5，俥一平二，士4進5，兵三進一，車1平4，兵三進一，象5進7，傌七進六。黑又有包8進1和包2進2兩種變化，結果前者為紅多兵，且拴鏈黑車馬佔優；後者為紅渡七路兵出擊，且子位靈活大優。②包8進2，俥一平二，象3進5，兵三進一。黑又有包2退1、卒7進1、卒3進1三路變化，結果前者為紅方先手，中者為紅方佔優，後者為紅方優勢。③象7進5，俥一平二，車1進1，兵三進一，卒7進1，炮八平三，包2進2。紅又有俥二進六和炮三進二兩種變化，結果前者為黑方佔優；後者為紅多中兵，子位較好佔優。④車1進1，俥一平二，包8進4，傌七進六，象7進5，仕六進五，包2進2，傌六進七。黑又有馬7進6和包8退3兩種變化，結果前者黑方主動有攻勢，後者為紅方易走。⑤近年來網戰上出現了馬7進6躍左馬先控制河口，這是20世紀90年代初曾出現過的走法。紅接走俥一平二，車1進1，紅又有俥九進一和傌七進六兩種變化，結果前者為雙方大體均勢；後者為紅多中兵，且兵種齊全佔優。

　　6. 傌七進六　………

　　紅左傌盤河出擊，直接威脅黑3路卒和中卒，伺機卸中炮變換陣勢，是緩開俥巡河炮以靈活多變的特徵來試探黑方應手，再待機佈陣擴先。紅如急走兵三進一？則卒7進1，炮八平三，象7進5，變化下去，黑不難走，尚有反擊機會，稍好。

　　6. …………　象3進5　　7. 俥一進一　………

　　紅高起右橫俥，開出右翼主力，旨在佔肋道出擊，屬改進後流行變例，意欲出奇制勝。紅如傌六進五？則馬3進

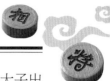

5，炮五進四，士4進5，變化下去，紅雖多中兵，但大子出動緩慢，雙俥有欠靈活，難討便宜。又如網戰曾出現過紅炮五平六，黑有車8進1和卒1進1兩種變化，結果前者為雙方子力雖等，但紅兵種全佔先；後者為紅雖少子，但黑殘象，紅卻有過河兵參戰，發展下去較為易走。

　　7.…………　　車8進1

　　黑提起左直車，伺機策應右翼，重新掌控局勢，是一步靈活性較強、變化較多的應法。網戰黑有兩變可做參考：①馬8進7（先踏兵、謀實利），俥一平二，車1進1，炮五平七，車8進1，俥九進一，包8平7，相三進五，包2退2（準備平3路後兌卒活通右馬）。以下紅又有俥九平四和炮八退一兩路變化，結果前者為雙方大體均勢，後者為黑可抗衡。②士4進5（補右中士固防陣勢），炮五平六（穩健！如炮五平七？則包2進2，相七進五，包2平4，演變下去，黑反可抗衡），包8平7，相七進五，馬8進7。以下紅又有俥九平七和俥一平七兩種變化，結果前者為紅左翼佔優，黑有過河卒參戰，各有所得；後者為黑有中包多卒，且雙車馬包佔位靈活，易走反先。

　　8. 俥九進一　　車1進1　　9. 俥一平四　　馬8進7

　　10. 炮五平七　　………

　　紅速卸中炮，遙控黑3路馬卒，是一步保持變化、力爭主動、伺機反擊的有力走法。

　　10.…………　　包2退2?

　　至此，雙方各有一對「霸王俥（車）」在各自下二線虎視眈眈：紅左側傌雙炮三子已形成河頭堡壘，正瞄準黑方3路線；黑左馬越河襲來，左包隨時可過河反擊，7路卒也可

伺機渡河參戰，對紅方也有一定牽制。粗看黑陣形工整，無明顯弱點，整體上看是紅方略優，雙方基本可接受。但現黑退右包看似中規中矩，但實戰效果不好，宜徑走包8平7為上策。紅如接走相七進五，則車1平4，俥四進五，包2進1。紅如接走炮七平六，則車4平6，不管以下紅是否兌車，黑不難走；紅又如改走炮七進四？則馬7進5，相三進五，包7進5！兌子得相後，黑方易走。總之，可形成互有牽制、各有顧忌的黑勢優於實戰的局面。

　　11. 相七進五！…………

　　紅未雨綢繆，及時補左中相固防，佳著！屬改進後當今棋壇的主流變例。在2010年5月「伊泰杯」全國象棋精英賽上「李少庚先負蔣川」之戰中紅曾走俥四進三，先提右肋俥巡河，結果黑勝。可參閱下局「李少庚先負蔣川」之戰。紅現飛左中相後保留了右肋俥的出路，走得很穩正而又十分含蓄！

　　11. …………　　車1平2　　12. 炮八進五　　車2退1

　　13. 俥四進三！………

　　紅現提起右肋俥巡河出擊，是趙特大精心研究後拋出的最新試探型中局攻殺改進型「飛刀」！一改在2011年「華軒杯」惠州市迎春象棋擂臺賽上趙鑫鑫與蔣川之戰中紅曾走炮七進一？包8平7，俥四進六，馬7進5，相三進五，包7進5！演變下去，黑反優勢，結果黑方走軟成和的走法，旨在出奇制勝。

　　13. …………　　包8平7　　14. 俥九平四　　士4進5

　　15. 後俥進二　　車2進7

　　紅左橫俥也佔右肋道，利用形成的肋道直線「霸王俥」

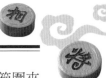

催殺之機；又後俥佔據兵林線，圍繞嚴控黑左馬活動範圍來做文章，著法緊湊而有力。

黑也不甘示弱，右車深入紅左炮位窺炮而直接牽制七路炮，讓紅左翼子力一時難以展開配合攻勢。至此，形成互纏又旗鼓相當的局面。黑如車2進4？則仕四進五後，紅反可從容協調陣形，並能快速組成新一輪攻勢，故紅伸右俥欺包是必走之招。

16. 仕四進五！　卒5進1？

紅補右中仕，引而不發，靜若處子，暗藏殺機，兇招！

黑方此刻已取得了均勢局面，現挺中卒，過急，漏招！看似中規中矩，實則由於進卒行棋次序有誤，導致已開始慢慢地墜入紅方設下的陷阱。黑宜先走車8進3智守前沿後，再走卒5進1！這樣變化下去，黑勢不錯，優於實戰，易走而可抗衡。黑又如要求穩的話，也可徑走車8進7！則兵五進一，馬7進9，炮七退一，馬9進7，後俥退二，包7進5！後俥平三，車8平7！炮七平三，車2退3。雙方兌去俥傌車傌馬後，黑反多卒易走，優於實戰，也無大礙，足可一搏，勝負難料。

17. 前俥進二　…………

紅果斷進前俥於卒林出擊，仍若無其事地對黑方施出的反擊手段視而不見。

17. …………　車8進4　　18. 傌六進七！　車2平3

紅左盤河傌被黑左騎河車驅趕後選擇了馬踩3路卒，先棄後取，走得非常輕靈。紅也可前俥平六！卒7進1，俥六平七，馬3退2，兵七進一！馬2進1，俥七平六！演變下去，雙方雖均七路兵卒過河參戰，但紅方下伏炮七進二！車

2退2，傌六進四連踩黑方車馬包和炮七平二打車，以及俥六平九殺邊卒捉右邊馬幾步先手棋，紅方大優，強於實戰。

而黑右車殺炮，先得一子，自覺無礙，其實黑由此在陷阱裡已越陷越深了！

19. 前俥平三　車8退3?

黑退左車保包，劣著！對局勢變化的危險性估計不足，導致由此速落下風，陷入被動。黑宜包7平9，俥四平三，車3退1，後俥進二，象5進7，傌三進二，車3平5，俥三退一，包9進4。演變下去，紅方多相，黑多中卒，兵種齊全，雖仍是紅優，但黑勢要強於實戰，可以一拼，勝負一時難斷。

20. 傌七進九　…………

紅左傌入邊陲，是出乎意料的催殺兇招！圖窮匕見，到這時殺著突現，令黑方如虎落平川、慌不擇路、措手不及、疲於應付。這就是趙特大的棋路風格：在平淡之中暗藏著風雷殺勢，出手兇狠，一招必殺，絕不拖泥帶水，令人讚歎不已！

20. …………　馬3進2　　　21. 傌九進七　將5平4

22. 俥四平三　象5退3??(圖1)

紅乘勢追回一馬，攻擊目標異常明確，在行棋上充分體現出其極強的運子連貫性，後續反擊手段多，處處考慮有「根」！猶如行雲流水一般，讓人回味無窮，精確到極點！

黑卸中象，劣著！陷入困境。黑宜車3退1活車為上策，紅如接走後俥平四，則車3平4，俥四進三，車4退5！俥四平八，車4平3，俥八退一，將4平5（若包7平6，則俥八平五，演變下去，紅雖在步入殘棋後多中兵佔優，但黑

勢優於實戰，足可抗衡，勝負一時難定），俥八平五！包7平6，傌三進四，卒1進1，俥三平一！紅雖多雙兵佔先，但黑仍優於實戰，可以抵抗，一時勝負難測。

黑方　鄭惟桐

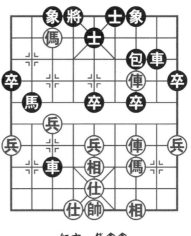

紅方　趙鑫鑫

圖1

23. 後俥平四??

………

紅後俥佔右肋道，過急漏著！錯過可快速擴先的機會。

如圖1所示，紅宜徑走兵五進一！黑有3種選擇：①卒5進1??後俥平八！馬2進3，俥八進六，包7平3，俥三平六，車8平4，俥六進一，士5進4，俥八退二，馬3進1，俥八平七！馬1進3，帥五平四，士6進5，俥七退一，車3退1，仕五進四，車3平6，仕六進五，下伏俥掃雙邊卒和渡七路兵先手棋，紅多子勝定；②馬2進3？後俥平六！包7平4，兵五進一，馬3進1，俥六退二，馬1進3，俥三平六，車3退1，傌三進四，車8平6，傌四進六！車3進1，傌六進八，車3退1，兵五進一，將4進1，傌八退九，車3平1，後俥平七！車1退1，兵七進一！演變下去，紅雙兵渡河配合雙俥傌出擊，紅大優將轉為勝勢；③車3退1？後俥平七！馬2進3，兵五進一，馬3進1，俥三平六！包7平4，傌七退八，將4平5，傌三進四，包4平2，傌四退六，卒9進1，兵七進一！變化下去，黑雖兵種齊全，但馬包被管，紅又有雙兵渡河助戰大

佔優勢。

23. ………… 包7平1？？？

黑包平右邊陲，敗著！由此一蹶不振，頹勢難挽。同樣平包，黑宜徑走包7平2，紅如接走俥四進三，則馬2進3，俥四平六，包2平4，傌七退八，車8平6，兵七進一，馬3進1，兵七進一，馬1進3，俥六退五，象7進9。變化下去，紅雖有過河兵助戰佔先，但黑勢優於實戰，可以一搏。

24. 傌七退九 …………

紅方抓住戰機，傌踏邊包，簡明兌子，算準以下可多殺底象反先，紅方由此步入佳境。

24. ………… 車8進1　25. 俥三進三！ …………

紅疾進三路俥砍底象，開始撕開黑方左翼底部防線，大優。

25. ………… 馬2進1　26. 傌三進二　車1平8

27. 傌二進一　象3進5

此招黑思考許久，看似有死傌可擒，實則捉住卻沒法吞下，只好揚右中象驅車，想求安穩，伺機反擊，正著。黑如硬要走車8進1？？？則俥四進五（點下二線，硬挖中士，是一步棄馬搶攻兇招）！車8平9，俥四平五！車9平6，俥五平七，象3進5，俥三退一！車6平4（若將4平5？？？俥三平六！士6進5，俥七進一，士5退4，俥七平六！殺底士紅勝）！俥三平六，黑如接走將4平5？則俥七進一！紅勝；黑又如改走車4退2，則俥七進一！連棄傌、俥後，巧妙構成悶殺勝出。臨場黑方長時間思考時，必然也測算到此路變化的。

28. 俥三退三　車3退1

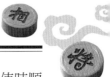

　　雙方均在退三路俥車，但效果截然不同：紅趁逃俥時順勢佔據卒林線護邊傌；而黑退3路車和右邊馬在紅左翼兵林前線，一時難以回防，在殘去底象後的中象也只有左車來防守，故現在才想起走活右車，儘快回防，可能為時已晚：因該車在暗處待了很久，現形勢已面目全非了，由最初的差得不多，到如今已差得太多，這完全是自己造成的。

　　29. 俥三平九　…………

　　紅俥掃邊卒，順手牽羊、連消帶打，目的要利用黑將位不安的弱點，下伏俥九進三沉俥叫將的攻擊手段來繼續擴大優勢。紅也可逕走傌一進三！車3平4，兵七進一，象5進3，俥四進五，馬1進2，傌三進四！車8平6，俥四退一，士5進6，俥三平八，將4平5，傌四退二，馬2退1，傌二退四！將5進1，俥八平五，象3退5，俥五平九！將5平6，傌四退五！車4平5，俥九進二，將6退1，傌五進三，將6平5，兵一進一！變化下去，紅淨多雙仕底相，成俥傌兵殺勢。

　　29. …………　　將4平5　　30. 帥五平四！　…………

　　趙特大在複雜多變的形勢中，審時度勢，搶佔先機，洞察一切，掌控局面的能力超強，現御駕親征，出帥搶攻，頗見功力，先發制人，頓時使紅方雙俥邊傌三子俱活，大開殺戒。

　　30. …………　　象5退3　　31. 傌一退三　…………

　　紅挺左邊俥和出帥催殺，硬逼黑卸中象後，紅邊傌踩卒捉車，淨多雙高兵中相，大佔優勢。

　　31. …………　　車8平3　　32. 傌三進五　　後車退1

　　33. 傌五進三　　後車進1　　34. 俥九平五　…………

紅左俥鎮中催殺追卒，再次棄傌搶攻！形成了紅雙俥傌三個高兵仕相全對黑雙車馬高卒單缺象、紅淨多雙兵中相、大子佔位處於進攻態勢、黑大子佔位差又少雙卒中象的必勝局面，可以說紅已勝利在望。

　　34.………　　後車平5　　35.俥五平七　………

　　紅如接受黑中車邀兌，雖也勝定，但不犀利，戰線也長，而卸中俥窺殺右底象避兌，憑大子佔位優勢繼續攻殺入局，才是趙特大犀利型的棋藝風格。

　　35.………　　象3進1　　36.傌三進四！　車5平6

　　紅傌踩底士捉車，傌到成功，入局簡明，一劍封喉！

　　黑卸兌中車，實屬無奈。黑如貪走士5退6？？？則俥四進六！將5進1，俥七進二！紅雙俥連殺擒將。

　　以下精彩殺法是：俥四進四，士5進6，傌四退五，車3平5，傌五進七，將5進1，俥七平四，馬1進3，傌七退六！回傌叫將，一錘定音！黑如續走將5平4？？？則傌六進四，將4進1，俥四平六，將4平5，俥六平五！將5平4，傌四退五！將4退1，俥五進三！象1進3，傌五進七，將4進1，俥五平六！借傌之威，兜底絕殺，紅勝；黑又如改走將5退1？？？則傌六進四，將5進1（若將5平6？？？傌四退六，將6平5，俥四進三！紅勝），傌四退六，將5平4，俥四平五！車5平6，帥四平五，車6退5，俥五退一，馬3退2，傌六退八，象1退3，傌八進七！車6進1（若將4進1？？俥五平六！將4平5，傌七進六，將5退1，俥六平五，將5平4，傌六退四！得車後紅勝），俥五進三！將4進1，傌七退六，馬2退3，兵七進一！馬3退1，兵七平八，馬1進3，兵八進一！馬3進4，兵八平七，馬4退2，傌六進八！

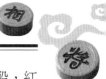

車6進1，兵七進一（或兵七平六）！紅傌兵同時叫殺，紅方完勝。

　　此局雙方開局伊始循規蹈矩，在套路進行，但好景不長，黑在第10回合走包2退2錯失互相牽制的機會；步入中局不久，又在第16、19、22三個回合挺中卒，退左車，卸中象後陷入困境。此後儘管紅在第23回合後俥平四錯失擴先機會，黑仍錯上加錯接走包7平1，由此一蹶不振，被紅方傌兌包，俥殺象，傌踩邊卒，俥掃右卒，御駕親征，傌踏7卒，中俥避兌，傌挖底士，兌俥爭光，俥傌冷著，最終借兵臨城下之威，俥傌兵聯手攻營拔寨。這是一盤黑在佈局開始吃虧，中局又連走軟招，被紅在邊線突破、精準打擊、全線發力、細膩至極、不留後患、進退有序、攻守有度，最終紅強勢出擊、直搗黃龍、超凡脫俗、可圈可點的精彩殺局。

第2局　（四川)李少庚　先負　（北京)蔣川

轉左傌盤河雙橫俥卸中炮對右中象橫車高左直車退右包

　　1. 炮二平五　馬8進7　　2. 傌二進三　車9平8
　　3. 兵七進一　卒7進1　　4. 傌八進七　馬2進3
　　5. 炮八進二　馬7進8

　　這是2010年5月9日「伊泰杯」全國象棋精英賽第9輪李少庚與蔣川之間的生死決戰。開局伊始，李大師祭出自己拿手的鎮山寶「中炮巡河炮」佈局，志在必得，力爭奪冠，能如願嗎？讓我們拭目以待吧！

　　黑方蔣特大賽前做足功課，早有準備，也勢在必得地回以左外肋馬，以柔克剛地封住紅方右俥，欲儘快讓紅左炮右移的進攻計畫瞬間化為泡影，是針對巡河炮十分流行的主流

戰術。

　　6. 傌七進六　象3進5

　　紅左傌盤河跳向河頭智守前沿，明為搶奪中卒出擊，實則伺機卸中炮，及時調整陣形反擊，著法靈活多變、厚積薄發。近來，網戰又開始流行紅先走兵三進一，卒7進1，炮八平三，象7進5。紅有兩種不同選擇：①俥九平八，車1平2，俥八進六，包8平7，俥一進二，馬8進7，俥一平二，車8進7，炮五平二，包7進1，炮二進五！變化下去，紅易走；②炮五平六，車8平7，相三進五，車1平2，俥九進一，包2進6，俥一進一，包2退4，俥九平四！演變下去，紅子位靈活，易走。

　　黑先補右中象固防穩正，屬改進後主流變例。以往網戰曾流行過黑象7進5？炮五平七，車1進1（若卒1進1，相七進五，士6進5，俥一進一，車8平6，俥九進一，車1進3，炮八退四，車1平2，炮八平七！車2進4，俥一平四！演變下去，紅仍持先手），俥九進一（若先相七進五，包2退2，變化下去，黑反滿意），包2退2，相三進五，馬8進7，俥九平二，包8進4，仕四進五，車1平2（另有兩變僅做參考：①車1平8，俥一平四，卒7進1，傌六進七！紅方先手；②包8進1，俥二平四，車1平2，炮八進五，車2退1，俥四進五！演變下去，紅反佔優易走），炮八進五，車2退1，俥一平四，卒7進1，俥四進六，車2進6，傌六進四！變化下去，紅下伏俥四平三殺過河卒追殺左馬和炮七進四炸卒壓馬窺右底象兩步先手棋，反較有攻勢，大優。

　　7. 俥九進一　…………

　　紅高起左橫俥（也可先高起右橫俥，變化下去，殊途同

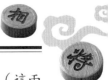

歸），是20世紀90年代開始流行於棋壇的主流變例（這兩種走法，變化微妙，均屬機動性、試探性走法，也是當今棋壇較為流行的戰法之一），至今仍長盛不衰。

　　7. ………… 車8進1

　　黑高左直車出擊，屬改進後主流變例之一。筆者應對過黑車1進1，炮五平七！包2退2，俥九平四，車1平2，炮八進五，車2退1，俥四進七，士4進5，仕四進五，馬8進7，俥一平二，包8進4，相三進五，下伏俥六進七踩3卒窺殺中象和七路炮窺視3路馬等先手棋，結果紅多雙兵獲勝。還有近來網戰又見到黑士4進5走法，紅接走炮五平六，包2進2，相三進五，馬8進7，俥九平四，包8平6，俥四進二，馬7退8（若卒7進1？？兵七進一，卒3進1，炮八平三！困住黑馬後紅勢甚佳），仕四進五，卒7進1，俥一平二，卒5進1，兵七進一，卒7進1（若卒3進1？？炮八平三，馬8退9，俥二進九，馬9退8，俥四進三！紅明顯佔優），俥四平三！馬8進7，俥二進九，卒3進1，俥二退六，卒3進1，相五進七，馬7退6，相七退五，卒1進1，炮八退二，包2平3，炮八平九。以下黑有車1進3和卒5進1兩種變化，結果前者為紅飛高相掌控黑7路馬活動範圍，多中兵略優，易走；後者為在雙方子力對等中，紅左翼俥炮窺殺黑右邊卒而多兵易走。結果兩變均為紅多兵獲勝。

　　8. 俥一進一　車1進1

　　紅高起右橫俥，率先形成自己下二線「霸王俥」攻勢陣形，屬改進後的穩正型攻法。筆者也曾走過炮五平七卸中炮後同樣收到了不錯效果。黑續走車1進1，相七進五，馬8進7，俥一平二，包8平7，俥二進八，車1平8，俥九平

四，士4進5，俥四進二，卒7進1（若車8進7？則仕六進
五！演變下去，黑無好的後續手段而無趣），傌六進七！車
8進4，俥四進五！包2退1，俥四退二！下伏俥四平三捉包
殺卒，邀兌俥困馬和俥四平一掃邊卒等先手棋，結果紅也多
兵相獲勝。

　　黑方蔣特大也速提起右橫車，以著名的「四橫車」變例
應戰，因李少庚在大量的巡河炮實戰對局中，沒應對過高右
橫邊車，這真是有備而來，攻其不備，出奇制勝呀！黑有以
往兩變僅做參考：①車8平7？俥一平四！卒7進1，兵三進
一，車7進4，俥四進一，車1進1，俥九平四！士4進5，
後俥平六，車7退1，傌三進四！變化下去，紅子位靈活佔
先；②包2退1？炮五平七，包2平3，俥九平八，車1平
2，相七進五，車2進3，炮八平九，車2進5，俥一平八，
卒1進1，炮九平八，包3平2，俥八平四，馬8進7，俥四
進二，包8平7，傌六進七？下伏傌七退九踩邊卒後七路炮
窺殺黑右馬得子的先手棋，紅方反優，易走。

　　9. 俥一平四　馬8進7

　　黑左馬過河踩三兵，直接窺殺中炮正是時機，是黑勢反
先的前奏，屬改進後的主流變例。以往黑多先走車1平6？
則傌六進五！馬8進7，傌五退三，包8平7，俥四進七，車
8平6，前傌退五；黑如接走：①馬7進5，則相三進五，演
變下去，紅多中兵易走；②馬7退5，則炮五進二，士6進
5，相三進五，變化下去，紅有中炮、多中兵佔優；③包7
進5，則傌五退三，車6進5，傌三進二，車6平5，炮八退
三，士4進5，炮八平五！車5平6，俥九平八！演變下去，
雙方雖子力對等，但紅子位靈活，易走，反先。黑方另有一

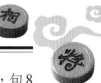

種走法是車8平6！則傌六進五，馬8進7，傌五退三，包8平7，俥四進七，車1平6，前傌退五！演變下去，同上述變化殊途同歸，紅反較優，易走。

10. 炮五平七　…………

紅卸中炮，旨在保持變化，窺殺3路馬卒，屬流行變例。筆者在網戰中紅改走過俥四進二追馬！黑接走車1平6，則俥九平四！車6進5，俥四進二，包8平7，傌六進五，馬3進5，炮五進四，士4進5，炮五平三！馬7退8，俥四平二，卒7進1！傌三退五，卒7進1，俥二進一，車8退1，炮三平九！卒9進1，炮九退一，馬8退9，俥二進五！馬9退8，炮八退一，包7平9，炮八平三！包9進4，傌五進七！變化下去，紅多中兵略優，結果雙方戰和。

10. …………　包2退2？

黑右包退底線過急，實戰效果不佳。黑如改走車1平6？則俥四進七，車8平6，俥九平二，包8平7，相三進五！雙方兌俥車後，紅陣形也很協調，變化下去，紅仍持先手。故黑宜改走包8平7為妥，具體著法，可參閱上局「趙鑫鑫先勝鄭惟桐」之戰中第10回合注釋。

11. 俥四進三？　包8平7！

紅先提右肋俥巡河過早，易遭襲擊而陷入被動。紅宜先未雨綢繆改走相七進五鞏固中防為上策，具體走法可參閱上局「趙鑫鑫先勝鄭惟桐」之戰。

黑平左包護馬是假，窺殺紅三路傌相是真！這是蔣特大拋出的最新試探型中局攻殺「飛刀」一改以往包2平3和車8平6兩路著法，意欲出奇制勝！黑如包2平3？則炮八退一，包8平7，相七進五，車8平6，則俥九平四，車6進

4，俥四進三！雙方兌俥車後，紅俥傌仍能智守前沿，可伺機反擊佔先；黑又如車8平6？則俥九平四，車6進4，俥四進三！包2平3，炮八退一，包8平7，相七進五，變化下去，同上述走法殊途同歸，紅方滿意，易走佔優。

12. 相三進五　士4進5！

黑補右中士固防，因勢利導，順勢而為，使棋路靈活多變！是一個不可思議、超凡思維、高瞻遠矚的決策！由於雙橫俥車無好位可佔，黑現巧補中士，無疑是增加了一道「防火牆」，既阻斷了「霸王俥（車）」，又鞏固了中防！似笨實佳，頗見中盤功力！因在目前形勢下，黑走了雙橫車不一定非要邀兌紅俥才有出路。現8路車已在明處，黑右橫車完全可儘快由車1平2邀兌右炮亮出，黑雙橫車的兩條出路要好於紅雙橫俥的出路，故黑補中士後，已反擊，易走，有望能逐步進入反擊佳境了。

13. 炮八退一　車1平2　　14. 炮八平三　包7進4

15. 俥四退一　…………

紅左炮不兌右底包而兌黑左馬後，現退巡河肋俥追包，無奈之舉，另無他著了。至此，黑方已呈反先局面，紅反在隱約之間已開始感受到有些壓力了。

15. …………　　卒7進1！

16. 傌六進四　卒5進1（圖2）

黑方不失時機，連衝雙卒，護包阻傌，適時要著！使紅騎河傌的威脅黯然失色，逼紅傌另找出路了。

17. 傌四退三???　…………

紅退右肋騎河傌踩包，敗著！急於兌包反而「欲和則不達」，因黑下伏車8進5拴鏈紅俥傌的先手棋。故如圖2所

示，紅宜走仕四進五（也可徑
走俥九平七避一手再出擊）！
則車2進6，俥九平七，車8進
3，兵七進一，象5進3，炮七
進四，象7進5，俥七進三，
車2退4！俥七平三！車2平
3，傌四退三！車8進3，後傌
退四！變化下去，黑雖兵種齊
全，但紅陣形穩固，雙俥佔位
靈活，雙方兌子後局勢平淡，
紅勢優於實戰，足可抗衡，要
和棋並不難。

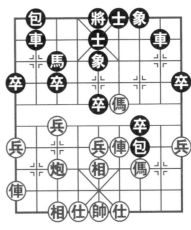

黑方　蔣川

紅方　李少庚

圖2

　　17.………　　車8進5！

　　黑抓住戰機，左車進兵林線困死紅前傌，先棄後取佳
著！至此，黑7路卒過河參戰，開始步入佳境。

　　18.炮七進一　車2進5　　19.俥九平七………

　　紅平左俥護炮，無奈之舉。紅如傌三退一？則車8平
7！俥四平三，卒7進1，炮七平三，車2平5！下伏卒5進1
渡河參戰，黑淨多過河卒反先易走。

　　19.………　　卒7進1　　20.俥四進三………

　　紅伸右肋俥避兌，明智之舉。紅如貪走俥四平三???則
車2平3！四俥車見面後，雙方必兌一俥（車）後，黑反多
包勝勢。

　　20.………　　卒5進1！

　　黑巧渡中卒壓兵，好棋！優勢在慢慢向黑方傾斜了。

　　21.俥四平七　馬3退4　　22.傌三退一　車8平9

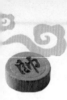

23. 兵五進一　　車9退1

黑退左邊車追殺中兵避捉，老練而穩正。黑如硬衝卒7進1？則炮七退一，車9平3，傌一進三！車2進1，傌三退五！馬4進2，前傌進二，包2平1，後傌平九，車3平4，相五退三，車4進1，炮七進一，包1進1（若將5平4？則炮七平六！變化下去，黑反無趣），傌七退一，馬2進4，炮七平六，包1平2，傌七退一，包2進4，傌七平五！紅下伏渡中兵先手棋，多中兵易走，黑反有顧忌，易遭被動，再落下風。

24. 前傌平五　　…………

紅平前傌護中兵，實屬無奈。紅如硬強渡兵五進一？？則車9平5，兵五平六，車5進1！炮七退一，車5平3！變化下去，紅雖有過河兵助戰，但紅傌炮被拴死，面臨難以擺脫丟子危險。

24. …………　　馬4進2　　25. 兵七進一　　…………

紅苦於求和，煞費苦心，只好以棄七兵來為以後驅趕黑左邊巡河車開道。紅如先走傌一退三？則卒7進1，炮七退一，車2平7，傌三進一，卒7進1！傌一進三，車7平3！仕六進五，包2平4！傌七平八，車3進1，傌八進七，車3退1，傌五平三，車9平5！雙方兌子後，黑車掠中兵，同時已卒臨城下，下伏包4進8殺雙相和卒7平6挖中仕先手棋，黑方反優易走。

25. …………　　象5進3　　26. 炮七進一　　車9退1
27. 傌一退三　　馬2進4　　28. 傌三進二？？　　………

紅底傌躍出，又一敗筆！錯失堅守良機。紅宜徑走傌五平九！象3退5，傌九平三！中傌左右逢源，殺邊卒又窺過

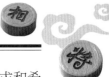

河卒，演變下去，強於實戰，尚可堅守，還有一線的求和希望。

　　28.…………　　卒7平8　　29.傌二退三　象3退5

　　30.傌三進四??　………

　　紅傌爬仕角，再一劣著！再失戰機。紅仍可改走俥五平九！馬4進3，俥九平七，馬3進5，後俥平六。變化下去，紅雖殘中兵，但局勢優於實戰，戰線不短，仍可一戰。

　　30.…………　　車2平6　　31.仕四進五???　…………

　　紅補右中仕護傌，最後的大敗招！令人大跌眼鏡！紅宜先走俥七平八！黑如續走包2進6，則仕六進五！卒8進1，俥五平三！車9平7，俥三退一，象5進7，炮七退三，卒8平7，傌四退三。變化下去，黑雖淨多過河卒助戰佔優，但一時攻不下城堡，紅完全可周旋、苦守，尚有最後一線的求和希望。

　　31.…………　　車6進1！

　　黑方幸運地在最後關頭進肋車殺傌，白得一子獲勝。紅如接走仕五退四（若仕五進四？則車9進5，帥五進一，車9退1，帥五退一，車9平3！追回失車後也多子必勝），車9進5，仕六進五，包2進9！相七進九，車6退1。黑下伏包2平6炸底仕入局兇招，令紅方只有招架之功而毫無還手之力，只好遞上降書順表，城下簽盟了，黑方完勝。

　　此局雙方一開戰就進入了巡河炮對左外肋馬之爭：紅左傌盤河起用雙橫俥，黑補右中象高右直車後，也以下二線「霸王車」還擊。就在紅右橫俥佔右肋道，卸中炮剛步入中局之際，黑左馬過河踏兵之時，卻在第10回合急於右炮退底線，錯失先機。當紅在第11回合走俥四進三過早巡河反

遭被動後，黑方連續在第11、12回合拋出包8平7攻殺「飛刀」和補右中士增加「防火牆」來鞏固中防，早早地步入了中盤攻殺。黑這兩招超凡思維決策，令紅在第17回合走傌四退三急於兌包而「欲和則不達」，被黑方雙車佔兵林線追殺傌炮，雙卒渡河殺傌頂中兵反奪優勢。以後紅方在雙方先後兌去傌馬炮包兵卒後即將挽回失勢局面的關鍵時刻，竟然先後在第28、30兩回合「晚節不保」地連走傌三進二和傌三進四，兩失戰機，陷入困境。更糟糕的是紅還在第31回合令人費解地走了仕四進五，白送右仕角傌而最終丟掉桂冠和20萬元大獎。

這是一盤佈局雙方嫻熟，你推我擋，互不相讓；中局爭奪激烈，黑拋「飛刀」奏效，紅頑強奮戰後功虧一簣，令人惋惜！「飛刀」新招雖貌不驚人，但抗擊追打的防禦性能優良，尚有可圈可點之處的精彩殺局。

第3局　（福建）王曉華　先負　（北京）王天一

轉右橫俥七路傌騎河退中炮對右中象巡河包左外肋馬巡河車

　　1. 炮二平五　　馬8進7　　2. 傌二進三　　車9平8
　　3. 兵七進一　　卒7進1　　4. 傌八進七　　馬2進3
　　5. 俥一進一　　象3進5

這是2013年2月17日晉江市第4屆「張瑞圖杯」象棋個人公開賽第2輪王曉華與王天一之間的一場「兩王」龍虎激戰。雙方以中炮七路傌右橫俥對屏風馬左直車右中象互進七兵卒拉開戰幕。這是一路穩健緩攻型的戰術，從20世紀60年代初期開始流行。黑補右中象固防，屬改進後主流變例之一。黑另有三變僅做參考：①象7進5，俥一平四，士6進5

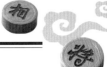

（若包2進4？兵五進一，包8進4，傌三進五，士6進5，兵五進一！車1進2，兵五平四，馬3退1，傌五進六，車8平6，傌六進四，包2平6，傌七進六，包6平5，仕六進五，車1平2，俥九平八，車6進1，兵四平三，變化下去，紅方較優），以下紅有兵五進一和炮八進二兩種變化，結果前者為紅子位較好易走，後者為雙方局勢平穩；②車1進1（高起右橫車對攻），俥一平六，象7進5，以下紅方有炮八平九和俥九進一兩路變化，結果前者為雙方互纏、各有千秋，後者為紅方稍好；③車8進1（高起左直車屬較為少見的冷僻走法），俥九進一〔靜觀黑橫車動態，靈活之招。(a)如俥一平四？則車8平4，俥四進五，包2進1，俥四平三，車4平7！變化下去，黑可抗衡；(b)如俥一平六？則馬7進6，炮八平九，車1進1，俥九進八，包2退2，演變下去，黑也足可抗衡〕，車8平4，俥九平六，車1進1，兵五進一，象7進5，俥一平二，包8進2，傌七進五，卒3進1，兵三進一，馬3進4，兵七進一，馬4進5，傌三進五，包8平3，兵五進一，卒5進1，炮五進三，士4進5，炮八平三。以下黑方有兩種不同選擇：(a)在1981年2月16日於上海曹楊文化館舉辦的春節表演賽上葛維蒲與朱亮之戰中曾走過馬7進5，結果紅方佔優，最終紅勝；(b)在1982年上海市首屆象棋名手邀請賽上葛維蒲與蔡偉林之戰中改走包2進1，結果雙方均勢，最終戰和。

　　6. 俥一平四　………

　　紅平右橫俥佔右肋道出擊，是1962年全國象棋個人錦標賽上胡榮華特級大師首創的。到了20世紀80年代中期開始逐步流行紅俥一平六佔據左肋道，意在集中兵力，直攻黑

方右翼。以下黑方有兩種不同選擇：①在1985年第5屆「五羊杯」象棋冠軍賽上李來群與柳大華之戰中曾走士4進5，結果黑方滿意，最終雙方弈和；②在1988年第8屆「五羊杯」象棋冠軍賽上呂欽與柳大華之戰中改走包8平9，結果黑可抗衡，最終雙方也下和。

　　6.………… 　　包8平9

　　黑平左邊包是20世紀80年代初期興起的主流戰術。黑另有三變僅做參考：①包8進2，伺機邀兌3路卒來開通馬路，是20世紀60年代初期的流行走法。以下紅方有傌七進六、炮八平九和兵五進一3種變化，結果前者為紅方較好，中者為雙方局勢平穩，後者為紅方佔優。②包2進4，兵五進一，包8進4，炮八平九，士4進5，俥九平八，車1平2，俥四進三巡河，準備兌兵來開通傌路。以下黑又有車8進4和馬7進8兩路變化，結果前者為紅方得子，黑有攻勢，互有顧忌；後者為紅方較優。③士4進5固防中路，是20世紀80年代末至90年代初流行的主流變例。紅接走炮八平九，包2進4，俥九平八〔若兵五進一，則包8進4，俥九平八，車1平2（出車保包，正著，如車1平4？則傌三退一！紅易打破黑過河包組成的封鎖線），演變下去，黑方布成的「敵前擔子包」陣式，足可與紅方抗衡〕，包2平7〔若包2平3，兵五平一，包8進4，兵三進一！包3平7（如卒7進1？則俥四進二？變化下去，紅反佔優），傌三進五，車8進4，俥八進七，馬3退4，俥四進七，卒7進1，兵五進一，包8平5，傌七進五，卒5進1，傌五進六，馬7進6，俥八退四，車1進2，炮九平六！變化下去，紅反有攻勢〕，相三進一，卒7進1，俥八進七，車1平3。以下

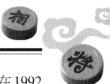

紅又有1991年全國象棋團體賽上出現的相一進三和在1992年全國象棋團體賽上「羅忠才先負傅光明」之戰中改走的傌七進八兩路變化，前者為黑方略優，後者為黑方勝勢。

　　7. 炮八進二　………

　　紅左炮巡河，穩固河口陣地，是穩健的智守前沿之著。紅另有兩變可做參考：①傌四進三，士4進5（在1991年全國象棋個人錦標賽上「胡榮華先勝張惠民」之戰中曾走車8進8），炮八平九。以下黑又有車1平2和包2進4兩種變化，結果前者為紅方稍好，後者為紅方較優。②炮八平九？包2進4，兵五進一，車8進6，傌九平八，車1平2，傌三進五，車8平7，兵五進一，包9進4，傌五進六，包2平5，仕六進五，車2進9，傌七退八，卒5進1（意欲棄子取勢），傌六進七，包5退1，炮九進四，士4進5，傌四進五，包9進3。變化下去，在雙方對攻中，黑有「天地包」又多雙高卒，易走。

　　7. …………　馬7進8　　8. 傌四平二　………

　　至此，雙方形成了中炮巡河炮七路傌右橫傌佔右肋道對屏風馬右中象左直車邊包外肋馬互進七兵卒陣式。在1987年第7屆「五羊杯」全國象棋冠軍賽上胡榮華與呂欽之戰中紅曾走過炮五平六調整棋形。

　　黑接走馬8進9，傌三進一，包9進4，相七進五，車8進3（若包9平5？仕六進五，演變下去，黑雖得實利，但棋形較差，紅方易走），仕六進五，士4進5，炮六進四，卒5進1，炮八進二，包2退1，傌九平六（若兵七進一？則馬3退1！變化下去，黑方滿意），車1平4，炮六平四，車4進9，帥五平六，馬3退1，炮八退一！黑雖多邊卒，但紅子位

靈活，易走，稍好，結果紅勝。

　　8.………… 　包2進2　　9.傌七進六　包9平8

　　10.俥二平七　………

　　紅右俥左移，成七路兵後藏俥，是20世紀90年代興起的改進型冷門戰術。而20世紀80年代棋壇流行的主流變例則是紅俥二平四，馬8進7。以下紅方有俥四進二、炮五進四和俥四進五3路變化，結果前兩者均為紅方主動、易走，後者為黑方滿意，足可與紅方抗衡（可參閱1985年第5屆「五羊杯」全國象棋冠軍賽上胡榮華與柳大華之戰）。

　　10.………… 　包2平4　　11.傌六進四！　………

　　紅進左盤河傌騎河出擊，是王曉華大師拋出的最新佈局攻殺「飛刀」！一改1993年全國象棋團體錦標賽上張江與劉武鳴之戰中紅走炮五平七！車1平2，俥九平八，馬8進7，炮七進四！變化下去，紅子位靈活佔優，結果紅勝的走法，旨在攻其不備，意欲出奇制勝。紅能修成正果嗎？讓我們拭目以待。

　　11.………… 　車1平2　　12.俥九平八　包4進3

　　13.炮五退一　車2進4　　14.傌四退六　………

　　黑方見「飛刀」出擊，沉思良久，審時度勢後，果斷揮右車，大膽飛肋包連續追殺雙傌，令紅方退中炮，回騎河傌，慌不擇路，疲於應付，只好以退為進，實屬無奈。紅如改走兵七進一，則車2平3，俥七進四，卒3進1，兵五進一，變化下去，雙方各有顧忌，在各攻一面中，紅方難掌控局面而易遭被動。

　　14.………… 　包4退1（圖3）

　　黑退右肋包於兵林線追殺三路兵，漏著！易落下風。黑

宜徑走士6進5為上策，紅如
續走兵七進一，則車2平3，
俥七進四，卒3進1，馬六進
五，包8平6，馬五進七，包6
平3，炮八進五，象5退3，相
七進九，包4平3。變化下
去，在雙方先後兌去俥車俥馬
兵卒，子力對等搏殺中，黑勢
優於實戰，足可抗衡。

黑方　王天一

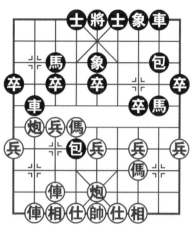

紅方　王曉華

圖3

　　15. 兵七進一???　………

　　紅渡棄七路兵，意欲兌車
發難，搞突然襲擊，要點燃搏
殺戰火，敗招！錯失先機，落
入下風。同樣進兵，如圖3所示，紅宜徑走兵三進一，則卒
7進1，俥七平六，卒7進1，馬三退一，包4平3，兵七進
一，車2平3，馬六進五，車3平6，馬五進七，包8平3，
炮八進五，士4進5，炮八平九。演變下去，黑雖多過河卒
參戰，但紅有「天地炮」攻勢，雙俥佔位靈活，也有咄咄攻
勢，強於實戰，足可一搏，鹿死誰手，勝負難測。

　　15. …………　車2平3　　　16. 俥七進四　卒3進1
　　17. 馬六進五　卒3進1???

　　雙方先後兌去俥車兵卒後，黑硬渡3卒欺炮，又一步隨
手漏著！再失良機。同樣進攻反擊，黑宜飛包4平7炸三兵
窺殺右底相為上策。紅如接走相三進一，則卒7進1，馬五
退七，馬8進6！炮八平三，馬3進4，變化下去，紅暫時雖
多中兵，但黑雙馬盤河，騎河連環，下伏馬6進7兌右馬

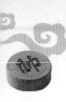

後，有包7平1和包8進7雙包齊鳴的先手棋，黑勢易走，優於實戰，足可抗衡，勝負難測。

18. 炮八進三　包4平7　　19. 相三進一　車8進1

黑及時高起左直車，意欲右移反擊，明智之舉。黑如士4進5？則炮八平九，將5平4，炮九進二！下伏俥八進九請將上樓後，紅方加上「天地炮」聯手，將大有反擊攻勢而大優。

20. 傌五退三　包8平7　　21. 俥八進六　車8平2？

黑平車拴鏈俥炮，再一步軟手，丟失抗衡機會。同樣平車，黑宜車8平4！前傌進四，車4平6，傌四退五，車6進2！俥八平四，馬8退6，傌三退二，卒3平4！在以下無俥車棋戰中，黑有過河卒參戰，優於實戰，可以抗衡，勝負一時難料。

22. 俥八平二　士4進5！

黑先補右中士固防，老練、明智之舉。黑如馬8進9？則炮五平八！車2平6，後傌進一，象5進7，前炮平三，包7退4，俥二平七，象7退5，俥七退二，車6進3，傌一進三，車6平3，俥七進一，象5進3。雙方先後兌去俥車傌馬炮包兵卒後步入了無俥車棋戰，雙方子力對等，局面平穩，局勢平淡易和。

23. 炮八平五　象7進5　　24. 炮五進六　將5平4

25. 俥二退一　車2進2！

紅雖在俥殺左馬之前，棄炮炸雙象，又逼將出中路佔優，但黑車還是佔據卒林線反擊，是一步攻守兼備的好棋！黑如貪走前包平1？？則後傌進四，車2平4，仕四進五，車4進1，炮五退二，包1退2，傌四進五，包7平5，

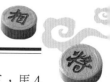

俥二進二，馬3進4，炮五進二，車4平5，俥二平五，馬4
退5，傌五進七，將4平5，傌七退九，馬5進6，傌三進
一，馬6進5，傌一退三，包1平5。雙方大量兌子步入了無
俥車棋戰後，黑雖兵種齊全，又有過河卒助戰，但紅多雙
相，形成了平淡的和棋之勢，雙方成和的可能性甚大。

26. 俥二進二??　………

紅俥管前包，積極求戰過早！紅宜先走俥二退一！車2
平7，前傌退五，馬3進4，炮五平九，後包平4，傌五退
三！車7進3，俥二平三，車7退1，相一進三，卒3進1，
相三退五。變化下去，黑雖有過河卒參戰，但已殘去雙象，
紅優於實戰，足可抗衡。

26. …………　馬3進4　　27. 炮五退二　後包平3

28. 相七進九　………

紅揚左邊相避殺，實屬無奈。紅如硬走相七進五??則
包7平1！變化下去，黑車馬雙包過河卒五子側翼攻擊後，
紅方即崩潰！

28. …………　車2平7　　29. 前傌退一　………

紅退前巡河邊傌捉包，明智之舉。紅如前傌退二？則卒
3平4，仕四進五，卒4平5，兵九進一（若兵五進一貪中
卒？則包7平2，傌三進四，車7平6，下伏包2進2塞相腰
後，3路包叫殺兇招，黑勢大優），卒5平6！變化下去，黑
也優勢；紅又如改走前傌退五??則卒3平4！傌五退三，車
7進3，俥二退一，包3平4，俥二平六，馬4進2，俥六退
二，馬2進1！俥六退二，馬1進3，俥六退一，馬3退2，
傌三退五，車7平5，炮五平三，車5平7，炮三退一，將4
平5！下伏包4平8！炮三平二，士5退4搶佔中路和車7平9

殺邊兵及追殺右邊相兩步先手棋，黑方大優。

29.………… 卒9進1！

黑挺邊卒欺傌，逼兌左炮，是一步擴勢爭先的好棋！

30. 傌一退三　車7進3　　31. 俥二退一　包3平4

32. 俥二平六　馬4進5　　33. 傌三退五　………

紅傌退窩心固防，無奈之舉。紅如貪走俥六退三??則車7進1，俥六平五，車7平1，相一進三，車1平7，俥五進一，卒3進1，紅雖多相，但黑多過河卒易走，反優於實戰，佔先。

33.………… 卒3進1？

黑衝3路卒，不給紅窩心傌進六路出擊機會，過急，又失進攻良機。黑宜先回中馬走馬5退6讓出中路回防為上策，紅如接走相九進七，則車7平5！俥六退一，馬6退5，俥六平七，馬5進7，炮五平二，包4平5，俥七平六，士5進4，俥六進二，將4平5，炮二進四，將5進1，下伏車5平8抽炮和馬7進8後再馬8進7的車控紅窩心傌入局兇招，黑將多子勝定。

34. 炮五退一　馬5進6　　35. 炮五平六　　將4平5

36. 炮六進三　士5進4　　37. 俥六平五??　………

雙方兌炮包簡化局勢後，紅鎮中俥叫將，劣著！過於放鬆後導致陷入困境。同樣揮俥，紅宜徑走俥六退四於左仕角，不給黑左肋馬回退反擊機會為上策。黑如接走馬6退5??則俥六平五，卒3平4，傌五進七！卒4進1，俥五平六！士6進5，俥六進一，馬5退6，俥六平三，馬6進7，相一退三，馬7進8，傌七進八，馬8退9，傌八進九。演變下去，紅反多雙相略優，紅勢雖優於實戰，但雙方和局已

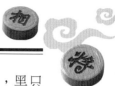

定。黑又如改走馬6進8？？？則相一退三！關死黑馬，黑只好走車7平8，相九進七！以下黑馬無躍出機會，雙方和勢甚濃。

37.………… 士6進5？

黑補左中士固防，隨手棋，易造成左翼底線漏風，同樣補中士，黑宜徑走士4進5為妥，演變下去，紅反無機可乘，黑棋易走。

38. 俥五平四　　馬6退8　　39. 俥四平二　　馬8進6

40. 俥二平四？？　………

紅俥再回右肋道捉馬，敗筆！再失堅守良機。紅宜傌五退七！車7平5，仕六進五，馬6退7，相一退三，卒1進1，傌七進六，車5平4，俥二平七，卒3平2，俥七退一，卒2平1，俥七平九，卒9進1，兵一進一！馬7退9，相九退九。演變下去，紅優於實戰，尚可堅守。

40.………… 馬6退8　　41. 傌五退三？？　………

紅卸窩心傌邀兌，再一壞招！丟失和棋希望。同樣追殺黑馬，紅不宜放傌出山，應徑走俥四退四不給黑馬躍出機會為妥。黑如續走馬8進9，則俥四退一，車7平9，俥四平二，士5退6，相一進三，變化下去，黑邊馬被管死後，紅方尚有和棋希望。

41.………… 馬8退6　　42. 傌三進四　　馬6進4

43. 傌四退六　　將5平4　　44. 仕六進五　　馬4退2

45. 俥四平七　　卒3平4　　46. 傌六進八？？　………

紅進傌頂馬，劣著！錯失最後求和之望。紅宜殺邊卒徑走俥七平九！黑如續走車7平9，則相一退三，車9平7，相三進五！卒9進1，相九退七！卒9進1，俥九進三，將4進

1，俥九退五！演變下去，黑雖多邊卒過河參戰，但紅多雙相聯手左肋俥共同防守，紅勢優於實戰，仍有最後求和希望。

以下精彩殺法是：卒1進1！俥七進三，將4進1，俥七退五，車7平9！相一退三，卒4進1！黑方抓住最後機會，挺邊卒，掃邊兵，現衝肋卒，已卒臨城下，直逼九宮。至此，形成黑車馬三個高卒雙士對紅俥俥高邊兵仕相全的必勝局面，紅方只好束手就擒，拱手請降了，黑勝。

此局雙方一開戰就進入了巡河炮橫俥對右中象左外肋馬之爭：紅進左俥盤河，黑平左包打俥，紅雙俥出擊，黑右車包巡河又打俥，雙方互不相讓，早早步入了中盤搏殺；但就在黑第14回合退肋包窺殺三兵走漏之機，紅卻在第15回合挺七兵點燃戰火，錯失先機。雙方雖兌去俥車兵卒後，黑在第17、21兩回合渡3卒欺炮和平車拴鏈俥炮兩次丟失抗衡良機，被紅棄左炮炸雙象得馬大佔優勢。不過，紅好景不長，當黑車佔據卒林線、攻守兼備反擊時，紅卻在第26回合走俥二進二監管前包又失良機。以後儘管黑在第33回合衝3路卒過急，但紅卻在第37回合走俥六平五叫將陷入困境，在第40回合走俥二平四捉馬再失堅守機會，在第41、46兩回合均錯失求和希望後被黑方渡卒殺兵，卒臨城下擒帥入局。

這是一盤雙方佈局在套路裡你推我擋，爭奪先手；中局攻殺雙方有漏：黑退肋包，渡3卒，車拴俥炮三次丟失良機，紅卻有6次與反先求和擦肩而過，其中最後兩漏丟失求和機會，甚為可惜！又是一盤雙方行棋走漏過多，兌子爭先和追殺子力過猛，其中黑方善於捕捉戰機，在失誤面前，敢錯敢改、轉變迅速、失誤較少；而紅方卻情緒波動大、不穩

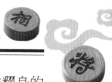

定、反應慢、效果差、效率低、遭被動、落下風、難翻身的精彩殺局。

第4局　(常熟)常洪　先負　(上海)黃杰雄

轉七路傌右橫俥卸中炮對左外肋馬右中象進左直車退右包

1. 炮二平五　馬8進7　　2. 傌二進三　車9平8
3. 兵七進一　卒7進1　　4. 傌八進七　馬2進3
5. 炮八進二　………

雙方以中炮巡河炮七路傌對屏風馬左直車互進七兵卒開戰。新型巡河炮陣法的行棋次序是右俥不動而是先左炮巡河，這是因為：一是紅如先亮出直俥，黑即走包2進4！不給黑伸左包巡河機會；二是紅先暫時不出右俥，也可保持其伺機而動的靈活性，使棋局在緩攻主旨下所能選擇的見機而動的出擊點會更多。紅如改走俥一進一，則可參閱本章「王曉華先負王天一」之戰。

紅又如改走炮八平九，成五九炮陣式，則黑可接走車1平2，俥九平八，包2進6（進包壓俥，是一種積極對抗的走法），俥一平二，包8進6（雙包齊壓紅雙直俥，是一步迅速擴大了己方子力活動空間的可取佳著），傌七進六，象3進5，炮九平七，士4進5。以下紅有兩種不同選擇：①傌六進七，包2平7，俥八進二（逼黑方未兌子來調整自己陣形，好棋）！車2進7，炮五平八，馬3退2，炮八進六！包7退2！相三進五（若傌七進九??包8退7，硬逼雙方兌子後，紅反無便宜），包7平1！傌三進四，包8平5（再次邀兌俥，意欲簡化局勢，使雙方由此步入無俥車棋戰）！俥二進九，包5退2！仕四進五，馬7退8，傌四進六！包5平

2，兵一進一。變化下去，紅雖少雙兵，但子位靈活。在以下無傌車棋戰中，紅反易走，且有攻勢。②炮七進四，卒9進1，兵九進一，包2退3（退包追殺左盤河傌，抗衡要著）！傌六退七，包2進1，演變下去雙方對峙。

紅再如改走傌七進六盤河出擊，則黑有包2進3和士4進5兩種變化，結果前者為紅方較優，後者為黑方略先。另外，當紅走傌七進六後，黑還可包8平9，俥一進一，士4進5（若車8進5？則炮八進二，車8進1，炮五平七，象3進5，相七進五，演變下去，紅勢開朗，子位相對要靈活易走），俥一平六，象3進5，俥九進一（再提左橫俥，成雙橫俥來增強進攻力量）。以下黑又有車1平4和車8進6兩路變化，結果均為紅方主動。

　5.………… 馬7進8

黑躍左外肋馬，旨在一可削弱紅巡河炮的作用，迫使紅方不能輕易兌去三路兵；二可封住紅俥直出後，馬可隨時踏三路兵窺殺中炮。黑如改走象7進5（補左中象後，黑有車8平7，也可防範紅借巡河炮兌三路兵活傌），俥一平二，包8進2（「左象左包巡河」是近年來網戰流行陣法之一，既避免了紅右俥過河侵擾，又可伺機兌3路卒取勢）。以下紅有傌七進六和兵三進一兩路變化，結果前者為雙方六大子俱在，兩軍隔河對峙，暗自尋找對攻機會；後者為紅在纏鬥中傌兌黑包，挺中兵暢通車路，成攻守兩利之勢，黑右翼受攻，紅前景看好。黑又如改走象3進5，則俥一平二〔亮右直俥刻不容緩！若兵三進一??則卒7進1，炮八平三，馬7進8（封住紅俥直出），俥九平八，車1平2，俥八進六，車8進1，兵五進一（防黑車8平7捉炮），車8平6！變化下

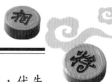

去，紅反難以展開攻勢〕，車1平3〔黑出右象位車，伏先棄3路卒，再進3路馬的反擊手段，對紅方能構成潛在性破壞。此招自20世紀60年代興起，很快就替代了當時常見的包8進2、包2進2和卒3進1等著法，並長盛不衰地流行至今〕，俥九進二。以下在紅高左橫俥護傌的穩正局面下，黑又有包2進2和包2退1兩種變化，結果前者為紅要兌三路兵活傌，黑則開出貼將車牽住紅方俥傌，使紅各子難以發威，故雙方和勢甚濃；後者為黑多一子面對紅淨多3個兵，且有包鎮中路局面，雙方對攻，互有機會，鹿死誰手，優劣難斷。

　　6.傌七進六　象3進5

　　紅左傌盤踞河頭後，將會在巡河炮的火力掩護下，牢牢地控制中場。

　　筆者曾在網戰中改走過紅俥一進一！象3進5，俥一平四，包8平9，俥四平二（在第7屆「五羊杯」象棋冠軍賽上胡榮華與呂欽之戰中紅曾走過炮五平六，結果紅方稍好），包2進2，傌七進六，包9平8，俥二平四，馬8進7。以下紅又有俥四進二、炮五進四、俥四進五3路變化，結果前兩者均為紅方主動易走，先後分別獲勝；後者為第5屆「五羊杯」胡榮華與柳大華實戰，結果為黑方滿意，而最終黑勝。

　　黑飛右中象，適時補強，厚實中路，相比之下，黑補左中象，陣勢要協調得多，且右翼子力出擊點要多於進左中象。

　　7.俥一進一　………

　　紅高起右橫俥，保持棋局變化，伺機佔肋道出擊。紅如

改走傌六進五，則馬3進5，炮五進四，士4進5，演變下去，紅雖多中兵，又有中炮攻勢，但大子出動緩慢，已明顯吃虧了。

7.………… 車8進1　　8.炮五平六 ………

巡河炮對付左外肋馬的特點是：雙方子力不急於接觸，或直接相衝突，而都在各自陣地上移步換形，重組戰陣，以調整子力結構，重新排兵佈陣，更全面、更耐心來窺測對方意向，選準攻擊目標。故就第7、8回合來看，雙方都可選擇多種走法：如在第7回合，紅可改走傌九進一、炮五平六、炮五平七等，黑也有士4進5等不同走法；又如在第8回合，紅現徑走的炮五平六是筆者所選著法，在實戰中出現較多。紅如改走傌九進一，成下二線「霸王傌」後，黑又有車1進1、馬8進7、包2退1和卒1進1四種變化，結果前者為紅追擊黑方薄弱點佔了上風；中一者為雙方以細膩著法糾纏，戰線漫長，勝負一時難斷；中二者為黑包兌紅三路傌後，為右車開出通道，形成相持之勢；後者為在雙方對峙中，紅逐步掌控局面。紅如傌九進一，則可參閱本章「呂欽先負趙國榮」之戰。

8.………… 包2退1！

黑先退右包伏擊，準備左移出來，或伺機馬後藏包反擊，著法靈活又機警。黑如硬先走車1進1，也形成下二線「霸王車」出擊。紅接走相七進五，則包2退2，傌一平四，車8平6，傌九進一，包2平3，炮八進二，馬8進7，傌四平二，包8平9，傌二進六，車6平8，傌二進一，車1平8，炮六進一，包9平7，傌六進五，車8平4，炮六平三！包7進4，傌五進七！車4進1，傌七退九，卒9進1，

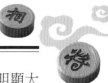

炮八退一。變化下去，紅勢開朗，多子多中兵後，明顯大優。

　　9. 相七進五　包2平3　　10. 俥九平八　車1平2

　11. 炮八進二　卒3進1　　12. 兵七進一　包3進3

　13. 俥一平四　包3平4!　　14. 炮六平七　………

　　雙方兌去兵卒後，黑果斷平高右象台包邀兌，恰到好處！是一步遏制紅要反先的巧著！黑方由此開始逐步進入佳境。黑如改走馬8進7？則俥四進二，包8平7，炮六進一，包3進2，俥八進二，包3退1，傌六進七，士4進5，兵五進一，馬7退8，炮六退一，包3退1，俥四進一！黑雖多卒，但紅子位靈活，反擊力大佔優。

　　紅平左仕炮避兌，穩正。紅如炮六進三？則馬3進4，炮八退三，包8平7！傌六進四，車8平6，俥八進一，車2進1，傌四進三，車6進7，俥八平四，馬8退7，炮八平六，車2進5！俥四進六，車2平4，俥四平三，車4平1！演變下去，黑多邊卒易走。

　　14. ………　馬8進7　　15. 炮七進一　馬7進5!

　　黑棄馬踩相，大膽潑辣，搶先發難！由此展開一場聲勢浩大的棄子奪勢攻堅戰。

　　16. 傌六退五　包8平7　　17. 炮七進三　士4進5

　　18. 傌三退一　………

　　紅退邊傌守底相，無奈之舉。紅如炮八退四？則包4進3！傌三退一，卒7進1，俥四平六，包4退7，相三進一，車8進5！變化下去，紅雖多子，但黑多過河卒和中象有攻勢。

　　18. ………　車8進6!

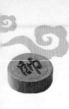

黑伸左車追殺中傌，是棄馬踏中相後的有力後續反擊手段。

19. 傌五進七　包4平5　　20. 仕四進五　車2平4!

21. 兵五進一　包5平3　　22. 俥四進二　卒7進1!

黑鎮中包，亮出右貼將車，為以後伺機進駐兵林線反擊奠定良機。至此，黑方棄子取勢，主動出擊，獲得成功！

紅現伸右肋俥於兵林線，旨在保護右邊傌出擊。紅如誤走俥四進三控制7路卒渡河參戰??則車8進1壓死邊傌後，黑勢立刻反先，易走。

現黑強渡7路卒助戰，由此步入反擊佳境！

23. 兵一進一　包3平7!

黑巡河包左右逢源，尋找反擊落點，緊湊，有力，可取，為以後伺機追回失子做了深層次的鋪墊。

24. 相三進五　卒7進1　　25. 俥四進五　…………

紅逃右肋俥塞象腰，實屬無奈。紅如俥四平五??則車8進1！兵五進一，卒5進1，炮八平一，車4進3，炮一進三，車4平3，仕五退四，卒7進1，俥八進一，卒7進1！俥五平四（若相五進三？後包進3！傌七退五，卒7平6，俥五平四，前包進4，仕四進五，後包進3！俥四退一，後包平5！俥四平五，包7平9！傌一進二，車8進1，仕五退四，車8平6！黑勝），卒7平6！俥八平四（若傌七退九???前包進5！仕四進五，前包平9！俥四平三，車8進1，傌一退三，車8平7，仕五退四，車7平6！黑勝），車8平6，俥四退二，車3進3！演變下去，黑也多包象大佔優勢。

25. …………　車4進6!　　26. 炮八進一　………

紅伸炮棄傌，窺打中象，力求一搏，明智之舉！紅如硬

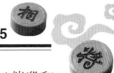

逃傌七進八？？則車8平5殺中相後，以下伏將5平4催殺和卒7進1直逼九宮兩步兇招，紅方將厄運難逃。

26. …………　　　　車4平3！
27. 炮八平五　　　　將5平4
28. 傌八進五　　　　前包平3(圖4)
29. 炮五平六？？？　………

當黑追回一子，紅奪回一象後，黑雖多過河卒略優，但紅仍有兌車求和希望，故如圖4所示，紅宜炮七退三兌車為上策。黑如接走馬3進2，則炮七退二，包3退3，傌四退三，馬2進1，炮五平九，包3平1，傌四平六，包7平4，炮九退四！包1進5，傌六退二，包1進3，相五退七，車8平3，炮七平六！將4平5，炮六進六！車3進2，傌六平九！士5進4，仕五進六。以下黑又有兩種不同對攻選擇：

①包1平4，傌一平七！
演變下去，黑雖多卒象佔優，但紅勢好於實戰，戰線不短，足可周旋；

②車3退1，傌九退三！
車3平9，傌九進六，車9退3，傌九平五！士4退5，仕六退五，卒9進1，傌五平三，卒7平6，兵五進一，車9平5，兵五平六，卒9進1，傌三進三！變化下去，黑雖淨多過河卒佔優，但紅勢優於實戰，尚有一線求和希望。

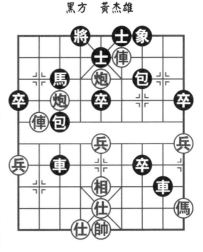

黑方　黃杰雄

紅方　常洪

圖4

以下精彩殺法是：車8平5！俥四退三，車3平4，俥八平七，車4退4，俥七平六，車4進2，俥四平六，將4平5，俥六平三，包7平5，俥三退二，車5退2！傌一進三，車5平3，炮七平六，馬3進4，俥三進二，馬4進2，俥三平八，車3平7！帥五平四，馬2進4！雙方連續對攻，先後兌去俥車炮包兵卒後，黑乘勢借中包之威，車馬冷著，騎河又臥槽，直逼九宮大佔優勢。現車逼三路傌，黑勝無疑。紅如接走，有兩種不同選擇：

①俥八平六??馬4退5，俥六退三（若傌三進五??車7進4！帥四進一，馬5進6，俥六退二，包5平6，仕五進四，車7平5！傌五進四，馬6進8！黑勝），馬5進6，俥六平八，包5平6！以下紅又有3種不同選擇：(a)傌三進四??車7平6，仕五進四，馬6進4！俥八平六，車6進2，帥四平五，車6平4！棄馬得俥，又多卒士象，黑勝；(b)仕五進四??馬6進4！仕四退五（若傌三進四???車7進4！黑速勝），車7平6，仕五進四，車6進2！黑也勝；(c)帥四平五???馬6進7，帥五平四，車7平6也殺仕抽俥勝。

②俥八退二??馬4進3！俥八平七（若俥八退一???包5平6！帥四進一，馬3退4！俥八平六，車7平6，仕五進四，車6進2，帥四平五，包6平5，帥五平六，馬4進2，俥六平八，車6平2，傌三進四，車2進1，帥六進一，車2退5，炮六退三，車2平4，帥六退一，包5平4！帥六平五，包4進4！黑多車卒士象完勝），馬3退5，炮六退四，包5平6，帥四進一（若帥四平五???馬5進7，帥五平四，車7平6，仕五進四，車6進2！黑勝），馬5退6，炮六平四，馬6進7！炮四平五！馬7退6，炮五平四〔若仕五進

四???馬6進5，紅又有兩種選擇：(a)俥七平四???車7進3！黑勝；(b)帥四平五???馬5退3抽紅俥後，黑也完勝〕，車7進3，帥四退一，馬6進7，帥四平五（若炮四平五或走俥七平四???車7平5，黑勝），包6平5！下伏車7進1，借馬包之威，沉俥擒帥也是黑方完勝。

　　此局雙方一開戰就捲入了巡河炮對左外肋馬之間的爭鬥：紅進七路傌，高起右橫俥，卸中炮調整陣形及時；黑補右中象，高左直車，退右包積極抗衡。當雙方巧妙兌去3卒七兵早早地步入中盤搏殺後，黑先平右象台包邀兌，紅平左仕角炮避兌之機，黑外肋馬連踩三兵踏中相搶先發難，挑起了棄子奪勢攻堅戰後，紅及時飛炮佔卒林，雙傌馳騁，補上仕相，挺起雙兵，俥塞象腰之時，黑也雙車出擊，巡河包左右逢源，渡7卒欺俥，搶佔空間，佔據要隘，埋下伏筆，耐人尋味！然而雙方爭鬥好景不長，就在黑伸右貼將車於兵林線砍傌追回失子後，紅飛左炮也奪回中象之時，紅卻在第29回合走炮五平六卸中炮而錯失求和機會，被黑方緊握戰機，先兌俥車炮包兵卒，再車欺炮出馬，接著車馬冷著，騎河又赴臥槽直逼九宮發威，最終黑僅在多中卒象的優勢下，車馬包聯手，踩傌，車叫帥，鎮中包逼帥，借馬包之威，沉底車擒帥。

　　這是一盤雙方在佈局按套路爭奪有度；中局伊始各攻一翼、互有顧忌；紅方錯失兌車求和機會有些可惜，黑在大子對等局勢下，徐圖進取、不急不躁、絲絲入扣、不溫不火、精準打擊、刻不容緩、注重細節、不留後患的成熟應對戰術，令人大飽眼福、讚歎不已的超凡脫俗的精彩殺局。

第5局 （杭州）黃海林 先勝 （北京）金波

轉左傌盤河雙橫俥卸中炮對右中象橫車佔左肋道高左直車

1. 炮二平五　　馬8進7　　2. 傌二進三　　車9平8

3. 兵七進一　　卒7進1　　4. 傌八進七　　馬2進3

5. 炮八進二　　………

這是2014年8月11日全國象甲聯賽第13輪，雙方以中炮巡河炮對屏風馬左直車互進七兵卒拉開戰幕。紅如改走俥一進一，可參閱本章「王曉華先負王天一」之戰。

5. …………　　馬7進8　　6. 傌七進六　　象3進5

7. 俥九進一　　………

紅先高起左橫俥新變，準備搶佔肋道或啟用雙橫俥，以下二線「霸王俥」陣式出擊。紅如改走俥一進一，則可參閱本章「常洪先負黃杰雄」和「趙鑫鑫先勝鄭惟桐」之戰。

7. …………　　車8進1

黑高起左直車，旨在右移出擊，著法機警。黑如馬8進7？則俥一平二！演變下去，紅易反先；黑又如改走士4進5，炮五平六，包2進2。以下紅又有相三進五、相七進五和俥一進一共三路變化，結果均為紅方易走，略先。

8. 俥一進一　　…………

紅高起右橫俥，成下二線「霸王俥」陣式反擊，屬改進後流行走法。筆者應對過炮五平六，卒1進1，相三進五，車1進3，仕四進五，車8平6，俥一平四，車6進8！仕五退四，車1平2，炮八進三，車2退1，傌六進七，馬8進7，俥九平四，士4進5，俥四進七，包8平6，相五進三，卒7進1，傌七進五，馬3退2，俥四平三，象7進5，俥三

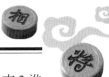

退四，車2進5！仕四進五，車2平3，俥三退一，車3進2！俥三進一，馬2進3。變化下去，紅多兵，黑多象，雙方互有顧忌，最終雙方大量兌子成和。

8. ………… 車1進1

黑高起右橫車，也形成下二線「霸王車」陣勢抗衡。以往網戰曾流行過黑先走馬8進7，炮五平六，車1進1，相三進五，車1平6，俥一平二，包8進4，俥二進一，包2進2，仕四進五，包8退3，俥二退二，馬7退8（宜先走包8平7）？俥二平四，卒7進1，兵七進一（棄七兵，飛左炮要炸7卒，正著。如改走相五進三？包2平7，演變下去，黑反易走），卒3進1，炮八平三，車6進8，仕五退四，車8平6，俥九平八，包2退1，傌六進七，車6平2（紅大膽進左傌邀兌，靈活，緊湊而有力；黑肋車右移保包，無奈之舉。如硬要走包8平3？？？俥八進五！車6平4，仕六進五，車4進2，炮三進二，馬8退6，炮六平七，包3進4，俥八平六，包3平7，炮三平五，馬3進5，俥六平五，馬6進8，俥五平一，卒1進1，兵一進一！變化下去，紅多中兵，有車大優），炮六平七，包8平3，炮七進四，包2進4，傌三進二，車2進4，兵一進一！演變下去，黑車包被拴鏈，下伏炮七平一打邊卒後可渡一路兵過河參戰的先手棋，紅反易走，略先。

9. 俥一平四　馬8進7　　10. 炮五平七　車8平6？？

至此，雙方形成中炮巡河炮雙橫俥佔右肋道對屏風馬左外肋馬右中象橫車高左直車互進七兵卒陣式。黑平左肋車邀兌，過急，易遭被動，要落下風。黑宜先走車1平4！炮七平六，車4平6，巧妙將炮引離七路線後，攻殺局面將會有

較大區別，且也更有利於黑方反擊。黑如改走包2退2，可參閱本章「趙鑫鑫先勝鄭惟桐」和「李少庚先負蔣川」之戰。

　　11. 俥四進七　　車1平6　　　12. 俥九平二　　包8平7
　　13. 相三進五　　車6平7??

　　雙方兌俥車後，紅果斷左橫俥右移追殺左包又補右中相及時固防中路之機，黑方見紅已脫棋譜套路，竟然走了步7路包後藏車的出乎意料之招，令人費解！從以下實戰效果看，這是一步非常不理想的劣著，由此落入下風。其實黑宜徑走士4進5為上策，足可抗衡。紅如續走俥二進六，車6進1！傌六進七，包7進1。以下不管紅方是否兌俥車，黑方均優於實戰，尚可抗衡，不會因失勢而落入下風。因為一旦雙方兌俥車，步入無俥車棋戰後，都有七路傌（馬）踩中象（相）的這招棋。

　　14. 俥二進六　　包2平1　　　15. 傌六進七　　包1進4
　　16. 傌七進五！　　………

　　紅方不失時機，進俥捉包，左傌踏卒，連踩中象，明顯佔優，充分體現出七路炮位和六路炮位的很大區別。紅炮如在六路的話，就沒有先棄後取、多得中象的反擊手段了。

　　16. …………　　象7進5　　　17. 炮七進五　　象5退3
　　18. 兵七進一　　包1進3　　　19. 兵七平六!?　　………

　　紅平過河兵佔左肋道，屬進取下法。賽後分析：紅可徑走仕四進五先補一手固防中路，靜觀其變，也是一種不錯的選擇。黑如接走卒5進1，相五退三，卒5進1，炮七退一，包7進1，炮七平五！下伏俥二平五叫將抽子兌招，也是紅方佔優，易走。

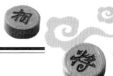

19.…………　　　車7平2

20.炮八平七　　　包7退1

21.俥二平三（圖5）　車2進6？？？

此刻，黑方用時還剩下不到5分鐘，黑有些慌不擇路地大膽用棄左包來進車追殺中相，匪夷所思地更出乎紅方的意料，敗著！導致丟子失勢而陷入困境。如圖5所示，黑宜馬7進9！以下紅有兩種選擇：①傌三退二，馬9進8！後炮進五，士4進5，俥三進一！車2進1，後炮退一，馬8退6，後炮平六，馬6退5，俥三退三，車2進5！此時追殺中相，要比實戰棄包追中相局勢好得多。變化下去，雖仍是紅多雙相佔優，但黑兵種齊全，反擊力度還不小，也不可小覷，可以抗衡。②後炮平四，車2進6，仕四進五，包7平4，傌三退四（也可俥三平六，包4平7，俥六平三，包7平4，雙方不變，可判作和），馬9進7，炮四退三，車2平5，俥三退二，馬7退6，俥三退二，車5退1，兵六平七！紅保護左底相，演變下去，黑雖多中卒，但紅俥拴鏈兵行線車馬，又有過河兵參戰，戰線不短，足可抗衡，鹿死誰手，勝負難斷。

22.俥三進一！　象3進5？？？

紅俥殺左包得子佔先後，黑揚象避殺，又一敗筆！錯失了以後漫長的糾纏機會而一蹶不振，真令人大跌眼鏡！既然已獻包追殺中相，黑就宜徑走車2平5！為上策。以下紅走仕四進五，車5平7！後炮進五，士4進5，俥三退二，車7進2，仕五退四，馬7進8！俥三退五，馬8退6，帥五進一，馬6進7，後炮退一，卒9進1，炮七平六！馬7退9，兵五進一，馬9退7，帥五退一，馬7退9，炮七退三，卒1進1，炮七平五，將5平4，兵五進一，卒9進1。至此，紅

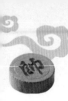

雙炮雙過河兵在中間，黑馬包雙卒在兩邊。紅雖多底相，但黑方兵種齊全，雙方互有顧忌。在以後的漫長格鬥中，黑可抗衡，勝負一時難定。

23. 仕四進五　　馬7進5

24. 帥五平四??　………

在本屆象甲聯賽上半程中，黃大師的臨場狀態有些失常，有時還不盡如人意。當黑補右中象後，又馬踏中相之機，紅在思考了長達20分鐘後，竟然被勝利沖昏了頭腦，

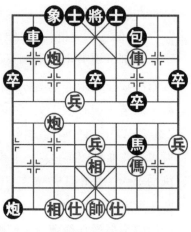

黑方　金波

紅方　黃海林

圖5

出中帥，昏招！差點斷送了即將到手的勝利果實，令人費解，不可思議。其實此時紅方只需簡單地走後炮平二就可勝勢，以下黑有兩種選擇：①士6進5??俥三退三，車2平3，兵六平七，車3平2，炮二退二！演變下去，紅反多子得勢後，必勝無疑，黑頹勢難挽；②馬5進7???帥五平四，車2平7，炮二進五！象5退3（若誤走士6進5??俥三進一，士5退6，俥三退四，士6進5，俥三退三，馬7進9，炮七退三，卒9進1，炮七平二，士5進6，俥三進七，將5進1，俥三退一，將5退1，前炮平一！馬9退8，炮二進五！紅速勝），炮七平三，車7平8，炮三進二！借俥和底炮之威，沉炮絕殺，紅方完勝。

24. …………　馬5退7　　25. 俥三退二　………

紅退俥既避捉，又避殺，無奈之舉。紅如硬走後炮平

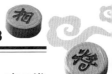

二??則車2平7！炮二進五，象5退7，炮七平三，車7進
2！在紅右伸雙炮絕殺之前，黑左翼車馬已捷足先登，先手
帶殺，黑反完勝紅方。

25. …………	馬7進8	26. 帥四平五	車2平7
27. 伸三平四	車7進2	28. 仕五退四	車7平8
29. 前炮平八	士4進5	30. 炮八進二	將5平4??

經過黑方車馬的頑強奮戰追回失子後，局勢已有所緩
和，但黑此時御駕親征，出將避殺，卻又是錯!!黑宜先走
象5進3頂相台炮避殺為上策，紅如續走兵六平七，車8平
7！黑方多走了這招棋後，使整個局勢變得相當混亂，變化
下去，黑尚有機會，優於實戰，可以抵抗，勝負一時仍難斷
定。

31. 兵六進一??　…………

紅進肋兵入卒林線，過急，再失良機。紅宜先走炮七進
五頓挫出擊後，將4進1，炮七退六！將4退1，兵六進一!!
這樣進肋兵反擊後，黑方以後就沒有棄馬退車抓炮的反攻手
段了。

31. …………	馬8進6	32. 伸四退八	車8退4

33. 炮七進五　………

紅也可徑走炮七平四攔車，不給黑騎河車右移反擊機會
後，用這樣的反擊手段來保留更多子力也是一種不錯的選
擇。

33. …………	將4進1	34. 伸四進二	車8平4
35. 伸四平九	車4進4	36. 帥五進一	車4退6
37. 伸九退二!	車4平2	38. 炮八平九	車2退3
39. 伸九進六	車2平3!	40. 相七進五	卒5進1

41. 俥九進二　　將4進1　　42. 俥九退三　象5進3

43. 俥九進一　　將4進1　　44. 俥九平六　士5進4

45. 炮九退九？？　…………

雙方先後兌去炮包兵卒，黑揚中士後，紅仍多子佔優，但現邊炮直接退己方底線，過於隨手，又太極限了。同樣退炮，紅宜徑走炮九退三窺殺雙卒，較為理智；或直接走炮九退八，下伏炮九平六先手炸士出擊，更為明智，以後著法可以證實。

45.　…………　　車3平1　　46. 炮九平六　車1進8

47. 帥五退一？　………

紅退中帥，又一漏招！宜走炮六進一，以避免紅炮受牽制為上策。紅在第45回合如走炮九退三，則黑方就無車3平1捉邊炮的棋；紅又如在第46回合改走炮九退八，則現在黑方也沒車1進8拴鏈炮帥的棋了，可見一招失誤，幾步受牽。

以下精彩殺法是：將4平5，俥六平五！象3退5，俥五退一，車1平4，炮六平七，車4平3，俥五退一，車3退2，炮七平六，車3平4，兵一進一，車4進1，相五退三（以下20餘回合黑方走得非常精細和頑強，給紅方取勝巧設了很大的障礙；而紅方此時只剩下2分鐘了，讓旁觀者都緊張得心驚肉跳，驚險刺激！現同樣飛相，紅宜走相五進七更為穩正）？車4平7，俥五進二，卒7進1，俥五平一，車7退1，俥一平五，卒7平6，相三進五，車7進1，相五退七（仍宜走相五進七為好，黑如續走車7平9，炮六進五！這樣變化下去，紅可不給車9進2叫帥殺底相的反擊機會）？車7平9，俥五平四，車9退2！俥四進三！卒6平5（平卒

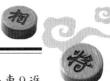

邀兌，好棋！令紅方感覺到已很難取勝了。黑如貪走車9進1???俥四退五！車9平5，帥五平四，象5進3，炮六進二！車5進3，帥四進一。紅下伏炮六平五鎮中路後與右肋巡河俥聯手殘士破象後，黑要求和，難度頗大）！俥四退六！卒5平4（又一敗筆！錯失求和機會。由於黑用時實在匆忙，為最終失利留下了不可原諒的後患。黑宜先走車9平6，如能邀兌肋車後，將形成在正常情況下，紅炮高兵單相對黑高卒單士單象的殘棋局面，紅方取勝非常困難，黑卻可逃過一劫）???帥五平四，卒4進1，俥四進五，將5退1，俥四退一，將5進1（進中將，最後敗招！尤其在用時非常緊張的情況下，出於正常反應，黑容易漏看紅俥此刻殺中象這一手巧招。黑宜徑走卒4進1！俥四平五，士4退5，俥五平八，車9平6！帥四平五，將5平6！這樣黑車卒將三者聯手還擊後，黑宮頂肋卒對紅帥威脅很大，演變下去，雙方均有顧忌。黑方仍有一些機會，戰線不短，尚可支撐，不會一下子落敗）??俥四平五！將5進1，炮六平五！車9平5，兵五進一！卒4平5，兵五進一，將5退1，兵五進一！將5平4，炮五平六！將4平5，兵五平六！卒5平4，帥四進一！至此，形成紅炮高兵單相對黑高卒的必勝局面。

　　黑如續走卒4進1??兵六進一，卒4進1（若卒4平3??炮六平五，卒3平4，相七進五！紅勝），炮六平三，卒4平5，帥四進一，卒5平4，相七進九！卒4平5，相九進七，卒5平4，炮三平五！將5退1，兵六進一！卒4進1，炮五進一，卒4平5，相七退五！紅炮兵相完勝黑卒。黑又如改走卒4平5???兵六進一，卒5平4，炮六平五！將5退1，兵六進一！卒4進1，相七進五！紅底炮中相左肋兵也完

勝黑卒。最終杭州環境集團隊和強大的北京威凱建設隊以4：4激戰成和，既展示出杭州新軍頑強大氣的拼搏精神，也增強了他們敢於和強隊決一高下的抗衡決心。

此局雙方一開戰就步入了巡河炮對左外肋馬的格鬥：紅左傌盤河，高起雙橫俥佔右肋道；黑補右中象，高起右橫車和左直車，也形成了下二線「霸王車」相抗衡。就在黑左外肋馬踩三兵，紅卸中炮之際，黑卻在第10回合走車8平6邀兌而落入下風，在第13回合走車6平7又陷入被動。進入中盤搏殺後，黑第21、22兩回合走車2進6棄包追中相和補中象，錯失兩次糾纏機會後丟子失勢。以後儘管紅方在第24回合出中帥差點斷送勝利果實，黑方還是在第30回合出將避殺，又錯失良機而陷入困境。以後紅雖又在第31、45、47回合先後挺左肋兵，退邊炮，回中帥走漏，但黑方還是「晚節不保」地在第62回合平中卒，在第65回合進中將，錯失最後機會而最終敗北。這是一盤佈局雙方以下二線「霸王車」抗衡不分上下；中盤廝殺後黑先四失良機陷入困境，紅也4次走漏差點斷送大好江山，最終還是黑方由於用時吃緊與和局擦肩而過而敗北的雙方都出錯甚多的精彩殺局。

第6局 （廣東）呂欽 先負 （黑龍江）趙國榮

轉左傌盤河雙橫俥卸中炮對右中象橫車退右包高左直車

1. 炮二平五　馬8進7　　2. 傌二進三　車9平8

3. 兵七進一　卒7進1　　4. 傌八進七　馬2進3

這是2011年5月21日第3屆「淮陰・韓信杯」象棋國際名人賽B組第2輪呂欽與趙國榮之間的一場龍虎激戰。雙方以中炮緩開俥七路傌對屏風馬左直車互進七兵卒拉開戰幕。

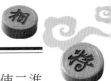

紅如改走俥一平二，馬2進3，俥二進六，包8平9，俥二進三，馬7退8，炮八進二。以下黑方有兩種不同變化的選擇：①在本屆B組首輪德國耐格勒與吳宗翰之戰中走象3進5，結果雙方在無俥車棋戰中，黑方以馬包卒聯手擢城擒帥獲勝；②在本屆B組第4輪德國耐格勒與蔣川之戰中改走包9平7，結果黑方也淨多馬和過河卒完勝紅方。

5.炮八進二　馬7進8

紅高起左炮巡河，形成中炮巡河炮陣式。紅如改走俥一進一？象3進5，俥一平四，包2進4，兵五進一，士4進5，俥四進二，包2退2，炮八平九，車1平2，俥九平八，包8平9。以下紅又有俥八進四、兵五進一和兵九進一這三路變化，結果前者為黑方勝勢，中者為黑優易走，後者為黑方先手。也可參閱本章「王曉華先負王天一」之戰。

黑進左外肋馬，意在封鎖紅右俥直線出擊，屬當今棋壇主流變例之一。

6.傌七進六　…………

紅左傌盤河出擊，既著法緊湊，又含蓄有力。紅另有兩變做參考：①炮五平六，象7進5，相七進五，包2退1，傌七進六，包2平7，傌六進七，車1進1，兵七進一，車8進1，仕六進五，車1平2，炮八平七，車2進5，兵七平八，包7進1，俥九平七，車2退2，炮七進三，包7平3，傌七退六，車2退1，兵一進一，車8平9，俥一進一，馬8進7，俥一平二，卒5進1，變化下去，黑多卒，紅子位靈活，均勢。②兵三進一？卒7進1，炮八平三，象7進5，炮五平六，車1平2，俥九平八，包8平7，炮三平六，馬8進7！前炮平三，車8進4，相三進五，卒3進1，兵七進一，車8

平3！傌七進六，包2進5！演變下去，黑易走，在雙方互纏中。

6. ………… 象3進5

黑先補右中象，主流變例。筆者曾應對過黑象7進5，傌一進一，車1進1，傌一平四，馬8進7，炮五平七，車8進1，傌九進一，車1平6，傌四進七，車8平6，傌九平二，包8平7，相三進五，卒9進1，傌二進六，馬7退6，傌三進二，馬6進4，炮八平六，馬3退2，炮六進二，卒7進1，傌二進三，車6進3，炮六平九。黑雖有過河卒助戰，但紅有3子壓境，子位靈活易走，佔優，結果紅多兵入局。

7. 傌一進一 …………

紅高起右橫傌，旨在儘快開動右翼主力。紅如先走傌九進一，可參閱本章「李少庚先負蔣川」和「黃海林先勝金波」之戰。

7. ………… 車8進1

黑高起左直車（也稱「短車」），是20世紀90年代興起的主流戰術之一。網戰曾流行過另外兩變：①士4進5，炮五平六（先卸中炮，準備轉形出擊，著法積極。如炮五平七，包2進2，相七進五，包2平4！變化下去，黑足可抗衡）。以下黑又有車8進1和包8平7兩種變化，結果前者為黑方易走，後者為紅左翼佔勢，黑有過河卒助戰，雙方各有所得，互有顧忌。②馬8進7（先得實利），傌一平二，車8進1（準備聯車出擊），炮五平七，車1進1，相七進五，包8平7，傌二進七，車1平8，炮八退一（宜仕六進五）？車8平4！炮八進一，車4進3，仕六進五，士4進5，傌九平七，包2平1，炮七平六，車4平2，傌六進七（踩卒，授人

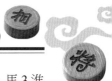

以隙），車2退1，炮六平七，包7進1，傌七退六，馬3進4，炮八平九，包1平4，兵七進一，包4進3，兵七平六，包4平2！下伏卒1進1殺邊炮兇招，黑有望得子大優。

　　8. 傌九進一　馬8進7

　　黑策馬踏兵，先撈實惠。筆者在網戰改走過黑車1進1！炮五平六，包2退2，相七進五，車1平2，炮八進五，車2退1，傌九平八，車2進8，傌一平八，車8平7，傌八進五，包8進1，傌八進一，包8退1，炮六進一，車7平6，傌三退五，馬8進9！傌五進七，馬9進7，仕六進五，車6進4，傌八退一，馬7進5！傌八平七，馬5退6！傌六進四，車6退1！演變下去，雙方大子等、仕（士）相（象）全，黑淨多中卒易走，結果黑多雙卒擒帥入局。此招法也可參閱本書首局「趙鑫鑫先勝鄭惟酮」之戰和「黃海林先勝金波」之戰。

　　9. 炮五平七　車1進1

　　紅卸中炮，及時調整陣形，一改以往網戰流行的紅傌一平二。以下黑方有兩種選擇的走法，意要出奇制勝：①士4進5，炮五平六，包2退1，炮八退一，包8平7，傌二進七，包2平8，傌九平二，包8平7，炮八平七，車1平2，仕四進五，車2進6，炮七退二，車2平3，炮六平七，車3平4，傌六進七，馬7退6，傌二平四，車4進2，傌四進四，車4平3，傌七退六，前包進5！炮七進五，車3退3！傌六進五，車3退2，傌四平五，車3進6！演變下去，紅兵種齊全，黑多中象易走；②筆者在網戰應對過車1進1？傌二進五，馬7進5（棄馬踩中炮，簡化局勢，主動積極），相七進五，卒7進1，相五進三，車1平4，傌六進七，車4

進2，兵七進一，車8平4，俥九退一，包8平6，俥二平四，士4進5，相三退五，前車進2（進車追炮後，準備用先棄後取手段來打開僵持局面）！兵七平八！前車退1，炮八進三！前車平2！俥四平五（俥殺中卒，好棋）！車2退2（若硬要走馬3進5？？？俥七進六！包6平2，俥六退五！紅多子多兵勝定），俥五平一，車4進3，俥一平三，車2進2，俥九平七！演變下去，黑方兵種齊全，紅方多中兵易走，結果紅多兵勝。

10. 相三進五　包2退2

至此，雙方均有一對下二線「霸王車」對峙，都有俥馬炮包在搶佔地形，但從紅左翼的俥雙炮對黑3路線的威脅來看，黑現右包速退底線是準備隨時可支援守護3路線，以解除後顧之憂。由此，兩方已形成了大體均勢的雙方對峙，搏殺將會一觸即發，不可避免了。此時，紅也可徑走俥一平四！包2退2，俥四進六，士4進5，俥四退一，包8平7，相七進五，車1平2，炮八進五，車2退1，俥九平七！變化下去，黑雖多卒，但紅子位靈活，下伏俥四平三和馬六進七兩步先手棋，紅仍先手。

黑也可改走卒1進1，炮八進二，包2退2，馬六進五，車1平2，炮八進三，車2退1，馬五進七，包8平3，俥一平六，車2進7，俥九平七，車8進2！演變下去，雙方雖子力對等、局勢平穩，但黑大子佔位靈活，主動，易走。

11. 炮八退一！　…………

紅退巡河炮於兵林線打馬，是呂特大推出的最新探索型佈局攻殺「飛刀」！一改以往柳大華、汪洋走過的俥九平四，車1平6，馬六進七，車6進7，俥一平四，車8平2，

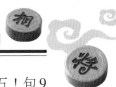

炮八進五，車2退1，俥四進六！包8平9，傌七進五！包9平5，炮七進五，車2進2，炮七進二！士4進5，俥四退四，車2平3，俥四平三！車3退2，俥三進二，象7進9，俥三進二，車3進2，仕四進五（不給包5進4叫帥抽俥機會）！下伏俥三平一殺邊象凶著！紅反多兵和雙相大優的走法，要出奇制勝。

　　11. …………　馬7退8　　12. 傌六進七　包2平3
　　13. 傌七退六　卒7進1!

　　黑果斷棄7路卒，精妙絕倫！表明趙特大的決戰心態，算準待滅紅七路兵後可徹底擺脫3路線受牽困境，為以後爭先奪勢埋下伏筆。

　　14. 相五進三　車8平4　　15. 炮八進一　車1平2
　　16. 俥九平八　包3進5!

　　黑棄7卒後，連揮雙車追傌欺炮後，現飛底包炸七兵窺殺雙相，至此，黑勢開始逐步反先、易走了。

　　17. 炮七平六　　車4平7(圖6)
　　18. 相三退五???　………

　　紅退右高相護右傌，敗著！錯失良機，由此陷入被動，落入下風。同樣揚相，如圖6所示，紅宜走相七進五為上策。黑如接走包3退1，炮八進二，包3平4，炮六進三，馬3進4，炮八平一，車2進7，俥一平八，車7進2，炮一退一，馬8進6，傌三進四，馬4進6，俥八平四，馬6退4，俥四進四，馬4退3，炮一進四！士4進5，傌六進七！車7退1，俥四平二。變化下去，下伏傌七進九！紅方將多兵得勢反先，強於實戰，足可一搏，鹿死誰手，勝負難定。

　　18. …………　包3退1　　19. 炮八進三??　…………

紅進左炮拴鏈馬包，直窺殺中象，又是一步挑起決戰架勢的劣著！因黑六大子佔位靈活，反彈力甚大，一旦走軟無法彌補，掌控不住是要敗落的。此時此刻的求穩戰法是紅改走傌三進二！黑如接走包3平4，炮六進三，馬3進4，炮八平七，車2進7，俥一平八，包8進3，炮七平二，馬8進6，兵一進一，車7進5，俥八進二！變化下去，雙方均勢，和勢甚濃。

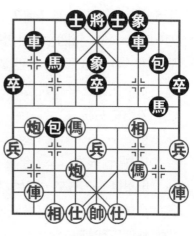

黑方　趙國榮

紅方　呂欽

圖6

19. ………… 包3平4　　20. 炮六平九 …………

紅肋炮平左邊路是因為紅三路傌已在黑左車口中，但也可徑走炮六進三！馬3進4，炮八平二，車2進7，俥一平八，車7進6，炮二平四，車7平6，炮四平二，士6進5，俥八進四，馬4退6，炮二退一。變化下去，紅炮可打卒後發威，佔有兵種齊全和多兵優勢，也是一個不錯的選擇。

20. ………… 車7平4

黑左車右移，妙藏包後，精妙之極！把左盤河馬當作進攻紅方的希望所在，即下伏包4進5轟炸底仕反擊兇招，其實在這20個回合中，左車走了4步，是所有大子中走得最多的一個（還有黑右包也走了4步）；而紅方也認為要用好左傌，是成敗的關鍵。從以下實戰看，黑方如能防住這匹「烈馬」，就等於化解了紅方的攻勢，那麼，黑能如願嗎？讓我

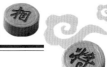

們拭目以待吧！

21. 傌六進四　包4平3

黑肋包平象台讓路，徐圖進取之招，也可徑走包4平2關炮出擊。紅如續走炮八平九，車4進3，傌四進二，車2平7，傌二進四，車7平6！俥一平四，士4進5，傌四退二，車6進7，俥八平四，將5平4，仕四進五，車4平7！紅如接走俥四進四？車7退1！後炮進四，卒5進1，黑必得子大優；紅又如改走傌二退四??卒5進1！紅騎河肋傌厄運難逃，黑也多子反先；紅再如硬走俥四進五??車7進3！後炮平三，馬8退6！黑還是得馬大優，強於實戰。

22. 炮八平九??　車2平1　　23. 前炮平八　車4進3!

紅方連續平前炮，牽強，戰略意圖不明，與先前紅進炮的目標不一致；而紅炮入處後，無防守作用，攻守又不平衡，故紅方在第22回合可改走俥一平四來整形、紮實陣營，守住要道，勿貪眼前，徐圖進取，以待謀求戰機為妥。

黑伸右肋車巡河欺傌，正著。黑如繼續徑走車1平2？炮八平九，車2平1，前炮平八。雙方不變要判和棋，這當然是黑方所不願意接受的。

24. 傌四進二??　士4進5

紅傌進臥槽，劣著！鑽入死胡同裡，導致速入下風，陷入被動。同樣運傌，紅宜徑走傌四退二連環退守為上策。黑如續走車4進1，傌二退一，變化下去，尚無大礙，足可抗衡。

黑不失時機，從容補中士，困住紅傌，不給它掛角叫將的反擊機會，使此傌一時無法達到攻擊效果。此時，如紅八路炮在卒林線，右橫俥又佔據右肋道，那會使紅有一定的策

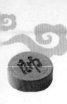

應反擊作用，可惜這些在實戰都沒看到。

　　25. 俥一平六?? 　車1平2!

　　紅右橫俥佔左肋道，過急，易被黑平邊車所利用而陷入困境。紅宜改走俥一平四佔據右肋道來應對黑方紮實且極有反彈力的子力佔位防線為上策，因雙方在對攻搏殺中，風險與機遇始終是並存的。一旦紅方攻擊不成，且又疏於防守的話，定將埋下隱患，甚至是禍根。

　　黑不失機會，果斷亮出右邊車拴鏈紅左翼俥炮，硬是讓紅左肋俥的兌俥計畫突然化為泡影，紅俥只好離開而再度損失。

　　26. 俥六平七　…………

　　紅逃肋俥，明智之舉。紅如硬走炮八平五??? 象7進5！俥六進四，車2進7，傌二進四，士5進6，俥六平二，包8平7，俥二進二，包7進4，俥二平四，馬3進4。變化下去，黑雖殘去士象，但多子反先，易走，有攻勢。

　　26. …………　車2退1 　27. 俥八進五　車2平4!

　　黑雙車佔右肋道窺殺底仕，佳著！隔斷紅左俥右移線路，使紅右翼薄弱底線暴露無疑，為最終破城擒帥做深層次鋪墊。

　　28. 仕四進五　馬8進7! 　29. 俥七進三　…………

　　黑策馬過河，壓右傌反擊，紅二路傌已厄運難逃了。至此，可明顯發現：紅八路炮進去走了幾步後沒任何作用，反令黑子都先後走活，成為一個整體攻勢，且後防線也牢固，黑方開始步入佳境。

　　紅棄二路傌、伸左相台俥巡河展開防守，無奈之舉。紅如改走傌二退三??? 馬7進9！前傌退二，前車平8，傌三進

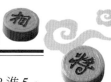

四，車8進1，傌四進三，車8退2，傌三退四，包8進5，炮九平二，車8進4！仕五退四，車4進5！變化下去，黑雙車出擊，邊馬伏擊，象台包襲擊，將形成「三擊」多子勝勢。

29. …………　前車平8　　30. 俥七平三　…………

紅平左相台巡河俥追殺左兵林線馬，只好忍痛丟中相，而別無他著，也別無良策！

30. …………　馬7進5　　31. 相七進五　車8退1！

黑退左車殺死紅花了那麼多心血培養的臥槽傌，果斷有力！如不及時消滅，一旦死傌復活，等於放虎歸山，紅方將會後患無窮。至此，黑子位靈活，又賺得一相，開始步入勝勢佳境。

32. 炮九進四　車8進3　　33. 炮九進一　…………

紅見勝勢的「天平」已向黑方傾斜後，也不甘示弱地連發左邊炮，炸卒，窺拴馬包象，對攻搏殺的火藥味一下子濃了起來，欲從此步入混戰地帶。紅能如願嗎？

33. …………　包3平5　　34. 俥八退四　車4平1

35. 俥三平九　車8平7　　36. 傌三退一　………

紅回傌避殺，保留互纏機會，無奈之舉。紅如貪走炮八平五？象7進5，炮九平五，包5退2，俥九進五，士5退4，傌三退一，包5進4，俥九退五，車7進2，俥八進一，包8平5！紅邊傌必死無疑後，紅右翼薄弱底線無任何防守，僅空有雙俥且遠水又救不了近火，黑勝無疑。

36. …………　車1進1　　37. 俥八平七　車1平2

38. 炮九平七　包8進5！

黑伸左包欺俥，巧用快速移動、隔子出擊的大包，在最

後關鍵時刻亮出了鋒利的殺手鐧，利用紅殘相怕包的弱點給予強勢打擊，讓紅方此時為自己一味進攻、攻而忘守，付出了風險與機遇並存的慘重代價！黑如貪走車2進1??俥九進五，士5退4，俥七平六！士6進5，炮七平二！車2進2，炮二進二，象7進9，炮二平六！包5平4（若包5進3??仕五進四！變化下去，紅必勝無疑），炮六退一，士5退4，炮六平一！下伏炮一進一再炸底士兇招，至此，紅多子多兵仕反客為主，有望獲勝。

以下精彩殺法是：俥七進一，車2進1！俥九平二，包5進3！仕五退四，包8平6（雙包齊鳴，轟相佔肋，炸開九宮，勝利在望了）！俥二平四，包6平8，俥四平二，包8平6，俥二退三（不能長捉肋包，無奈變招），包6退3！下伏包6平5雙包鎮中後，再走前包平3抽炮，黑多子多雙象完勝紅方！紅見頹勢難挽、大勢已去，只好遞上降書順表。

此局雙方一開戰就聽到了巡河炮對陣左外肋馬的廝殺聲：紅左俥盤河卸中炮，黑補右中象左馬踩三兵，也互進己方下二線「霸王車」進行對壘，使雙方佈陣局勢平穩。當紅方在第11回合拋出炮八退一打馬最新探索型佈局攻殺「飛刀」後，挑起了雙方的中盤廝殺。可好景不長，就在黑先棄7卒，又炮炸七兵，紅平左仕角炮打車，而肋車又追殺三路高相之機，紅卻在第18回合走相三退五落入下風，在第19回合又走炮八進三跌落陷阱錯失和機。以後紅又分別在第22、24和25回合平左邊炮，右俥赴槽，俥站錯肋道而逐步陷入困境，難以自拔。紅被黑方雙車出擊，馬踩中相邀兌，包鎮中路，左車驅俥，棄馬殺炮，包炸中相，最終黑雙包鎮中齊鳴，抽子多雙象完勝紅方。這是一盤紅推出佈局「飛

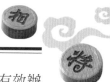

刀」被黑頂住後效果不佳，中局紅攻得過狠，卻無有效辦法，對右臥槽傌的保護與援助乏力。紅五失良機後，使黑勢穩固防線，智守前沿，敢提車趕傌入了窮巷後，最終躍馬反攻，殘去中相，雙包聯手，其勢威武，令紅方新著改革付出了高昂代價，而重演此陣勢沒佔便宜的精彩殺局。

第7局 （上海）孫勇征　先勝　（上海）　趙瑋

轉左傌盤河雙橫俥卸中炮對右中象高左直車右橫車馬踩三兵

1. 炮二平五　　馬8進7　　2. 傌二進三　　車9平8

3. 兵七進一　　卒7進1　　4. 傌八進七　　馬2進3

5. 炮八進二　　………

這是2014年9月13日首屆「高港杯」象棋青年名手賽的一場精彩「德比」之戰。雙方以中炮巡河炮七路傌對屏風馬左直車互進七兵卒（原譜為「對兵進傌局轉中炮巡河炮對屏風馬」佈陣，著法全部一樣，為敘述方便，筆者改動了雙方的行棋次序）拉開戰幕。紅方緩開右俥而先伸左炮巡河，是先手方的一種緩攻型佈局，在當今棋壇甚為流行。

5. …………　　馬7進8

黑急進左外肋馬，搶先封住紅出右直俥，是後走方常用的一路較為流行的對抗性走法。黑如先走象7進5？俥一平二，車1進1，俥九進一，車1平4，傌七進六！包8進3，炮五平六，車4平8，相三進五，包2退1，傌六進七！包8平2，俥二進八，車8進1，傌七退八，馬3進2，炮六平八，包2進4，炮八進三，車8平2，炮八平六，車2平4，炮六平八，包2進2，傌三退五，馬7進6，俥九平八，包2平4，兵三進一，馬6進5，兵三進一，象5進7，兵七進

一！象7退5，兵七進一！至此，雙方雖子力對等，但紅有過河兵參戰，明顯反優。

6. 傌七進六　象3進5　　7. 俥九進一　…………

紅先提起左橫俥，準備啟用下二線「霸王俥」出擊，屬當今棋壇主流變例之一。紅也可先走俥一進一，變化下去，殊途同歸。可參閱本章上局「呂欽先負趙國榮」和「趙鑫鑫先勝鄭惟桐」之戰。

7. …………　車8進1　　8. 俥一進一　馬8進7

黑左馬踏三兵，先得實利，屬當今流行變例之一。黑如改走車1進1，也高起右橫車，以著名的「四橫車」變例應戰，可參閱本章「李少庚先負蔣川」和「黃海林先勝金波」之戰。

9. 炮五平七　　　　包8平7
10. 相七進五　　　　車1進1
11. 俥一平四（圖7）　包2退2???

黑左馬踩三兵窺殺中炮，逼紅卸中炮補左中相，現又平右橫俥搶佔右肋道後，黑卻退右包於底線，敗著！導致由此落入下風。由於如圖7所示，雙方已形成了相持又互有顧忌的局面，而紅左傌盤踞河頭佔位好，較為易走和發動襲擊，故既然紅方下二線「霸王俥」已充分顯示其出戰威力，黑方也可當即發揮自己下二線「霸王車」反擊威力，黑徑走車1平4先牽制紅左肋河傌為上策，紅如接走炮七平六，則車4平6，傌六進七，車6進7，俥九平四，包2退2！這樣變化下去，雙方雖子力對等，但黑勢明顯優於實戰，足可與紅方抗衡，鹿死誰手，勝負一時難料。

12. 俥四進六　………

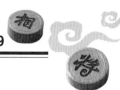

　　紅伸右肋俥捉包，可直接
騷擾對方陣形，佳著！紅如炮
八退一？？車1平4，俥四進
三，馬7退8，炮七平六，車4
平6，俥四進四，車8平6，傌
六進七，包2平3，炮八平
七，包3進3，炮七進三，卒7
進1！黑渡7路卒，直逼三路
傌、相，黑反佔先，易走。

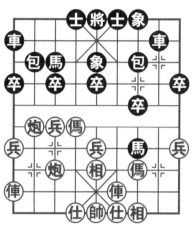

黑方　趙瑋

紅方　孫勇征

圖7

　　12. ………… 　馬7退8

　　13. 俥九平二 　卒7進1

　　14. 傌三退五 　馬8進6

　　15. 俥二進七 　馬6進4

　　16. 炮七平六 　車1平8

　　17. 炮八進三 　………

　　紅伸左炮壓馬窺視中象，穩正，也可徑走俥四平三殺包
窺殺過河7路卒。黑如接走馬4退2，俥三退三！車8進3，
傌五進七！馬2進3，傌六退七，卒3進1！傌七進八，包2
平3，炮六平七，卒3進1，炮七進五，卒3平2，俥三平
八。局勢簡化後，雙方子力對等、均勢、平穩、易和，但這
是紅方所不願意接受的。

　　17. ………… 　包7進2 　　18. 傌五進七 　士4進5

　　19. 俥四平三？ 　………

　　紅伸平三路窺拴7路包卒底象，保持著進攻態勢，過
急，易成「低頭俥」，也屬孤軍深入的冒險之招！同樣動
俥，紅宜俥四退四回守兵林線，卻是一步攻守兼備的好棋！

既不給黑7卒入兵林線反擊，也伏兵五進一追殺4路臥槽馬先手棋，演變下去，優於實戰，足可滿意，易走。

19.………… 包7平4!?

紅平象台炮棄兵，拴鏈左肋道馬包，著法雖穩健有力，但黑宜包2平4！炮八平五!?象7進5，俥三平五，車8進7，俥五平七，車8平3！傌六進五，包7平2！俥七平八，包4進7！傌五進七，士5退4，仕四進五，包4進1，俥八退二，車3退1，相五進三!?包4平1！變化下去，黑雖殘雙象，又少卒，但黑車馬包直插紅左翼薄弱底線，大有攻勢，多子大優。

20. 俥三退三　車8進3　　21. 炮八退六　包2平3

22. 炮八平六　卒3進1　　23. 兵七進一　包3進4

24. 仕六進五　卒9進1??

黑急挺左邊卒，隨手劣著！又失戰機，陷入困境。黑宜徑走包3進2直壓左傌，窺殺中兵為上策。紅如接走後炮進二，包3平5！仕六進五，包4進2，俥三平五，車8進5！炮六退二，包5平9！炮六平七，包4平3！黑雙包齊鳴，兌子殺雙兵，變化下去，黑有攻勢，多卒易走，強於實戰，鹿死誰手，勝負一時難測。

25. 傌六退八　………

紅不失時機，回肋傌邀兌黑雙包，是一步旨在由兌子來調整陣形、更有利於以後爭先奪勢的好棋！優勢的「天平」由此開始倒向紅方了！

25.………… 馬4退5　　26. 俥三平六　包4進3

27. 傌八退六　………

紅同樣退傌踏包，也可徑走傌八進七踩右象台包。黑如

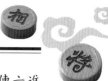

接走象5進3，俥六退二，馬5退7，炮六平七〔若俥六進四，車8平4！硬逼兌車後，雙方兵卒等、仕（士）相（象）全，和勢甚濃〕。變化下去，雙方雖大體均勢，但黑不敢走車8平4？否則紅續走俥六進三，馬3進4，炮七進四！紅反多相易走。至此，也是紅方兵種齊全，略優，易走。

　　27.…………　馬5退7　　28.傌七進八　………

　　紅進左外肋傌，旨在過河壓制右馬襲擊，老練有力！紅如先走俥六進二？？包3平6，俥六平七，包6退2！傌七進八，馬7進6！下伏馬6進8臥槽叫帥先手棋，黑反足可抗衡。

　　28.…………　包3平6　　29.傌六進七？？………

　　紅同樣要傌進七路，不如徑走傌八進七先過河壓馬住右馬後，更易拓展優勢，更有力，易走。

　　29.…………　包6退3？？

　　黑包退象腰守住下二線，漏招！錯失和機而陷入困境。黑宜徑走車8進1邀兌步入無俥車棋戰為上策，以下紅有兩種選擇：①俥六進二？包6退1！俥六進二，卒9進1，兵一進一，車8進9！下伏馬6進7直赴臥槽先手棋，左卒林線肋包嚴控紅雙傌進入卒林線反擊，黑勢明顯優於實戰反先，足可抗衡；②俥六平二，馬7進8！雙方步入子力對等的無俥車棋戰後，局勢平穩，和勢甚濃，黑勢也優於實戰，大為可行！

　　30.傌八進七！………

　　紅左外肋傌進卒林壓馬，徐圖進取，將子力逐步向前推進，紅勢樂觀，開朗，易走，顯而易見，趨於優勢。

　　30.…………　包6平7　　31.炮六平七　車8平6？？

黑平巡河肋車，壞棋！白送紅方一先，導致丟失中象後，由此一蹶不振。黑宜揚中象徑走象5進3既能夾壓七路雙傌，又能保護3路馬象，變化下去，強於實戰，尚可抵禦，有望對攻。

32. 前傌進五!! ………

紅方抓住戰機，飛前傌踏中象，兇悍犀利，算準黑殘中象後，求和甚難，厄運難逃。至此，紅方步入佳境，反先佔優了。

32. ………… 象7進5　　33.炮七進六　車6進4??

黑先進左肋車塞相腰叫殺底相，最後敗筆！導致頹勢難挽。黑有兩變可做參考：①車6進1！紅如接走兵五進一，車6進3，相三進一，馬7進6，相五進三，車6退2！變化下去，紅右邊兵難逃厄運，黑將會多邊卒易走，優於實戰；②車6平3！炮七平九，馬7進5，兵五進一（若傌七退六??車3進2，炮九進二，車3平5，傌六進七，車5平4！以下不管紅方是否兌傌或兌傌，黑均多中卒易走），馬5進3，相五進七，卒5進1，兵五進一，車3平5，相七退五，卒1進1。演變下去，雙方大子、兵卒對等，黑殘去底象，足可抗衡。以上黑方兩變均優於實戰，足可一搏，鹿死誰手，勝負一時難測。

以下精彩殺法是：相三進一，車6退3，俥六進二，馬7進8，相一進三，馬8進7，俥六平五（急殺中卒，淨多中兵，且迅速打通黑方卒林線後，紅勢豁然開朗，大佔優勢，並開始向勝勢轉化了）！包7平8，俥五平二，包8平7，炮七平八，車6退1，兵五進一，馬7退9，兵五進一！車6進2，相三退一（宜俥二平九殺邊卒，黑邊馬不敢走馬9退7！

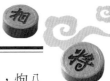

否則俥九平三！必得一子後，黑勝無疑），象5進3，炮八平一，包7退1，炮一進二，車6平7，兵五平六，馬9進7〔棄象無奈，若象3退1？俥七進八，車7平3，相五進七，士5進4，俥八進六！以下黑有兩變：①將5進1，俥六退四，將5平4，俥二進二，將4退1，俥二平四，紅速勝；②將5平4，俥六進四！將4進1，炮一進一，包7進1（若士6進5？？？俥二平六，紅勝），俥二平五，車3平4，兵六進一，馬9進7，仕五進四！士6進5，俥四退三，將4退1，俥五進二！包7進1，俥五退一，車4退3，俥五平三，車4平5，仕四進五，車5平2！仕五進六，車2平5，帥五平六，車5平6，俥三進二，將4進1，俥三進四！紅俥後炮速勝〕，兵六平七（殺象後大優）！車7退4，相一進三，馬7退6，俥二退三，卒9進1，兵七進一，車7平5，俥二平八，卒9平8，俥七進六，車5平4，仕五進六，馬6退7，俥八進二，卒8平7，俥八平三，車4平7，俥三退一！退俥殺過河卒，拴鏈7路車馬包，紅多過河兵和中相必勝，下伏俥六進七叫將抽子兌招。黑如接走將5平4？俥六進七！將4進1，兵七進一，車7平3，俥三進二。黑又有兩種選擇：①包7進2？炮一退一，士5退4，俥三平九！變化下去，紅多俥兵相必勝；②車3退1？？炮一退一，包7進1，俥三進二，將4退1，炮一進一，將4進1，俥三退二，車3進6，俥三平六，士5進4，俥六平九，士4退5，俥九平六，士5進4，兵九進一！演變下去，紅方也會形成俥炮兵殺勢而勝定。黑又如改走士4進5？？兵七進一，將5進1，兵七平六，車7平4，俥三進二！變化下去，紅也多俥仕相勝定。

　　此局雙方一開戰就步入了巡河炮對左外肋馬的精彩激

戰：紅左傌盤河高起雙橫俥卸中炮補左中相，黑補右中象高起右橫車，左直車還以下二線「霸王車」馬踏三兵平左卒底包予以抗衡。但好景不長，就在紅亮出右肋俥出擊之機，黑卻在第11回合走包2退2落入下風。以後儘管紅在第19回合平右肋俥窺視7路包卒底象，黑還是接走包7平4走軟，在第24回合挺左邊卒陷入困境。此後紅在第29回合錯走傌六進七過急，黑卻接著走包6退3錯失和機，在第33回合走車6進4導致頹勢難挽，被紅方抓住戰機，揚邊相避兌俥，俥殺卒攔包，平炮挺中兵，渡中兵欺車，落邊相避殺，左炮右移沉底，平中兵殺象，連中相退車，挺兵俥左移，傌臥槽叫殺，揚仕俥騎河，俥殺卒拴車馬，最終多子多兵攻營拔寨，擒將入局。這是一盤佈局在套路裡輕車熟路；中局廝殺黑雙包齊鳴陷入被動，退左肋包，進左肋車又錯失良機，紅卻徐圖進取、精準打擊、穩紮穩打、剛柔相濟、強勢出擊、不留後患、多子多兵相、完勝黑方的精彩殺局。

第8局 （四川）李少庚 先勝 （山東）謝巋

轉左傌盤河雙橫俥卸中炮對右中象高起左直車退右包藏馬後

1. 炮二平五	馬8進7	2. 兵七進一	卒7進1
3. 傌二進三	車9平8	4. 傌八進七	馬2進3
5. 炮八進二	馬7進8	6. 傌七進六	象3進5
7. 俥九進一	車8進1		

這是2010年7月21日全國象甲聯賽第7輪的一盤精彩搏殺。雙方以中炮巡河炮左傌盤河高左橫俥對屏風馬左外肋馬右中象高左直車互進七兵卒開戰。該佈局是李大師較為喜愛又擅長的佈局，其戰績不俗；而謝大師也較為擅長用左外肋

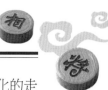

馬，而很少用象3進5或象7進5兩路另有不同攻守變化的走法來應對中炮巡河炮七路傌陣式，其戰果也是勝多負少。

黑先高提左直車，著法較為靈活，旨在伺機右移出擊。黑如士4進5，炮五平六，包2進2（在2009年「蔡倫竹海杯」全國象棋精英賽汪洋與李智屏這場「德比」之戰中黑曾走包2退1，相三進五，馬8進7，俥一平二，車8進1，俥二進六，包8平6，俥八平二，車8進2，俥二進五，包2平1，炮八平九，下伏炮六進一的攻馬手段，紅略先易走，結果戰和），相七進五，包8平7，俥九平二，包7平8，俥二平七，馬8進7，俥一進一，包8平7，傌六進七，包2平6，兵七進一。變化下去，紅有過河兵參戰佔優。

黑又如車1進1，可參閱本章「李少庚先負蔣川」之戰中第7回合注釋。

8. 俥一進一　　包2退1

黑先退右包，伺機馬後藏包出擊，屬改進後流行變例之一。在2009年全國象棋個人錦標賽上李少庚與蔚強之戰中黑曾走過馬8進7，炮五平七，車1進1，相三進五，包8平7（若車1平6，俥一平二，包8進4，俥二進一，包2進2，仕四進五，包8退3，俥二退二，在雙方對峙中，黑雖多卒，但紅足可抗衡，隨時可襲擊黑方3路線而易走），俥九平四，車8平6，俥四進七，車1平6，俥一平二。演變下去，黑雖多卒，但紅七路有攻勢，有反彈力，易走，結果雙方兌子成和。黑如改走車1進1，可參閱本章「李少庚先負蔣川」之戰。

9. 俥一平四　馬8進7　　10. 炮五平七　…………

紅卸中炮於七路，不給7路馬踩中炮機會，屬老式流行

走法。近來網戰又重回紅走俥四進二壓馬讓黑渡7卒的走法，黑接走卒7進1，傌六進五，包8進4，俥四進二！以下黑方有兩種不同選擇：①卒7平8！?俥四退一，車1平3，兵七進一！卒3進1，炮五平七，馬3進5，炮七進七！象5退3，俥四進二，馬5進4，俥九平四，包2平5，仕四進五，包8平5，帥五平四！前包平6，前俥退三，馬4進6，俥四進二。變化卜去，黑多雙卒，紅子易走，雙方互有顧忌。②馬7進5？傌五進七，馬5退7，俥九平六，士4進5，俥六進三，卒7平8，俥四平六！演變下去，黑雖有過河卒助戰，但紅勢開朗，有4個大子集結於黑方右翼，易成攻勢，仍持先手。

　10. …………　　包2平3　　11. 炮八退一?? …………

　紅退巡河炮窺殺左過河馬過急，不利於紅勢拓展，易落下風。紅宜先走俥九平八亮出左橫俥為上策，

　黑如車1平2，相七進五，車2進3，炮八平九，車2進5，俥四平八，卒1進1，炮九平八，包3平2，俥八平四，包8進1，炮七進四，包8平3，傌六進七！車8進6，炮八退二，包2進2，俥四進三！變化下去，雙方雖子力對等，但紅子位靈活，易走，優於實戰，足可抗衡。

　11. …………　　　　馬7退8

　12. 傌三進四（圖8）　包8平7???

　黑平左包窺殺右底相，似先實後，敗著！反錯失反擊良機，導致落入下風。如圖8所示，紅方陣勢虛浮，黑應抓住戰機，即走卒7進1渡卒欺傌反擊為上策。以下紅方有兩種選擇：①傌四進六？車1平2，俥九平八，卒3進1，兵七進一，馬3進4，炮七進六，車2進5，炮七退二，車2平4，

兵七平六，車4退1，炮八進
六，象5退3，俥八進六，車8
平4，仕四進五，包8平5！演
變下去，黑兵種全，多卒反
先；②俥四進三？車8平4，
俥六進四，車1平2，俥九平
八，卒7平6！炮八進三，卒3
進1，兵七進一，包3進3，炮
七進五，包8平3，相七進
五，車2進1！至此，雙方均
聯成己方下二線「霸王俥
（車）」對峙，但黑多過河卒
參戰，易走反先。以上兩變，

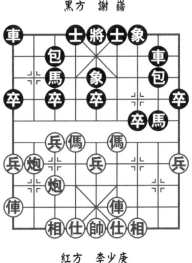

黑方　謝靖

紅方　李少庚

圖8

黑均足可抗衡，鹿死誰手，勝負一時難測。

　　13. 相三進一　卒7進1　　14. 相一進三　車1平2

　　15. 炮八平七　馬8進6？？

　　黑急進左外肋馬邀兌，又一敗筆！再失抗衡良機而陷入
被動。黑宜先走車8平4！捉俥拴左俥為上策。紅如接走俥
九平六，包7退1，相三退五，車2進6，俥四進二，車2平
3！俥四進三，車4進3，俥六平三，車4平8！俥三進七，
士4進5，俥三退五，車8平5！變化下去，雙方雖子力對
等，但黑勢優於實戰，右過河車拴鏈紅左翼俥炮後，令黑方
足可抗衡。

　　16. 俥四進三　車2進6　　17. 前炮進三　車2平5？？

　　黑右車隨手殺中兵，導致局勢進一步尷尬，是一步成算
不足、後患無窮的再一劣著！黑宜先兌包走包3進2為上

策，紅如續走俥六進七，車2平5！炮七平五，車5平4，俥四進三，包7進2，俥九平四！士4進5，前俥進一，車8進1！仕四進五（若貪走俥七進五？？？包7平5，仕四進五，包5退2！黑反得子大優），車4退3，兵七進一，卒1進1，炮五平七，馬3進1！下伏馬1進3踩七路兵反擊先手棋，黑多卒易走。

黑方還有包3進2，俥六進七後，可接走包7平9！俥四退一，車8進4，相七進五，士4進5，俥四進五，馬3退4！變化下去，在子力對等局勢下防守，黑也足可抗衡。故黑車貪中兵後，完全失去了對紅方的牽制而陷入了苦守，是本局致敗的另一大根源。

18. 俥九平五！…………

紅方抓住機遇，將計就計，左橫俥鎮中路邀兌，趨勢補厚中防和陣形，儘快消除紅陣形上的弱點，是一步邀兌俥巧招！

| 18. ………… | 車5進2 | 19. 仕四進五 | 包3進2 |
| 20. 俥六進七 | 包7平9 | 21. 帥五平四！ | ……… |

紅出帥助攻，御駕親征，守中帶攻，強勢出擊，一舉擊中黑方要害。黑由此開始難受，局勢跌入低谷，開始疲於應付。

21. …………	士4進5	22. 俥七進九	車8進8
23. 帥四進一	包9平6	24. 俥四平六	包6退1
25. 炮七進五	象5退3	26. 俥九進七！	………

紅不失時機，俥俥炮聯手：俥佔左肋，飛炮炸馬，現棄俥叫將，兌底象出擊，老練有力，明智之舉！

紅如要逃俥，則改走俥九進八，以下黑方有兩種不同選

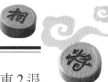

擇：①車8退5！炮七退一，車8平2，兵一進一，車2退4！俥六進二，卒5進1，炮七平一，包6進1。黑方追回失子後，雙方大子等、仕（士）相（象）全，紅雖多邊兵，但局勢平穩，雙方均可滿意。②士5進6！仕五進四，車8退1，帥四退一，車8平2，俥六進二，車2退8！俥六平五，士6退5，帥四平五，車2進2！炮七退一，卒9進1，相三退五，包6平9，俥五平一，車2平9，俥一進一，象7進9，雙方兌俥車後成和局。

26.　………　包6平3　　27. 炮七進二　象7進5

28. 俥六進四　車8退1　　29. 帥四退一　車8進1

30. 帥四進一　包3進1　　31. 相三退五　車8退3

32. 炮七平九　包3平1???

黑棄底象追回一子後，雖殘去一象，但大子、兵（卒）對等，有望求和。然而黑方仍想護邊卒殺邊兵，試圖多卒入局，卻包平右邊路，適得其反，白送一先，錯失和機。黑宜徑走車8平9！俥六平八，包3平4！俥八進一，包4退2，俥八退六，包4進6，俥八進六，包4退6，俥八退三，象5退3。以下紅有兩種選擇：①炮九平六，將5平4，俥八平五，車9平1，俥五平一，車1退2！雙方兌去炮包兵卒後成和局；②俥八平九，包4平1，俥九進三，士5退4，俥九平七，車9平3，兵九進一，卒5進1，兵七進一，卒5進1。演變下去，紅雖多雙相佔優，但要取勝，還有周折。以上兩變均優於實戰。

33. 俥六平八　將5平4　　34. 俥八進一　將4進1

35. 兵九進一　車8平1　　36. 俥八退五　卒9進1

37. 帥四退一　卒5進1　　38. 帥四平五　………

在大子、兵（卒）對等的相持局勢下，紅帥位安全非常重要。以上紅先安頓好主帥，再徐圖進取，走得非常老練、有力、明智！至此，紅方不急於進攻，不急不躁、不溫不火、尋覓戰機、拓展優勢，是紅方此戰獲勝的先決條件，現在紅已做到了。

以下精彩殺法是：卒5進1，俥八進四，將4退1，俥八進一，將4進1，俥八退三，將4退1，俥八平九，包1平4，俥九平六！車1退1，炮九平四（飛底炮炸底士，穩健而實在。紅在破去黑士後，終於找到了令黑方防守更困難的一絲機會了）！車1退1，炮四退八，將4平5，仕五退四，車1平5，炮四平五，將5平6，俥六退三（攻不忘守）！包4退2，俥六平四，將6平5，俥四平二，包4進5（進右肋包騎河，加快速敗進程，最後壞招！黑仍應徑走將5平6堅守待變為妥，紅如續走俥二進一，卒5進1，俥二退一，包4進6！這樣變化下去，紅也無趣，難以很快找到好的進攻路線）???相五退三！卒5平6，俥二進六，士5退6，俥二退四，車5進2，俥二平一（殺去右邊卒後，紅淨多兵多仕相，勝利在望了！），包4平5，相三進五！車5平3，炮五進三（兌去中包，紅勝定）！卒6平5，俥一平五，卒5平4（若先車3平9??俥五進二！士6進5，俥五退三！紅七路兵仍能渡河參戰獲勝），俥五進二，士6進5，兵一進一！右邊兵渡河參戰後，紅也必勝。黑如續走卒4進1（若卒4平3???相五進七，車3退1，俥五進一，將5平4，俥五退三！車3平4，兵一進一！紅邊兵此刻可以長驅直入，直逼九宮入局），俥五退三！紅也多兵多仕相必勝。

此局雙方一開戰就捲入了巡河炮對左外肋馬的短兵相接

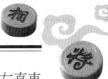

搏殺：紅左傌盤河雙橫俥卸中炮佈陣，黑補右中象高左直車退右包藏右馬後還擊、早早步入中盤不久，紅卻在第11回合退左炮窺打7路過河左馬而落入下風。好景不長，黑方也在第12回合當紅右傌盤河出擊後走包8平7瞄殺右底相，錯失反擊機會，在第15回合走馬8進6邀兌，在第17回合走車2平5殺中兵陷入被動。以後黑方儘管揮車，退包，棄馬，揚象，飛包追回一傌，但還是被殘去底象失先。接著又在第32回合走包3平1企圖試殺左邊兵取勢而丟失最後求和機會，被紅方揮俥叫將保邊兵，主帥進中安頓好，運俥叫將殺邊卒，棄兵炸士搶先手，回炮退仕鎮中炮，退相進俥拴中車，巧殺邊卒兌中包，中俥欺卒殺中象，急進邊兵逼九宮，令黑方城下簽盟。這是一盤紅方在佈局落入下風，中盤搏殺穩步進取，斗轉星移，峰迴路轉；黑方四失戰機，寡不敵眾，優勢消失殆盡；紅方徐圖進取、曲徑通幽、見縫插針、抽絲剝繭、蠶食淨盡、邊兵渡河、如虎添翼，最終大鬧九宮、攻城擒將的不急不慢攻殺破城的精彩殺局。

第9局　（火車頭）孫博　先負　（江蘇）程鳴

轉右橫俥佔右肋道左傌盤河對右中象巡河包左邊包馬踩三兵

1. 炮二平五	馬8進7	2. 傌二進三	車9平8
3. 兵七進一	卒7進1	4. 傌八進七	馬2進3
5. 俥一進一	………		

這是2010年7月25日第7屆「威凱杯」全國冠軍賽暨象棋一級棋士賽一場生死之戰。雙方以中炮右橫俥七路傌對屏風馬左直車互進七兵卒的基本定式拉開戰幕。紅先高起右橫俥，旨在佔肋道出擊，是柔中帶剛的緩攻型戰法。紅以右橫

俥七路傌來進攻屏風馬的進取步伐，沉穩有力，必然會遭到黑方頑強有力的從容佈防，即將形成的局勢經常會演變成雙方激烈對抗的陣地戰。紅如改走新型巡河炮陣法，其行棋次序是右俥不動而先伸左炮巡河，即走炮八進二，原因一是紅如先亮出直俥後，黑會還以包2進4，使紅沒有左炮巡河機會；原因二是紅暫不出動右俥，可保持其待機而動的靈活性，使自己棋局在緩攻主旨下，所想選擇的出擊點和攻擊範圍會更多、更廣。黑如續走馬7進8（一可削弱紅巡河炮作用，使紅方不能輕易兌掉三路兵；二可直接封住紅出右直俥），俥一進一，車8進1，俥九進一（展示出巡河炮對左外肋馬的特點是雙方子力不急於接觸、碰撞、衝突、對攻，而雙方均在各自陣地移步換形、排兵佈陣或重組戰陣，調整各子佔位，窺測對方意向。紅也可徑走炮五平六或走炮五平七）。以下黑方有車1進1、馬8進7、包2退1和卒1進1四路變化，結果前者為紅佔上風，中一者為雙方細膩糾纏、戰線漫長，中二者為雙方相持，後者為紅漸成掌控局面之勢。

　5.…………　　象3進5

黑補右中象固防，以儘快通暢右車，屬黑方的主流變化。黑如象7進5（可使右翼得到鞏固，左翼更顯靈活，以便對紅右翼展開反擊，其缺點是黑右車不易出擊），俥一平四，士6進5（若馬7進8？？傌七進六，馬8進7，炮五平七！黑右馬受制）。以下紅有兩種不同選擇：①炮八進二（伸左炮巡河，攻守兼備、攻法穩健、意要掌控、徐圖進取），以下黑有馬7進8和包2平1兩種變化，結果前者為紅左傌活躍略先，後者為紅兵種差而黑車晚出的平穩局面。②兵五進一（強攻中路，旨在突破，意欲進取），以下黑有馬

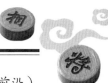

7進8（伺機反擊）和包8進2（力圖固防河口，智守前沿）兩種變化，結果前者為紅多子，黑有雙過河卒的激戰局面；後者為紅在對攻中佔得上風。

　　6. 俥一平四　…………

　　至此，雙方演變成「中炮橫俥七路傌對屏風馬右中象互進七兵卒」的雛形。紅現右橫俥搶佔右肋道出擊，既可策應右翼，又能隨時左移，也是一種攻守兼備的不錯選擇。紅如改走俥一平六??馬7進6，傌七進六，馬6進4，俥六進三，包8平7，炮五平七，包2進4，兵三進一，包7進3！相七進五，包7進1！變化下去，黑多卒壓傌，形成兵林線「擔子包」攻勢，紅反無趣，黑方滿意。

　　6. …………　　包8平9

　　黑平左邊包亮直車，直接要對紅右翼進行牽制，屬老式走法，旨在避開當時盛行的左炮巡河。這個從20世紀60年代起開始流行至今的老陣法，是黑方臨場改變的最合適選擇。黑如徑走包8進2（下一步即可從容兌3路卒通活右馬，這是由於紅右橫俥佔右肋後攻勢一時較緩，不像右直俥可直接從二路縱線來牽制黑方），以下紅方有兩種不同選擇可供讀者參考：①傌七進六，卒3進1，紅又有傌六進七和炮八平七兩種變化，結果前者為雙方難以進取而和勢甚濃；後者為紅無收穫，黑反易走。②炮八平九（成五九炮陣式），卒3進1，俥九平八，車1平2，俥八進四，卒3進1，俥八平七（由五九炮讓路而迅速伸左直俥巡河，解決了黑兌3路卒問題），馬3進4，俥四平八。以下黑又有車8進1（黑右翼車包被拴鏈後，現高起左直車準備右移援助是此刻的最佳選擇）和包8退1（下伏回馬金槍後，黑方會因兌

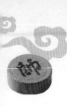

子後陣形不好而吃虧）兩種變化，結果前者為兌去紅俥後黑反獲得滿意對抗之勢；後者為雙方兌去俥馬炮包兵卒後，黑雖兵種全，但紅子位靈活有攻勢佔優。

7. 炮八進二 …………

紅伸左炮巡河，隨時協調陣形，旨在徐圖進取，意在穩步推進。至此，形成中炮巡河炮右橫俥佔右肋道對屏風馬右中象左邊包互進七兵卒陣式。紅如改走炮八平九？包2進2，兵五進一，車8進6！俥九平八，車1平2，俥四進五，包2進2，傌七進五，包2平7，俥八進九，包7進3，仕四進五，馬3退2，兵五進一，包7平9，帥五平四，卒7進1！在以下雙方對攻中，黑具有反擊趨勢，紅不易掌控局面。

7. ………… 馬7進8

黑急進左外肋馬出擊，果斷、適時而有力！黑如盲目進攻硬先走車8進6??炮五平六，卸中炮封鎖黑右肋道後，使紅方順勢調整陣形，令黑反有落空感，不利於反先奪勢。

8. 俥四平二 …………

紅平右俥牽制黑左翼車馬，以隨時防範黑方侵擾。紅另有兩變做參考：①炮五平六??馬8進9，傌三進一，包9進4！相七進五，車8進9，兵三進一，車8退3！變化下去，黑左翼車包在兵林線上既帶有攻勢，又很富有反彈活力，大優。②傌七進六，馬8進9（另有馬8進7和士4進5兩路雙方互有顧忌、紅方易走的不同弈法），傌三退五，士4進5，炮五平六，卒7進1，傌五進七，卒7進1，相七進五。演變下去，將形成紅方子力活躍、黑方多卒易走的雙方均可接受的兩分局面。紅方這招平俥拴鏈之目的，主要是延緩黑馬的前進速度和反擊力度。還有一種近來網戰開始流行的

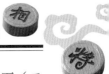

紅傌七進六，士4進5，炮五平六，馬8進9，傌三退五（面
對黑邊馬的尋釁，紅右傌退窩心，既令黑方失去進攻目標，
又可轉移左翼後伺機反擊，這是胡榮華特級大師在1993年
「後肖杯」大賽上拋出的創新「飛刀」佳著！一改以往多走
紅傌三進一，則包9進4，相七進五，士4進5，仕六進五，
包9平5，俥四進二，包5退2！變化下去，黑可從容抗衡的
走法，是近來網戰上又重新啟用的老譜今用的走法）。黑方
有兩種選擇：(a)車8進3，相七進五，卒5進1，傌五進
七。以下黑又有馬9進8和卒9進1兩種變化，結果前者為紅
優勢明顯，後者為紅能牢牢掌控局勢。(b)卒7進1，傌五進
七，車8進4，俥四進四，卒7進1，俥九進一，車8平6，
傌六進四，卒5進1，傌七進六，包2進2。紅又有傌四進二
和傌四退三兩種變化，結果前者為雙方緊張格鬥，難分高
下；後者為黑方滿意。

　　8. …………　　包2進2　　　9. 傌七進六　　包9平8
　　10. 俥二平四　　馬8進7　　11. 俥四進五　………

　　紅急進右肋俥是想由炮炸中卒儘快打通黑方卒林線。紅
如炮五進四，馬3進5，傌六進五，士4進5，變化下去，黑
反易走，紅難有便宜。

　　11. …………　　包8平7(圖9)

　　黑平左包護馬，讓出左車通道，勢在必行之招，否則以
下紅將有俥四平二拴鏈左翼車包的反先兇招！

　　12. 炮五進四???　………

　　紅飛中炮硬炸卒，急於打通卒林線，敗著！過於看重兵
七進一這步先手棋，導致以後黑有機會疾出右貼將車後如虎
添翼、擒帥入局。如圖9所示，紅宜徑走炮五平六先守住左

肋道，不給黑方以後補右中士後走車1平4的反擊手段機會，從而來逐步拉長戰線，其結果肯定會強於實戰，易走，足可抗衡，勝負一時難測。黑如續走馬7退8，俥三平四，包2退1，傌六進七，士4進5，炮八退二，車1平4，仕六進五，車4進3，炮八平七，包2退3，俥九平八，包2平3，兵七進一！此時紅渡七路兵，在真正發揮作用後，紅勢豁然開朗，子位靈活易走，戰線漫長，紅足可抗衡。

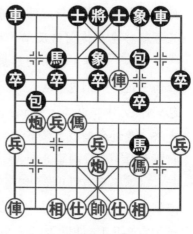

黑方　程鳴

紅方　孫博

圖9

12.………… 馬3進5

黑馬兌中炮屬急攻型走法，也可徑走士4進5，既繼續牽制紅方，又可及時開通右貼將車通道，演變下去，也是個不錯的選擇。

13. 俥四平五　士4進5!

黑現補右中士固防，因勢而謀，將計就計；放任紅兵隨時渡河，順勢而為，屬改進後新招！黑方由此開始逐步轉入優勢了。以往網戰曾有黑走車8進7追殺右傌的走法，紅接走俥九進二，包2平4，俥五平三，車1平2，俥九平八，包7平6，俥三平七！車掃3路卒打通卒林線後，紅反略優。

14. 俥五平三　………

紅卸中俥捉包，無奈之舉。紅如硬渡兵七進一??將會

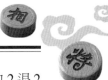

抵擋不住黑方的猛烈反擊和強勢出擊，黑會接走包2退2（後中先）！兵七進一，車1平4，俥五平六（若兵七平六？？包2進1！變化下去，紅反無趣），車4進3，兵七平六，車8進8！以下黑方伏車8平7、馬7進9等多種進攻手段，黑局面大優。

14. ………… 包2退2

黑右包回原位，成「擔子包」回防，著法有力。此刻，黑反陣形工整、穩正；而紅方子力不協調，落入下風。

15. 炮八退一?? …………

紅退左炮打馬，又一敗筆！幫了倒忙，反給了黑方搶先機會。紅宜改走俥九進二先鞏固陣地，出動左翼主力為上策。黑如接走車1平4，俥六進七，馬7退6，兵七進一，車8進8，兵五進一，象5進3，兵五進一，馬6退5，俥七進五，象7進5，仕六進五。變化下去，雙方兵卒等、仕（士）相（象）全。紅兵種齊全有過河中兵參戰，強於實戰，足可抗衡，勝負難料。

15. ………… 車1平4　　16. 俥六進五　車4進6

17. 俥五進三　車8進7　　18. 俥九進二　………

紅高起左橫俥護右俥，明智之舉。紅如前俥退五，車4平2，俥九進二，包2進1，兵七進一，象5進3，俥三平四，卒7進1！演變下去，黑兵種齊全，淨多過河卒助戰，反先。

18. ………… 車4平2　　19. 前俥退一　…………

黑平右肋車殺炮，紅前俥踩邊卒，均為雙方必然之著。

19. ………… 車2進2

此刻，黑已明顯佔優，但從何入手？黑長考後伸右車點

下二線相腰，準備下招走包2進5關住左邊俥，追殺右正傌；或可徑走車2進3沉底窺殺底相，也是個不錯的選擇。

20. 俥三平四　包2進1！

黑進包拴鏈卒林線俥傌，一時不讓肋俥回防，還要迫使紅俥離開右肋道，強手！

21. 俥四平七　…………

紅平俥殺卒追包，實屬無奈。紅如誤走俥四退三？？包2平9！俥四平三，包9平7，俥三平四，車8平7，俥九平三，包7進4！黑反多子大優。

21. …………　包2進4　　22. 俥七平八　車8平7！

至此，黑左車砍傌，得子大優。

23. 相七進五　車2平6

如要穩健型著法，黑可先走車7平8，紅如續走兵一進一，包2退1逃包，黑勢不錯。此招可能是臨場時黑方比較看重左翼已形成攻勢的緣故，故選擇了棄還一包來攻擊紅空虛右翼底線的策略。

24. 俥九平八？？　…………

紅邊俥貪包，再一壞棋！錯失良機，陷入困境。紅宜改走仕六進五，車7平5，俥九平八，車5退1，後俥平六！象5退3，俥八平七，士5退4，傌一退三，士6進5，俥七平五！雙方對攻，中俥車相見，伺機兌俥車，局勢複雜，紅多雙兵，尚有反擊佔先機會，優於實戰，足可一搏，勝負一時難斷。

24. …………　士5退4？

黑退中士固守，漏著！錯失先機。黑宜徑走馬7進5！仕六進五，士5退4，後俥平六，車6進1！仕五退四（若帥

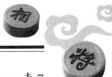

五平四？？？車7進2！帥四進一，馬5退7，帥四進一，車7退2，帥四退一，車7進1！紅如接走帥四進一？？則車7平6殺，黑勝；紅又如改走帥四退一？？？則車7進1殺，黑也完勝），馬5進7！帥五進一，車7平4！俥八平四，卒7進1！7路卒渡河參戰，如虎添翼，黑將迅速形成車馬卒必勝殺勢。

25. 仕六進五？？　…………

紅補左中仕固防，還是劣著，丟失周旋機會。紅宜後俥退一（若誤走相五退七邀兌車？？？則車6進1，紅如接走帥五平四？？？則車7進2！黑速勝；紅又如改走帥五進一？？？則車7進1也絕殺黑勝），車7平5，後俥平五，車5平1，俥八平九，車6退2，俥五平三，車6平5，仕四進五，車1平3，俥九平七，士4進5，傌一進三！變化下去，紅雖殘中相，但淨雙高邊兵，還可周旋，戰線不短，好於實戰。

25. …………　士6進5？

黑補左中士固防，嫌緩！黑仍宜馬7進5踏中象反擊，加快進攻節奏後，黑將勝定。

26. 傌一進三？？？　…………

紅方抓住黑方揚補雙士軟手的機會，頑強防守了數個回合，終於獲得了一線的反先機會，但沒發現其中的奧妙而進了邊傌後成了最後敗招！太可惜了！紅宜徑走前俥平六！車7平5，俥八平五！馬7進5，俥六退四，馬5退7，俥六平四！車6退1，仕五進四！馬7退6，兵五進一！變化下去，紅雖殘去中相，但淨多雙兵反先，強於實戰，足可一搏，鹿死誰手，勝負一時難料。

26. …………　馬7進5！！！

黑馬踩中相，終於走出致命一招！以上黑沒走此招，可能是以為紅有後俥平六的防守手段，可後來突然發現紅如徑走後俥平六，則車6進1殺底仕後，紅只能走仕五退四，馬5進7抽回左肋俥後，黑勝局已定。此著一出，紅雙俥被牽制，只能束手就擒了。

27. 傌三退五　…………

紅傌退中路，無奈之舉。紅如硬走前俥進三？？卒7進1，傌三進五，馬5進3，帥五平六，車7平2！俥八退七，將5進1！殺去紅中傌後，黑將很快形成車馬過河卒的多子殺勢。

27. …………　馬5進3　　28. 帥五平六　車7進2!

黑進馬逼帥出門，現又車殺底相，兇悍巧手，準備下著左肋車硬挖中仕擒帥。

29. 帥六進一　車7平6!

黑揮車連續砍相殺仕，令紅方慌不擇路、宮傾玉碎、疲於應付、宮崩城倒！至此，紅方陣形崩潰，已無險可守了。

30. 前俥平六　前車平5　　31. 俥八平五　馬3退1

紅俥鎮中路護仕無奈，現黑馬退邊陲，一劍封喉，馬到成功！紅如接走帥六進一？？？馬1進3！俥六退三，車5平4！仕五退六，車6平4！黑借邊馬之威，連續揮車，現棄底車絕殺，黑方完勝；紅又如改走俥五平九？？？車6平5！帥六進一，前車平4！車挖中仕，底車擒帥，黑也勝。

雙方開局伊始就奏響了巡河炮對左外肋馬的廝殺聲：紅左傌盤河，右肋俥進卒林線出擊，黑還以右包巡河，平左包打俥，左馬踩三兵理性還擊。雙方剛進入中盤不久，當黑平左包保過河7路馬之機，紅卻在第12回合飛中炮打中卒後，

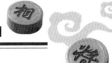

導致內線出現漏洞，給黑方可乘之機。以後在第15回合紅又走炮八退一打馬給黑方搶先機會；此後雙方先後兌去傌馬炮包，在第24回合紅邊傌貪包，黑退中士固守都錯失良機，在第25回合紅補左中仕固防，黑也進左中士聯防，雙方都丟失周旋機會，在第26回合紅走傌一進三成最後敗招而實在可惜，而黑方卻像找到了感覺，策馬踩中相，走出制勝一著，最終馬逼帥，車砍相，又殺仕，雙車夾殺中仕，馬退邊陲窺殺，雙車聯手擒帥。這是一盤紅先在佈局出漏被動，黑一開戰也沒注意車6進1砍仕的精巧手段，雙方在錯進錯出後，最終黑先發制人一拼輸贏、一舉拿下的頗為僥倖的精彩殺局。

第10局　（上海）萬春林　先勝　（黑龍江）郝繼超

轉左傌盤河雙橫俥卸中炮對左外肋馬右中象橫車高左直車

1. 炮二平五　馬8進7　　2. 兵七進一　卒7進1

3. 傌二進三　車9平8　　4. 傌八進七　馬2進3

5. 炮八進二　馬7進8　　6. 傌七進六　象3進5

7. 俥九進一　………

這是2013年8月26日全國象甲聯賽第22輪的一場長局廝殺。以中炮巡河炮緩開俥對屏風馬佈局是萬特大較擅長的佈局之一，先手方佈局穩健，徐圖進取，可以有小先手。黑急進左正馬封紅右直俥，也是郝大師愛用的一路流行對抗走法，且勝多負少，那此戰還能如願嗎？至此，雙方形成中炮巡河炮左傌盤河左橫俥對屏風馬左外肋馬右中象互進七兵卒陣式。紅先高起右橫俥，準備伺機以下二線「霸王俥」陣勢迎戰黑方。紅如改走俥一進一，可參閱本章「呂欽先負趙國

榮」和「常洪先負黃杰雄」之戰；又如在1991年全國象棋團體錦標賽上李來群與趙國榮之戰中紅曾走炮五平六，車8進1，相三進五，包2退1，俥一進一，包2平3，俥九平八，車1平2，俥八進一，卒3進1，兵七進一，包3進3，兵三進一，卒7進1，炮八平三，車2進8，俥一平八，包3平7，炮三平二，包8進3，傌三進二，包7平4，傌六進四（若炮六進三兌炮？則車8平4，俥八平七，馬3進4，變化下去，雙方子力對等，和勢甚濃），卒5進1，俥八進五，包4平6，傌二進四，車8平6，傌四進二！變化下去，紅兵種齊全，略先易走；再如網戰也曾出現紅炮五平七（紅急卸中炮，伺機補中相聯防，其特點是：穩中佔先，減少黑方反撲機會），車8進1（另有士4進5、車1進1和包2退1三路變化，結果前者為紅多兵佔先，中者為紅方稍好，後者為紅方略優），俥一進一（若先走相三進五？？包2平1，傌六進七，車8平4，仕四進五，馬8進7，俥一平二，包8平7，傌七進九，車1進2，炮七進五，車1平3，炮八進五，車3退2，炮八退七，車3平2，黑右車兜了一大圈後，仍在追殺左炮，可以滿意，子活易走）。以下黑方有車1進1、包2退1和卒1進1三種變化，結果前者為紅方易走，中者為紅方稍好，後者為紅方略優。

7. ………… 車8進1　　8.俥一進一　車1進1

雙方均高提右橫俥（車），形成在各自下二線「四橫俥（車）」式的「霸王俥（車）」罕見陣式，屬當今棋壇的主流變例之一。黑如改走馬8進7，可參閱本章「孫勇征先勝趙瑋」和「呂欽先負趙國榮」之戰；黑又如改走包2退1，可參閱本章「李少庚先勝謝巋」之戰；再如在1998年全國

象棋團體錦標賽上張影富與孫勇征之戰中黑曾走過卒1進1，炮五平六，車1進3，相七進五，包2退1，俥一平四，包2平4，炮六平八，包4平3，傌六進四，卒3進1，兵七進一，包3進3，兵五進一，車8平6，傌三進五，車6進2，兵三進一！紅方主動，易走，結果戰和。

9. 炮五平七　………

紅卸中炮讓路，既能窺視3路馬卒，又可伺機補中相調整穩固陣形，屬當今棋壇主流變例之一。紅如改走俥一平四佔右肋道出擊，可參閱本章「李少庚先負蔣川」和「黃海林先勝金波」之戰。

9. …………　包2退2　　　　10. 相七進五　包2平3

11. 俥九平八（圖10）　車1平2？？？

當紅卸中炮直窺殺3路馬卒，補左中相固防，現又亮左橫車護巡河炮後，黑卻先平右橫車頂左巡河炮，敗著！導致3路線成為紅方主攻目標和襲擊對象。如圖10所示，同樣動右橫車，黑宜先車1平4窺打左盤河傌為上策。紅如接走炮七平六，車4平2！這樣黑既能拴鏈紅左翼俥炮，又可減輕紅原七路炮對黑3路線的壓力，演變下去，黑優於實戰，一時不會被動，足可抗衡。

12. 炮八進二　車8平4

13. 傌六進五　士4進5

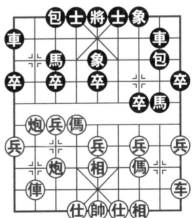

黑方　郝繼超

紅方　萬春林

圖10

14. 傌五進七　　包8平3　　　15. 炮八平一　　車2進7

16. 傌一平八　　車4進2??

在雙方先後兌去傌車傌馬之機，紅方老練地乘勢帶殺了雙卒後明顯多兵易走；而處於劣勢的黑方現進右肋車捉紅卒林炮，又一敗筆！導致丟卒又失勢，落入下風。同樣進肋車，黑宜徑走車4進5佔據兵林線隨時可掃兵挺卒為上策，紅如續走傌八進八，則後包平4，炮一平九，車4平1！傌八退三，卒3進1，炮七退二，馬8進7！兵七進一，包3進7！相七退五，象5進3！雙方在兌炮包兵卒之時，黑也巧妙掠回了紅雙高兵後，雙方局勢平穩，大體均勢，強於實戰，黑足可抗衡。

17. 炮一平七　……………

紅方不失時機，將計就計，乘勢飛邊炮炸3卒邀兌，是一步先棄後取的好棋！為以後伺機拓展優勢奠定了基礎。

17. …………　　後包進3　　18. 傌八進五　　前包進4

黑飛前包棄肋車，轟炮炸傌，一車換雙，實屬無奈。以下黑方有兩種選擇均不盡如人意：①馬8進7？傌八平七，車4平3，炮七進四！變化下去，紅方淨多雙高兵佔優，易走；②卒7進1棄卒??兵三進一，前包進4，傌八平六，前包平7，兵一進一！演變下去，黑雖多子，但紅有傌、五個兵俱全，相比之下，紅方易走，足可抗衡。

19. 傌八平六　　前包平7　　20. 傌六平二　　馬8進7

21. 傌二退四！　　包3平1

黑車換雙後，紅平左肋傌連續追馬欺包，必得一子大優。

黑平右包捉殺邊兵，棄左包無奈，黑如逃包7進1???

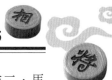

則俥二平三，馬7退6，俥三退一，馬6進5，俥三進二，馬5進3，兵一進一，紅也追回一子後多邊兵佔優。

22. 俥二平三！　包1進4　　23. 俥三退一　馬7退6

24. 兵五進一　馬6退4　　25. 兵五進一！　………

紅俥殺左包追回一子後，又馬不停蹄地連衝中兵發威，至此，紅有俥多中兵的優勢開始顯現出來了。

25. …………　包1平5　　26. 仕四進五　馬4進3

27. 兵五平六！　………

黑方此時也走得很頑強，在乘勢反架右中包後，追回一兵。至此，雙方形成了紅俥雙高兵仕相全對黑馬包雙高卒士象全的紅方稍優的局面。誰能笑到最後呢？

27. …………　馬3進4　　28. 帥五平四　馬4退5

29. 兵一進一　卒7進1??

黑棄7路卒，又一劣著！導致少卒後反擊乏力。黑在當前被動的形勢下，應積極尋求抗衡措施，宜徑走包5平2！兵一進一，卒1進1，兵一平二，卒1進1，俥三平二，包2退1。演變下去，黑優於實戰，戰線不短，足可抗衡，因黑方下伏馬5退6的先手棋，必要時可邀兌兵卒求和。

30. 相五進三！　…………

紅揚中相掃卒，著法十分細膩，非常老練！是一步獲勝要著！紅如隨手走俥三進三殺卒??? 則馬5退6，俥三平六，馬6進4！俥六進一，包5平3，俥六進一，包3退4！俥六平九，包3平4，將形成黑包士象全可守和紅俥高兵仕相全的局面。

30. …………　包5平6　　31. 帥四平五　包6平1

32. 相三進五　包1進3　　33. 相五退七　包1退5

34. 俥三進一　象5進3　　35. 兵六平七　馬5退3

36. 相三退五　象7進5

以上雙方運子異常謹慎，黑方果斷棄象兌去過河兵後，至此，雙方已形成黑馬包高卒單缺象對紅俥高邊兵仕相全的局面。從理論上嚴格來講，黑方各子位擺正，完全可守和，但要嚴格要求棋手的防守著法一定要非常嚴密，不能有絲毫差錯。黑方能如願守和，令人大飽眼福嗎？

以下精彩殺法是：俥三平四，象5退3，俥四進四，象3進5，俥四平八，士5退4，俥八退一，馬3退4，俥八進二，士4進5，兵一進一（乘勢渡邊兵，子力走活，仍持先手，有望取勝）！包1平3，兵一平二，卒1進1（也欲渡邊卒，各攻一面，拒敵力戰，敢為人先！一場試比天高、誰能破城的長線拉鋸戰正式打響了）！兵二進一，卒1進1，兵二平三，象5退3，俥八平七，包3平5，俥七退三，卒1進1，俥七退一！卒1進1，相七進九！象3進1，帥五平四，象1進3，俥七平九，士5退4，俥九進三，士4進5，相五進三，包5進2，仕五進四，包5退2，帥四平五（御駕親征、出戰助攻、持先要著）！包5進2，帥五進一，包5退2，相九進七，包5進2，帥五平六，包5平4，帥六平五，包4平5，俥九平五，包5平7，相三退五，包7平2，兵三進一，將5平4，俥五平六，包2退4（以上27個回合，雙方穩紮穩打、著法謹慎、走法無誤、令人擊節！現黑退包驅兵，抓住戰機，可將紅兵逼至底線，無力助戰，和勢甚濃了）！兵三進一，包2退1，兵三進一，包2退1，俥六平五，士5進6，兵三平四，包2平6！帥五平六，將4進1（當黑包迅速果斷大膽硬逼紅過河底線兵兌去底士後，黑方

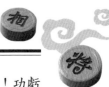

應該已找到了求和的積極進取思路，但現進將，敗筆！功虧
一簣、自食其果！黑宜徑走包6平7！！！紅如接走俥五平
三，包7平6，俥三進一，士6退5，俥三進一，將4平5！
變化下去，黑馬包士象的堅固防守，紅已無法取勝；紅又如
改走俥五平四，士6退5，俥四進二，將4平5，俥四平三，
包7平6，帥六平五，象3退5，俥三退一，包6進2！黑方
有穩固防守無懈可擊，紅勝困難，仍和勢甚濃；紅再如改走
俥五平六，士6退5，俥六退一，將4平5，帥六平五，包6
進2，相五退三，包6平5，俥六進一，將5平4！演變下
去，黑馬包士象聯手，緊緊保衛著老將的生命安全後，和局
已定，紅很難進取入局了）？？？俥五進三（紅抓住了久等的
機會，果斷沉中俥欺底包，令黑方陣形立即露出破綻，成了
紅方迅速攻殺的第一目標，是一步能「海底撈月」入局的好
棋！紅方由此開始步入反擊佳境）！包6進1，俥五平七，
將4平5，俥七退二，馬4進5，俥七退二！！！馬5進4，俥七
平八，包6退1，俥八進四，將5平6，仕六進五，士6退
5，帥六退一，馬4退5，俥八退三，馬5退4，俥八平二，
馬4退3，俥二進二，將6進1，相五進三，包6平5，相七
退五，包5平6，帥六平五，包6平5，俥二退三，包5平
6，俥二平五，將6退1，俥五平二，將6進1，仕五進六，
將6退1，俥二進三，將6進1，相三退一，包6平5，俥二
平一，包5平6，俥一平三，包6平5，帥五平四，將6平5
〔黑平包為長捉，按《象棋競賽規則2011（試行本）》中
棋例通則第26.2條款：守和方只有一個進攻子時，佔據守和
要點，附帶產生的捉士象，按「閒」處理。而現在的黑方卻
有兩個進攻大子，顯然不符合以上條文，故黑只得變著〕，

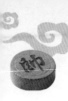

俥三退一，士5進6，俥三進二，馬3進4，仕四退五，將5退1，俥三平四，馬4進5，相一進三，馬5進6（黑此時無子可走，只能進馬棄士，頹勢難挽了），俥四退二！馬6退5，俥四進一，將5進1，俥四退三，將5退1，相五退七，將5進1，相七進九，將5退1，仕五退六，馬5退4（紅俥仕相全對黑馬包殘棋，因紅有仕相，故黑馬的活動範圍受到很大限制後，很難守和。黑若改走馬5進4，俥四退二，馬4退3，俥四平七！黑馬位仍很差，要守和很難），帥四進一，馬4進2，俥四平七，馬2進1，俥七平八，馬1進3，俥八進三，將5進1，俥八進一！將5退1，相九進七！紅方抓住最後機會，先沉底俥管死黑中包，現又揚起左邊相關住黑馬，很難逃脫。黑如接走馬3退5？則帥四平五！關死中路馬包紅勝；黑又如改走馬3進4？？則俥八退八殺馬後，紅也必勝；如黑再改走馬3退1？？？則俥八退五也擒馬後紅完勝黑方。

　　此戰雙方一開局就進入巡河炮對左外肋馬之爭：紅左傌盤河雙橫俥卸中炮，黑補右中象高起左直車和右橫車互進各自下二線的「霸王車」相抗衡。雙方剛步入中局，紅在亮出左橫俥護巡河炮之機，黑卻在第11回合走車1平2落入下風，在第16回合走車4進2丟卒失勢，到了第29回合又走卒7進1棄卒後反擊無力。雙方步入紅有俥對黑無車的易走殘棋後，爭鬥異常精彩激烈：紅棄過河兵殺象，黑馬包卒雙士象防守牢固，令紅方一時無法殺入。可是就在紅俥進駐卒林線追卒，窺包，捉馬後，巧渡了邊兵，開始了「先兵以急擊之」漫長搏擊；以後黑也乘勢渡邊卒，各攻一面，試比天高地打響了長線拉鋸戰：紅先退俥逼卒，揚邊相殺卒；黑揚象

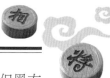

運士，卸中包欺兵，逼死底兵兌上後雙方和勢甚濃。但黑方被能求和的局勢沖昏了頭腦，竟然在第68回合紅帥五平六頂住黑馬將之機，卻走了將4進1錯失求和機會，令人大跌眼鏡，被紅俥沉底捉包，「海底撈月」，開始反擊：退俥殺象捉馬，揮俥捉包右移，進俥窺士出帥，利用《棋規》逼黑變著，退俥叫將管底包，逼黑無子可走送士，請將上三樓捉馬，逼馬過河離開九宮，沉俥拴底包管將，揚起左高相關住黑馬，最終紅俥抽絲剝繭，吞食殆盡，殺馬擒將，完勝黑方。這是一盤佈局雙方穩步進取；中局伊始黑亮右車，棄7卒被動，「晚節不保」，錯失和機；紅則利用《棋規》逼黑變招後，沉俥拴包管將，揚相關馬，吞食淨盡，破城擒王的「馬拉松」精彩殺局。

第11局　（四川）李少庚　先負　（廣西）黃仕清

轉左俥盤河雙橫俥卸中炮對右中象橫車高左直車退右底包

　　1.炮二平五　馬8進7　　2.兵七進一　車9平8

　　3.傌八進七　卒7進1　　4.兵二進三　馬2進3

　　5.炮八進二　馬7進8

　　這是2012年8月8日全國象甲聯賽第15輪的一場龍虎爭鬥。雙方以中炮巡河炮七路傌對屏風馬左直車外肋馬互進七兵卒的流行套路開戰。近來網戰又悄然出現黑走包8平9的弈法，紅接走俥一進一，包2平1，俥九平八，車1平2，炮八進二，車8進6，兵五進一，象3進5，炮八平五！馬7進5，俥八進九，馬3退2，炮五進四，士4進5，相七進五，馬2進3，兵五進一，車8退3，傌七進六！變化下去，紅多過河中兵易走，結果兌子後雙方弈和。

6. 傌七進六　…………

紅先左傌盤河，窺殺3路中卒，屬當今棋壇主流變例。筆者最近在網戰對抗賽中改走紅炮五平六卸中炮後，準備補中相固防中路，調整陣形來排兵佈陣，黑接走象7進5，相三進五，車1進1，俥九進一，車1平6，兵三進一，車8平7，兵一進一，卒7進1，炮八平三，包2進2，俥九平八，包2平5，仕四進五，馬8進7，炮三平五，包8進4，俥八進六，包8平5，傌三進五，馬7退5，俥八平七，包5進2，炮六進六，車6平4，傌七進五。雙方先後兌去俥傌雙炮包兵卒後，形成平穩的大體均勢局面，結果雙方握手言和。

6. …………　象3進5　　7. 俥九進一　車8進1

黑高起左直車，準備築成下二線「霸王車」陣式後右移出擊，屬當今棋壇主流變例之一。筆者曾在網戰中改走過黑士4進5，紅接走俥一進一，馬8進7，俥一平二，車8進1，炮五平六，包2退1，相三進五，包8平7，俥二平四，車8進2，炮八進二，卒1進1，傌六進七！車8退1，傌七退六，包2平4，炮六進六，車1平4！炮八退三，車4進1！炮八平三，包7進4，傌六進四，車8進4，仕六進五，包7平9，傌三進一，車8平9，兵九進一，卒1進1，俥九進三，車4平1，俥九進四，馬3退1，傌四進六，士5進4，兵七進一，車9平5，俥四進四，車5平4，俥四平六，車4退2，兵七平六，馬1進2！變化下去，黑在無車棋戰中淨多雙高卒佔優，結果黑多卒破城擒帥入局。

8. 炮五平七　車1進1　　9. 相七進五　包2退2

10. 俥一進一　車1平2

黑亮出右橫車，意欲邀兌八路巡河炮以簡化局勢後出

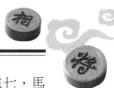

戰。黑也可徑走包2平3伺機出擊，紅如續走傌六進七，馬
8進7，炮八進二，車1平2，傌九平八！士4進5，傌一平
四，車8平7，傌四進三，包8進1！紅如接走傌四進二，則
包8退1，下伏卒7進1先手棋，故紅只好續走傌四退二，包
8進1。至此，雙方相持，呈對峙狀態；如雙方還是照上述
走法，則可判和局，但這是黑方不願意看到的。

　　11. 炮八進五　　車2退1　　　12. 傌九平四　　車2進4

　　雙方兌炮包後，均無子力過河騷擾對方，局勢暫趨平
穩，局面也趨於均衡。紅如先走傌六進七，馬8進7，傌九
平四，車2進1，傌一平二，包8平7，演變下去，不管雙方
是否兌傌車，還是雙方子力對等，都趨於平穩態勢。

　　黑如改走馬8進7，傌一平二，車2進1，傌六進七，包
8平7，傌二進七，車2平8，傌四進三，車8平4，傌七退
六，車4進3，炮七平六，車4平2，演變下去，雙方子力對
等，互有顧忌。

　　13. 傌四進三　　卒3進1　　　14. 傌一平四　　士4進5
　　15. 兵七進一　　車2平3　　　16. 炮七進五??　　………

　　紅飛炮兌馬，過急，易失先，要吃虧，落下風。紅應該
先走傌四平八，車8平7，傌八進五，馬8進7，炮七進五！
車3退2，傌八平五殺中卒後，又窺殺雙邊卒。演變下去，
黑雖兵種齊全，但紅方肯定會多兵易走，優於實戰，足可抗
衡，鹿死誰手，勝負一時難斷。

　　16. …………　　　車3退2(圖11)

　　17. 傌六進五???　　………

　　紅傌踩中卒捉車，似佳實拙！看似先撈實惠，實則浪費
步數，導致紅右傌的弱點仍暴露無遺。如圖11所示，紅宜

徑走兵三進一邀兌來通活右傌出路為上策，黑如接走車8平7，兵三進一，車7進3，俥四進一，車7平6，俥四進四，馬8退7，俥四進一，包8退1，傌六進五，車3進1，傌三進四，馬7進5，俥四平五，車3平5，傌四進五，包8平9，傌五進三，包9進5，傌三退一，包9平1，仕四進五，雙方大量兌子後，和局已定。

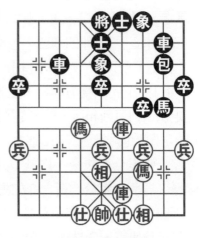

黑方　黃仕清

紅方　李少庚

圖11

　17. …………　　車3進1
　18. 傌五退六　　車3平4
　19. 後車平八　　士5退4
　20. 傌六進八??　………

此刻的局勢：紅雖多中兵，但黑方兵種齊全，子位靈活，顯而易見佔優，故紅已無進取條件，應該迅速簡化局勢後，尋覓戰機求穩為上策。紅宜徑走兵三進一為妥，車8平7，兵三進一，車7進3，俥四進一，車7平6，傌六進四，車4平6，俥八進四，變化下去，黑兵種好，紅多中兵易走，優於實戰，足可一搏，勝負一時難料。

　20. …………　　車4進1　　21. 俥八平四　　馬8退7
　22. 傌八進七　　車4退2　　23. 傌七退九　　包8平9
　24. 前俥進二??　…………

紅前俥進駐卒林窺殺黑邊卒，急於冒險進取，又一劣著！此時的局面，紅仍宜徑走兵三進一通活右傌出路為好，

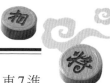

黑如接走車8進3，兵三進一，車8平7，前俥平三！車7進
1，相五進三，車4進3，俥八進三。以下不管黑方是否兌
車，黑方雖是兵種齊全，但紅會多中兵易走，強於實戰，勝
負難料。

　24.…………　車8進6　　25.後俥進一　包9進4
　26.前俥進一　車4進6！

黑方抓住戰機，先進左車拴俥傌，又飛左包炸邊兵，現
再進右肋車點穴於紅左下二線相腰，金槍鎖喉，一招中的，
擊中紅方要害，強行棄子，氣勢如虹，暗藏兇狠後續手段，
彰顯出黃大師的精湛棋藝功底和愛攻好殺的潑辣棋風！令紅
方方寸大亂、慌不擇路、措手不及、疲於應付、顧此失彼，
左翼空虛的弱點暴露無遺。黑方由此開始步入佳境。

　27.仕六進五　車4平2！　28.前俥平三??　…………

黑平右車棄馬，有膽有識，兇招！算準紅俥貪吃左馬
後，黑有左包炸中兵凶著！

紅平前俥貪馬，正中下懷！壞棋，貪招！由此陷入一蹶
不振的困境。紅宜先補一手中仕，仍有謀和機會，徑走仕五
退六！黑如接走包9平5，仕四進五！士4進5，前俥退四
（若貪走前俥平三????包5進2，以下紅有兩變：①仕六進
五??車2進1，仕五退六，將5平4，傌九進七，將4進1，
傌七進八，將4進1，下伏車2平4殺底仕後，左右雙車夾殺
擒帥；②帥五平四，包5平9，相三進一，包9進1！下伏車
8進2也絕殺黑勝），車2退2，傌九進七，包5平3！相五
退七！變化下去，黑雖兵種齊全，但紅勢優於實戰，可以抗
衡，鹿死誰手，勝負一時難定。

　28.…………　包9平5！　29.俥四進七　…………

黑揮左包炸中兵催殺，硬逼紅右肋俥砍底士換雙。紅如帥五平六，車2進1！帥六進一，車8退4，俥四進七，將5平6，傌三進五，車8平4，仕五進六，車2退1，帥六退一，車4進4，帥六平五，車2進1，帥五進一，車2平6，傌五退三，車6退1，帥五退一，車4平2，相五退七，車2進2，傌三退五，車6進1！雙車左右聯手妙殺，黑方完勝。

29.………　　將5平6　　30.傌三進五　　車2進1
31.仕五退六　　車2退6　　32.俥三平四　　將6平5
33.兵三進一　　車2平1！　34.兵三進一　　象5進7

　　由於紅前肋俥貪黑馬後，造成紅俥換雙，現又白丟了左傌和兌了三路兵，在黑多子多邊卒形勢下，紅方謀和難度很大，只能用傌巧兌黑卒後，才能守和；但黑有雙車掩護邊卒，紅用傌兌黑卒、想守和的計畫很難實現，只好等黑方走漏之後，才有巧和的可能。

35.俥四退三　　卒9進1！

　　黑要渡邊卒，必須讓雙車搶先佔據要道；而紅要求和也必須堅決阻止黑卒過河，故黑邊卒能否順利過河參戰已成為全局勝負的關鍵，那麼能笑到最後呢？讓我們拭目以待吧！黑現衝邊卒，獲勝要著！黑如誤走士4進5？？？則俥四平一！車8退6，傌五進三！車1進3，仕四進五，車1退4，帥五平四，車1平6，帥四平五，車8平9，仕五進六，車6平9，仕六進五，卒9進1，俥一進一，前車進2，傌三進一，車9進3，帥五平六，紅仕相全將守和黑車單缺士。

36.傌五進七　　車8退4！　37.仕六進五　　車8平9
38.傌七進五　　車1平5　　39.傌五退三　　卒9進1
40.傌三退二　　卒9進1！

在黑雙車守住卒林要道的大好形勢下，黑邊卒終於衝過紅方俥傌聯手後的層層封鎖線，順利渡河參戰了，但小卒仍在邊線，還沒有機會靠近紅方城池，逼近九宮，故局勢仍有複雜變化，絕不能掉以輕心。黑要獲勝，定要再次突破紅方各種障礙，儘快直撲九宮，只有卒臨城下，才有望獲勝。

41. 俥四退一　卒9進1　　42. 傌二進三　卒9進1

43. 俥四平二　車9平6　　44. 傌三退四　車5平2

黑乘勢連挺邊卒於下二線，左邊車於左肋道窺傌，現又巧卸中車右移至2路線，直逼紅左翼薄弱底線，佳著！紅雖已擺出一個「鐵桶式」陣勢，盡力限制黑卒入侵，但黑卻以卒林線兇狠的「霸王車」對紅方陣地左右來回地進行騷擾，尋找機會下手，逐步掩護邊卒逼近九宮。至此，雙方開始步入了細膩而精彩、緊張又激烈的殘棋較量。

45. 相五退七　車6平5　　46. 相七進五　車5平6

47. 俥二退一　車2進5　　48. 傌四進五　車6進2

黑右車點擊紅下二路，意在暗中保護邊卒，著法含蓄、弈法深遠、下法緊湊、算度精確，顯示出黃大師精湛的殘棋功力；黑現又伸左肋車騎河，不給紅傌從中路出擊的機會，至此，黑方優勢明顯，逐漸轉化為勝勢。

49. 傌五退四　…………

紅中傌潰退仕角無奈，如傌五退六（若傌五進六??車2進1，仕五退六，車6平4叫殺，必得傌勝勢；又若傌五進七??車2進1，仕五退六，車6平4，仕四進五，車4退1！紅傌厄運難逃，黑也得子勝定；再若傌五退七??車2進1，仕五退六，車6平4！仕四進五，車4進1！傌七進九，車2退4！下伏車4平1後，紅邊傌必死無疑，黑也勝），車6平

4，仕四進五，車4進1，兵九進一，車2退4，兵九進一，車4平1！雙車追殺邊兵後，黑有邊卒參戰也勝利在望。

49. ………… 車6進1 50. 俥二平一 車6平4

51. 仕五退六 車2平6 52. 仕六進五 車4平1！

黑雙車聯手，巧妙捉傌殺邊兵後，又下伏車1平7殺底相兇招！那時紅俥不敢走俥一退一殺卒，因黑可接走車7平6！仕五退四，車4平1！黑棄卒兌俥殺底仕後，將形成黑車單缺士對紅傌單缺仕的必勝局面。

53. 傌四進五 卒9平8！ 54. 俥一平三 車1平5

55. 傌五進六 ………

紅傌撲臥槽，企圖傌回相台求和，無奈之舉。紅如貪走傌五進三??車5平7！必丟底相後告負。

55. ………… 象7退9 56. 傌六退七 車5平3

57. 俥三進二 將5平6 58. 俥三退二 卒8平7！

雙車左右夾擊，現又平卒窺殺底相，形成「三車鬧仕」的勝勢局面，至此，紅已很難防守了。

59. 相三進一 將6平5 60. 相一進三 士4進5

61. 相三退一 車3平8 62. 傌七退六 ………

紅傌回仕角退守，無奈。紅如硬走俥三平四??車6退1，仕五進四，卒7平6！黑必破仕後，紅傌單缺仕難守和黑車單缺士。

62. ………… 卒7平8

黑平卒，等一步，老練！黑如車8進2？？相五進三，車6退4，俥三進一。變化下去，紅方仍可堅守，黑一時難以破城。

63. 相五進三 車6退3 64. 相三退五 車6平9

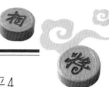

65. 相五進三　車9退2　　66. 傌六退八　車8平4

67. 傌八退六　車4進2　　68. 俥三平二　卒8平7

69. 俥二平六　車4平1!

由於紅方揚相，回傌，平俥，頑強防守，黑方一時找不到準確的進擊方向；而紅又突然俥平左仕角邀兌求和，令黑方必須做出正確抉擇！由於黑要兌俥的話，無十分取勝把握，故現平肋車避兌，卻是保持複雜局面的正確選擇。一旦小卒能破紅仕，黑就必勝無疑了。

70. 俥六平三　卒7平6　　71. 俥三平四　卒6進1!

第70回合紅平俥欺卒無奈，如俥六平四???車9平8，傌六進五，車1進1!仕五退六，車8進5!俥四進一，卒7平6，傌五進三，卒6進1!俥四退三，車8平4!傌三退四，將5平4!俥四平三（若相三退五???車1平4，傌四退六，車4進1，帥五進一，車4平6!黑車必勝紅雙相），車4平6!下伏車1平4殺仕擒帥，黑也勝。

紅現平俥趕卒，也無濟於事了；黑方終於等來機會，果斷棄卒兌底仕，一劍封喉！弈來胸有成竹，完全確信黑雙車可戰勝紅俥傌單缺仕的防守。

72. 俥四退二　車9平5　　73. 相三退五　車1平4

同樣車佔右肋道，黑宜徑走車5平4更快勝。紅如接走相一進三，車4進5，俥四進一，將5平4!御駕親征助攻，精妙絕倫！下伏車4進1，仕五退六，車1平6殺俥後黑方完勝兇招！黑反能速勝無疑。

以下精彩殺法是：俥四進二，將5平4，俥四平三，士5進6，相一退三，將4平5，俥三進一，車5平9，俥三退二，車9進6（黑左邊車沉底空著，紅右翼防守堅固，一時

無法攻入，而紅左翼底線才是黑要真正攻擊的目標）？俥三平二，車9退2，俥二平三（此時的紅俥絕不能離開己方的下二線，如誤走俥二進六？？？車9進1！仕五進四，將5平4！仕四退五，車9平5，帥五平四，車4進1！砍仕殺傌後，黑速勝），車9平8，俥三平一，車8平7，俥一平二，車4平3（平右肋車，企圖控制紅子力活動範圍，但紅現在閒著很多，黑一時無法完全困住，故明智的選擇仍是紅左翼底線），俥二平一，將5平4，俥一平二，車7退1，俥二進三，車3平4，俥二平三，車7平8（平左車避兌，非常老練，獲勝要著）！俥三退三（退俥死保中仕，無奈之舉，因紅中仕始終是黑主攻目標，故紅要求和，只有退俥保仕。紅單俥仕相全可守和黑雙車單缺士，但紅俥傌單缺仕卻守不和黑雙車單缺士。因紅雙仕能隨時連環後相互保護，而傌和單仕在黑雙車攻殺下卻無法互相保護，破綻百出後，易被黑雙車攻破。在殘棋的關鍵時刻，一匹馬往往竟然不如一個仕或一只象，這就是象棋的魅力所在），車8平1（左車突然右移，石破天驚，黑終於準確地找到突破口了，即攻擊紅左翼底線陣形上的死穴！至此，紅即崩潰了）！俥三平四，車1進2！帥五平四，車1進1！連續進車，窺中仕，殺底傌，一錘定音！令紅方只有招架之功而毫無還手之力。紅如接走俥四進六，車4平5，俥四平六，將4平5，俥六退三，象7進5，俥六退一，車5平8，俥六進一，車8退4，帥四進一，車8平6，帥四平五，將5平6，俥六退三，車1平4棄車殺底傌，兇悍！以下紅只能走俥六退一，車6進4，帥五退一，車6進1，帥五進一，車6平4！黑勝。

此局雙方一開戰就聽到了巡河炮對左外肋馬的爭鬥聲：

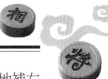

紅左傌盤河，卸中炮，高起雙橫俥發威，黑不甘示弱地補右中象高左直車和右橫車，退右包於底線，還以己方下二線「霸王車」反擊，早早步入了中盤搏殺。可好景不長，紅首先在第16回合飛左炮兌馬，在第17回合又傌踩中卒地暴露了紅右傌的弱點，到了第20回合走傌六進八，在第24回合走前俥進二，在第28回合仍走前俥平三，連續3次丟失良機和錯失求和機會。相反，黑方在紅前肋俥貪吃黑馬，一車換雙後，卻能抓住戰機，巧殺邊傌，速兌三路兵，以後在黑雙車掩護下，邊卒順利逼近九宮，先車掃邊兵，再中車欺傌，又卒臨城下，接著卒兌底仕，御駕親征助攻，雙車直逼下二線，最終雙車窺殺傌仕，棄車殺傌得俥後完勝紅方。這是一盤，一氣呵成的罕見「馬拉松」賽，以黑方笑到最後的雙車妙殺俥傌單缺仕精彩殺局。

第12局 （浙江)趙鑫鑫 先勝 （北京)王天一

轉左傌盤河雙橫俥卸中炮對右中象橫車高左直車退右包

1. 炮二平五　馬8進7　　2. 傌二進三　車9平8

3. 兵七進一　卒7進1　　4. 傌八進七　馬2進3

5. 炮八進二　………

這是2012年9月8日全國象甲聯賽第21輪的一場龍虎激戰。雙方以中炮巡河炮對屏風馬左直車互進七兵卒開戰。紅方緩開右俥，以左炮巡河這一穩健型佈局戰術來應對近年來風頭正勁且又以攻殺見長的王天一特級大師，是非常慎重，又是十分靈活的。因為中炮巡河炮是趙特大威震弈林的重磅武器之一，很抓人眼球，在關鍵戰役中使用這一「鎮山寶」，據不完全統計是勝多、和多、負少。紅如俥一進一，

見本章「孫博先負程鳴」和「王曉華先負王天一」之戰。

　　5. …………　　馬7進8

　　至此，雙方走成中炮巡河炮緩開俥對屏風馬左外肋馬封俥的佈局定式。黑先進左外肋馬封住紅右俥變例，是20世紀90年代興起的弈法，以後便迅速成為高手們在重大比賽中用來對抗中炮巡河炮的主流應法。黑急進左外肋馬，可暫封紅右直俥出擊，但同時也暴露出中路相對顯得薄弱的缺點。近來網戰又出現了黑先補象7進5的走法，紅徑走俥一平二，包8進2，兵三進一，包2退1，俥二進三，包2平7，兵三進一，包7進3，傌三進四，車1平2，炮五退一，車2進1，相七進五，卒3進1，兵七進一，包8平3，俥二進六，馬7退8，俥九平八，馬8進7，炮八進二。變化下去，紅子位稍好，局勢平穩，結果雙方握手言和。

　　6. 傌七進六　　象3進5

　　紅左傌盤河出擊，直接威逼中卒，威脅3路卒，以伺機卸中炮來變換陣勢、轉換陣形順勢而為，是中炮緩開俥巡河炮陣勢的一大特徵，也是易反先佔優的一大特點。

　　黑補右中象，固防中路，勢在必行，最佳應法。如象7進5，可參閱本章「李少庚先負蔣川」之戰中第6回合注釋。

　　7. 俥一進一　…………

　　紅先高起右橫俥，啟動右翼主力，準備以己方下二線「霸王俥」陣式發威，是當今棋壇盛行的主流變例之一。紅如改走傌六進五，馬3進5，炮五進四，士4進5。演變下去，紅雖多中兵，但大子出動相對緩慢，難討便宜。紅如改走俥九進一，可參閱本章「李少庚先負蔣川」之戰。

　　7. …………　　車8進1

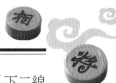

　　黑高起左直車，旨在策應右翼，或準備以己方「下二線霸王車」來反擊紅方，是靈活性較強的應法之一。黑另有三變做參考：①在2010年5月第4屆全國體育大會象棋賽男子專業組陶漢明與宋國強之戰中曾走馬8進7，結果紅方主動，最終獲勝；②在2010年8月第5屆「後肖杯」象棋精英賽上趙鑫鑫與洪智之戰中改走包2退1，結果雙方對峙，最終戰和；③在2011年10月全國象棋個人錦標賽上趙國榮與王天一之戰中改走車1進1，結果雙方均勢，最終也弈和。

　　8. 俥九進一　…………

　　紅高提左橫俥，果然以下二線「霸王俥」拉開出擊戰幕。紅如改走炮五平六搶先控制左肋道，可參閱本章「常洪先負黃杰雄」之戰。

　　8. …………　馬8進7

　　黑左馬踏七兵，直接窺殺中炮，屬改進後激進型攻法。黑另有三變做參考：①車8平6，俥一平四，車1進1，炮五平七，車6進7，俥九平四，馬8進7，傌六進七，包8平7，俥四進五，車1平4，仕四進五，下伏俥四平三捉包和傌七退六攔肋車兩步先手棋，紅方易走，可滿意；②車1進1（也高起下二線「霸王車」反擊），可參閱本章「黃海林先負金波」和「萬春林先勝郝繼超」之戰；③包2退1（退右包，旨在左移反擊），可參閱本章「李少庚先勝謝巋」之戰。

　　9. 炮五平七　…………

　　紅巧卸中炮，嚴控黑3路馬卒，意欲保持複雜變化，是20世紀90年代興起的主流戰術之一。最早的一路變化是紅走俥一平二，包8平7，炮五平七，包2退2，俥二進七，車1平8，傌六進七，包2平3，變化下去，雙方子力對等，局

勢平穩；另一路走法是紅俥一平二拴鏈黑左翼車包，黑接走馬7進5，相七進五，包8平7，俥二進七，車1平8，傌三退五（若誤走炮八退二??? 則卒7進1！演變下去，黑有過河卒參戰反先），卒3進1，兵七進一，象5進3，俥九平七，象7進5。演變下去，黑子位靈活，多卒易走。

9. ………… 車1進1

黑高立起右橫車，也形成己方「下二線霸王車」組織反擊，準備待命，隨時來應對突發事變。筆者曾在網戰中走過黑包8平7?? 俥一平二，車1進1，相三進五，包2退2，俥九平四，車8進7，俥四平二，包2平3，炮八退一，車1平4，俥二進三！下伏炮八平六追打右肋車先手棋，紅反先易走，結果雙方大量兌子後成和。也可參閱本章「孫勇征先勝趙瑋」之戰。

10. 相七進五 …………

紅補左中相固防，屬改進後主流變例。紅如改走相三進五，則可參閱本章「呂欽先負趙國榮」之戰。紅又如改走俥一平四，包8平7，俥四進五，車1平6，俥四平三（若俥四進二，車8平6，演變下去，黑方易走），馬7退8，相七進五，卒9進1，傌六進七，包2進1，俥九平六，車6進3。變化下去，雙方雖子力對等，但黑勢開朗，易走，略先。

10. ………… 包2退2

黑右包退底線反擊，創新之變！黑老式走法是包8平7，俥一平四，車8平6，俥四進七，車1平6，俥九平二，車6進2，俥二進六，包7平6，炮八退一！馬7退6，傌六進七，士4進5，俥二退三。演變下去，雙方雖子力對等，但紅子位靈活，易走，稍優。

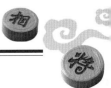

11. 俥一平四　…………

紅右橫俥先搶佔右肋道，旨在兌肋俥爭先，著法積極主動。紅如先走炮八退一？則馬7退8，俥六進七，包2平3，俥七退六，卒7進1，相五進三，車8平4，炮八進一，車1平2，俥九平八，包3進5！相三退五，包3進1，俥六進四，馬3進4！變化下去，黑勢開朗，易走反先。

11. …………　包2平3　　12. 炮八退一！　…………

紅退巡河炮打馬，守護兵林線要道，老練而沉穩！紅如急走俥六進七，包3進3，炮七進四，包8平7，炮八退二，車1平2，炮八平七，卒9進1。變化下去，黑子靈活，易走。

12. …………　馬7退8　　13. 俥六進四！　………

紅進左俥騎河出擊，是趙特大推出的最新試探型中局攻殺「飛刀」！紅一改以往俥六進七，車1平2，俥九平八，包8平7，演變下去，雙方各有千秋、互有顧忌的走法，旨在攻其不備，意欲出奇制勝。

13. …………　　　　　車1平2

14. 俥九平八（圖12）　車8平4???

黑平左車佔右肋道，誤中「飛刀」敗招！導致速落下風，丟士殘象。同樣平左車佔肋道，如圖12所示，黑宜逕走車8平6為上策。紅如接走炮八進三（若逕走俥四進五，車6進7，俥八平四，象7進5，俥四進六，車2進5，俥四平五，馬3退5，俥五平二，馬8進7，炮七進四，卒9進1，演變下去，紅俥兌雙象後雙方反而互有顧忌），卒3進1，兵七進一，包3進4，兵五進一，士4進5，炮八進一，馬3進4。以下紅有兩種選擇：①俥四進五，車6進7，俥八

平四，包8平2，傌五進七，將5平4，俥四平六，包2進7，帥五進一，士5進4，俥六進四，車2進7！俥六退四，車2平4！帥五平六，馬8進7！演變下去，紅雖多中相，但黑多卒易走，優於實戰，可以一搏。②炮八平二，車2進7，俥四平八，車6進3！變化下去，紅右炮被關，黑多7路卒易走，也優於實戰，足可抗衡，勝負一時難料。

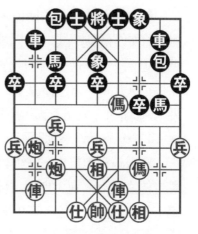

黑方　王天一

紅方　趙鑫鑫

圖12

15. 傌四進五！ …………

紅傌踩中象，送傌取勢，把握機會，棄子搶攻，著法潑辣！紅冷箭發出，令黑方慌不擇路！紅如急走炮八進三??則士4進5！演變下去，雙方易對峙，紅方反無趣。

15. ………… 車4進6

在臨場中王特大經過20多分鐘的長考後，決定選擇進右肋車捉炮，搏殺決鬥，背水一戰！強勢出擊，尋求對攻！明智之舉。黑如象7進5殺傌，則俥四進六，包8平9。以下紅有兩變：①傌三進四，卒7進1，俥四平五，士4進5，俥五平七，馬8進6，相五進三，包9進4，俥七進二，士5退4，變化下去，黑殘去雙象，但多邊卒，子位靈活；更主要的是雙方大量兌子後，局勢易趨於平穩。②俥四平五，馬3退5，俥五退一，車4進2（若車4進1，俥五退一，車4平7，相三進一，馬8進9，傌三進一，包9進4，炮七進四，

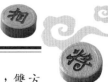

演變下去，黑多子，兵種齊全，紅多雙相，伸控中路，雙方互有顧忌），俥五退一，車2進4。變化下去，黑多中馬，紅多雙相，相互對攻，互有顧忌，勝負一時難斷。

16. 俥四進八！…………

紅沉右肋俥大膽殺士，當仁不讓，紅勢反先。

16. …………　將5進1　　17. 俥四退三　…………

紅殘象破士後，現又棄中馬，退右肋俥於卒林線，準備肋俥平二路捉雙，可追回一子，著法正確。紅如改走傌五進三???則包3平6得俥後，黑反大優；紅又如改走俥四退二??包8平5，俥四平二，車4平3，俥二退二，車2進3，變化下去，黑雖殘士缺象，但多子多卒易走，可以一拼。

17. …………　　將5進1

黑進將吃中傌，無奈之舉。黑如改走象7進5，俥四進一（也可徑走俥四平二捉雙，包8平6，俥二進二，包6退1，炮八進三，卒5進1，俥八平四，包3進1，炮八平一，馬8退7，俥二退一，包6平9，俥二平三，車4平3，俥四進五！演變下去，紅雖少子，但黑殘士缺象，紅雙俥炮有攻勢佔優），包8平7。以下紅有兩種不同結果的選擇：①傌三進四！卒7進1，傌四進三，車4退5，炮八進三，卒3進1，兵七進一，將5退1，兵七進一，士4進5，兵七進一！車4平3，俥四退二，車3進5，俥四平二！紅追回失子後，雖少過河兵，但淨多仕多相，且兵種齊全，佔優易走；②炮八進四？象5退7，俥四平七，車4平3，傌三進四，象7進5，炮八退一，卒5進1，俥七退一，卒7進1！傌四進五，車2進1。以下不管紅方是否兌子，黑雖殘士少象，但多子多過河卒助戰，可以堅守，雙方互有顧忌。

18. 俥四平二　包8平6　　19. 傌三進四　…………

紅右傌盤河，捉馬出擊，正著。紅也可徑走俥二退一，車4平3，俥二進二，車2進1，俥八平四，士4進5，炮八平六，車3平4，傌三進四！卒3進1，仕四進五！車4進1，炮六退一！下伏傌四進三叫將兌招，紅雖少子，但攻勢不小。

19. …………　卒7進1

黑棄7路卒，渡河壓傌，無奈之舉。黑如將5退1？則俥二進二，包6退1，傌四進二，車4平3，俥八平六，車3平2，俥六進六，前車退1，俥六平七！下伏傌二進三兌招，紅優。

20. 傌四進三　馬8退6　　21. 炮八進四！　馬3退2
22. 俥二進一！　士4進5

紅方不失時機，進傌叫將，伸炮叫將後，現又進右俥拴鏈左士角包，紅俥傌炮的連續進攻，使優勢逐步轉化為勝勢了。

黑現補右中士保左士角包，明智，要存活之舉。黑如貪走車4平3，俥八平六！以下黑有兩變：①車2進1？？俥二平四！將5平6，俥四進五！將6平5，俥四平五，將5平6，俥五平四，將6平5，俥四進二！將5平4，傌三退五，將4平5，傌五進七！將5平4，俥四平六！紅右肋俥在下二線，兜底叫將成絕殺，紅速勝；②將5退1，俥二平四，將5退1，後俥進五，士4進5，炮八進二，車2退1，前俥平七，車3平4，俥七進一，車4退5，俥四平五，象7進5，傌三進五，卒7平6，仕四進五，卒6進1，傌五進三！將5平4，俥五進二！卒6進1，傌三退五，卒6進1，俥五平六！將4平5，傌五進三，將5平6，俥六退一！下伏俥六進二和

俥六平四雙面叫殺兌招，紅方完勝。

23.炮七進四　　將5平4

面對紅飛炮炸卒後下招炮七進一殺著手段，黑只有出將暫避催殺，別無他著。

24.仕四進五　　車4退4　　25.炮八平四！…………

紅非常大氣地飛炮棄俥換炮搶殺，5子齊發，攻勢如潮，精妙絕倫！真正彰顯出趙特大的犀利棋風。

25.…………　　　車2進7　　26.炮四進一　　士5進6

27.俥二平四！　將4退1　　28.炮四平一！　包3平5

黑右象位底包鎮中解殺，實屬無奈。黑如改走將4平5？？？俥三進二，將5退1，俥四進一！黑7路象無法動彈，下伏炮一進一絕殺兌招，紅勝；黑又如改走將4退1？？？兵七進一！象7進5，俥三進四，將4平5，俥四平五，將5平6，俥五平四，將6平5，俥四退六，將5平4，俥六進七，馬6進8，俥七退六，馬2進4，俥四平二。以下黑有兩種選擇：①將4平5？？？俥二退二，將5進1，俥六退四，將5平6〔若將5退1？？？俥二進四，馬4退6，俥四進三，將5平4，俥二平四！紅勝；又若將5進1？？？炮一退一，將5平4（如卒5進1？？？俥二進二，馬4進6，俥二進四，黑如接走將5平6？？？則俥四進二！紅勝；黑又如改走將5退1？？俥四平八，車4平6，俥八退六！紅淨多雙炮，成俥雙炮過河兵殺勢，紅必勝無疑），俥四進二，馬4進6，俥二平四，卒5進1，俥四進二，將4退1，俥四進一，將4退1，俥二進三，車4平8，炮一進二！車8退3，俥三退四，車8平9，俥四平六！借底炮之威，成俥俥冷著擒將，紅勝〕，俥四進三，將6退1，俥二進四！紅勝；②馬4退6？？？俥六進四，

將4平5，炮七平五！馬6進8，俥二退二，將5平6，俥二進三，車4平5，炮一進一！車5平7，傌四退三！將6平5，傌三進一，車2退7，傌一進二！也成俥傌炮聯手殺勢，紅勝。

29. 俥四退一　車2退6

黑退2路車守住上二路包線，實屬無奈。黑如徑走車4平3殺炮??兵七進一，車3平4，俥四進二，包5進1，傌三進二！馬2進3，傌二退四，將4進1（若將4退1???俥四進一！包5退1，俥四平五！紅勝），俥四平五，車4平2，傌四進五，後車退3，傌五退三，後車進1，俥五平八！車2退7，炮一平八！紅淨多炮和雙仕相後，也呈紅傌炮過河兵殺勢，紅勝。

30. 炮七退一　車4進1　　31. 傌三進四　包5進1
32. 傌四退三　………

紅同樣退肋傌叫將，應徑走傌四退五更佳！黑如接走包5進1（若將4退1???俥四進三！包5退1，傌五進四紅勝），俥四進二，將4退1〔若將4進1??炮一平二，車2進1，炮二退一，包5退2，俥四退一！象7進5，俥四平五，將4退1（若將4平5???則傌五進三！成傌後炮絕殺），俥五進二，將4進1，俥五平六，馬2進4，俥六退一！將4平5，傌五進三！成傌後炮妙殺，紅勝〕，俥四平二！以下黑有四變：①馬2進4??炮七進四，馬4進5（若包5退2??俥二平六，紅勝），炮七平三，馬5退7，炮一進一！雙底炮疊殺，紅勝；②包5退2??傌五進四，將4進1（若包5進1???則炮一進一！絕殺，紅勝），俥二退一，包5進1，俥二平八，包5平9，俥八進一！俥傌冷著，左右夾殺，紅也

勝；③包5平6??俥五進四，將4平5（若將4進1??俥二退三！紅勝），炮七進四！車4平7，炮一進一，將5進1，俥四退二，以下黑有兩變：(a)將5進1??俥二退三，車2進2，炮一退二，包6進3，俥三進二，包6退3，俥二退四！包6退2，俥二退一，包6進2，俥二平四！將5退1（若將5平6???俥四進二！紅勝），俥四平八，將5平6，俥八退二！紅多俥雙炮完勝；(b)包6退1??俥二平四！將5進1，俥二退三，車2進2，俥三進二，車2平8，俥四平二！將5平4（若將5平6??則炮一退二！紅勝），炮一退二，象7進5，俥二退四！在抽車中，紅俥炮同時叫殺，紅方完勝；④包5平4??俥五進四！將4平5，炮七進四，將5進1，俥四退三！將5退1，炮七平三，車4平8，炮一進一！也成雙底炮疊殺，紅方完勝。

32.………… 將4退1???

黑退將速敗！宜改走包5退1，俥四進二，將4退1，俥四進一，車2平7，炮七進四，將4進1〔如車7進1??炮七平五，將4進1（若馬2進3???則炮五退一！紅勝），炮五平三，將4平5，炮三退一！將5進1，俥四平五！將5平6，俥五平八，將6平5，兵七進一！車4進2，俥八平五，將5平6（若將5平4??兵七進一！車7退2，兵七進一！紅勝），俥五平四，將6平5，帥五平四，車7退1，俥四平五，將5平4，兵七進一！車4平3，兵七平六！紅勝〕，俥四平五，車7進1，炮七平三，車7平8，炮三平二，車8退3！俥五平二，馬2進3，相五進三！變化下去，紅淨多兵多雙仕雙相大優，但黑仍可周旋，一時不會落敗而好於實戰。

33. 俥四進三！

紅方抓住戰機，果斷沉肋俥叫殺，一劍封喉！以下黑方只能走包5退1，傌三進四！借俥炮之威，傌到成功，叫將絕殺，紅勝。

　　此局雙方一開戰就進入了巡河炮對左外肋馬的精彩格鬥：紅左傌盤河，高雙橫俥，卸中炮補左中相，黑補右中象，高起左直車，左馬踏三兵，提右橫車退右包於底線，相互抗衡，早早步入了中盤廝殺。就在紅拋出策左傌騎河這把「飛刀」，用左橫俥保巡河退炮之機，黑卻在第14回合走了車8平4，導致殘士丟象。紅方不失時機，棄傌踩象破士，棄俥炸包砍士，俥傌雙炮齊鳴，砍馬拴包逼退黑將，最終沉俥叫將，傌到成功！這是一盤佈局按套路，落子如風；中盤搏殺，黑平右肋車出擊，過於草率，丟士失象。以後紅卻不失時機，推出中局攻殺「飛刀」，棄傌送俥爭得先機，精準打擊、穩紮穩打、細膩至極、不留後患，俥傌炮聯手，強勢出擊、傌到成功、笑到最後的超凡脫俗的精彩殺局。

第二節　　中炮巡河炮對屏風馬進左馬盤河

第13局　（上海）黃杰雄　先勝　（西安）何仲清

轉巡河俥左中仕卸中炮對右橫車高左直車反架左中包棄3卒

　　1. 炮二平五　馬8進7　　2. 兵七進一　卒7進1

　　3. 傌八進七　車9平8　　4. 傌二進三　馬2進3

　　這是2015年1月1日遊園象棋友誼賽的一場精彩廝殺。雙方以中炮對屏風馬互進七兵卒開戰。黑如改走包8平9（平左包亮車，俗稱「左三步虎」陣式，是近年來又悄然復

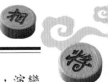

蘇的流行走法），炮八進二（伸左炮巡河，著法穩健，演變成中炮緩開伸巡河炮對左三步虎互進七兵卒陣勢），象3進5（補右中象，靈活。如先走馬2進1，兵三進一，卒7進1，炮八平三，象7進5，傌三進四，車1進1，伸九平八，車1平6，傌四進三，包2平4，炮五進四，士6進5，炮五平九，包9退1，相三進五，車8進4，伸一平三，變化下去，紅子活躍，淨多雙兵易走，佔先），伸一進一（高起右橫伸，旨在左移出擊。如徑走兵三進一，車8進4，伸一平二，車8進5，傌三退二，馬2進4，兵三進一，象5進7，傌七進六，卒3進1，兵七進一，車1平3，相七進九，車3進4！下伏包2平5和包9進4兩步先手棋，黑可滿意，子位靈活，易走）。以下黑方有三種不同選擇：①車8進6，傌七進六，紅又有士4進5和車8平7兩路變化，結果前者為雙方對峙，後者為紅方佔優。②馬2進3，以下紅又有兩變：(a)傌七進六，黑有卒1進1和士4進5兩路變化，結果均為紅方佔優；(b)伸一平四，黑也有包2退1和馬7進8兩路變化，結果前者為紅方易走，後者為紅方佔優。③士4進5，傌七進六，馬2進1（另有馬2進4和馬2進3兩路變化，結果前者為紅方先手，後者為紅反易走），傌六進七（殺卒，謀取實利。另有炮五平六和兵九進一兩路變化，結果前者為雙方平穩，後者為黑方滿意）！以下黑又有兩路選擇：(a)卒1進1（挺邊卒以活通邊馬。如改走包2平4，則炮八進三，變化下去，紅方易走），以下紅再有傌七退九和兵九進一兩路變化，結果前者為紅方易走，後者為紅方反先；(b)包2進2，傌七退六（若兵七進一？象5進3，炮八平七，包2進3，紅無便宜），車1平4，以下紅再有兵九進一和炮五

平七兩種變化，結果前者為紅方易走，後者為黑方好走。

5. 俥一平二　車1進1

黑高起右橫車，準備佔肋道出擊，屬改進後當今棋壇主流變例之一。黑如包2進4，兵五進一，包8進4，俥九進一，包2平3，相七進九，車1平2，俥九平六，車2進6（伸右車直進兵林線，誘紅左肋俥捉雙馬，演成激烈的「棄子陷車」局面）。以下紅有兩種不同選擇：①俥六進六（捉馬貪得子，易引起黑方反擊）？象7進5，俥六平七，士6進5，仕四進五，包8退1（退左包串打，反奪主動妙手）！兵三進一，包8平5，俥二進九，馬7退8，傌三進五，以下黑又有卒7進1和卒5進1兩路變化，結果前者為黑方易走，後者為紅方勝勢；②兵三進一（棄三路兵，意在拆散包架，下伏俥六進二牽包）！包3平6（若卒7進1？俥六進二，包8退2，相三進一，包8平7，俥二進九，馬7退8，傌三退二，象3進5，炮八退二，卒7平6，仕六進五，卒6平5，炮八平七，馬8進7，俥六平七！黑雖多雙卒，但紅多子佔優，易走），兵三進一，包6進1，傌三進四。以下黑又有包6平3、包8平5和包8平6三路變化，結果前兩者均為紅優，後者為紅一俥換雙後也佔優易走。

6. 炮八進二　‥‥‥‥‥‥

紅先伸左炮巡河，屬當今棋壇中炮巡河炮七路傌陣式。紅如改走俥二進六，可參閱下局「唐丹先勝尤穎欽」之戰。

6.‥‥‥‥‥　馬7進6

至此，雙方形成中炮巡河炮七路傌對屏風馬左直車左馬盤河互進七兵卒佈局陣式。近年來網戰上開始流行黑象7進5，紅接走俥九進一，車1平4，傌七進六，包8進4（進左

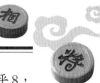

包封俥，屬改進後走法。如包8進3？炮五平六，車4平8，相三進五，卒3進1，兵七進一，包8平2，俥二進八，車8進1，兵七進一！馬3退5，俥九平七，馬5退7，兵七進一！變化下去，紅棄子佔先有攻勢，較為易走）。以下紅有兩種不同選擇：①炮五平六（卸中炮打車，及時調整陣形），車4平8，以下紅又有炮六平七和俥九平七兩路變化，結果前者為紅方易走，後者為黑可抗衡；②俥二進一（高起右直俥，著法靈活、多變，以己方下二線「霸王俥」陣式打破封鎖），以下黑又有三種不同選擇：(a)車4進3（進右肋車巡河，穩健），炮五平六，車4平2（平車邀兌右炮，以儘快簡化局勢），炮八進三，車2退2，相七進五，車2進4，俥二平六，包8進2（進包轟俥，旨在先棄後取，繼續兌子簡化局面），俥六平二，車8進8，俥九平二，車2平4，以下紅再有炮六平七和俥二進三兩種變化，結果前者為紅方略先，後者為黑可抗衡；(b)卒3進1（以邀兌3卒七兵來拆除紅左炮炮架），炮五平六，車4平6，兵七進一，車6進6，相三進五，包8平5，俥二平五（墊中俥，好棋）！車6平7，炮六平三，象5進3，炮八平七，以下黑再有馬3退5和象3退5兩種變化，結果前者為紅方兵種齊全易走略好，後者為紅佔優勢；(c)包2進2？？傌六進七，馬7進6，俥九平六（邀兌俥，搶佔要道，兌招）！車4進7，俥二平六，包8退3，傌七退六（果斷退傌，大膽邀兌取勢，著法強勁有力）！馬6進7，傌六進五，馬3進5，炮五進四，士6進5，俥六進四，包8進5，俥六平三！包8平7，俥三平八！紅騎河俥乘勢左右逢源，殺卒追馬，砍包得子，淨多子多雙高兵大佔優勢，結果紅方多子多兵完勝。

7. 俥二進四　車8進1

紅右直俥巡河，旨在攔住左盤河馬後邀兌三兵7卒活通右傌出路，是一步徐圖進取、以逸待勞的好棋！

黑高起左直車「生根」，以己方下二線「霸王車」聯手反擊，針鋒相對，佳著！黑如貪走馬6進7??炮五退一，車8進1，炮五平二！馬7退6，俥二平四，包8平7，傌三進二！包7進7，仕四進五。黑如接走車8平6??俥六進一！車6進3，傌二進四！變化下去，黑雖多卒多象，但紅多子，且子位較活易走；黑方又如改走卒7進1？俥四進一！車8平7，帥五平四，士4進5（若卒7平8？俥四進四！將5進1，炮八平二！演變下去，紅多仕，黑多象，但紅下伏俥九平八和前炮進五兩步先手棋，易走），相七進五，包7平8，傌二退三，包8平9，炮八平三！紅多子佔優。

8. 俥二平四　車8平6　　　9. 仕六進五　車1平4

10. 炮五平六　包8平5??

紅卸中炮擋黑右肋車後既可接走傌七進六打馬窺馬，又可伺機補中相固防，是一步攻守兼備的好棋！

黑補左中包，劣著！忽略了紅巡河俥炮和七路傌、左仕角炮的反擊力度，導致易落入下風。黑宜徑走馬6退7邀兌為上策，紅如接走俥四平二，包8退1，兵三進一，包8平7！紅如續走傌七進六？則卒7進1！雙方互相打俥車，演變下去，黑多過河卒易走；紅又如改走兵三進一，包7進3，俥二平三，象7進9，傌七進六，包7平4：以下紅又有兩變：(a)傌六進四???4平1！炮八平九，車6進3！黑反得子大優；(b)炮六進三，車4進3，相七進五，卒3進1，俥九平七，象3進1，兵七進一，車4平3，俥七進五，象1進

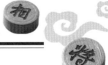

3。變化下去，雙方雖子力對等，局勢平穩，基本均勢，但黑優於實戰，足可抗衡，勝負難料。

　　11. 炮八進一　馬6退7　　　12. 俥四平二　車4進5

　　13. 炮八進一　卒3進1　　　14. 炮八平七　象3進1

　　15. 俥九平八　包2進4

　　16. 兵七進一（圖13）馬7進6???

紅方抓住機遇，飛炮，平俥，殺卒搶佔要隘；黑回馬，進車，棄卒，揚象，伸包專心謀攻，現又左馬盤河出擊，敗著！低估了紅方的反擊能力，導致小兵過河助戰後，陷入被動。如圖13所示，黑宜先走象1進3，消除後患，使局面趨於平穩後，再徐圖進取，尋覓反擊機會不至於最終落敗。紅如接走俥七進八，包2平5，帥五平六（若俥三進五??車4平5，俥八進六，車5平4，俥六進七，車4進1！變化下去，黑多雙卒易走，且有攻勢），車4平1，俥八進六，包5平4，炮六平七（若帥六平五？包4平5！俥三進五，包5進4，俥六退五，車1平5！黑多雙卒易走），包5平4，帥六平五，後包進1，俥二進三，車6進1。演變下去，雙方雖互纏，但黑仍多雙卒易走，略先，強於實戰，足可抗衡，勝負一時難料。

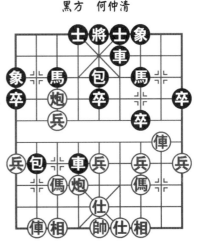

黑方　何仲清

紅方　黃杰雄

圖13

　　17. 俥七進八　車4退1??

黑退右肋車邀兌，令黑勢

進一步惡化，黑宜先走包2平5騰挪移位，變化較為豐富，紅欲擴大先手，還須大費周折。紅如接走傌三進五（若先走帥五平四，車4平1，傌八進六，後包平4！詳細變化見上回合注釋），包5進4，帥五平六，車4平1，傌八進六，馬3退1（若貪走包5平4？？？炮六平五，士6進5，傌六進七！紅得子反優），傌二平五，車6平5，傌五平四，車5平6，傌八進六，卒1進1，炮七平一，包5平9，兵三進一，車1平7。變化下去，在相互牽制中，雖雙方互有顧忌，但黑多卒可抗衡，優於實戰，勝負難斷。

　　18. 傌二平六　馬6進4　　19. 傌八退六　………

　　見雙方兌傌車後，黑左馬乘勢騎河逼近，紅便撥傌回身，輕巧一擋，棄中兵反擊，簡潔明瞭，佳著！紅如徑走傌八進六？？馬3退5後，紅勢反而無趣，不利於掌控反擊。

　　19. …………　包2平5　　20. 傌三進五　包5進4
　　21. 相七進五　馬4退3　　22. 兵七進一！　馬3退5
　　23. 傌八進九！　象1退3

　　紅方不失時機地兌中炮，補中相，兵欺馬，沉左傌叫殺，精準打擊，刻不容緩，在雙方子力對等形勢下，突發妙手，傌插底線，乘虛而入，先發制人，步入有利局面；現再一擊中的，拓展優勢，令人擊節，讓人讚歎不已！

　　黑退邊象固守，明智之舉。黑如改走馬5退3？？兵七進一！車6進1，兵七進一，車6平3，兵七進一，車3進4，兵七平六！將5進1，傌八退一，將5進1，傌八退二，車3平4，傌八平五，將5平6，炮六退二！如演變下去，黑將位不正，士象不全，非常難走，而紅卻多兵多仕大優。

　　24. 兵七平六　車6進3　　25. 兵六進一　馬5進7

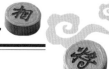

26. 俥八平七　士6進5

　　紅在兵臨城下、直奔九宮後，現又在俥砍底象，疾如流星地全線發力之機，黑速補左中士固防，實屬無奈。黑如車6平2??兵六進一，士6進5（太晚沒用了），兵六進一！士5退4，俥七平六，將5進1，俥六平三！變化下去，黑沒士象，防守更難。

　　27. 兵六進一　象7進5　　28. 俥七平八！…………

　　紅在收網逼宮之際，切莫忘家園安寧！紅現平俥搶佔要道，逼開中象暗襲要位，非常理智，是一步繼續能守善攻的停著！紅如貪走兵六進一???將5平6，兵六平五，將6進1，帥五平六（或走炮六退二），象5退3，白得紅俥後，黑必勝無疑！

　　28. …………　車6進1　29. 帥五平六　車6平3??

　　當紅帥御駕親征之時，黑卻誤認為紅中相已不會去捉相台車，故平左肋騎河車於3路反擊，又一敗筆！反給了紅俥傌炮聯手配合攻殺的機會，導致黑勢由此一蹶不振，頹勢難挽了。

　　同樣平騎河肋車，黑宜徑走車6平5等一招，以不給紅傌策出反擊機會來增加紅方取勝難度為上策！

　　30. 兵六進一　士5退4　　31. 俥八平六　將5進1

　　32. 俥六退一！………

　　紅兵兌雙士大佔優勢後，紅先退肋俥逼將下臺，老練而細膩，沉穩而精妙，步序精準無誤。紅如貪走傌六退五??車3退5！俥六平七，象5退3！傌五退四，包5平7，傌四進三，卒1進1，炮六平九，將5退1，炮九進三。變化下去，雙方大子和兵卒對等，紅雖多雙仕中相，但局勢立時鬆

透，雙方戰線甚長，紅取勝難度顯而易見增大不少。

以下精彩殺法是：將5退1，傌六進五（棄傌、相欺車，妙手）！車3退3，傌五進三，卒1進1，兵一進一，車3進4，炮六平八，車3平2，炮八平七，車2平3，炮七平八，卒5進1，傌三退五，馬7進5，俥六退二，馬5退7，炮八進四，將5平6，俥六進三，將6進1，俥六退一，將6退1，炮八平四！馬7進5，傌五進三，將6平5，傌三進二！包5平6，俥六進一，將5進1，傌二退一！借傌炮之威，現紅回傌踏邊卒，下伏傌一進三！將5平6，俥六平四，傌到成功，趁傌之威，紅俥兜底絕殺兇招。故黑如接走象5退7？則傌一進三！將5進1，俥六退二！借帥之力，俥傌冷著，左右夾殺，紅方完勝。

此局雙方一開戰就走進了巡河炮對左馬盤河的激烈爭奪：紅右俥巡河壓馬，補左中仕，卸中炮，黑高右橫車和左直車組成己方下二線「霸王車」護左盤河馬。雙車佔雙肋道地剛要步入中局廝殺前夕，黑卻在第10回合反架半途順包，落入下風，以後又在第16回合走馬7進6第2次左馬盤河，陷入被動，給了紅七路兵過河後大顯神威的機會，在第17回合退右肋車邀兌，導致局勢進一步惡化。以後黑方先後兌去馬包兵卒頑強抗衡後，使雙方子力對等，局勢趨於緩和，但黑方還是「晚節不保」地在第29回合走了車6平3，給了紅俥傌炮聯手破城擒將機會。

這是一盤佈局雙方在套路落子如飛；中盤拼殺，黑急於求攻，三失良機，被紅方勿貪眼前、思謀遠處、徐圖進取、絲絲入扣、攻守有度、見縫插針、三子聯手、攻營拔寨的精彩殺局。

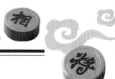

第14局　（北京）唐丹　先勝　（河北）尤穎欽

轉過河傌高左橫傌卸中炮對屏風馬左馬盤河右橫車右中士象

1. 炮二平五　馬8進7　　2. 傌二進三　卒7進1
3. 俥一平二　車9平8　　4. 兵七進一　馬2進3
5. 傌八進七　………

這是2011年11月12日第2屆全國智力運動會象棋賽的一場精彩的巾幗之戰。雙方以中炮七路傌對屏風馬左直車互進七兵卒拉開戰幕。紅如改走炮八進二，馬7進6，傌八進七，車1進1。以下紅有俥九進一、俥二進四和傌七進六3路變化，結果前者為雙方大體均勢，中者為黑多過河卒易走，後者為紅多中兵又兵種齊全佔優。

5. …………　車1進1

黑高起右橫車，旨在佔肋道出擊，屬改進後流行變化之一。黑如包2進4，兵五進一，包8進4，演變下去，則形成經典的中炮七路傌對屏風馬雙包過河陣式，雙方變化繁複，不易掌控，故黑方沒有採用。黑又如改走馬7進6，俥二進六，象3進5，炮八平九，車1平2，俥九平八（另有俥二平四、炮五進四和兵五進一3種變化，結果前者為紅多子佔優，中者為黑方佔優，後者為紅方易走），卒7進1，俥二平四，馬6進8，傌三退五，卒7進1。以下紅方有炮九進四、俥四平二和俥四退二3種變化，結果前者為雙方各有千秋，中者為黑不難走，後者為雙方均勢。

6. 俥二進六　車1平4

黑右橫車佔右肋道，準備伺機過河襲擊。近來網戰又出現了黑馬7進6左馬盤河的老式著法，紅接走兵五進一，卒

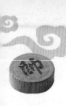

7進1，俥二平四。以下黑有三種不同選擇：①馬6進7，以下紅又有兵五進一和傌三進五兩種變化，結果前者為紅方稍優，後者為黑可抗衡；②馬6進8，以下紅又有傌三進五和兵三進一兩種變化，結果前者為紅在對攻中較為易走，後者為黑方反先；③卒7進1，俥四退一，卒7進1，以下紅又有俥九進一和炮八進四兩種變化，結果前者為紅多子佔優，後者為紅方稍好。

黑另一種走法是馬7進6，俥二平四，以下黑有兩種選擇：①卒7進1，俥四退一，卒7進1，俥四平二，卒7進1，傌七進六，象7進5，傌六進四，車1平7，炮八平七，變化下去，黑多過河卒參戰，紅子位靈活，雙方互有顧忌；②馬6進7，俥四平三，包8平6，俥三退一，馬7進5，炮八平五，象3進5，俥三退一，車1平4，俥九平八，包2退2，傌七進六，包2平3，炮五平六，車4平8，相七進五，前車進3，俥八進八，士6進5，炮六平七，前車平4，炮七平六，車4平7！演變下去，雙方相持。

7. 炮八進二 …………

紅伸左炮巡河，較為冷僻，旨在攻其無備、出奇制勝。紅另有三變供參考：①炮八平九（成五九炮穩健陣式），包2進4，俥九平八，包2平7（筆者在網戰上改走包2平3，兵三進一，卒7進1，俥二平三，包8進4，俥三退二，馬7進6，兵五進一，馬6進4，傌七退五，馬4進5，相七進五，車4進5，傌五進七，雙方對峙，互有顧忌，結果弈和），相三進一，包8平9（若車4進3，俥八進六，卒3進1，俥八平七，卒3進1，俥七退二，紅易走，略優），俥二進三，馬7退8。以下紅有兵五進一、俥八進一、俥八進五和

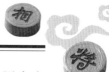

俥八進六4路變化，結果前者為黑方易走，中一者為黑多卒
稍優，中二者為黑可抗衡，後者為在雙方對攻中黑不難走。
②兵五進一（衝中兵，直攻中路），車4進5（黑伸右肋車
搶佔兵林，準備續走包2進4直接封鎖紅方盤頭傌的進攻路
線）。以下紅又有三種變化：(a)兵五進一，包8退1，以下
紅再有兵五平四、炮八平九和炮八進四3路變化，結果前者
為紅雙傌連環、仕相穩固，黑多中卒易走，雙方大體相當；
中者為黑方佔優；後者為黑方易走。(b)炮八進四，包8退
1，以下紅又有兵五進一、俥二平三、傌三進五3種變化，
結果前者為雙方大量兌子後旗鼓相當，和勢甚濃；中者為紅
多子，黑佔先的二分局勢；後者為雙方各有千秋，互有顧
忌。(c)炮八平九，以下黑又有包8退1和包2進4兩種變
化，結果前者為黑較易走，後者為紅方反優。③俥九進一
（創新之變，它豐富了過河俥佈局這種大類的變化），車4
進5（筆者曾走過包8平9，俥二進三，馬7退8，俥九平
二，馬8進7，俥二進三，士4進5，兵三進一，車4進3，
傌三進四，車4平6，炮八進二，卒3進1，炮五平四，車6
平5，兵七進一，車5平3，相七進五，象3進5，炮八退
三，卒7進1，俥二平三，馬7進8，變化下去，雙方子力對
等，雙方子不過河、均勢，結果雙方大量兌子成和），俥九
平四。以下黑又有三種選擇：(a)象7進5，傌三退五（若俥
二平三？則馬3退5，炮八進四，卒3進1，兵七進一，車4
平3，傌三退五，包8進5，演變下去，黑可抗衡）。以下黑
再有車4進2和車4退2兩種變化，結果前者為紅子力靈活佔
優，後者為黑方稍好。(b)包8平9，以下紅又有俥二平三和
俥二進三兩種變化，結果前者為雙方接近均勢，後者為雙方

相對平穩。（c）車4平3，傌三退五（預定計畫），士4進5，炮八退一，象3進5，傌四進三，包8平9，傌二進三，馬7退8，兵一進一，包2平1，炮八平七，車3平2，兵三進一，包9平7。以下紅又有相三進一和兵三進一兩種變化，結果前者為黑足可抗衡，後者為黑方易走。

　　7.………… 馬7進6

　　黑馬躍河口，控制河頭，準備逐傌爭先。至此，雙方形成了中炮巡河炮七路傌過河傌對屏風馬高右橫車佔右肋道左馬盤河互進七兵卒流行陣式。黑如包8平9，傌二進三，馬7退8，傌七進六，車4進3，炮五平六，車4平2，炮八進三，包9平2，傌六進七，馬8進7，相七進五，馬7進6，兵三進一！變化下去，紅雙傌靈活，多兵易走。

　　8.傌九進一　車4進6

　　黑先伸右肋車捉傌，屬改進後走法。筆者曾在網戰走過黑車4平8（形成直線「霸王車」陣式反擊，也是一個不錯的選擇。黑如急走馬6進7？傌二退三，馬7進5，相七進五，車8進1，傌三進四，包8平7，傌二進五，車4平8，傌四進六！變化下去，紅勢開朗，反而易走），傌九平四，馬6進7，仕六進五，包8平6，傌二平三，馬7進5，相七進五，士6進5（如前車進3？則傌七進六！演變下去，紅反先佔優），傌三退一，象7進5，傌三進一，前車進3，傌七進六，卒3進1，兵七進一，前車平3，傌四進四，車8進4（高伸左車巡河，穩健之招，如先走車3平6？則傌六進四，變化下去，紅反易走，足可滿意），傌四平二，車3平8，傌三進四，車8平5！演變下去，雙方大體均勢，結果大量兌子後成和。

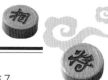

9. 俥九平七　象3進5　　10. 俥二平四　馬6進7

11. 炮五平四　士4進5　　12. 相三進五　車4退3

至此，黑多7路卒，紅下伏俥四平一殺邊卒和俥七平二拴鏈黑左翼車包先手棋。黑佈局基本滿意，紅勢也不吃大虧，雙方可在平穩局面中再比高下。

13. 俥七平二　包8進4　　14. 仕四進五　車8進4

15. 俥四退二　車4平2　　16. 炮八進三　車2退2

紅左橫俥右移拴鏈黑左翼車包，黑及時先伸左包過河壓俥準備叫帥抽子，接著又伸左車巡河「生根」抗衡，現再平右車捉炮邀兌，以簡化局面來取得多卒易走的優勢。此時此刻，黑方已開始趨於逐步掌握主動，慢慢來掌控局面了。

17. 俥二進一　車2進2　　18. 炮四退二　卒3進1

19. 炮四平三！　………

紅見勢不妙，趕緊未雨綢繆地進右俥，退肋炮，平底炮打馬，巧妙地在己方內線排兵佈陣，運子出擊，謀算著搞突然襲擊的得子計畫，給黑棋造成了一定的走子壓力。紅老練而沉穩，細膩又精妙！

19. …………　馬3進4　　20. 俥四平六　卒3進1

21. 俥六平七　馬7退6

22. 炮三平二(圖14)　馬6進5？？

黑左馬貪殺中兵，以為此時兌馬逐俥後可進右車保住左包，敗筆！叫人驚詫！導致黑棋瞬間崩潰，飲恨敗北！如圖14所示，黑應先棄7路卒後，讓雙巡河車遙相呼應為上策，即走卒7進1！紅接走俥七平三，馬6進5！傌三進五，馬4進5，傌七進五，包8進3，俥二進三，車2平8，傌五進七，車8平3！變化下去，雙方局面迅速簡化後好走，黑反

而多中卒易走，強於實戰，足
可一搏，鹿死誰手，勝負一時
難測。

23. 傌三進五！　馬4進5
24. 傌七進五　　車2進2
25. 俥七平五！

紅方果斷抓住戰機，雙傌
馳聘，左右開弓，連踩黑方主
動送上的雙馬「大餐」後，現
左相台俥鎮中路保住中傌，一
氣呵成！令黑方只有招架之功
而毫無還手之力，只好拱手請
降，含笑告負。黑如接走卒5

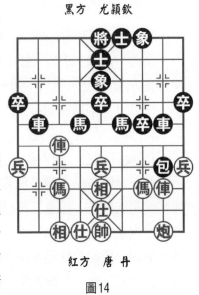

黑方　尤穎欽

紅方　唐丹

圖14

進1？？俥五進一，以下不管黑方走車2退1還是改走包8退
1，紅均炮二進三或炮二進四必得包後，多子入局，紅勝。

　　此局雙方一開戰就很快進入了巡河炮對左盤河馬之爭：
紅右俥過河，高起左橫俥保傌，巧卸中炮；黑補右中象士，
左馬踩兵過河窺殺中炮，早早步入了中盤廝殺。當紅在左俥
右移拴住黑車包後，被黑左包先壓俥，後伸左「生根」巡
河車，平右車邀兌炮來簡化局勢，多卒易走之機，紅卻在細
膩沉穩地進俥退炮，平炮打馬；雙方排兵佈陣之時，黑在雙
馬馳聘中，匪夷所思地躍左馬貪踏中兵，無可挽回地被紅方
雙傌左右開弓，邀兌得子，令黑方措手不及、疲於應付，最
終還是丟子失勢。這是一盤雙方佈局循規蹈矩，落子如飛，
針鋒相對，蓄勢待發；步入中局後雙方爭鬥精彩激烈，黑貪
中兵闖禍，紅飛右炮得子，黑少送7卒犯錯，紅多子得勢穩

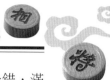

勝定，黑一著不慎錯走，紅一舉制勝擒將的「一子走錯，滿盤皆輸」的超凡脫俗的「短平快」精彩殺局。

第15局　（西安)何仲清　先負　（上海)黃杰雄

轉巡河炮過河俥右傌退窩心對左馬盤河右中象渡7卒巡河包

1.炮二平五　馬8進7　　2.傌二進三　車9平8

3.俥一平二　馬2進3　　4.兵七進一　卒7進1

5.炮八進二　馬7進6

這是2015年1月1日室內遊園象棋友誼賽第3局的一盤決勝之戰。雙方以中炮巡河炮對屏風馬左馬盤河互進七兵卒拉開戰幕。由於此戰是決勝局，故紅方果斷先不進七路傌，而是先高起左炮巡河，試探黑方應手，是近年來網戰重新興起的走法。黑方也不假思索地躍起盤河左馬，控制河口，搶先智守前沿，看紅方不在佈局套路裡有何應手地鬥智鬥勇，大打心理戰。以往網戰流行過黑車1進1，傌八進七，馬7進6，以下紅方有兩種不同選擇：①傌七進六，馬6進4，炮八平六，以下黑又有包2進5和包2進4兩種走法，結果前者為紅反易走；後者為紅多中兵，且兵種齊全，略優，易走。②俥九進一（高起左橫俥，旨在右移開出左翼主力。若俥二進四？馬6進7，炮八退一，馬7進5，相七進五，車8進1，炮八平七，包8平7，黑方形成己方下二路「霸王車」後平包兌俥，同時黑7路包又窺殺紅三路傌相，而且隨時可渡7卒助戰，局勢開朗，明顯佔優）。以下黑有車1平8左移來加強8路線反擊和馬6進7踩三兵來窺殺中炮兩路變化，結果前者為雙方大體均勢，後者為紅子力靈活易走。

又如網戰也流行過黑包2進2（高起右包巡河，旨在伺

機進左外肋馬打紅右俥爭先），俥二進六，包2平1（打俥，企圖擾亂紅方陣形，以出奇制勝），相七進九。以下黑又有車1平2和馬7進6兩種變化，結果前者為紅握有攻勢佔優；後者為黑雖有右馬退窩心，但也有過河卒參戰，足可抗衡。也可參閱本書「中炮巡河炮對屏風馬右包巡河」章節。

　　6.傌八進七　象3進5　　　7.俥二進六　卒7進1
　　8.俥二平四　卒7進1　　　9.傌三退五　馬6退4
　　10.俥四退二　包2進2

　　黑伸右包巡河，伺機左移象台出擊，屬改進後流行變例。筆者曾在網戰上走過黑包2進1，不給紅炮八進二攻殺右肋馬機會。紅接走炮八退一，包8平7，炮八平三，車1平2，俥九平八，士6進5，炮三進三，車8進3，炮三平六，包2平4，俥八進九，馬3退2，傌七進八（若傌七進六？則包4進1，演變下去，雙方相持，局勢平穩），馬2進1，傌五進七，車8平7，相三進一，卒1進1。變化下去，雙方對峙，互有顧忌，最終雙方大量兌子成和。

　　11.俥四平二　車1進1　　12.俥九進一　…………

　　紅高起左橫俥，準備右移佔肋道出擊，著法穩健。紅如貪走炮5平2，貪子失先，可參閱下局「張浩先負黃杰雄」之戰。

　　12.…………　車8進1
　　13.俥九平六　馬4進3!（圖15）

　　當黑方以己方下二路「霸王車」迎戰紅高起左橫俥佔左肋道出擊捉右肋馬後，黑沒被動退馬，反而策馬踏兵，故意棄子發難，巧妙設下調虎離山之計來明爭暗鬥，步入「冷戰」，試探紅方應著。

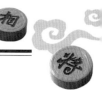

14. 俥二平七???　………

紅平右俥貪馬，敗著！擅離防守要地，正中黑方下懷，落入陷阱後難以自拔，頹勢難挽。如圖15所示，紅方應該徑走相三進一揚起邊相為上策，黑如接走車1平6，傌五退三！以下黑有兩種不同著法：

①包2平7，傌三進一，前馬退2，傌七進六，包8平7，俥六平二！車8進4，俥二進三，卒3進1，傌六進五，馬3進5，炮五進四，士4進5，相七進五。演變下去，在雙方大子等、仕（士）相（象）全的形勢下，黑雖多過河卒參戰略優，但紅鎮中炮，俥雙炮佔位靈活，優於實戰，足可抗衡，鹿死誰手，勝負難斷。

②包8平7，俥二平七，包2平7，傌三進一，卒7進1，傌一進三！後包進5，俥七進二，前包平3，俥七退四！包7退2，俥七進四！紅下伏炮八平七打馬先手棋，黑雖兵種齊全，但紅有攻勢，強於實戰，反而易走。

14. …………　車1平6

黑方抓住戰機，平右橫車佔左肋道，直逼九宮右相腰，乘虛而入，一擊中的，乾淨俐索，可見一斑，勇殺善鬥的風格，躍然枰上！黑方由此步入反擊佳境！

15. 俥七平二　………

紅平相台俥攔左包，無奈

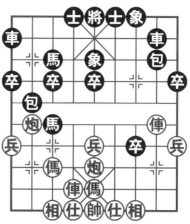

黑方　黃杰雄

紅方　何仲清

圖15

之舉。紅如炮五平二??包8平7！炮二進二，車6進7，相三進一，車8平6！傌五進四（若炮二平四???包2平8！傌五進六，前車平4！黑得俥大優，勝定），前車平4！傌四退五，卒3進1，俥七平三，包7進2，相七進九，卒7平6！黑得俥後，左肋卒可長驅直入，直插九宮，勝定。

　　15. ………… 　車6進7　　16. 俥六進三　車8平6

　　17. 俥二平四　………

　　紅棄右俥解殺無奈，如俥六平四？後車進4！俥二平四，車6退3，炮五平二，車6進3，傌五進六，包2平7，相三進一，卒7進1！變化下去，黑多車多雙卒，也勝定。

　　17. ………… 　包2平7　　18. 相三進一　包8進7！

　　19. 相一退三　包7進5！

　　黑方不失時機，雙包齊鳴，窺相又沉底，現飛包炸相，一包滅敵！黑勝。

　　此局雙方一開戰就展開了巡河炮對左馬盤河的爭鬥：紅進七路傌，黑補右中象，紅右俥過河佔右肋出擊，黑連渡7卒捉傌，紅右傌退窩心，退右肋俥拴鏈黑左翼車包。就在黑伸右包巡河，高起右橫車和左直車形成下二線「霸王車」反擊之時，紅高起左橫俥佔左肋道之機，黑方大膽棄右肋馬踩七兵早早進入了中盤廝殺的關鍵時刻。紅卻在第14回合走俥二平七貪馬落入陷阱，被黑雙車同佔左肋道窺殺右仕，雙包齊鳴，沉底又炸右底相，摧城擒帥，令紅方只有招架之功而毫無還手之力。

　　這是一盤佈局雙方在套路排兵佈陣；中局爭奪黑棄馬踏兵設下陷阱，紅急於貪馬，墜入深淵，慌不擇路、顧此失彼，最終束手待斃的「短平快」精彩殺局。

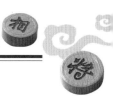

第16局　（蘇州）張浩　先負　（上海）黃杰雄

轉巡河炮過河俥退窩心對左馬盤河右中象渡7卒巡河包

1. 炮二平五　馬8進7　　2. 俥二進三　車9平8
3. 俥一平二　卒7進1　　4. 兵七進一　馬2進3
5. 炮八進二　馬7進6

　　這是2012年5月27日慶祝上海解放63週年網戰象棋友誼賽的一盤精彩格鬥。雙方以中炮巡河炮對屏風馬左馬盤河互進七兵卒開戰。當紅伸左炮巡河來試探黑方應手時，黑爽快跳起左盤河馬，搶先控制河頭，旨在智守前沿，試看紅方在「葫蘆裡賣什麼藥」，以便此後能另闢蹊徑、謀變進取。黑如象7進5〔補左中象的變化要比補右中象複雜，以下黑有高起右橫車、伸起左包巡河或伸右包巡河等多種選擇。黑若車1進1，紅如接走兵三進一??卒7進1，炮八平三，馬7進6，俥二進五，車1平7，俥二平四（宜相三進一為妥）？車7進4，俥四退三，包8平7！相三進一，車7進1，俥八進七，車8進7，俥七退五，包2進2，俥九進二，包2平7，相一退三，前包進3，俥五進三，包7進5，炮五平三，象7進5，變化下去，黑雙過河車困住紅雙俥三路炮易走，結果雙方兌子成和〕，俥八進七，車1進1，俥九進一。

　　以下黑有三種不同選擇：①包8平4，以下紅又有兵三進一和俥九平六兩路變化，結果前者為紅子力活躍，保持先手攻勢；後者為黑方反奪先手。②車1平6，俥九平六，車6進6，炮八退二，以下黑又有車6退2和車6平7兩種變化，結果前者為雙方局勢平穩，後者為紅方佔優。③車1平4，以下紅又有兩種不同選擇：(A)兵三進一，卒7進1，炮八

平三，車4進3，俥九平八，包2進2，俥二進六，馬7進6，炮三進一。以下黑再有車8平7、象5進7和車4進3三種變化，結果前者為紅兵種齊全略先；中者為紅得子勝勢；後者為紅應對凌厲沉穩，佔盡先機。(B)傌七進六，包8進4（若包8進3，炮五平六，車4平8，相三進五，以下黑再有包2退2和卒3進1兩種變化，結果前者為紅攻擊雙象佔先，後者為黑棄還一子後仍處劣勢）。以下紅有兩變：(a)俥二進一，以下黑還有卒3進1、車4進3和包2進2三路變化，結果前者為黑化險為夷，局勢看好；中者為紅兵種齊全略先；後者為紅方稍好。(b)炮五平六，以下黑還有車4平8和車4平6兩種變化，結果前者為紅有七路過河兵參戰佔優；後者為紅避實擊虛，乘勢擴先。

6. 俥二進六　象3進5　　7. 傌八進七　…………

紅伸左炮巡河後，現又躍出七路左傌，旨在邀兌黑左馬後借此拴鏈黑左翼車包，但此時紅右翼陣地欠穩固，易遭黑方有力反擊，紅較難掌控局勢。故在大賽實戰中，棋手們一般不太喜歡選用這路變化。

7. …………　　卒7進1

黑棄7卒，渡河捉俥殺兵，緊湊有力。黑如士4進5（緩手，易陷入困境）？傌七進六，馬6進7（若馬6進4？？炮八平六，黑左翼車包「脫根」，變化下去，更難走），炮五平六，車8進1，相七進五，包2退1，炮八退一，包8平7，俥二平三，馬7退8，傌六進四，包7退1，傌四進六！車1平3，炮八平七！下伏俥九平八和兵七進一兩步先手棋，紅子位靈活大優，黑大子基本上受困，陷入「泥潭」，遭受重創。

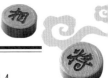

　　8. 俥二平四　卒7進1　　　9. 傌三退五　馬6退4

　　10. 俥四退二　包2進2　　11. 俥四平二　車1進1！

　　黑高起右橫車，開出右翼主力，擬增援左翼反擊，並設下陷阱，誘紅方卸中炮來拴鏈黑左翼車包，意圖得子。

　　12. 炮五平二??　…………

　　紅卸中炮拴鏈黑左翼車包，正中黑方下懷，敗筆！棋諺語：子與勢相比，勢最重要也！現紅貪子失先，無異於飲鴆止渴。紅宜徑走俥九進一為上策，尚可與黑方周旋。可參閱上局「何仲清先負黃杰雄」之戰。

　　12. …………　車1平8！　　13. 俥二平六　包2平8！

　　黑方不失時機，乘解捉之機，右翼車包迅速集中於紅方右翼二路線上，快速完成了黑方大部隊迅速轉移的反擊戰略部署後開始步入佳境。

　　14. 炮二進五　　　前車進1（圖16）

　　15. 俥六進二???　…………

　　紅進左肋俥貪馬，敗著！落入陷阱，導致紅勢由此一蹶不振。如圖16所示，同樣運俥，紅宜徑走俥六平三窺殺7卒、邀兌子力來簡化局勢為上策，黑如接走包8平1！俥九平八，前車進4，炮八退一，包1平7，俥三退一！前車平7，炮八平三，馬4進3！俥八進一，車8進6，炮三退一，前馬進5！傌七進五，車8平5，相七進五！卒3進1，傌五進七！車5平3，相三進一，卒5進1，俥八進三！紅俥智守前沿，變化下去，黑雖淨多雙高卒佔優，但雙方大子等、仕（士）相（象）又全，紅勢優於實戰，尚可周旋，一時還不會告負。

　　15. …………　前車平6　　16. 傌五進六　包8進5

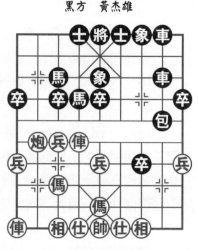

黑方 黃杰雄

紅方 張 浩

圖16

17. 仕六進五　車8進7
18. 俥九進二　車8平7
19. 相七進五　車6進6

　　黑方抓住戰機，左包沉底，雙車發威，窺殺底相，勢如破竹，精準打擊，不留後患，一發不可收地令紅方只有招架之功而毫無還手之力，最終難逃滅頂之災。

　　以下精彩殺法是：炮八退三，車7進2，帥五平六，車7平6！帥六進一，前車平5，相五進三，包8退1，帥六進一！車6平5！炮八平二，後車平8，俥九退一，車8退1，帥六退一，車8平3！俥九平七，車3平8，傌六退五，車8進1，帥六進一，車5平4，俥七平六，車4平2，後俥平七，卒7平6！俥六退三，車2退2，帥六退一（若俥七進一??車2進1，紅如接走傌五進四??則車2平4，帥六平五，車4退2！黑得紅肋俥後必勝無疑；紅又如改走帥六平五???則車8退1，傌五進三，車8平7！絕殺，黑勝），車2平5，帥六退一，車8進1，帥六進一，車8平5！傌五進三，後車平7，俥六平七，卒6進1（卒臨城下，黑必勝無疑）！前俥退一，車7進1！帥六進一，車5平4，後俥平六，車4退1！成下二線「霸王車」殺掉紅左肋俥，成黑雙車借左肋卒搶佔宮頂之威，絕殺，黑方終於完勝紅方。

　　此局雙方一開戰就步入了巡河炮對左馬盤河的「馬炮爭

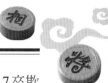

雄」之戰：紅伸右俥過河，黑補右中象固防，黑連渡7卒欺紅俥傌，紅退右肋俥和窩心傌回守。就在黑左盤河馬退右肋道，伸右包巡河和高起右橫車準備設下圈套之機，紅在剛步入中局後的第12回合走炮五平二拴鏈黑左翼車包正落入黑設的圈套，在紅兌右炮後的第15回合紅又走俥六進二貪馬再滑入陷阱，錯失良機，被黑方左包沉底，雙車發威，砍相殺仕，逼帥上樓，兌炮殺傌，直逼雙俥，卒臨城下，大顯神威。紅雖頑強邀兌左俥，但黑雙車左右逢源，聲東擊西，卒臨城下助戰，雙中車夾殺紅窩心傌後，最終黑底中車兜底在右肋道，借左肋道宮頂卒之威，活擒三樓帥。

　　這是一盤雙方在佈局開始就展開了馬炮爭鬥；中盤黑先投圈套，再設陷阱，紅急於求成，貪馬難自拔，棄相又送仕，兌包再獻傌，紅雖兌車頑強，但仍不敵黑雙車卒的攻守異常激烈的殺局。

第17局　（上海）黃杰雄　先勝　（貴陽）史國慶

轉巡河炮七路傌卸中炮對右中士象左馬盤河右包巡河兌7卒

　　1. 炮二進五　　馬8進7　　　2. 傌二進三　　車9平8

　　3. 俥一平二　　卒7進1　　　4. 俥二進六　　馬2進3

　　5. 兵七進一　　象3進5　　　6. 炮八進二　　馬7進6

　　這是2013年5月1日國際勞動節遊園象棋友誼賽第2輪的一場精彩廝殺。雙方以中炮巡河炮過河車對屏風馬右中象左馬盤河互進七兵卒拉開戰幕。紅不先跳七路傌，而先伸左炮巡河，試探黑方應著，是2010年以來網戰對抗賽中被重新使用的走法。老譜今用，旨在攻其不備，意要出奇制勝，這是黑方在首盤握手言和後很自然的一種搶先獲勝心態。黑

能如願修成正果嗎??讓我們靜心欣賞！

7. 傌八進七　士4進5??

紅跳起七路傌，伺機儘快開出左翼子力，使兩翼子力能均衡發展，蓄勢待發，尋找戰機。其實從此時枰面初看，局勢表面似乎平靜，但細析內部是伏有陷阱的，黑方一旦應對不當，很容易暗中埋伏。

黑搶補右中士，既想固防，又要讓路，意在儘快開出右貼將車，劣著！正中紅方下懷，落入下風，陷入被動。黑宜先走車1進1（若卒7進1，以下紅有兩種選擇：①俥二平四，馬6進7，炮五平四，士4進5，炮八平三，變化下去，紅易走；②俥二退一，馬6退7，俥二退二，卒7進1，俥二平三，馬7進8，俥三進一，演變下去，紅俥炮智守前沿，形勢不錯），傌七進六，車1平6，傌六進四（若傌六進七，馬6進7，炮五平六，車6平7，相七進五，車8進1，變化下去，黑勢不錯），車6進3，雙方兌去左盤河馬後，局勢趨於平穩，優於實戰，黑方足可抗衡，優劣一時難斷。

筆者最近在網戰上也試走過黑包2進1！紅方未雨綢繆地接走俥二退二（若俥二平四，馬6進7，俥四平二，卒3進1，俥二退二，卒3進1，俥二平七，包8平7，炮五平六，包2進1，相七進五，演變下去，雙方平先，均可抗衡），卒7進1，俥二平三，包8平6，俥九進一，士4進5，俥九平六，包2進1，兵五進一，卒3進1，兵七進一，象5進3，兵五進一，包2平5，傌三進五，馬6進5，傌七進五，包5進3，相三進五，車1平4，俥六進八，將5平4。雙方大量兌子爭先後，呈現子力對等態勢，局勢平穩，最終雙方又進行了新一輪大量兌子後成和。

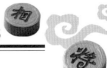

8. 傌七進六　馬6進7

紅方不失時機，左傌盤河邀兌，乘勢搶佔河口出擊，緊湊有力，剛柔相濟，鬥智鬥勇，大打心理戰！

黑馬踩三兵，無奈之舉。黑如馬6進4??? 炮八平六！車1平4，炮六平二，馬3退2，傌九平八，包2平3，炮五進四！馬2進4，炮五平九！車4平2，傌八進九，馬4退2，炮二進三，車8進2，傌二平七！象5退3，炮九進三！車8平4，傌七平八，包3平2〔若貪走包3進7?? 仕六進五，將5平4，仕五進四，車4進7，帥五進一，車4退1，帥五退一，車4平7，傌八進三，將4進1（如先走車7退1??? 傌八退九，象3進5，傌八平七！變化下去，紅多子多三個高兵必勝無疑），傌八退一，將4進1，兵七進一！變化下去，紅伸炮過河兵將在黑右翼和中路形成強大攻勢而勝利在望了〕，兵七進一！變化下去，雙方雖大子等、仕（士）相（象）全，但紅有傌左沉底炮和過河七路兵的強烈攻勢，緊拴住黑車馬包後，又淨多三個高兵，勝勢已成了。黑現左馬踏三路兵避兌，實屬無奈。至此，黑方已形成了孤馬深入無後續攻擊手段，左翼車包受牽，且已「脫根」的被動局面，可見上回合補右中士是成算不足、後患無窮！

9. 炮五平六　包2進1　　10. 傌二退二　包2進1

黑方連進兩步右包來驅趕紅右過河傌，以試圖儘快解救7路孤馬深入和左翼車包被封的困境，可謂煞費苦心，用心良苦，風生水起，悔不當初啊！

11. 相七進五　馬7退8　　12. 傌二平四　卒7進1

黑棄7卒，讓路活馬，明智之舉。黑如包8平7?? 傌三進二，卒7進1，傌四平三，包2平7，傌三平五，車1平2，傌

九平八。變化下去，紅子位靈活，局勢開朗，易走佔優。

13. 俥四平三	包2平7	14. 傌三進四	車1平2
15. 俥九平八	車2進4	16. 傌六進七！	包8平7
17. 俥三平二	馬8退9	18. 俥二進五	馬9退8
19. 炮六平八！	車2平6	20. 傌七進九！	………

紅雙傌馳騁，盤河又踩卒，黑雖趁機平包兌去左俥解拴，但右翼底線薄弱的致命傷，還是被暴露了出來。紅果斷平肋炮於八路驅車後，又左傌入邊陲，開弓沒有回頭箭地直赴臥槽叫將，紅方由此開始步入反擊佳境。

20. …………	後包退1
21. 後炮平七	馬3進4
22. 傌四進六	車6平4
23. 炮八進五！(圖17)	將5平4??

雙方兌去右盤河傌馬後，紅飛左巡河炮直插黑右翼底線，大有攻勢，強勢出擊，力掃千鈞！黑方由此開始苦守九宮了。現黑出將避攻，無奈之舉，只好委曲求全，自食其果了。如圖17所示，黑方改走士5進6???? 炮八平九！後包平1，俥八進九，將5進1，傌九退七，包1平4，炮七平八，將5平6，炮八進六！士6退5，傌七進六！將6進1，炮八退一！象5進3（若車4退

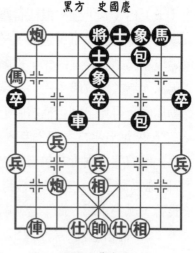

黑方　史國慶

紅方　黃杰雄

圖17

2？？？炮九退二打死黑車），傌六退五，車4退1（若車4平
5？傌五進七，士5進4，兵七進一，車5平3，傌七進六，
象7進5，傌六退五！馬8進7，傌五退四，將6退1，傌四進
三！士4退5，炮九退一！黑如接走士5進4？？？則俥八平四
殺，紅勝；黑又如改走士5進6？？？則炮八進一疊炮妙殺，
紅速勝；黑再如改走車3退3？？？則俥八平四也絕殺，紅也
勝），傌五退三！車4平7，傌三退五，卒1進1，兵七進
一，車7平1，俥八平七！形成了紅俥傌雙炮過河七兵5子
壓境的必勝局面。

24.炮八平九　　士5進6　　25.傌九進八　　象5退3

26.炮七進七！　將4平5

黑將鎮中路，避殺無奈。黑如後包平2？？？則炮七平四
成紅底線傌後炮妙殺，紅反速勝。

以下精彩殺法是：炮七退一，將5進1，炮七平三，將5
平6（若先走馬8進9？？俥八進八！將5進1，炮三退一！士
6退5，炮九退二，將5平6，俥八退一，象7進5，俥八退
二，車4退2，俥八平四！絕殺，紅勝），炮九退一，將6
平5，俥八進八！將5進1，炮三平七！車4退2，俥八退
二，士6退5，炮九退一！車4平1，傌八退九，將5平6，
俥八平五，士5進4，俥五平四，將6平5，俥四進二，士4
退5，俥四平二！包7退1，傌九退七，包7平4，俥二進
一！下伏俥二退三捉死黑右肋包兇招，紅俥傌炮聯手出擊，
抽絲剝繭，蠶食盡淨地完勝黑方。

此局雙方一開戰就進入了巡河炮與左馬盤河的爭鬥：當
紅在第7回合進七路傌之機，黑卻接著補右中士落入下風，
由此陷入被動而一蹶不振。以後黑方雖然經過馬踩三兵，硬

兌左車後，還是被紅俥傌雙炮打進了黑方薄弱右翼；此後黑雖又巧兌右盤河傌，但還是被紅方雙炮齊鳴，沉底又炸象，抽包再殺車，掃卒還砍馬，最終回傌拴包後，紅退俥殺包，吞食盡淨，殺完大子，摧城擒將。這是一盤佈局黑方走漏後被迫孤馬深入，紅方及時駕馭局面、掌握主動權後直插黑方薄弱右翼，由先手轉優勢、由攻勢轉勝勢，最終抽絲剝繭、殘盡大子、穩步入局的精彩殺局。

第18局　（貴陽）史國慶　先負　（上海）黃杰雄

轉過河俥巡河炮退右俥中炮對左中象盤河馬連渡7卒右橫車

1. 炮二平五　　馬8進7　　　2. 傌二進三　　卒7進1
3. 俥一平二　　車9平8　　　4. 俥二進六　　馬2進3
5. 兵七進一　　象7進5

這是2013年5月1日國際勞動節遊園象棋友誼賽的一盤決勝之戰。雙方以中炮過河俥對屏風馬左中象互進七兵卒開戰。由於前4局雙方戰成平手，故此決勝局就格外引人重視。黑補左中象固防，屬屏風馬方的另一種防禦結構，它是在進右中象防禦結構變化發展的基礎上創新出來的一種嶄新著法。它起步於20世紀60年代，風行於20世紀七八十年代，風靡於20世紀90年代前期。筆者今舊譜新用，旨在攻其不備，意欲出奇制勝。這樣下能有收穫嗎？還是讓我們拭目以待吧！

6. 炮八進二　　馬7進6

紅伸左炮巡河，黑躍左馬盤河，形成了中炮巡河炮對屏風馬左中象左馬盤河互進七兵卒陣式。黑啟用左馬盤河反擊是屏風馬方佈局的又一分支，其特點是左馬躍河口，可直接

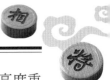

威脅紅右過河俥，其反彈力不可小覷，宜引起紅方高度重視。在網戰中曾出現過黑車1進1啟用右橫車助戰的必然續著的走法，紅接走兵三進一（邀兌三兵活右傌，是紅方實施的預定計畫之招）。以下黑有兩種不同的主流變化：

①包2進2（高起右包巡河，威脅下招馬7進8攻打右直俥來搶奪先手），兵三進一，馬7進8。以下紅有兩種選擇：(A)傌三進二，象5進7，傌七進六，車1平4，仕六進五（停著。紅若炮五平六？？包2平4，炮六進三，車4進3！演變下去，黑反佔先；紅又若傌六進五？？馬3進5，炮五進四，馬8退7，炮五平二，車8平9，黑優），包2平4。以下紅有俥九平八和傌六進四兩路變化，結果兩者均為黑方佔優。(B)俥二平一（不讓車受牽制），象5進7，傌三進四，馬8進7，傌四進六，象7退5。以下紅又有兩路不同選擇：(a)俥一平二，車1平8（若馬7退8，傌六進七，包8進7，傌七進九！變化下去，紅方佔優），俥二進六，卒3進1。以下紅再有傌六進四和傌六進七兩種變化，結果前者為局勢平穩，後者為雙方均勢。(b)俥九進一，以下黑再有馬7進5和包8平7兩路變化，結果前者為雙方對峙，後者為紅方佔優。

②卒7進1，炮八平三，包2進2（高包巡河，巧借攻打紅右直俥之機，左移反擊。黑若馬7進6？炮五平四，車1平8，相七進五，包8平7，俥二進八，車8進1，傌三進四，變化下去，紅反先佔優），炮三進二（另有俥二進六，馬7進6，俥二平四，車1平7，雙方互搶先手，以下紅又有俥四退一和相三進一兩種變化，結果前者為黑勢佔優，後者為黑得相後局勢有利），車1平6，俥二進四，包8平9（平

包邀兌伸穩健。黑若包2平7??俥七進六,車6進2,俥三進四!變化下去,紅反易走佔優),俥二平三(若俥二進五,馬7退8,紅兌右俥後,使右翼更為空虛,黑略先手)。以下黑又有兩變:(A)包2平7(右包平左象台割斷紅俥炮聯手),俥九平八,馬7退9(退左馬後,準備包再平7路後攻擊紅右翼)。以下紅再有兩變:(a)相三進一,包9平7。以下紅還有俥八進一和俥三平四兩種走法,結果前者為紅多中兵,子位較好佔優;後者為黑有攻棋反先。(b)俥三平四,車6進4,俥三進四,車8進5。以下紅還有俥四進五和俥四進六兩路變化,結果前者為黑方較優,後者為雙方均勢。(B)車8進4,俥九平八(若炮三平七?包2平7,俥九進一,馬7進6,俥三退一,車6平8,俥三平四,包7退4,俥七進六,馬6進4,俥四平六,前車進4,俥九平二,車8進7,炮七平一,象5進7,黑優),包2平7,俥三進四,馬7退8。以下紅有俥八進六搶佔卒林後欲攻擊黑方右馬和炮五平四卸中炮打車、調整陣形、穩步進取兩路變化,結果前者為黑方得俥勝定,後者為紅反佔勢易走。

7. 俥八進七 ………

紅跳七路俥,意欲下招躍俥七進六邀兌黑馬,使黑左翼車包「脫根」受困,被攻擊。紅如俥二平四,馬6進7,俥四退三,包8平7,俥八進七,車1進1,俥九進一,車1平8,俥九平四,前車進7,後俥平二,車8進8,俥七進六,包7進1,炮八進二,包2退1,俥六進五,馬3進5,炮八平五,包2平5,前炮平一!包5平9(若貪走車8平7???則炮一進三,象5退7,俥四進六!紅速勝),炮五平七,車8平3,俥三退五,馬7進6!相三進一,馬6退7,炮七進

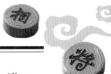

四，車3退3，相七進五，車3退1，炮七平五，士4進5，
俥五退七，馬7進9，炮一退四，包9進6，兵五進一！變化
下去，紅雖殘相，但多中兵，又炮鎮中路，兵種齊全易走。

　　7.…………　卒7進1　　8.俥二退一　卒7進1

　　黑挺卒殺兵，棄馬又殺俥，正著。黑如馬6退7??俥二
進一，馬7進6，俥二退一，雙方則形成「兩打一還打」。
按棋規規定：此時，黑方須變著，否則判負。

　　9.俥二平四　卒7進1　　10.俥四平二　………

　　以上形成了中炮巡河炮過河車對屏風馬左馬盤河殺兵兌
馬的正常著法。至此，黑雖有7卒直逼九宮，但左翼車包被
封，雙方互有顧忌，仍有不可忽略的攻防變化。

　　10.…………　卒7平6　　11.炮五退一??　………

　　黑卒臨城下驅捉中炮，兇悍！紅退中炮避捉，劣著！導
致左俥出路受阻，落入下風。同樣運炮，紅宜徑走炮五平六
為上策，黑如續走卒6進1，則俥九進一，卒6進1，帥五平
四，車1進1，炮六平二！車1平6，帥四平五，車6進6，
炮二進五，車6平3，俥九平二，車3平2，炮二平七，車8
進4，俥二進四，車2退2，相三進五。變化下去，紅雖殘底
仕，但大子、兵卒對等，優於實戰，可以抗衡，鹿死誰手，
勝負一時難斷。

　　11.…………　卒6進1

　　12.炮五進一　車1進1

　　13.俥九進一　車1平6

　　14.仕六進五　車8平7(圖18)

　　黑方不失時機，連續五步，挺卒逼宮，車佔左肋道護
卒，現又棄包平車，設下陷阱，窺殺紅右翼底相，強勢出

擊，精準打擊，咄咄攻勢，不留後患，兇悍犀利，由此步入反擊佳境。

15. 俥二進二？？？ ………

紅進右俥貪包，正中黑方下懷，敗著！導致黑車殺底相後，成車馬包卒聯手殺勢。如圖18所示，紅宜徑走相三進一！先避一手為上策，不給黑象位車殺底相後形成連殺攻勢機會。黑如接走包8平9，兵一進一，卒3進1，俥二退一，卒3進1，俥二平七，卒6

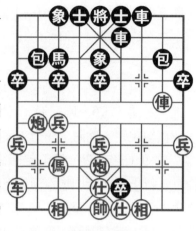

圖18

平5，俥九平五！馬3進4，炮五進四，士6進5，俥五平二，將5平6，俥二退一，車6進6，相七進五，車7進3，炮五退一，車7進1，兵五進一，包9進3，相一進三！包2平3，俥七平六，馬4進2，傌七進八。變化下去，紅雖殘中仕，但雙方兵卒對等，大子基本相等，紅兵種齊全，優於實戰，可以抗衡，勝負一時難定。

15. ………… 車7進9 16. 帥五平六 卒3進1

黑急進3卒，活通馬路，馬上出擊，以逸待勞。黑也可走卒6平5！俥九平五，車7平6，俥五退一，後車平4，傌七進六，車6退4，炮五平六，車4進4（若誤走車6平4？？則炮八平六，車4進4，帥六進一！黑車兌傌炮後沒有後續攻勢，雖黑多士象，但少子被動，紅方仍佔優），炮八平六，包2進7，相七進九，包2平5！帥六平五，車6平4，

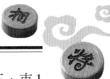

炮六平五，車4進1，兵五進一，車4平1！俥二退五，車1平9！雙方大量兌子後，黑車乘勢連掃雙兵後，至此，黑反淨多雙卒雙士中象大佔優勢。

17. 俥二退三　　卒3進1　　18. 俥二平七　　卒6平5

19. 俥九平五　　馬3進4　　20. 炮五進四　　士6進5

21. 俥七平二　　………

雙方兌去3卒七兵後，黑又棄肋卒挖中仕，進退有序，攻守有度。當黑右馬盤河，出擊作包架欲叫殺之機，紅方已頹勢難挽，顧此失彼，厄運難逃了。

紅現左相台俥右移，伺機沉底催殺，以邀兌黑肋車解殺，無奈之舉。紅如俥七進六？？？則車6進8！俥五退一（若帥六進一？？車6平4殺，黑速勝），包2平4，俥五平四，車7平6，帥六進一，馬4進6（若馬4進2？？？俥六退五！車6退6，炮五退二，車6平4，帥六平五，變化下去，黑馬必死，紅多子多兵佔優），俥六進四（若帥六平五？？馬6進7！帥五進一，將5平6，紅如接走炮八退二？？？則車6平5！黑勝；紅又如改走俥六進七，車6退2，帥五退一，車6平3，帥五退一，車3退2！帥五平六，車3退2！抽去紅俥俥後黑必勝），馬6進4，俥七平六（若炮五平六？？馬4進2，帥六平五，馬2退3得俥後，黑大優），馬4進2，帥六平五，馬2進3，帥五進一，車6退5！俥六退四，車6平3。至此，紅底肋俥不敢走俥六進七？否則車3進3！俥六退五，車3平4！成黑車馬冷著擒帥勝勢。此刻，紅雖多中兵，又有中炮攻勢，但黑淨多雙士雙象，且下伏包4平1打邊兵反擊兇招，黑反大優，有望轉成勝勢。

21. …………　包2平4　　22. 炮八平六　　馬4進2

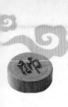

23. 炮六平五　馬2進3

　　黑方抓住最後機會，平肋包叫帥，現進馬叫殺，馬到成功，一氣呵成！紅如接走俥五平七？？？車6進8，帥六進一，車6平4！兜底妙殺，黑勝；紅又如改走帥六進一，馬3進5！帥六平五，車6進8！以下不管紅方是否要沉俥叫將邀兌肋車，黑方均多子多士象完勝紅方。

　　此局雙方一開戰就挑起了左巡河炮對左馬盤河的爭鬥：當紅右俥過河對黑左翼施加壓力，黑補左中象固防後，紅急進七路傌之機，黑方連續五步進卒逼中炮之時，早早步入了中盤廝殺後，紅卻在第11回合退中炮落入下風。但更糟糕的是，當黑右橫車左移佔肋道護6路下二線逼宮卒後，果斷平左車棄包之時，紅竟然不顧危險，在第15回合走俥二進二貪包跌入陷阱，難以自拔，被黑方沉車殺底相，兌兵策右馬，卒挖中心仕，棄中卒揚士，平肋包叫帥，馬踏傌叫殺，最終殺俥殘仕，攻營拔寨，擒帥入局。

　　這是一盤佈局伊始就看到紅過河俥與黑左中象，紅巡河炮與黑盤河馬之爭地在套路裡格鬥；中盤搏殺剛開始，紅退中炮，俥貪包落入陷阱而一蹶不振，黑方得勢不讓人地用車馬包卒聯手出擊，殺相，兌兵、挖仕，踩傌，一劍封喉，令紅方束手就擒，最終只好城下簽盟、飲恨敗北的「短平快」精彩殺局。

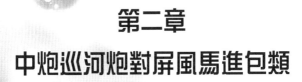

第二章
中炮巡河炮對屏風馬進包類

第一節　中炮巡河炮對屏風馬鴛鴦包

第19局　（浙江）王家瑞　先負　（北京）王天一

轉巡河炮佔左相台渡中兵卸中炮對進7、9卒左橫車退右包

1. 炮二平五　馬2進3　　2. 傌二進三　卒7進1

3. 俥一平二　車9進2

　　這是2012年2月6日晉江市第3屆「張瑞圖杯」象棋個人公開賽的一場生死之戰。雙方以中炮右直俥對進7卒高左邊車拉開戰幕。「高邊車」屬於冷門的「鴛鴦包」佈局系列。鴛鴦包有兩種形式：黑第2步卒3進1，叫作「3卒鴛鴦包」；黑改走卒7進1，叫作「7卒鴛鴦包」。3路卒鴛鴦包由象棋特級人師胡榮華首創於1976年，是7卒鴛鴦包的進化版；而著名香港國際特級大師趙汝權對7卒鴛鴦包格外青睞，每逢重大比賽，他推出的冷門鴛鴦包，效果都頗佳。尤其是胡特大於20世紀90年代用鴛鴦包戰勝嶺南許仙（許銀川）後，把鴛鴦包佈局戰術引向了神乎其神的境地。以往網戰曾流行黑車1進1（*以右橫車準備左移出擊是20世紀70年*

代末、80年代初較為流行的走法，為當時棋壇上屏風馬對付中炮開闢了新的路子），傌八進七，車1平7，俥二進四，包8平7，兵五進一，象3進5，傌三進五，包7進4，兵五進一，馬8進7，傌五進六，車7平3，傌六進七，車3進1，炮八進二，卒3進1，傌七進五，車9平8！俥二進五，馬7退8！兵五進一。變化下去，雙方雖子力對等，但紅過河中兵有攻勢，易走。

　　4.炮八進二 …………

　　紅伸左炮巡河，借閃擊之力，可搶先一步棋，以後尚可平七路攻黑右馬，這是趙國榮特級大師的「獨門暗器」，屬20世紀70年代的早期戰術，而當時五六炮則是主流戰術：紅如走炮八平六〔炮平六路，意在隨時可走炮六進六來阻隔黑右包退1後再左移布成鴛鴦包陣的計畫，很有針對性之招。此時黑如續走包2退1？炮六進五！紅必得子大優；黑方又如改走象7進5，炮六進六，馬8進6（若車1進2？？俥二進七！車9平8，炮六退一！必得一車，紅多子大優），傌八進七，卒3進1，俥九平八，車1平2，俥八進四！紅左俥巡河出擊，易走。故在此形勢下，黑佈局計畫往往需做適當調整，這樣一開局紅就迫使黑在改變原計畫的同時，也順利地達到了自己的佈陣目的〕。以下黑有車1進1、車1平2和馬8進7三路變化，結果前兩者為紅方先手，後者為紅方勝定。

　　紅方又如改走傌八進七，包2退1。紅有兩種選擇：①俥二進六（急進過河俥，準備配合盤河傌發動中路攻勢），以下黑又有象7進5、包2平7和卒3進1三種變化，結果前者為紅方佔優，中者為紅方先手，後者為紅方勝定；②俥二

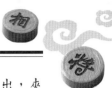

進四，象7進5，俥九進一（形成右俥巡河，左俥橫出，夾俥中攻之勢，紅優），卒3進1。以下紅又有兵五進一和俥九平四兩路變化，結果前者為雙方和局已定，後者為黑方較好。

　　4.………　卒9進1　　5.兵五進一　………

　　紅急進中兵，強行從中路突破，不給黑方從容應對，屬改進後主流變例之一。紅如改走俥八進七，見下局「趙國榮先勝童本平」之戰。

　　5.………　包2退1　　6.炮八平七　馬8進7

　　7.兵五進一！………

　　紅強渡中兵，追殺中卒，硬從中路突破，好棋！非要將複雜的局勢，推給了黑方！這給黑方提出了難題，黑方能接受挑戰，渡過難關嗎？讓我們繼續欣賞、拭目以待吧！

　　7.………　卒3進1！

　　黑挺3路卒頂炮活馬，棄卒反擊，佳著！這是王天一特級大師推出的最新探索型佈局「飛刀」！一改以往網戰流行的黑包2平8和包2平5兩路不同變化，意在攻其不備、出奇制勝！黑如包2平8打俥，紅有兩種不同選擇：①兵五平六，士4進5，俥二平一，車1平2，俥八進七。演變下去，紅右俥雖回原位，但中兵已渡河參戰，七路相台炮又管住黑雙馬，顯而易見，紅方滿意，好走，略先。②兵五進一，士4進5，兵五平六，象3進5，俥二進七！車9平8，炮七進三！紅右俥換雙後，紅左炮牽住黑左翼車馬，又多過河中兵助戰，變化下去，也屬紅方易走，因為此後的雙炮雙俥可繼續拓展優勢。

　　黑又如改走包2平5（還架下二線半途列包，屬改進後

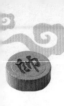

著法），兵五平六，車1平2，傌八進七，車2進6。以下紅方有兩變：①傌九平八（出傌邀兌，準備棄子搶攻），車2平3，傌七進五。以下黑又有卒3進1和包5進5兩種變化，結果前者為馬踏兵後更被動而紅明顯佔優；後者為貪傌後，黑更難應對。②炮五進六，馬7退5，相七進五，車2平3，傌九平七！包8平5，仕六進五，車3平7（宜走車9平6為妥）？傌二進二，車9平6，傌七進八（亮傌後紅左翼各子活躍，易展開新攻勢）！車6進6，傌三退二，包5平7，相三進一，車6退4，傌七平六，卒3進1，炮七退四。以下黑又有卒3進1和車7平2兩種變化，結果前者為雙方對攻；後者為在雙方中路兌子後，紅仍佔先。

　　8.兵五平六　　士4進5

　　黑補右中士固防，穩健有力。黑如包2平5？？兵六平七，車1平2（若先走包5進6？？炮七平五，象3進5，兵七進一！馬3退5，相七進五，變化下去，紅多過河兵仍佔優勢），前兵進一！包5進6，相七進五，馬3退5，傌八進六，包8進2，傌二進四！演變下去，紅淨多過河兵助戰，子位靈活穩佔先手。

　　9.兵六平七！　…………

　　紅平兵殺卒，直逼3路馬象，連續兩步分兵發難，將黑推出的挺3卒新招給破解了，是一步可喜可賀之著！

　　9.…………　　包2平3　　10.炮五平七！　車1進2

　　11.前兵進一！　………

　　紅巧禦中炮護兵，現又果斷獻兵壓馬，再續送兵得子妙招！

　　11.…………　　包3進2　　12.前炮平九　車1平2

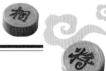

13. 炮七進四！　車2進1

紅棄兵得包，多子反先佔優。

黑進右車捉炮棄象，實屬無奈。黑如徑走車2進3，傌三進五，車2平5，傌八進七，馬7進6，炮七進三，馬6進5，傌七進五，車5進1，相七進五，車5退2，俥九平八，馬3進2，俥二進四！包8平2，炮九平八，包2進3，俥二平八，車9平3，炮七平九，車3平2，仕六進五！變化下去，在雙方相持中，紅有空心底炮和後俥八平六反擊攻勢，紅多相仍持先手，易走。

14. 炮七進三！　車2進2　　15. 傌八進七　卒1進1
16. 兵七進一　　車2退5　　17. 炮九平八　馬7進6！

黑不先平右車殺炮，而左馬盤河讓路出擊，不甘心苦守，好棋！黑如徑走車2平3，傌三進五，卒5進1，兵九進一，馬7進5，兵九進一！包8平5，俥二進四！車3平2，俥九進三，車9平6，相七進五，車6進6，仕六進五！演變下去，紅淨多過河邊兵和中相，子位靈活大佔優勢。

18. 炮七退一　車2進1　　19. 炮七進一　車2退1
20. 炮七退一　馬6退4！

黑馬退右肋驅炮，主動變招，思謀遠處，勿貪眼前，佳著！黑如續走車2進1？炮七進一，如此循環下去，雙方不變可判和，這是黑方最不願看到的。

21. 兵七進一　馬4退3　　22. 兵七進一　前馬進1
23. 俥九平八　車2進4　　24. 相三進五　包8平7
25. 傌七進六　車2平4

紅渡七兵參戰，黑追回一子，在紅亮俥飛相、黑進車平包地對攻廝殺後，紅急進左傌盤河欺車，黑現果斷平車攔

傌，穩正準確。黑如改走車2退3??炮八進一，包7平5，仕四進五，車9平6，炮八進一，馬3進2，兵七平八，車2平4，傌六進七，車4進2，俥八進五，車6進6！俥八退三！車6平7，俥二平三，車7平6，俥三平四，車6平7，俥四進二！車7平8，俥八進三，車8退2，俥八平九，馬1退2，傌七進八！紅得子又多過河兵參戰和中相，大佔優勢。

26. 俥二進四　馬1進3!

黑邊馬站右上象台出擊，是一步因勢而謀、順勢而為的好棋！黑如貪走卒1進1????炮八平七！馬3進1，兵七平八，前馬進2，傌三進五，車4平5，兵九進一！車5進2，俥八進四！下伏傌六進四踩雙和兵八進一壓死邊馬的兇招！紅方勝勢。

27. 炮八平七　後馬進1　　28. 傌三進五　車4平5

29. 傌五進四　包7平4??

黑包平右士象角，不如徑走包7退1堅守固防更有實效，不給紅左俥壓死右邊馬後的兌子爭先機會為上策。

30. 俥八進七　包4退1　　31. 傌四進三　馬1進2

32. 俥八退二　車9平7(圖19)

33. 傌六進五??　…………

紅棄傌踩卒兌子，敗著！錯失勝機。如圖19所示，紅宜徑走俥八平七！車5平3，傌六進五，車3進1，俥二平七。以下黑有兩種不同選擇：①車7進1，兵七平六，車7平6，俥七進一，象7進9，俥七平九，包4退1，兵三進一，車6平7，兵三進一，象9進7，俥九平三！車7進1，傌五退三！包4平2，傌三進二，士5進6，傌二退一！士6進5，兵九進一！至此，形成紅傌三個高兵仕相全完勝黑包

雙士局面；②車7平4，兵七進一，車4進1，兵七進一！車4平5，兵七平六，士5退4，兵六進一，將5平4（若改走將5進1??俥七進四，將5進1，俥七退三，車5進3，俥七平三！象7進9，俥三平一！象9退7，俥一平九！車5平7，兵一進一！變化下去，紅淨多三個兵和仕相勝定），俥七進一，象7進5，俥七平九！車5進3，兵三進一，車5平9，兵三進一，象5進7，兵

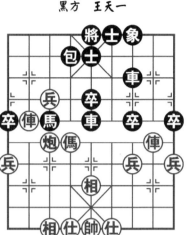

圖19

九進一，車9平4，仕六進五，車4平7〔若象7退5??俥九平一，車4平3，俥一平六，將4平5，俥六進二（如貪走兵九進一???車3退2！必兌車後，和棋），車3平1，俥六平五，士6進5，俥五平九！以後九路兵過河後，形成紅俥高兵仕相全對黑車士的必勝局面〕，俥九平六，將4平5，兵九進一！紅邊兵過河後，黑車高卒單士單象守不住紅俥高兵仕相全，必會落敗。

　　以下精彩殺法是：車5退1，俥八平七，車7平4，仕四進五，象7進5，俥七平九，車5平3，俥二平五，包4平3，炮七平八?!就在紅方平相台炮避兌之時，紅正巧超時，判負，實在可惜!!!其實此刻的紅方不管是否兌炮，均多邊兵底相，足可抗衡，至少也能守和，可見合理用時，也是棋手想獲勝或求和的基本功。紅方此戰超時被判負實在不該，

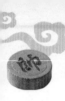

由此看出強化平時用時訓練是棋手取勝的首要條件之一。

此戰雙方開戰伊始就步入了巡河炮對鴛鴦包的激戰：黑挺9卒，紅渡中兵，紅平左炮捉馬，黑進左馬保馬，黑進3卒欺炮，紅平中兵殺卒，黑平右包驅兵，紅卸中炮護兵，早早步入了中盤搏殺，紅雙炮齊鳴，捉車得包，先拔頭籌，多子大優。以後黑方勿貪眼前，不願成和，退馬變招，追回一子。就在雙方重新排兵佈陣、智守前沿地躍馬爭鬥之際，黑先在第29回合走包7平4被紅進左直俥壓住黑右邊馬。然而好景不長，紅在第33回合傌六進五踩中卒邀兌，錯失勝機；以後紅方開始用時吃緊，就在紅方走完第37回合後黑接走包4平3邀兌之時，紅方用時小旗倒下，意味著紅方超時告負，實在可惜！其實紅在大子對等、淨多兵相的形勢下，足可守和，不會告負。

這是一盤雙方以冷門佈陣，循序漸進，各攻一面，疾如流星；中盤搏殺，爭鬥激烈，柔中帶剛，智守前沿，驍勇善戰，業餘棋手不怕「飛刀」，大有攻城擒將之勢；可惜「晚節不保」，竟然超時告負讓人可惜，耐人尋味地告誡我們：合理用時是確保取勝的最基本條件和棋手必備的素質。

第20局　（黑龍江）趙國榮　先勝　（江蘇）童本平

轉巡河炮進七兵七路傌過河車對左橫車進7、9卒退右包

　　1.炮二平五　馬8進7　　　2.傌二進三　卒7進1
　　3.俥一平二　車9進2

這是2010年10月17日全國象棋個人錦標賽的一盤龍虎激戰。雙方以中炮右直俥對進7卒左橫車開戰。黑高提左橫車護包，冷僻開局，別有趣味，其戰略意圖是準備下一步續

走包2退1來威脅紅右直俥。黑方此陣是因為左右雙包相互默契配合，猶如鴛鴦戲水，故名曰「鴛鴦包」。

4. 炮八進二　…………

紅伸左炮巡河，巧借偷襲黑左邊車之機搶奪先手，並可伺機儘快破壞黑方開局佈陣的子力結構，而使黑方以後的退右包反擊計畫受到制約，攻法有力，恰到好處。

在2009年12月2日全國象棋個人錦標賽上閻文清與童本平之戰中紅曾走傌八進七，馬2進3（黑有包2退1後，紅有伸二進六和伸二進四兩路走法，可參閱上局「王家瑞先負王天一」之戰中第4回合註釋），炮八進二，卒9進1，兵五進一，卒3進1，兵三進一，包2進2，兵三進一，包2平7，兵五進一，包7平8，俥二平一，士4進5，炮八平三，象3進5，傌七進五，卒5進1，炮五進三，馬7進5，俥九平八，車9進1，相三進五，車1平4，俥八進四，車9平7，仕四進五，車7進1，炮五平二，車7平8。雙方兌去炮包兵卒後，局勢平淡，結果戰和。

近來網戰又流行紅傌八進七，馬2進3，俥九進一，馬7進6（先左馬盤河出擊，後伺機退右包的又一種「鴛鴦包」不同走法，意欲儘快搶出左馬，及早疏通左翼子力。黑因仗有馬6進4一踩，故不怕紅方的俥九平四逼馬），兵七進一，包2退1（形成了中炮雙正傌直橫俥對鴛鴦包快馬陣形）。以下紅方有三種不同選擇：①俥九平四，馬6進7（若包2平8，俥二進七，車9平8，俥四進四，紅右伸換馬包後，各子佔位較好，局面不虧，易走），俥四進六，包8進2，俥四退四，包2平7，傌七進八，卒3進1。以下不管紅方是否兌俥，黑都反先。②俥二進六（進右俥過河避打

後，黑有棄7卒捉俥對攻的先手棋），包8平6，俥九平六，卒7進1，俥二進二，士4進5，俥六進七，卒7進1！俥三退一，包2進1，馬七進六，馬6進4，俥六退四，車9平7！變化下去，黑陣形嚴整，且多過河卒參戰，局面明顯反先。③俥二進四，包8平6〔若黑改走卒7進1？？俥二平三，包8平7，馬七進六，包2平7（若包2進4？馬六進四，包2平7，兵三進一，包7進5，炮八平三，象3進5，馬四進三！紅右俥換雙後，紅多兵，子位活躍易走），馬六進四，後包進4，兵三進一。以下不管黑7路包是否兌俥，紅俥換雙後多兵易走，黑反無趣〕，兵五進一，包2平5，馬三進五，車1平2，炮八退一，車2進6，炮八平五，馬6進7，兵五進一，馬7進5，卒5進1，馬五進六，象7進5，俥九平六，卒5進1，炮五進三，包5進4，俥二平五，士6進5，兵七進一，車2平1（若車2平3？？後馬進八，車3退2，馬八進七！紅得子大優；又若車2退3？？前馬進七，包6平3，兵七進一！捉殺車包，也得子佔優），前馬進七，包6平3，兵七進一，包3平4，俥六平一。變化下去，黑雖多邊卒，但紅有過河兵參戰，易走。

4.………… 卒9進1　　5.馬八進七 …………

紅進左正馬出擊，比急進中兵突破，攻勢要緩和一些，用意是以先出動大子為上策。紅如改走兵五進一，可參閱上局「王家瑞先負王天一」之戰。

5.………… 馬2進3

黑進屏風馬固防，形成中炮對屏風馬流行陣式，是當今棋壇這一大類佈局的主流變例。黑如改走卒3進1，兵五進一，包2退1，俥二進六，包2平5，馬三進五，馬2進3，

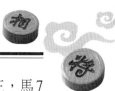

俥九平八，車1平2，兵三進㊀㊀，卒7進1，炮八平三，馬7
進6。在以下雙方兌俥車的對攻中，雙方既各有千秋，也互
有顧忌。

黑又如改走包2退1，則可參閱下局「郝沖先負黃杰
雄」之戰。

　6. 兵七進一！　………

紅急進七兵，活左傌，作炮架，制黑右馬，一舉三得，
好棋！一改以往流行過的紅兵五進一，包2退1，俥二進
六，包2平5，俥九進一，卒3進1，俥九平四，車1平2，
變化下去，紅左炮被捉，「兩頭蛇」又制紅雙俥，黑反易
走，足可對抗的走法，意要攻其不備，出奇制勝。

　6. …………　　　包2退1

黑先退右包，伺機平8路捉俥，以尋求反擊機會。黑如
急走車1進1，俥九進一，車1平6，兵三進一，車6進3，
俥二進四，包8進2，兵三進一，車6平7，俥二平三，車7
進1，炮八平三，包8平7，傌三退一，象7進5，炮五平
三，包7進3，傌一進三。演變下去，雙方雖子力對等，但
紅方子位靈活，易走。

　7. 俥二進六　　馬7進6??

黑左馬盤河反擊，過急，劣著！導致落入下風。黑以求
穩徑走象3進5為妥，紅如接走俥九進一，士4進5，俥九平
六，馬7進6，俥九平四，馬6進7，俥四進二，包8平7，
俥二平三，馬7退8，俥四平二，車9平8。演變下去，在雙
方互纏中，黑多卒，優於實戰，尚有機會糾纏。

　8. 俥九進一　…………

紅高起左橫俥，旨在右移出擊，屬改進後流行變例。在

2007年6月27日全國象棋等級賽上倪敏與張勇之戰中紅曾走過傌七進六，馬6進4，炮八平六，象3進5，俥九平八，包2平7，傌三退五，包8平7，俥二平四，車1進1，傌五進七，卒7進1，相三進一，卒7進1！演變下去，黑方淨多過河7卒參戰反先，結果黑勝。

　　8.………… 　包8平6

　　黑平左士角包，不給紅俥九平四欺馬機會，是童大師推出的探索性防禦佈局的「飛刀」。另有三變做參考：①卒7進1，俥二平四，卒7進1，傌三退一，馬6退4，俥九平六，馬4進3，相七進九，卒3進1，相九進七！卒3進1，炮八退四，卒3進1！變化下去，紅方多子，黑多雙過河卒和象有攻勢，雙方各有機會，也互有顧忌。②馬6進7，炮五平六（若炮五平四？包8平5！演變下去，黑可滿意，足可一戰），包8平6，炮六進六！包2進3，俥九平六，車1進1，仕四進五。變化下去，紅子位靈活，易走。③包2平7，俥二平四，馬6進7，俥九平四，士4進5，炮五平六，象3進5，前俥進二，包7進1，前俥平三，包8進4，傌七進六，車1平2，傌六進七，車2進3，炮六平七。演變下去，在雙方子力對等的互纏中，紅方易走，稍好。

　　9.俥二平三！ 　…………

　　紅平右俥捉象，是一步精巧的頓挫藏俥佳著！

　　9.………… 　象3進5　　　　10.兵三進一　卒7進1

　　11.炮八平三（圖20）　包6平7？？？

　　黑平左士角包邀兌，敗著！弄巧成拙，導致黑勢迅速惡化。如圖20所示，黑宜搶出左車，徑走車9平8為上策，紅如接走俥九平八，車1平2，俥八進六，車8進1！俥三平

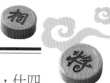

二，馬6退8。以下紅有兩變：①炮三進二，馬8進7，仕四進五，包2平5，俥八進二，馬3退2，炮三平七，包6平7，俥三退一，馬7進9！在以下無俥車棋戰、子力對等的搏殺中，黑優於實戰，戰線漫長，黑有機會抗衡。②炮三平四，包2平5，俥八進二，馬3退2，俥七進六，馬2進3，炮五平七，卒5進1，相三進五，卒5進1，兵五進一，包5進4，仕六進五，馬8進6，炮四進三，馬6進4，炮四平七，馬4進3，炮七平九，卒3進1，兵七進一，象5進3。變化下去，雙方子力對等，和勢甚濃。

12.炮五平四　………

紅巧卸中炮，高招！看似平淡無奇，實則蘊含了棄子誘敵之計！是本局制勝的精華所在！彰顯出趙特大超一流的判斷力和敏銳的洞察力，使黑方嘗到了邀兌左包後的苦果，紅方由此漸入勢不可擋的佳境。

紅如隨手簡單交換走炮三進三？？馬6退7，俥三退一，包2平7，俥三平二，車1平2，俥九平四，包7平1。變化下去，雙方子力對等，黑無大礙，足可抗衡。

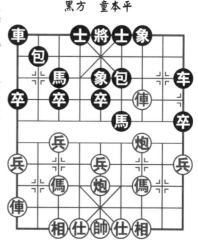

黑方　童本平

紅方　趙國榮

圖20

12.…………　包2平7

筆者不得不佩服趙特大的神機妙算，能準確料定黑方必會用右包左移來偷襲右俥和貪得相台炮。黑如車1平2？？相三進五，包7進3，俥三退

二。演變下去，在以下子力對等搏殺中，紅五個大子佔位靈活，仍持先手，趨勢樂觀。

13. 俥三平四！　前包進5

紅方抓住戰機，平俥捉馬，窺殺左底士，果斷棄傌搶攻，由此步入反擊佳境！

黑飛前包炸傌，與後包連成直線「擔子包」，實屬無奈。黑如改走馬6進7??炮三進四，馬7退8，俥四平二！紅得子大優；黑又如改走馬6退4??炮三進四！也得子佔優；黑再如走後包進4???俥四進三！將5進1，俥九平二，車9退1，傌三進四，後包進7，仕四進五，馬6退7，俥四退三（也可徑走俥四退二！下伏俥二平三雙俥同時捉殺黑馬雙包和相七進五飛殺雙包的先手棋，紅追回失子後，5個大子走活，黑也厄運難逃），前包平9，傌四進六，將5退1，俥四平三！包7進4，俥二退一，包7平4，俥二進五，馬3退5，仕五退六，車9進2，傌六進四，車9退2，傌七進六，車1進1，傌六進四！演變下去，紅雙俥出擊，雙傌馳騁，右肋炮守護後，紅將有強大攻勢，已勝利在望了。

14. 俥四進三　將5進1　　15. 俥四退一　將5退1

16. 俥九平二　………

紅不失時機，右肋俥砍士後，現又左俥右移，致命一擊！令黑方慌不擇路，疲於應付，措手不及，顧此失彼，防不勝防，難逃滅頂之災。

16. …………　前包平3

黑平前包轟傌，無奈之招，四面漏風，難有防敵良策！黑如士4進5??俥四進八，後包平9，傌七進六，馬6進4，炮三平一！象5進7，炮一進三！象7退9，俥四平一！象9

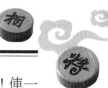

進7（主動棄車包，來回揚象阻殺，非常頑強之招）！俥一退三，象7退5，炮四進六，士5退6，俥二平三，車1進1，俥三退二，車1平6，俥三平五，士6進5，俥五平七！下伏俥七進二，再俥一平六捉死馬兇招，紅必勝無疑。

　　17. 俥四進一　　將5進1　　18. 俥二進七　　馬6退8

　　紅進二路俥不給黑7路包起飛反擊機會，正著。紅如貪走俥四退一？？將5進1，俥二進八？？包7進8，仕四進五，車9平7，炮三進五，包7退9！俥四退三，車7進7，仕五退四，車1進1。變化下去，黑雖殘士缺象，但多子有反彈力，足可抗衡，鹿死誰手，勝負一時難斷。

　　黑急退棄左馬保包，明智之舉。黑如車9平7？？？俥四退一！將5退1，俥二進一，包7進4（若先馬6退8？？？俥二平三！紅速勝；又若士4進5？？？俥二平三，士5退6，俥三平四！紅也勝），俥四進一，將5進1，俥二退一，車7退1，俥二平三！紅棄炮殺車，完勝。

　　19. 俥二退二　　包7進8？？

　　黑飛左包貪殺右底相，又一敗筆！錯失周旋良機。黑宜徑走車9退1堅守固防為上策，紅如接走炮三平四，包7進3。演變下去，黑雖殘士被動挨打，但紅在少子形勢下，也不敢大動干戈，一時難以發揮雙俥雙炮聯手攻殺作用，黑反尚有機會周旋，優於實戰，足可支撐，一時不會落敗！

　　20. 仕四進五　　車9退1　　21. 炮三進三　　車1平3

　　經過20回合博殺，黑右車一直沒有出擊機會，只能按兵不動，當全盤即將獲勝結束之際，才挪動一步，足可一見「鴛鴦包」一旦運作不當，其結構性會失調的致命弊病，也是顯而易見、難以避免的。

22. 炮三平二　車9平8

黑平左邊車攔右俥炮，無奈之舉。黑如車9平6邀兌??則紅俥四平三！包7平9，炮二進一，車6進1，俥三退一！將5退1，炮二進一，馬3退1，炮二平一，士4進5，俥二進三，士5退6，炮四進七，車3進2，炮四退一，將5進1，炮四平九，車6退1，炮九平四，象5進7，炮四進一，將5退1，俥二退二！紅雙俥雙炮殺盡車馬士象完勝黑方。

23. 俥二平三！　包7平9

紅平俥欺包，逼包靠邊，至此，黑方全盤受攻，各子被困，頹勢難挽，大勢已去了！紅續走炮四平二！車8平9，前炮進二，象7進9，俥三平四，馬3退1，帥五平四（御駕親征，紅必勝無疑）！車3進2，後俥進二！車9平6，俥四退一，將5退1，前炮平一！象5進7（若包3平7??炮二進七！絕殺，紅勝），炮二進七！黑車還來不及走車3平8攔炮，紅就沉底炮疊殺，紅勝了！

此局雙方一開戰就投入巡河炮與鴛鴦包的爭鬥：當紅進七路馬，挺七兵，右俥過河之機，黑高起左橫車，進屏風馬，退右包剛形成鴛鴦包不久；黑就在第7回合走馬7進6，錯失多卒糾纏機會。剛步入中局，雙方互兌三兵7卒，紅巡河炮剛右移右相台站住腳跟之時，黑卻在第11回合走包6平7邀兌，弄巧成拙，導致局勢迅速惡化，被紅方巧卸中包，俥佔右肋捉馬，果斷棄雙俥反擊，紅立即沉肋俥殺底士，左炮右移直插下二線追殺左包，順利步入反擊佳境。而黑方在疲於奔命的反擊中，棄左馬護守後，又「晚節不保」地在第19回合飛7路包貪殺底相後，被紅方飛炮平俥，得勢不饒人地驅逐底包後，雙俥雙炮聯手，精準打擊，不留後患

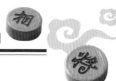

地御駕親征，兌車驅將，雙底炮疊殺。

這是一盤趙特大對比賽心理學的精深理解與「短平快」實戰完美結合、高瞻遠矚的戰略思考與計算深遠的戰術發揮完美結合、高超的預見性推斷與流暢的絕妙攻殺技巧完美結合的雙俥雙炮聯手攻殺的一氣呵成、超凡脫俗的精彩殺局。

第21局　（深圳）郝沖　先負　（上海）黃杰雄

轉巡河炮過河俥左橫俥佔雙肋道
對屏風馬退右包進7、9卒7路馬右中士橫車

1. 炮二平五　馬2進3　　2. 傌二進三　卒7進1
3. 俥一平二　車9進2　　4. 炮八進二　………

這是2015年1月1日室內遊園象棋友誼賽的一盤精彩廝殺。雙方以中炮巡河炮對右正馬進7卒高起左橫車拉開戰幕。紅搶伸左炮巡河，下招直逼殺左橫車和窺捉右正馬，只借閃擊，搶先一步，硬要黑接走卒9進1固防，是一步趁勢出擊、見縫插針的先手棋。紅如改走傌八進九，包2退1（伸左橫車保包與現退右包1步相呼應，是構成「鴛鴦包」局的要點），俥二進四（伸右直俥巡河要比伸俥過河的活動範圍廣，視野也會更寬敞些），象7進5（補左中象，有利於儘快疏通左翼子力），俥九進一（形成了中炮直橫俥對鴛鴦包進7、9卒左中象陣式）。以下黑方有卒3進1、車1進1和包2平8三路變化，結果前者為黑方佔優，中者為雙方大體均勢，後者為紅方佔先。前兩者走法中，紅雙俥捉包佔肋道，在進攻上一時難以奏效，反而會推動加快黑方的出子速度。筆者歸納為：借雙包平肋車打俥出馬，以演變成反宮馬陣形後，繼而馬躍河口，車佔象位線，這就是我們要研究的

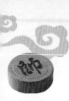

鴛鴦包防守反擊常用的一整套較為成熟的戰術手段。

　　　4.………　　卒9進1　　5.傌八進七　………

　　紅先跳左正傌出擊，意在儘快開出左翼子力，攻勢要緩於挺中兵，屬改進後流行變例之一。紅如兵五進一，則可參閱本章「王家瑞先負王天一」之戰。

　　　5.………　　包2退1

　　黑退右包於下二線，伺機左移於3路馬後，或平至中路，或平8路打傌，以尋求反擊機會。黑如馬8進7成屏風馬陣式，則可參閱本章「趙國榮先勝童本平」之戰。

　　　6.俥二進六　馬8進7　　7.俥九進一　………

　　紅高起左橫俥，準備右移佔肋道出擊，以支援中路與右翼的攻勢。這是1986年12月在新加坡舉行的「新馬港象棋名手邀請賽」中的一局著法。以往網戰曾流行過紅俥二平三，包8退1，俥三退一，包8平7，俥三平六，包7進5，炮八平三，包2平7，相三進一，車1平2，炮三進四，包7退5，傌三進四，車2進6，俥六進二，馬7進6，俥六平一，象7進9，俥九平八，車2進3，傌七退八，包7平6，炮五平四，包6進4，炮四進三。變化下去後雙方子力對等，局勢平穩，和勢甚濃。

　　　7.………　　卒3進1　　8.俥九平六　馬7進6
　　　9.俥二平四　………

　　紅平右俥佔肋道驅馬，屬改進後流行走法。紅亦可徑走俥六進七對搶先手，黑如接走包2進2，則俥二退二，馬6進7，炮五退一，馬7退6，俥六平四，馬6退5。演變下去，黑雖多卒，但紅子位靈活，易走。

　　　9.………　　馬6進7　　10.炮五平四　士4進5

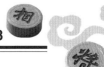

11. 俥六進七　　　包2進2

12. 俥四進二　　　車1進1(圖21)

13. 俥六退二???　…………

當黑左馬踩兵窺殺中炮，而紅巧卸中炮後，雙俥佔據雙下二線肋道之時，黑右中士又隔開紅雙肋俥之機，黑高起右橫車邀兌，紅左肋俥避兌捉右包，敗著！導致紅勢落入下風。如圖21所示，紅宜走俥六平九！馬3退1，俥四退四，馬1進3，兵七進一，卒3進1，俥四平七，象7進5，炮八退一！包2退2，傌七進六，包2平3，傌六進七，包8進1，炮四平七，馬7退6，炮八平七！演變下去，雙方大子對等，均在3、七路線上對峙，互不相讓。以後不管黑方是否兌子，紅勢子力開揚，優於實戰，足可抗衡，鹿死誰手，勝負一時難測。

13. …………　　　包2進1

14. 相七進五??　………

紅補左中相固防，過急，易被黑退右包打紅右肋俥後造成被動。紅宜先走俥六平八牽制黑右翼馬包為上策，黑如接走車1平4，相七進五，車4進5，炮八退四，車4平3，炮八平七，車3平4，俥四退四！下伏俥四平六邀兌車後，紅傌窺包和紅炮瞄打右馬的先手棋，變化下去，紅俥傌炮將聯手攻擊黑

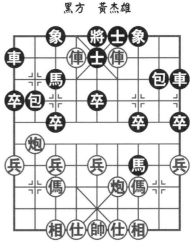

黑方　黃杰雄

紅方　郜沖

圖21

右翼薄弱而反先佔優，優於實戰，紅足可抗衡。

14. ………… 象3進5 15. 炮八平四?? ………

紅平左炮佔右肋道窺殺左底士，劣著！紅仍宜先走俥六平八管住黑右翼馬包，牽制右車為妥，不給黑方乘勢補實右翼底線固防機會，以下走法可充分證實。

15. ………… 包2退3！ 16. 俥四退二 包2退1

17. 仕六進五 車1平2！ 18. 前炮平六 包8平7！

黑方抓住戰機，雙包齊鳴：驅車退底線，平包護馬讓路，同時搶出右橫車，陣形迅速調整後，各子靈活，已反先佔優；相反，紅方雙俥雖於卒林線佔據雙肋道，但一時無有效進攻手段，而且左翼底線存在明顯弱點，已很難有所作為而頹勢難挽了。

19. 俥四退三?? ………

紅退右肋俥捉馬，又一敗筆！導致黑伸左包打俥，騰挪得子。紅宜徑走傌三退一，不給黑左包乘勢打傌機會為妥，黑如接走車9平8，炮六退三，車2進5，炮四進一，車2進1，炮四退一。以下黑如要強攻馬7進6？！炮六平四，車8進6，俥四平三，車8平9，俥三進一，車9平6。變化下去，黑雖仍多卒略先易走，但紅不會丟子，優於實戰，足可一搏，鹿死誰手，一時難斷。

紅亦可改走炮六退二，不給黑退左馬盤河踏炮機會為好，黑如續走車2進5，則炮六進一，車2平3！炮六平三，包7進4，相三進一，卒3進1！俥四退二！黑雖多雙卒，且有一卒已過河參戰，但黑方一時掀不起大浪；紅雖少兵，但不會丟子落敗，優於實戰，也可一拼，勝負一時難定。

19. ………… 包7進1！ 20. 俥四進三 馬7退6！

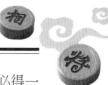

黑抓住機會，進包打俥，回馬踩雙，妙手回春，必得一子，大佔優勢，由此步入反擊佳境。

21. 俥六平七　………

紅平左俥避捉，無奈。紅如俥四退一？？？則包7平4得車大優；紅又如改走俥四平三？？？則馬6退4踩俥後，也大佔優勢。

21. …………　馬6進4　　22. 俥七平六　………

紅平俥捉馬，正著。紅如徑走俥七進一？？？則包7退1打死俥！俥四退二，馬4進3！俥七退一，包7進5！炮四平七，包7平3！黑反淨多雙包一卒，大勝紅方。

22. …………　包7進4！　23. 俥六退二　包2平3

24. 兵五進一　車9平8　　25. 俥六退一　車8進3

26. 俥六平三　包7平8　　27. 俥三進二？？　………

紅進俥貪7卒，劣著！紅宜徑走俥三平五不給黑左車殺中兵後左包炸雙相殺入九宮機會為上策，黑如接走卒7進1，俥四退三，下伏俥四平二邀兌車和捉包殺卒的先手棋，優於實戰，紅雖少子，但可周旋，

戰線甚長，一時不會落敗。

27. …………　車8平5　　28. 炮四平三　包8平5！

29. 相三進五　車5進2

黑平左車掠中兵後，又大膽飛左包兌雙相，炸開攻殺九宮之路後，黑由優勢開始逐步轉向勝勢了。

30. 傌七退六　車2進8　　31. 俥三退一？？　………

紅三路俥退相台，壞棋！紅不如徑走俥三退二為好，黑如續走馬3進4，俥四進二，象7進9，俥四退六兌中車後可緩解黑方攻勢。黑如接走車5退2！俥四平七！馬4進3，俥

七進一，包3進6，俥三平七，紅俥兌馬包後，黑雖仍淨多雙卒雙象佔優，但紅俥傌炮雙仕好於實戰，戰線不短，仍可周旋。黑方不借助於過河卒，很難獲勝，而紅方尚有機會。

31.………… 馬3進4　　32.俥四進二　象7進9
33.俥三平六　車5平7　　34.俥六進一　包3進6
35.俥六退二　………

黑抓住最後機遇，果斷棄馬殺炮，消除隱患，現又飛包過河炸七兵，一錘定音，一下勝定！令紅方疲於奔命，顧此失彼，措手不及，防不勝防！難逃滅頂之災。

紅現退左肋俥攔包，無奈之舉，紅如改走俥六退三？？包3進3，傌六進七，車7平4，仕五進六，車2退2，傌七進六，卒3進1，傌六進五，車2平4！形成黑車包3個高卒士象全對紅俥傌雙高兵單仕的必勝局面。

紅又如改走仕五進四？？包3進3，帥五進一（若傌六進七？？車2平1，帥五進一，車7進1，帥五進一，車1退2，俥六退三，卒3進1，俥四退五，車7平3！黑必得紅俥後，成雙車包過河卒4子壓境勝勢；又如傌六進五？？包3平6，傌五退六，包6退8！白得紅俥後，黑必勝），車7進1，帥五進一，車2退2，俥六退三，車2退1，俥六進二，卒3進1！俥六進二（若俥六平七？？車7平4！仕四退五，車2進1，仕五進六，車2平4！雙車破仕，一氣呵成！黑勝），卒3進1，俥四退五，包3平1，仕四退五，包1退2！俥四進一，卒3進1，仕五進六，卒3平4，帥五平六，車2進1，傌六進七，車2平3！雙車包左右夾殺，黑也勝。

紅再如改走俥四退六？？？包3平5！紅如接走俥四平五？？？則車7平5，白得紅俥必勝；紅又如改走仕五進六？？？

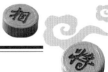

車7平6，黑也得紅俥後勝。

35.…………　包3進3！

黑沉包叫帥，一劍封喉！必得紅俥，勝定。紅方如接走俥六進五??則車7平5；紅方又如改走俥六進七??則車7平3！這兩路變化結果均為黑必得子後，形成黑方淨多包雙卒雙象的必勝局面，紅方只好含笑起座，拱手請降，黑勝。

此局雙方一開局就奏響了巡河炮對鴛鴦包的鬥炮聲：紅用直橫俥佔據雙下二線肋道和卸中炮，黑啟用兩頭蛇，左馬盤河右中士雙橫車來穩健應對，早早步入了中盤決鬥。就在黑方高起右橫車邀兌之機，紅卻在第13回合走俥六退二避兌落入下風，在第14回合補左中相，在第15回合走炮八平四放棄牽制右車闖下大禍，反為黑以後攻殺紅左翼薄弱底線做了深層次鋪墊。到了第19回合紅走俥四退三捉馬，導致丟子失勢，以後又在第27回合走俥三進二貪7卒，在第31回合走俥三退一錯失最後一俥換雙機會，反被黑方獻馬砍炮，包炸七兵，令紅方如虎落平川，慌不擇路，猝不及防，難逃一劫，最終一包滅敵，得俥擒帥。這是一盤佈局雙方循規蹈矩，輕車熟路；中盤廝殺，紅有些不在狀態：該兌俥不兌，該一俥換雙又錯失，六失良機，自亂陣腳，節外生枝，自食其果，飲恨敗北；而黑方卻乘虛而入、見縫插針、飛包炸相、如虎添翼、沉包叫帥、得子入局的精彩殺局。

第22局　（揚州）鄭中豪　先負　（上海）黃杰雄

轉巡河炮佔右肋道右俥巡河對左橫車屏風馬進9卒兩頭蛇

1. 炮二平五　馬2進3　　2. 傌二進三　卒3進1

3. 俥一平二　車9進2　　4. 傌八進七　………

這是2014年5月1日國際勞動節遊園象棋友誼賽的一場精彩廝殺。雙方以中炮右直俥七路傌對右正馬進3卒高左橫車開戰。以中炮七路傌應對鴛鴦包進3卒，屬當今棋壇的又一類冷門佈陣。紅如改走炮八進二或走傌八進九兩路變化，結果前者為雙方對峙，成兩分之勢；後者為黑子力靈活，足可滿意。

  4.………… 馬8進7 5.炮八進二 卒9進1
  6.炮八平四 卒7進1

至此，雙方形成中炮巡河炮七路傌炮佔右肋道對屏風馬高左橫車進9卒兩頭蛇陣式。黑急進7卒，以兩頭蛇陣式反擊，穩正，正當其時。黑如急走車1平2??兵三進一，包2平1，俥九進一，士4進5，俥九平六，象3進5，炮四退一！演變下去，雙方雖子力均未過河，但黑方卻未能實現佈局計畫，各子佔位也不理想，反而紅勢開朗，子位靈活，易走佔先。

  7.俥九平八 馬3進4 8.俥二進四 …………

紅伸右巡河俥保炮，明智之舉。紅如急走炮四退一??車1進1，炮五平四，包2平5，相七進五，包8退1，俥八進四，馬4進5，傌七進五，包5進4！仕四進五，包8平5！黑雙包齊鳴，鎮中取勢，多卒易走，已呈反先之勢。

  8.………… 包2平1

黑平右邊包老練，以防紅借巡河炮的閃擊來擴先取勢。黑如包2平3??炮四平九，象3進1，兵三進一，馬4進3，兵三進一，馬3進5，相三進五，包3進5！傌三進四！變化下去，黑雖多子，但紅大子靈活，過河三兵有攻勢，棄子得先了。

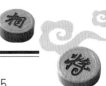

9.兵三進一　卒7進1　　10.俥二平三　象7進5

11.炮四退三　………

紅退右肋炮防守，無奈之舉。紅如炮四平六？包8退1，傌三進二，包8平7，傌二進三，車9進1，炮五平三，車1進1，俥八進五，卒3進1，俥八平六，卒3平4，俥六退一，車1平6，仕六進五，車6進2！變化下去，紅失右傌，黑多子反優。

11.…………　包1平4

黑速平右士角包，不給紅俥三平六壓馬反擊機會，穩正。黑如包8退1？？俥三平六，馬4退6，傌三進四，馬6進8，傌四進二，馬7進8，炮五進四！包8平5，炮四平五。演變下去，紅有中炮攻勢，淨多中兵易走。

12.俥八進六　士6進5　　13.俥八平六　馬4進3

14.傌三進四？？　………

紅右傌盤河出擊，過急，錯失良機。紅宜徑走俥六退三為上策，黑如接走馬3退2〔若包4平3？？炮四平七，馬3退2，傌七進六，包3進6，傌六進八，馬7進6（若車1平2？？俥三進三！車2進4，炮五進四！車9退2，俥三平二得子大優），俥三平四，馬6退7，俥六平七，包3平1，傌八進七，車1進2，傌七退五！變化下去，紅子位靈活，反先易走〕，俥六平八，馬2退3，傌三進四，包8退1，相三進一，包8平7〔若車9平8？？？傌四進五！馬7進5（若包4進1？俥三進三得子大優），炮五進四，車8平7，兵五進一，車7進3，相一進三，包8進1，俥八平二，包4進1，炮五退一，包4退1，炮四平二，包8平6，俥二進六，包6退2，炮二平一！下伏炮一進四殺卒後再炮一進四沉底催殺，

紅勝定〕，俥三平二，車1平2，俥八進六，馬3退2，俥四進五，馬7進5，炮五進四，車9平8，俥二進三，包4平8。雙方步入了子力對等的無俥車棋戰，變化下去，優於實戰，和勢甚濃。

14. ………… 　包8退2(圖22)

黑不失時機，左包速退底線，下伏包8平7窺俥打底相妙手。至此，黑方順勢而為，穩步進取，多卒易走。

15. 相三進一??? 　………

紅揚起右底相，避殺敗著！導致由此落入下風。如圖22所示，紅宜徑走俥四進五殺中卒讓路為上策，黑如接走包8平7，俥三平二，包7進9，仕四進五，馬3進5，相七進五，馬7進5，俥六平五，車9平8。以下紅有兩種選擇：①俥二進三!!包4平8，俥五平二，包8平9，炮四平一，包7退9，炮一進四。演變下去，紅雖殘相，但多中兵，兵種齊全，又下伏俥七進六後可與過河右翼俥炮形成三子歸邊直插黑左翼底線兌招！強於實戰，足可抗衡，勝負一時難料。②俥五平二??車8進1，俥二進二，車1平2，馬七進六，車2進5，馬六退四。以下黑又有兩種選擇：(a)包7退9??炮四平一，車2平6，馬四進二，包4平2，俥二平八，車6平8，俥八進一。演變下去，紅

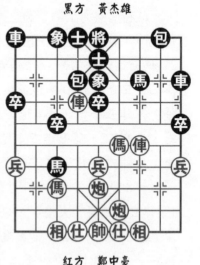

黑方　黃杰雄

紅方　鄭中豪

圖22

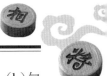

雖殘相，但大子、兵卒對等，優於實戰，有望成和。(b)包4平2！俥二進三，包7平9，俥二退五，車2進1！俥二平五，車2平1，俥五平八，車1平5，俥八進三，車5平6，炮四退一，車6平9，俥八退一，卒1進1，俥八平九，車9平1，俥九平一，車1平5！相五進三，車5平9，俥一平九，卒9進1！俥九退一，卒3進1！變化下去，黑淨多雙卒中象，勝定。

　　15.　………　　車9平8　　16.俥三進二　………

　　紅相台俥進卒林線，避捉無奈。紅如要保中炮，硬走俥六退三？？則包8平7！俥三進三，車8平7，俥六平七，包4平3！！俥七平八，包3進5！黑雙包齊鳴，雙馬兌掉紅方俥傌，大優。

　　16.　………　　馬3進5　　17.相七進五　　包8平7
　　18.俥三平四　　車1平2　　19.炮四進一　　車2進6
　　20.俥六退二　　車2平3　　21.相一退三？？？………

　　黑連續亮右直車進兵林線捉傌，就是伺機平左底線象位包兌炮得子，現紅退右邊相固防，敗筆，正中黑方下懷，導致險些丟子失勢，陷入困境。紅宜傌四進五踩中卒邀兌，不給黑包7平6兌炮或包7進9得相機會為上策。黑如接走包7平6，則俥四平三，士5進6，炮四平三（也可俥三進一，車8平7，傌五進三，包6進7，俥六進三，包6平3，變化下去，黑可用車殺兵多卒，但和勢甚濃；紅還可走炮四進七！馬7退6，俥六進三，車3進1，相一退三，車3退1，演變下去，黑也多卒易走，但紅有望求和），士6退5，俥三平四，包6平7，炮三進七，象5退7，俥六退二，車3平5，傌五退七，包4平5，仕六進五，包5進5，帥五平六，車5

退2，前傌進九！以下不管黑中包是否兌傌，黑雖多象，兵種齊全；但紅淨多邊兵，也優於實戰，不會丟子，足可一戰，勝負難斷。

21.………　包7平6！

黑也可包7進9！相五退三，車3進1，相三進五，車3退1，俥六退一，卒3進1！以下不管紅方是否兌車，黑均淨多過河卒和底象，反先易走。

22.俥六退二　………

紅退左肋俥保傌，明智之舉！紅如俥六退一，包4平3，俥六平七，包3進4。以下紅有5種不同選擇：①傌四進三??包6進7，俥四退四，包3平9，黑雙包齊鳴，兌炮打兵後多雙卒，且兵種齊全佔優；②傌四退三??包6平7，傌三進四，包3平9！黑雙包齊鳴，驅馬炸邊兵，也多雙卒易走；③兵五進一??車8進3！傌四退三，車8平5，俥四平三，馬7退8，俥三平一，車5退1，兵一進一，卒9進1，俥一退二，馬8進7，黑亦多雙卒略先；④傌四進五貪踏中卒???包6進7！俥四退四，馬7進5！黑多子大優；⑤傌四進六?包6進7！俥四退四，包3平9！黑也淨多雙卒滿意，好走。

22.………　馬7進8　　23.傌四進二　包6進7
24.俥四退四　車8進2　　25.俥四進四　車8平5！
26.俥四退二　………

紅退右肋俥巡河來智守前沿，明智之舉。紅如兵九進一??車5進2，俥六進五，車3進1，俥六退一，卒5進1，俥六平九，車5平1！演變下去，黑淨多雙高卒，反先易走。

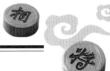

26. ⋯⋯⋯⋯　包4平3！

黑包平3路，助右車窺殺七路俥，一石三鳥，迅速巧滅三個大兵後，一炮滅敵，冷著稱雄，一擊中的，撕開防線，為以後儘快撞開九宮，摧城擒帥，奠定了雄厚的物質基礎。黑如車5進2，俥六進五，車3進1，俥六退一，車5平1，俥六平五，車1平9，俥五平九，黑多雙高卒易走。

27. 俥七退九　車3平1！　　28. 俥六退一　車5進2！

29. 兵一進一　卒9進1！　　30. 俥四平一　卒5進1

黑方抓住戰機，揮雙車連掃雙兵，又硬兌邊兵，現衝中卒，旨在過河參戰，紅見左翼下二線俥俥完全被困，不得動彈，黑現又開始強渡三個大卒助戰，大勢已去，厄運難逃，只好含笑起座，拱手請降，黑方完勝。

此局雙方一開戰就捲入巡河炮對鴛鴦包的「鬥炮大戰」：紅巡河炮佔右肋道，雙俥出擊邀兌三兵7卒，黑還以兩頭蛇3路馬左中象士右士角包，早早步入了中盤廝殺。當雙方在第13回合紅左俥追殺右盤河馬踩殺七兵後，紅卻在第14回合走俥三進四過急而錯失良機，在第15回合飛右邊相避捉又落入下風。以後又在第21回合退右邊相聯防，正中黑方下懷，險些丟子失勢而陷入困境。此後紅方雖然先後兌掉右翼俥炮後沒有丟子，但少兵失勢卻接踵而來：黑揮雙車掠雙兵，借3路包拴牢紅右翼俥俥，最終硬兌邊兵卒，衝中卒，以淨多3個高卒完勝紅方。

這是一盤佈局雙方在套路裡徐圖進取，落子如飛；中局格鬥紅三失良機，黑乘兌子，謀子，運子，殺子之機，審時度勢，穩紮穩打，進退有序，攻守有度，拴住俥俥，順勢掃兵，最終不留後患、多卒破城的「短平快」精彩殺局。

第二節　中炮巡河炮對屏風馬巡河包

第23局　（江蘇）王斌　先勝　（黑龍江）陶漢明

轉左橫俥右過河俥卸中炮對右中士象退右巡河包互進七兵卒

1. 炮二平五　馬8進7　　2. 傌二進三　車9平8
3. 俥一平二　馬2進3　　4. 兵七進一　卒7進1
5. 傌八進七　………

　　這是2011年5月9日全國象棋甲級聯賽的一盤精彩廝殺。雙方以中炮七路傌右直俥對屏風馬左直車互進七兵卒拉開戰幕。紅進七路傌，旨在儘快開通左翼子力。紅如炮八進二，包2進2，俥二進六。黑有兩種不同選擇：①馬7進6（策出左馬盤河，有對攻意圖），傌八進七，卒7進1，俥二平四，馬6進7，炮八平三，象7進5（補左中象固防後，即有車8平7的先手棋）。以下紅有俥四退三和炮五平六兩路變化，結果前者為雙方對峙，後者為黑反佔優。②包2平1(平右包打俥，迅速打亂對方陣營)，以下紅方主要有三路變化：(a)傌八進九？？車1平2，俥九平八，包1進3，相七進九，車2進4！黑邊包兌去紅左直俥的左邊傌「根」後，緊拴鏈紅左翼俥炮反先易走，足可滿意；(b)相七進九，黑有馬7進6和包8平9兩種變化，結果前者為雙方基本均勢，後者為紅仍持先行之利；(c)炮八平九（旨在兌邊炮抗衡），馬7進6，傌八進七，車1平2，俥九平八，車2進9，傌七退八，卒7進1，俥二平四。黑有卒7進1和馬6進7兩路變化，結果前者為黑方較優，後者為雙方均勢。

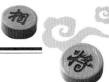

5.…………　象3進5

在中炮七路傌對屏風馬互進七兵卒佈局中，黑方有補右中象和補左中象兩類不同的九宮防禦結構。黑如改走象7進5（補左中象是屏風馬方應對中炮七路傌的另一種防禦結構，它是在補右中象防禦結構變化發展的基礎上創變出來的一種較新走法），紅如接走炮八進二，則黑方有高起右橫車、伸左包巡河和進左包封傌三路變化：①車1進1（提起右橫車後，可視局勢發展需要，或平佔右肋道，或伺機調到左肋道或平到左翼象位線，向紅右翼展開反擊，是補左中象後的必然續著）。

以下紅又有進三兵、右傌過河、左傌盤河和高左橫傌4種變化：(A)兵三進一，包2進2（先進右包巡河，旨在下一手可進左外肋馬打傌後搶佔先手。黑如卒7進1？？則炮八平三後，演變下去，紅方子力開揚，佔先易走），兵三進一，馬7進8。以下紅有傌二平一和傌三進二兩路變化，結果前者為雙方對峙，局勢平穩；後者為黑反佔優。(B)傌二進六，車1平6（先搶佔左肋道出擊，一改以往馬7進6？傌七進六，黑如走馬6進7，炮五退一，紅方仍先；黑又如改走馬6進4，炮八平六！變化下去，紅有左傌捉包的先手走法，要出奇制勝），傌九進一，車6進6，傌九平三，卒3進1，兵七進一，象5進3，傌七進六，包2進1，傌二退二，包8平9，傌二進五，馬7退8。以下紅有傌六進五和炮五平七兩路變化，結果前者為紅雖少子，但有攻勢；後者為黑勢反先。(C)傌七進六（左傌盤河出擊，屬另一種攻法，意要逼黑棄3卒），包8進4，仕六進五，卒3進1（棄卒目的是橫車捉紅河口傌來進行對攻），兵七進一，車1平4。

以下紅有傌六進七和傌六進八兩種變化，結果前者為紅方佔優，後者為雙方均勢。(D)俥九進一（高起左橫俥新招，意在己方下二線形成「霸王俥」來反擊），車1平4，傌七進六，包8進4，俥二進一（「霸王俥」著法既靈活機動，又可防止黑包炸中兵後的多卒優勢）。

以下黑再有兩種走法：(a)包2進2（準備紅炮打車時兌炮爭先用），傌六進七，車4進2，兵七進一，包2退1，俥九平七，包8退2，仕六進五，士6進5，俥二進三，包8平9。以下紅還有俥二進五和俥二平七兩種變化，結果前者為紅方較好，後者為紅方反先。(b)卒3進1，炮五平六〔卸中炮控制黑3路馬出擊要著。紅如俥二平七，卒3進1，俥七進三，馬3進4，炮五平六，馬4退2，炮六進六，馬2進3，俥九平七，車8進1，俥七進三（如硬走炮六退一??車8平3，俥七進二，包2平3，黑反佔先），車8平4，演變下去，雙方局勢平穩〕。

以下黑又有兩種走法：(甲)馬3進4，兵七進一，車4平3，以下紅還有炮六進三和俥九平七兩種變化，結果前者為紅仍佔優，後者為黑有車對紅無俥易走。(乙)車4平6，以下紅又有兵七進一和俥二平七兩路變化，結果前者為雙方雖對峙，但紅中俥護相淨多雙兵易走；後者為雙方雖在對攻中各有千秋，但黑可滿意。

②包8進2（伸左包巡河後的變化相當激烈也非常複雜），以下紅又有三路變化：(a)兵三進一，包2退1（先退右包，準備左移打俥進行對抗。如改走卒7進1??則炮八平三！變化下去，紅子活躍易走）。以下紅再有兵三進一和俥二進一兩種變化，結果前者為紅反易走，後者為雙方均勢。

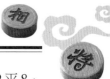

(b)傌七進六，包2退1，俥二進一。以下黑再有包2平8、包2平3和卒3進1三路變化，結果前者為雙方對峙，後兩者均為紅方佔優。(c)俥二進四，卒3進1。以下紅再有兵七進一和炮五平六兩種變化，結果前者為在雙方糾纏的平穩局勢中，黑方稍好；後者為雙方平穩，基本均勢。

③包8進4（左包過河封俥，伺機以雙包過河進行反擊），兵三進一，卒7進1，炮八平三，包2進4（以雙包過河的「擔子包」陣式，不給紅有亮俥捉包的搶先機會）！以下紅又有兩種選擇：(a)炮三進二（伸右炮壓左馬，讓紅右傌有反擊先手，準確有力），包2平3，傌三進四。以下黑再有卒3進1和包8進1兩路變化，結果前者為紅勢較好，後者為紅反先手。(b)兵五進一，車1平2，傌七進五（若走俥九進一，包2平3，紅如接走傌七進五，車2進6！演變下去，雙方形成對攻局面；紅又如改走相七進九??則車2進6，變化下去，黑勢開朗反先），馬7進6（若士6進5？則炮三進二，演變下去，紅反易走），兵五進一。以下黑再有馬6進5和馬6進7兩種變化，結果前者為黑方佔優；後者為局勢相對平穩，雙方各有千秋。

黑又如改走包2進2，可參閱下局「石獅先負黃杰雄」之戰。

6.俥九進一　…………

紅高起左橫俥，意要右移佔肋道出擊，是此類佈局的主流變例之一。近來網戰上又見到了紅俥九進二的老式走法，黑方接走包2退1，炮八進二，車1平3。紅有三種選擇：①俥二進四，包8進2，俥九退一（已完成使命後，退一步繼續發揮作用），卒3進1，俥九平六。以下黑又有馬3進4和

包2平8兩種變化，結果前者為雙方不變作和，後者為雙方對峙。②俥二進六，包8平9，俥二進三（若俥二平三？車8進2，下伏包2平7的對攻手段），馬7退8，傌七進六，馬8進7（另有包2平7走法，反擊紅右翼，並給黑方象位車騰出2路線位），炮八退三（機動靈活，隨時可平七路攻打黑右翼），士4進5，炮八平七，車3平4，傌六進七，車4進8。以下紅又有炮七進二和傌七進五兩路變化，結果前者為雙方對峙，後者為黑反多子較優。③傌七進六（給左俥讓路反擊，同時也可伺機走炮五平七襲擊黑方右翼），包8退2，俥二進四。以下黑又有卒3進1、卒7進1和包2平3三種變化，結果前者為雙方弈和；中者為雙方均勢；後者紅接走炮八進二，卒3進1後，紅有兵七進一和炮五平七兩種變化，結果前者為紅方稍優，後者為黑方較優。

紅又如提前改走炮八進二，黑有5種變化：①卒3進1（邀兌3卒，變化相當複雜，其目的是拆散紅方炮架，不讓紅有邀兌三兵後左炮右移機會），兵七進一，象5進3，炮八平七（攻右馬，為左俥開路）。以下黑又有馬3進4、馬3進2和象3退5三路變化，結果前者為在雙方局勢平穩中黑方佈局滿意，易走；中者為紅方佔優；後者為雙方均勢。

②包8進2（巡河防禦的變化相當複雜，且富有反彈力，其防禦戰略思想是不讓紅方走成過河俥，以後可根據局勢需要：或退右包後把右包左移打俥，借此形成左翼優勢兵力，尋機反擊紅方右翼；或互兌兵卒，開通馬路，活躍子力，求得兩翼子力均衡發展），兵三進一（邀兌三兵，活通右傌，並可兌兵卒後使左炮右移，同時亮出左俥通道）。以下黑又有包2退1、卒7進1和卒3進1三種變化，結果前者

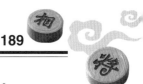

為雙方平穩，中者為紅方佔優，後者為紅方反先。

③車1平3（右象位車變例是屏風馬方對付中炮方巡河炮的一大體系，盛行於20世紀60年代，其戰略計畫是伺機在象位線棄卒來展開反擊，且頗有反彈能力）。紅又有兩種選擇：(A)傌九進二，以下黑再有馬3退5、包8進4、包8進2、包2進2、包2退1五種變化：結果前者為紅方稍好，中一者為紅子活躍佔優，中二者為黑勢滿意，中三者為紅方主動，後者為雙方和勢甚濃。(B)兵三進一（邀兌三兵，為另一種攻法，但它沒有高起左橫傌後再邀兌三路兵走法更為複雜），卒3進1（主動邀兌3卒，一舉兩得：既拆散紅左炮架子，又可立即發揮右象位車作用），兵七進一（若先走兵三進一？則卒3進1，在以後對攻中，紅方佔不到便宜，黑反易走），馬3退5，兵五進一，車3進4，傌七進五，卒7進1，炮八平三（若傌五進三，馬7進8，傌二平一，馬5進3，變化下去，黑方易走），馬7進8，炮三平二，包8進3，傌二進四，馬5進7，傌九平八，包2平3，相七進九。黑有兩種選擇：(a)馬7進6，以下紅有還傌二退一和傌二退二兩種變化，結果前者為雙方和勢已定，後者為雙方均勢。(b)包3退1，兵五進一（巧獻中兵，拓寬巡河傌路，不給黑包3平8打傌後形成複雜局面的機會，緊湊而機警之招），卒5進1，傌八進六，包3平5，傌八平三。以下黑還有卒5進1和馬7進5兩種變化，結果前者為雙方均勢；後者為紅前傌臥槽叫將，必可得黑中馬，大佔優勢。

④士4進5（讓出右象位車通道，屬改進後流行變例之一），紅又有兩種選擇：(A)兵三進一（邀兌三兵，活通右傌，積極主動），以下黑再有卒7進1和車1平4兩路變化，

結果前者為紅方佔優，後者為黑多子反先。(B)俥二進六，包2進1（這是20世紀50年代末出現的新招，旨在棄馬陷俥，爭奪主動權）。以下紅再有兩種選擇：(a)炮五平六（卸中炮穩穩封住黑右車出路），卒3進1，俥二退二，包2平3。以下紅還有兵七進一和相七進五兩種變化，結果前者為黑有攻勢，後者為黑佔優。(b)俥二平三（貪子導致失先），卒3進1，俥三進一，卒3進1（黑棄馬陷紅俥後，現又渡卒欺炮，令紅左翼子力受制，使局勢轉為黑方主動）。以下紅還有炮八退三和兵三進一兩路變化，結果前者為黑方勝定，後者為黑子位活躍佔優。

⑤包2退1（屬較為靈活的試探性著法，看紅方如何動靜再決定對策），俥九進一，包8進2（先退右包再高起左包巡河與直接走左包巡河，結果會迥然不同，以下雙方會有對攻機會），俥二進一，卒3進1，兵七進一，包8平3。以下紅有又俥二進八和相七進九兩路變化，結果前者為黑方佔優；後者為在雙方對峙中，黑方易走。另外，筆者最近在網戰象棋資料庫中見到這路包2退1的走法（源於20世紀90年代實戰比賽中出現的新招，實踐證明其變化複雜，靈活多變，且富於對攻性）。以下紅又有俥二進四和俥二進六兩路變化，結果前者為雙方均勢，後者為雙方大體均勢。

6.………… 士4進5

黑補右中士固防，讓出右車出擊通道，屬改進後流行走法。黑如改走車1平3，俥九進一。以下黑有卒3進1、包8進2兩路主要變化，結果前者為雙方大體均勢，後者為紅多兵略先。在本書關於「象位車」的章節有詳細介紹，可參考。

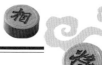

7. 炮八進二　…………

紅伸左炮巡河，形成當今棋壇又重新流行的中炮巡河炮七路傌左橫俥對屏風馬右中士象互進七兵卒的主流變例陣式。在當前局面下，黑方中路穩固，陣形厚實，足可一搏。

7. …………　包2進2

黑也可卒3進1，兵七進一，象5進3，俥九平六，象3退5，兵五進一，包8進2，變化下去，雙方成互纏局面。

8. 俥二進六　包2退1

黑右包先巡河出擊，現又包退卒林線，窺殺紅右過河俥，針對性很強之招。黑如馬7進6，傌七進六。

以下黑不管是否兌馬，黑左翼的車包被牽後，紅勢明顯反先。黑又如包8平9？俥二進三（兌俥簡化局勢，可穩持先手。紅如俥二平三，車8進2，傌七進六，包2平4，傌六進四，包4退3，變化下去，雙方局勢複雜，變化繁多，紅反不易掌控局面），馬7退8，俥九平二，馬8進7，兵三進一。黑方有兩種不同選擇：①卒7進1，炮八平三，馬7進6，俥二進六，車1平4，炮五平四！演變下去，紅勢穩固，主動易走。②車1平4？兵三進一，車4進7，傌三退五，卒3進1，兵七進一，包2平7，兵七進一，包7平3，相七進九（若走兵七進一殺馬，則馬7進6！變化下去，黑棄子後有攻勢），馬7進6，俥二進二。俥進兵林線護中兵，不給黑馬6進5踩中兵後再馬5進3踏俥絕殺機會，下伏兵七進一得子先手棋，紅反較優。

黑再如包8平9，俥二進三，馬7退8後，紅改走俥九平六？？馬8進7，兵三進一，象5進7，兵五進一，象7退5，兵五進一，卒5進1，傌七進五，卒5進1，炮八平五，包2

平7，傌三進四，車1平4，俥六進八，將5平4。演變下去，在雙方子力對等的無俥車棋戰中，雙方局勢相對平穩，互有顧忌，戰線甚長，有望求和。

9. 俥九平六　車1平4　　10. 俥六進八　將5平4

黑出將殺俥，不如徑走士5退4，俥二退二，包2進1，成相持局面後，使黑方調整陣形的選擇機會會更多些，反擊機會也不會少。

11. 炮五平六！　…………

雙方步入了兌俥車棋戰後，紅不失時機，果斷卸中炮，黑方上回合出將吃俥欠佳的走法，由此給了紅方迅速調整陣形的反擊機會。

11. …………　將4平5　　12. 相七進五　卒3進1

13. 俥二退二　包8平9

黑宜卒3進1，俥二平七，馬7進6，俥七平四，包8進2防守，變化下去，雙方接近均勢，優於實戰。

14. 俥二平四(圖23)　包2退3???

黑右包退底線，消極，被動，易受制，敗著！錯失良機。如圖23所示，黑宜徑走馬3進4積極進取爭先為上策。紅如接走俥四平六，卒3進1，俥六進一，卒3平2，傌七進八，車8進6，俥六進一，包2退3，傌八進九，車8平7，傌九進七，包2平3。變化下去，紅方雖易走，但黑方下伏馬7進6反擊先手棋，雙方互有顧忌，黑優於實戰，尚有糾纏機會。

15. 兵七進一　象5進3　　16. 炮八進三　象3退5

紅進左炮，不給黑方調整陣形機會；黑退中象無奈，如馬3進4，紅有俥四平七得象手段。

17. 傌七進八　　包2進5
18. 俥四平八　　馬7進6
19. 炮八平九！　………

　　紅方不失時機，果斷兌兵卒，棄傌殺包，現八路炮平邊後，形成了紅俥雙炮緊拴黑方右翼空門，而黑方最要命的是左翼子力根本一時無法援助右翼薄弱底線，眼睜睜地看著紅方從容反擊，發難，拓展攻勢。

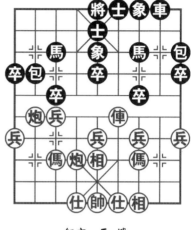

黑方　陶漢明

紅方　王斌

圖23

19. …………　　象5退3
20. 炮九平一　　象7進9

　　紅平炮邀兌，簡明選擇，也可炮九進二，士5退4，俥八進四或走俥八平四，變化下去，也是紅優。

21. 俥八平七　車8進2　　22. 炮六平七　馬3退1
23. 炮七平九　馬1進3　　24. 炮九平七　馬3退1??

　　黑馬退邊隅護底象，又一敗筆！再失良機。黑宜走馬3進4積極進取為上策，紅如接走炮七進七，馬6進5，傌三進五，馬4進5，俥七進二，馬5退4，炮七平九，車8平3，俥七平五，卒1進1，俥五平一，馬4進6。變化下去，雙方簡化局勢後，紅雖淨多兵相佔優，但黑可抗衡，優於實戰，戰線甚長，尚有機會，鹿死誰手，一時難定。

25. 俥七平四！　…………

　　以上紅俥炮聯手，巧妙配合，攻殺右馬，逼入邊隅，明顯反先後紅又平俥驅盤河馬，運子有力，精準打擊，細膩至

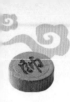

極，不留後患。

25. ………… 車8平6 26. 兵三進一 卒7進1

27. 相五進三 馬6退7

黑如車6平3，炮七平五，馬6退7，俥四平八。變化下去，黑仍處下風，紅尚有在糾纏中爭勝的機會。

28. 俥四平八 車6平3

黑左馬受攻後，現又黑平車保馬，著法有力；雙方兌兵卒後黑退左馬邀兌紅肋俥，紅俥佔八路後旨在俥八進四捉死馬，黑卻頑強乘平車閃擊捉炮來強硬化解，毫不退讓，著法強硬。

29. 炮七平五 車3進1 30. 傌三進四 馬1進3

31. 傌四進六 車3進1 32. 傌六進四 士5進6

33. 俥八進三 ………

紅也可傌四進二，車3平8，俥八進三，馬3退5，傌二進一，車8退4，俥八平四。變化下去，紅反擊機會較多。

33. ………… 馬7進6 34. 兵五進一 馬6退4??

黑不甘示弱地強行進車，撐士頂馬，雙馬馳騁，守中帶攻，對抗性極強，耐人尋味！但就在這關鍵一刻，黑退左馬捉俥，劣著！導致陷入困境。同樣運馬，黑宜徑走馬6進4！炮五平一，馬3進2！仕四進五，士6進5。這樣雙馬馳騁，連環攻守，調好陣形，以利再戰，優於實戰，仍處於膠著態勢，演變下去，紅雖然會多兵且兵種又全，但黑可一搏，勝負一時難斷。

35. 俥八退一 馬4退5！

黑肋馬退窩心，連環防守，反捉紅傌，是前招馬6退4戰術計畫的繼續，因此時黑已別無他著了。

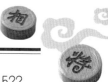

36.傌四進二　車3平8　　37.傌二進四　象3進5??

黑補右中象固防，壞棋！再失機會。黑宜徑走車8退3關住紅傌為上策，紅如接走炮五平四，馬3進4，傌八平七，馬4退3，傌七退一，車8平7，相三退一，象9進7。變化下去，紅雖兵種齊全，但雙方兵卒等、仕（士）相（象）全。黑優於實戰，可以一搏，鹿死誰手，一時難料。

以下精彩殺法是：仕四進五，車8退3，兵五進一（強渡中兵大膽棄子強攻，深入腹地越逼越緊，平添複雜驚險，令黑防線崩潰）！車8平6，兵五進一，象5進7（揚中象不如象5退3較實戰要更頑強些，但也頹勢難挽，無法扭轉敗局），傌八平七，馬3退4〔最後敗筆，加速敗程。黑宜將5平4尚可周旋，以下紅有兩種選擇：①兵五平六，馬5進4，傌七平六（若傌七進一??則士6退5！變化下去，黑足可抗衡），將4平5，傌六平七，馬3退1！傌七平九，卒9進1，傌九平五，將5平4，炮五平六，車6平3，仕五退四，士6進5。演變下去，紅雖多兵易走，但黑勢優於實戰，足可抗衡，鹿死誰手，一時難料。②炮五平六，馬3進5，傌七平六，將4平5，炮六平五，車6平8，傌六平五，將5平4，傌五平九，馬5退3，傌九平一。紅雖淨多雙兵，又有中炮佔先，但黑優於實戰，尚可周旋，戰線甚長，還有機會抗衡〕，傌七進二（精妙緊著，下伏兵五平四！馬5進6，傌七平四抽車兌招）！車6平9，傌七平六，象9退7，炮五平七！紅巧卸中炮催殺，一著定乾坤！

黑如續走馬4進2，傌六平八！將5平4？傌八進一，將4進1，兵五平六，馬5進7（若貪走馬5進4???傌八退一，將4退1，傌八平一！得車後紅必勝），傌八平五，士6退

5，炮七平六，士5進4，炮六退一，車9平5，俥五平七！車5進3，俥七退一，將4退1，兵六進一，將5平4，兵六進一，士6進5，俥七進一，士5退4，俥七平六！紅勝。

　　黑又如改走馬4進2，俥六平八！馬5進7??炮七平五，將5平4，俥八進一，將4進1，俥八平五，馬7進6，炮五平六，士6退5（闖底車無奈，若車9平5???兵五平六，馬6進4，兵六進一！紅速勝），炮六退一，馬6進5，相三退五，馬5退6，俥五平七，將4進1，俥七退二！將4退1，兵五平六，士5進4（若馬6進4???兵六進一！士5進4，俥七平六，將4平5，俥六進一，將5退1，俥六平一得車紅勝），俥七進一，將4退1，兵六進一，將4平5，兵六進一！車9平4，俥七平六！紅棄兵得車後，也完勝。

　　此局雙方開局伊始就步入互鬥「巡河炮」之戰：紅亮出直橫俥，黑補右中士象，紅伸右直俥過河，黑退右包窺俥，紅進左肋俥邀兌車，卸中炮補左中相固防，黑出將吃俥，挺3卒捉俥，又平左包兌俥，頑強反擊，早早步入中盤格鬥。當紅在第14回合平右俥避兌時，黑卻走包2退3於底線，錯失良機。以後雙方邀兌兵卒俥馬炮包後，當紅左翼俥炮追殺右馬之機，黑又在第24回合走馬3退1導入邊陲。紅方抓住戰機，俥拴車馬兌三兵，肋俥左移鎮中包，右俥盤河再騎河，肋俥臥槽俥捉馬。當紅在第34回合挺中兵反擊之際，黑卻接著走馬6退4捉俥窺殺中兵，導致陷入困境，黑在第37回合補右中象固防，再失良機，被紅方大膽棄俥渡中兵，殺卒驅中象。當紅平俥追殺黑3路馬之時，黑竟然隨手走馬3退4，加速敗程，被紅方巧卸中炮，殺馬逼將，中炮驅將，俥叫將上樓，平俥鎮中，炮相聯手，逼將上三樓，俥

炮兵聯手，又逼將下底樓，最終逼黑車殺兵而飲恨敗北。

這是一盤佈局雙方循規蹈矩，輕車熟路；中盤搏殺，黑右包雙馬先後失誤，急於求成，反而誤事，紅方抓住黑每10個回合一次失誤，因勢而謀，順勢而為地兌子爭先，運子取勢，謀子反擊，棄兵殺車，令黑方只有招架之功，而毫無還手之力，只好城下簽盟、拱手請降的精彩殺局。

第24局　（昆明）石狛　先負　（上海）黃杰雄

轉七路俥過河俥佔右肋道對7路馬渡7卒兌3卒左中象

1.炮二平五	馬8進7	2.傌二進三	卒7進1
3.俥一平二	車9平8	4.兵七進一	馬2進3
5.傌八進七	包2進2		

這是2012年5月1日國際勞動節網戰象棋對抗賽的一場精彩決鬥。雙方以中炮七路傌對屏風馬巡河包互進七兵卒開戰。由於此輪首局雙方戰和，此戰又持後手，故筆者先進右包巡河，打亂了套路次序，旨在亂中取勢，力爭速戰速決，拿下此役。黑如改走象3進5，可參閱上局「王斌先勝陶漢明」之戰。黑又如改走卒3進1，傌九進一，包2進1〔若士4進5（補右中士固防，以逸待勞，穩正），傌九平六，馬7進6（左馬盤河，準備渡7路卒反擊右過河俥。如包2車1，以下會有詳細介紹），兵五進一（衝中兵，旨在從中路突破）。以下黑又有包2進2、包2進1和卒7進1三路變化，結果前者為雙方旗鼓相當；中者為紅方佔優；後者卒7進1，俥二平四後，黑方還有馬6進7、卒7進1和包2進2三種變化，結果前者為雙方均勢，中者為紅棄子佔優，後者為紅方易走〕，俥二退二，象3進5，兵三進一，卒7進1（若包

2進1，兵七進一，包8進2，俥九平六，士4進5，炮八退一，紅易掌控局勢），俥二平三，馬7進6，俥九平四（平左橫俥佔右肋道捉馬，牽制黑左翼車包，新招），包2進1（進包保馬，準備續走包8平6轟俥反擊），俥四平二（先平右巡河俥捉馬，待黑進包保馬後，再平俥拴鏈黑方車包，靈活之招），士4進5〔補右中士，鞏固中防，屬主流變例之一。黑另一種走法是改走車1進1（高起右橫車，旨在消除左車「脫根」之弱點，靈活穩正），兵七進一（屬改進後的反先走法。以往網戰流行過紅炮五平四，車8進1，相七進五，包8平7，俥二進七，車1平8，兵七進一，包7進5，兵七進一，象5進3，俥三退二，象3退5，俥三進二，馬3進4，俥三平五，車8平3，炮八退二，車3進5，炮八平七，車3平4。演變下去，雙方子力大致相等，局勢平穩），卒3進1，俥三平七，車8進1，俥七平四。以下黑又有車1平6和馬6退7兩種變化，結果前者為黑車包受牽，紅方易走；後者為紅方棄子得勢後易走〕，兵七進一。

　　以下黑又有兩種不同選擇：①包2退1（退右包，要打俥），以下紅再有俥三平四和俥二平四兩路變化，結果前者為紅方易走，後者為紅也如走；②卒3進1（兌七兵爭先手，緊湊），俥三平七，車1平4（棄馬取勢，再搶先手），炮八退一（旨在平三路牽制黑左翼），包2退3（若車8進1，炮八平三，包2退3，俥二進四，車4進4，炮三進八！變化下去，紅方大優），俥七平四，包8平6（若車4進7？？俥七進八，包2平3，俥四進一，演變下去，紅也大優），俥二進八，包6進3，俥三進四，車4進7。以下紅又有俥二退四和炮八平四兩路變化，結果前者為雙方均勢；後

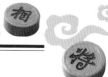

者為黑棄子有攻勢，易走。

黑再如改走車1進1，炮八進二，馬7進6。紅有兩變：①俥九進一（先高起橫俥，準備右移出擊。紅若俥二進四？馬6進7，炮八退一，馬7進5，相七進五，車8進1，炮八平七，包8平7。雙方啟用七路炮包並邀兌車後，黑多卒易走）。以下黑又有車1平8和馬6進7兩路變化，結果前者為雙方大體均勢，後者為紅反易走。②俥七進六（進左盤河俥邀兌爭先取勢，佳著），馬6進4，炮八平六。以下黑又有包2進5和包2進4兩種變化，結果前者為紅方易走；後者為紅兵種全，多兵佔優。

6. 俥二進六　馬7進6

黑急進左馬盤河，旨在渡7卒殺兵捉俥，驅俥邀兌，打破常規行棋次序，意要攻其不備、出奇制勝。網戰以往流行黑象3進5（形成右中象的九宮防禦結構來分庭抗禮），炮八進二，包8平9（演成中炮巡河炮過河俥對屏風馬平包兌俥互進七兵卒的佈局體系，黑果斷平包兌俥旨在儘快解除紅右過河俥對黑左翼的封鎖壓力。黑若馬7進6，俥七進六，黑又有兩種選擇：①馬6進4，炮八平六，演變下去，黑左車包被封鎖後紅優；②馬6進7，炮五平七，變化下去，黑3路馬卒受攻，紅先）。

紅有兩種不同選擇：①俥二進三（兌俥後，有望穩持先手），馬7退8，俥九進一。以下黑又有士4進5和車1進1兩種變化，結果前者為紅方主動；後者為紅方子力佔位靈活，易走。②俥二平三，車8進2，以下紅又有3種選擇：（a）俥七進六，包2退3，以下紅再有俥六進四、炮五平七和俥三平四三路變化，結果前者為黑反擊力強；中者為紅有

攻勢;後者為雙方對峙,相互糾纏。(b)兵三進一,以下黑再有包2退1和卒7進1兩種變化,結果前者為黑方易走,後者為雙方局勢平穩。(c)俥九進一(高起左橫俥,增強肋道進攻力量),以下黑再有包2退3、包9退1和士4進5三路變化,結果前者為雙方均勢;中者為雙方對峙;後者士4進5,俥九平六,包2退1後,紅還有俥三平一和兵七進一兩種變化,結果前者為雙方均勢,後者為黑方反優。

　　7. 炮八進二　…………

　　至此,雙方演成中炮巡河炮過河俥七路傌對屏風馬巡河包左馬盤河互進七兵卒陣式。以往網戰也流行過紅兵五進一,卒7進1,俥二平四,馬6進7,兵五進一,包8平5。紅有兩種不同選擇:①兵五進一??包5進5,炮八平五,馬7進5!相七進五,包2退1。紅如接走俥七進六?則卒7進1欺馬反先;紅方又如改走相五進三??則包2平5殺中兵後,成空心中炮大優。②傌三進五,車8進4,傌五進三!車8平7,傌七進五,馬7進5,相七進五,包5進2,仕六進五,象3進5,俥九平六!變化下去,黑雖有中包,又多中卒,但紅方5個大子佔位機動靈活,明顯佔優。

　　7. …………　卒7進1　　8. 俥二平四　卒7進1

　　黑連衝7卒殺兵追殺右傌,旨在棄左盤河馬邀兌後多卒反先,屬當今棋壇較為流行變例之一。黑如徑走馬6進7,俥四退三,包2平7,炮八平三,象3進5,炮三平二,包8平7,炮二退二。雙方子力對等,基本均勢。黑如續走前包進3,俥四平三,前包平3,炮二平七,包7進2,俥九平八。變化下去,黑雖兵種齊全,但紅將會多兵,易走略先。

　　9. 俥四退一　　卒3進1(圖24)

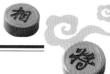

10. 俥四平七???　…………

黑急進3卒，是一步棄卒陷俥的好棋！設下陷阱等紅方墜入。

紅平肋俥貪卒，正中黑方下懷，果然跌入陷阱，難以自拔，由此一蹶不振。如圖24所示，紅宜緩一手走俥四退一為上策，黑如續走卒3進1，俥四平七！象7進5，俥七平二（若傌三退五，包8平7！炮八退一，包2平7，相三進一，卒7進1！炮八平七，車1進2。變化下去，紅雖多子，但黑多過河卒得勢，易走），卒7進1，傌七進六，包2平7，傌六進五！包7進5！仕四進五，車1平2，俥九平八（若貪走傌五進七???車2進5！俥二平八???包8進7！雙底包疊殺，黑反速勝），馬3進5（若誤走馬3進4??傌五進三，黑如接走包7退7???則炮八平五，士6進5，俥八進九！紅抽車後勝定；黑又如改走車2進5，俥八進四，包7退7，俥八平六，馬4退3，俥六平三，包7平6，俥三退二。演變下去，黑雖多中象，但紅有中炮，又多中兵，且右巡河俥拴鏈車包，以下有望兌車爭先，紅也易走），炮五進四！士6進5，炮八進四。

演變下去，雙方雙俥車均拴鏈對方俥車炮包，黑雖有過河卒，但紅有中炮、中兵，即時可渡河參戰，戰線漫長，優

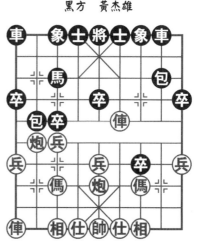

黑方　黃杰雄

紅方　石翀

圖24

於實戰，鹿死誰手，勝負一時難斷。

  10. …………　象7進5！

  黑先補左中象欺俥老練，再從容挺卒殺俥穩健，由此開始步入反擊佳境。

  11. 俥七進一　卒7進1　　12. 兵七進一　車1進1！

  黑高起右橫車，旨在左移伺機棄子搶攻，算準己方雙車包過河卒聯手，定能攻營拔寨，摧城擒帥。

  13. 兵七平八　包8進7　　14. 俥七進一　　車1平6！

  15. 炮五進四　士6進5　　16. 仕六進五　　車8進8！

  17. 炮八平七　將5平6　　18. 炮五平七??　………

  黑方大膽果斷地先後棄包獻馬送中兵後，迎來了左包沉底，右車佔肋，左車佔下二線和御駕親征的強大攻勢！至此，紅方如虎落平川，慌不擇路，顧此失彼，鬼使神差地卸中炮伏殺，成算不足，後患無窮，厄運難逃。紅宜徑走帥五平六尚可一戰，黑如接走車6進2叫殺，炮五退二，車8平6，帥六進一，包8退1，俥九進二，紅帥上樓，有驚無險，紅多2子多過河兵勝定。黑如硬走前車進1？仕五退四，車6進6，俥七退一，車6退1（若先走卒7進1？則俥七退五！變化下去，紅多3子，多兵也勝定），俥七退五，車6退5，俥五進三，車6平3，俥九平四，將6平5，帥六平五，車3平8（若車3平5？帥五平四！紅中俥被拴死，紅俥俥雙炮過河兵聯手攻殺後也必勝），帥五平四，車8退3，俥三進二，卒9進1，俥二進四，包8退7，俥四進六，象3進1，俥四進六！下伏俥六進七絕殺兇招，紅勝。

  18. …………　車8平5！　　19. 帥五進一　車6進7！

  黑方抓住最後機會，左車挖中仕，一劍封喉！紅如改走

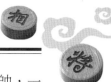

俥七退五？？？則車6進8！絕殺紅勝。現黑進肋車叫帥，一氣呵成！紅如接走帥五退一（若帥五進一？？？則包8退2！黑勝），則車6進1，帥五進一，車6退1！帥五進一，包8退2！黑借底包和7路卒與黑將之威，肋車砍仕擒帥，黑方完勝。

　　此局雙方一開戰就進入互鬥巡河炮之爭：紅右過河俥捉馬，黑渡7卒殺兵窺右俥，拼搶激烈，耐人尋味。但就在黑挺3卒窺殺紅騎河右肋俥之機，紅卻在第10回合平俥貪卒，誤入陷阱，由此一蹶不振。黑方抓住戰機，補中象欺俥，進7卒殺俥，高右橫車棄包，平右肋車獻馬，伸左直車於下二線，御駕親征助戰之時，紅竟然在第18回合走炮五平七？匪夷所思地卸中炮伏殺，令人大跌眼鏡，被黑方左車挖中仕，肋車砍底仕，車包卒聯手，逼帥遞降書。

　　這是一盤佈局爭奪激烈，黑渡7卒打開紅右翼缺口；以後紅貪殺卒包馬誤入陷阱，最終隨手卸中炮，導致滅頂之災的「短平快」精彩殺局。

第25局　（瀋陽）周益群　先負　（上海）黃杰雄

轉七路俥過河俥高左橫俥對左馬盤河踩三兵左中象巡河中包

　　1.炮二平五　馬8進7　　2.俥二進三　卒7進1
　　3.俥一平二　車9平8　　4.兵七進一　馬2進3
　　5.俥八進七　包2進2

　　這是2015年2月19日春節網戰象棋友誼賽的一場龍虎激戰。雙方以中炮七路俥對屏風馬右包巡河互進七兵卒拉開戰幕。黑急進右包巡河，下招欲策馬7進8逼走紅右俥，屬當今棋壇流行陣式。黑如象3進5或走象7進5，可參閱本章

「王斌先勝陶漢明」之戰及其第5回合注釋；黑又如改走卒3進1或走車1進1，則可參閱本章的「石獅先負黃杰雄」之戰中第5回合注釋。

6. 俥二進六　…………

紅伸右俥過河出擊，屬改進後主流變例之一。以往網戰流行過紅炮八進二，象3進5，俥二進六，包8平9，俥二平三，車8進2，俥九進一（高起左橫俥，旨在伺機右移來增援進攻力量）。以下黑有包2退3、包9退1和士4進5三路變化，結果前者為雙方均勢；中者為雙方對峙；後者士4進5，俥九平六，包2退1（準備下一步邀兌紅俥後，黑有卒3進1的先手）。以下紅又有俥三平一和兵七進一兩種變化，結果前者為雙方均勢，後者為黑方佔優。

6. …………　馬7進6

黑左馬盤河，欲強渡7卒捉俥，或伺機邀兌右傌。網戰曾流行過黑包2平1（打亂對方陣營），相七進九，馬7進6，炮八進二，卒7進1，俥二平四，卒7進1，傌三退五（主動退傌避殺，會使黑左盤河馬佔位不佳。如俥四退一？卒7進1，俥四平二，象7進5，演變下去，黑淨多過河卒略先），馬6退4，俥四平二，車1進1，俥九進一，車1平6，傌七進六（左傌盤河襲擊中卒，也讓出中傌躍出之路。如俥九平六？士6進5！俥六進五???將5平6，傌五退七，車6進8，帥五進一，車8進1，炮五進四，馬3進5，俥六平五，車8平6，炮八退三，後車進6！前傌進六，前車平4，傌六進七，包1進3！俥二平四，車6退4，俥五平四，包8平6，相三進五，卒7進1！變化下去，紅雖多子，但黑車雙包過河卒有強大攻勢，大優），士6進5，傌五進七，

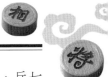

包1平2，炮五平六，包2退1，兵七進一，馬4進3，兵七進一（若相九進七？卒3進1！俥二退二，卒3進1，炮八退四，卒3平4，傌七進六，卒7平6！黑反得相，又多過河卒參戰反先），前馬進4，俥九平六，馬4退6，傌六退四，車6進5，炮八平二，車8進1。以下紅有兩種選擇：①兵七平八，車8平6，仕六進五，包8進3，俥二退二，演變下去，雙方子力對等，大體均勢；②炮二進三，將5平6，仕六進五，包2退1，兵七進一，車8進1，俥二進一，包2平8，俥六進三，象7進5，兵七進一，包8進7，變化下去，黑方反有沉底包攻勢，易走。

黑又如改走象3進5，可參閱上局「石獅先負黃杰雄」之戰中第6回合的注釋。

　　7. 炮八進二　………

紅伸左炮巡河出擊，伺機躍傌七進六兌傌爭先，迫使黑左翼車包脫「根」受攻，陷入被動。紅如兵五進一，可參閱上局「石獅先負黃杰雄」之戰中第7回合的注釋。

　　7. …………　卒7進1

黑渡7卒，頂三兵殺俥，提前行動，不給紅左傌盤河邀兌反先的機會。

　　8. 俥二平四　馬6進7

黑馬踩三兵，窺捉中炮，屬改進後主流變例之一。網戰也出現過黑卒7進1！俥四退一，卒3進1，俥四平七，象7進5，俥七進一，包2平7，傌三退五，車1進1，炮五進四，馬3進5，俥七平五，車1平6，炮八進五，包8進7，俥五進一，士6進5，傌五進三，卒7進1！

以下紅有四種選擇：①傌七退五???則車6進8殺，黑

勝；②仕六進五？？？則包7進5也絕殺，黑勝；③俥五進一？？？將5進1，相七進五？車6進8，帥五進一，車8進8也絕殺，黑完勝；④傌七進六？？？車6進8，帥五進一，車8進8！帥五進一，卒7平6！帥五平六，車6平4！黑肋車兜底殺，黑勝。也可參閱上局「石獅先負黃杰雄」之戰。

　　9. 炮八平三　　象7進5　　10. 俥四平二？？　…………

　　紅平肋俥拴鏈車包，劣著！錯失先機，落入下風。紅宜徑走炮五進四先發制人為上策，以下黑如接走馬3進5，俥四平五，包2平7，俥五平二，車1進1，傌七進六，車8進1，傌六進四，車1平6，傌四進六！演變下去，紅多中兵易走；紅也可改走俥四退三（壓住左過河馬，不給黑馬兌中炮機會。若俥四平二？？則車8平7！黑搶先擺脫拴鏈反先），包2平7（老練而沉穩。若包8平7？？則兵七進一！卒3進1，炮三平九！車1平2，俥四平三！包7進5，俥三退一，紅反得子大優），俥九平八，車1進1，俥八進六，包8進4，俥四退一，包7退1。在雙方子力對等、相互對峙的形勢中，紅不難走，優於實戰，足有機會抗衡。

　　10. …………　　車8平7

　　黑方不失時機，乘機平左車捉炮脫身，來對搶先手，好棋！

　　11. 炮五平六　　包2平5　　12. 相七進五　　車7進5！

　　紅卸中炮欲調整陣形，黑抓住機遇還架左中包叫帥，趁勢跳出左車，使紅右相台炮成了囊中之物，為以後左車右移，殺兵捉左傌後，雙車聯手反擊做了深層次的鋪墊。至此，黑勢顯而易見開始反先易走了。

　　13. 俥二進一　　　車7平3

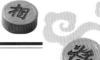

14. 俥九進二　　車1進1(圖25)

15. 俥二平三??? …………

紅平右俥欺馬，敗著！錯失良機，導致陷入困境。如圖25所示，紅宜炮六退一利於防守為上策，以下黑有兩種選擇：①馬7進5，相三進五，包5進3，傌七進八，車3平2，俥九平五！演變下去，黑雖多卒多雙象，但紅多子易走，優於實戰，可以抗衡，勝負一時難斷；②車3退1??炮六平七，車3平4，傌七進八，車4平3，傌八退六，車3進2，傌六進五！卒5進1，炮七平三，馬7退6，俥二退二，馬6進5，傌三進五，車3平5，炮三平五，車5平9，炮五進四！士4進5，俥九平七，車9平1，俥七進四，後車進1，俥二平四，前車平4，仕四進五，卒1進1，帥五平四！將5平4，炮五平六！下伏俥七平六，將4平5，炮六平五！叫殺抽黑肋車兌招，紅反勝定。

15. …………　　馬7進5

16. 相三進五　　包5進3!

黑果斷棄馬兌雙相，現中包拴死紅左翼俥傌炮後可追回一子後，淨多雙象和3路卒反先佔優了。

17. 俥三退一　　車3進2

18. 俥九平七　　包5平3

19. 傌三進四　　卒3進1

20. 俥三平一　　車1平2

21. 傌四進五　　馬3進4!

紅在殘雙相被動局勢下，

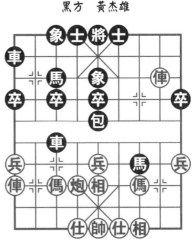

黑方　黃杰雄

紅方　周益群

圖25

又乘勢借俥傌連掃雙卒後反淨多了中兵，現進傌邀兌，旨在儘快簡化局面，伺機抗衡或求和防禦。而黑方瞄準紅左翼薄弱底線，當然不願隨意放棄反擊機會，而進右馬盤河出擊，獲勝要著！黑如徑走馬3進5??俥一平五！後，紅反會多兵殘相，可以抗衡，有望求和。

22. 俥一退一?? …………

紅退邊俥貪捉馬，又一敗筆！助推黑馬順勢過河助殺。紅宜徑走炮六平二瞄準黑左翼薄弱底線反擊、對攻為上策，黑如接走包3進2，則仕六進五（若帥五進一???車2進7！帥五進一，馬4進3，帥五平四，車2平8，俥一平二，馬3進4，仕四進五，馬4退5！俥二退二，包3退2！炮二進一，車8平6！帥四平五，包3平1！俥二平八，馬5進3，俥八退二，馬3進4！黑馬包同時叫殺，黑勝），車2進8，炮二進七！象5退7，傌五進六，士4進5，俥一平三！包3平6，仕五退六，包6平4，傌六退七，包4退3，帥五進一，車2平8，俥三進三，馬4進5，俥三退六，車8退9，俥三平五。變化下去，黑雖多士象佔優，但紅有望求和。

22. ………… 包3進2 　　23. 仕六進五 馬4進5

24. 俥一平五 ………

紅鎮中俥驅馬殺3卒，明智之舉。紅如炮六平五??車2進6，傌五退四，士4進5，俥一平五，車2退1！下伏馬5進3黑三子歸邊殺勢和車掃雙邊兵先手棋，紅反無趣，黑方勝定。

24. ………… 馬5進3 　　25. 傌五退七 士4進5

26. 傌七退五 車2進8 　　27. 仕五進四 包3退1

28. 炮六退二??? ………

紅隨手退左肋炮，最後敗招！成算不足，後患無窮。至此，紅帥厄運難逃！紅宜徑走帥五進一，有驚無險。黑如接走車2平6，俥五平八！包3平1，俥八退三，馬3進4，俥八平九，車6退1，帥五退一，馬4退2，炮六退二。變化下去，紅雖殘仕缺雙相，但淨多邊兵，且黑車馬包受困，很難再有大作為，優於實戰，不會落敗，鹿死誰手，勝負難斷。

　　以下精彩殺法是：包3平1，傌五退六（若仕四進五？？？包1進1，仕五進六，車2退5，炮六進一，車2平5！炮六平七，車5進1！連殺俥砍傌後，黑必勝無疑），車2平4，帥五進一，車4退2，帥五平四（若俥五退三？？車4平5，紅如接走帥五進一？？？則包1退1！成馬後包絕殺，黑勝；紅又如改走帥五平六，馬3退1！下伏馬1進2也成馬後包絕殺，黑勝），車4進1，仕四進五，車4平5，帥四退一，車5退4！黑車馬包聯手砍殺俥傌炮仕，抽絲剝繭，蠶食殆盡地完勝紅方。

　　此局雙方一開局就響起巡河炮的「鬥炮聲」：紅右俥過河，黑左馬盤河，黑左馬踩三兵，紅左炮炸7卒。就在黑補左中象固防之機，紅在第10回合走俥四平二落入下風，反被黑乘機對捉炮而脫身，嗣後架中包取勢。以後在第15回合紅又走了俥二平三驅馬陷入困境，結果輕易被對方追回失子。此後紅在第22回合走俥一退一錯失求和良機，在第28回合走炮六退二隨手敗招，導致丟完俥傌炮告負。

　　這是一盤佈局紅方急於平俥失誤；中盤也兩次運俥錯失良機，最終隨手退炮釀成大禍的明顯不在狀態的急躁冒進、自毀長城的反面精彩殺局。

第26局 （青島）程小剛 先負 （上海）黃杰雄

轉巡河炮兌右直車高左橫俥對右中象巡河包平左包兌俥

1. 炮二平五	馬8進7	2. 傌二進三	卒7進1
3. 俥一平二	車9平8	4. 兵七進一	馬2進3
5. 傌八進七	象3進5	6. 炮八進二	包2進2

這是2013年10月1日國慶日網戰友誼賽的一盤龍虎爭鬥。雙方以中炮巡河炮七路傌對屏風馬右中象巡河包互進七兵卒拉開戰幕。黑進右包巡河，意欲進左外肋馬硬逼紅右俥復回原位，屬當今棋壇主流變例。黑如卒3進1，兵七進一，象5進3，炮八平七，象3退5，俥九平八。黑有兩種選擇：①車1平2，俥二進六，包8平9（平包兌俥，鬆動左翼局勢，主動積極，但效果不佳），俥二平三，車8進2。以下紅又有炮七進二和兵五進一兩種變化，結果前者為紅有攻勢佔優，後者為紅在對攻中反先。②包2進2（下伏馬7進8打紅右俥先手棋，但不及車1平2變化複雜），俥二進六。以下黑又有馬7進6和包8平9兩路變化，結果前者為紅勢佔優，後者為在平穩局面中紅略有攻勢。

黑如包8進2（伸左包巡河，是屏風馬方常用的防禦手段，變化也相當複雜，且具有反彈力。其戰略思想是不讓紅右俥過河，以後根據形勢需要：或退右包後左移打俥，借此在左翼形成黑優勢兵力，伺機反擊紅右翼；或互兌兵卒，開通馬路，活躍子力，以儘快求得兩翼子力均衡發展），兵三進一（邀兌三路兵，活通傌路，並使兌兵卒後左炮有機會右移，同時迅速亮出左俥出路）。

以下黑有退右包變例、兌7卒變例和互兌兵卒變例共三

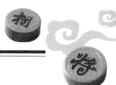

種選擇：

①包2退1（退右包，意欲左移攻擊紅右俥，直接襲擊紅右翼取勢），兵三進一，包2平8，俥二進五〔紅伸換雙，爭奪先手，盛行於20世紀60年代。紅若俥二平一（保持右俥的反擊主力作用，也屬流行變例），包8平7。以下紅又有兵三平二和傌三進四兩種變化，結果前者為黑方佔優，後者為雙方在對峙中均勢〕，馬7進8，兵三平二，車1平2，炮五退一，車2進4，傌三進四（紅伸換雙後有過河兵助戰，可暫控局面）。以下黑再有包8平1、包8平5、包8平6和包8平7四路變化，結果前者為雙方平穩，中一者為紅方佔優，中二者為紅方勝定，後者為大致均勢。

②卒7進1（兌去7路卒，不及退右包複雜多變），炮八平三，以下黑又有車1平2和卒3進1兩種變化，結果均為紅反佔優。③卒3進1（互兌三兵卒，早在20世紀六七十年代極為盛行。實戰證明，這也是一路較為複雜的對攻激烈的變化），兵七進一。以下黑又有卒7進1和包8平3兩種變化，結果均為紅方佔先。

黑如包8進4，兵三進一，卒3進1（旨在用兌3卒來拆散紅左炮架子。黑若卒7進1??炮八平三，包2進4，炮三進二，紅方實現了巡河炮右調的出子計畫後局面主動佔先），兵七進一，卒7進1，兵七進一，馬3退5。

紅有兩種選擇：①傌三退一（退傌捉包，屬改進後新變，其變化相當複雜）。以下黑又有卒7進1和包8進1兩種變化，結果前者為在糾纏中，紅多子大優；後者為紅方佔先。②傌七進六（左傌盤河出擊，急於進攻後實戰效果不如傌三退一），卒7進1，傌三退五，車8進4，兵五進一，車

8平4，傌五進七，馬7進6，兵五進一（棄中兵緩解河口傌危機。若炮五平六？車4進1，傌七進六，馬6進4！一車換雙後，黑可進馬爭先反優），車4平5，炮八退三，車5進1！炮八平五，車5平4，傌七進六，馬6進4，俥九進二，車1平3，俥九平六。以下黑又有馬4進5和馬4進2兩路變化，結果前者為黑方優勢，後者為紅方較優。

黑如車1平3，俥九進二，馬3退5（另有包8進4、包8進2、包2進2和包2退1等多種雙方各有千秋的不同下法，下文會有介紹的），俥二進四，卒3進1，兵七進一，車3進4，炮八退三（退左炮靈活，攻擊手段頗多）。以下黑有包2平3和馬5退3兩種變化，結果前者為紅棄子後有強大攻勢，後者為紅方稍好。

7. 俥一進六　包8平9

黑平左包兌俥，以儘快削弱紅右翼攻勢，正著。黑如馬7進6，傌七進六，馬6進4，炮八平六。變化下去，黑左翼車包脫「根」後被牽，局勢反而不利。

8. 俥二進三　…………

至此，雙方形成中炮巡河炮過河俥對屏風馬右中象巡河包平左包兌俥互進七兵卒流行變例。現紅兌右俥，簡化局勢，積極而穩健。紅如俥二平三（平俥壓馬，雖可牽制黑左翼子力，但黑的反擊力也隨之增強），車8進2，傌七進六（若兵三進一？包2退1，俥三平四，卒3進1，俥四退二，包2進1，兵七進一，象5進3，傌七進六，卒7進1，俥四平三，包2退3，演變下去，黑有反彈力佔優），包2平4，傌六進四，包4退3，傌四進六，車1進1，俥三平四。黑有兩種不同選擇：

①包4平7（及時平右肋包，伺機襲擊紅右翼），兵七進一，卒3進1，炮五平七。以下黑又有車1平2、馬3進4和卒3進1三路變化，結果前者為黑左翼空虛，易遭攻擊，紅優；中者為紅方佔先；後者卒3進1，炮八進三後，黑再有卒3平2和馬3進4兩種走法，結果均為紅方反先佔優。

②車1平2（黑亮出右橫車，意要牽制紅方左翼，不給紅有巡河炮隨意反擊的機會），俥九平八，車8進6（伸左車進駐下二路，準備平4路或平7路捉俥來展開反擊），仕六進五，車8平7，炮五平七（棄子後準備奪勢。如俥四退四，則包9平8，黑優），車7退1，相七進五，車7退1，兵七進一。以下黑又有兩變：(a)馬3退1（馬退邊陲，意要保持多子之利），兵七進一，車2進3（高右車通頭，並防紅兵七平八打車的變化），俥四平三。以下黑再有馬7退9和馬7退5兩種變化，結果前者為黑雖多子，但紅多兵佔勢易走；後者為紅反易走，可抗衡。(b)車7平5（殺兵後可使過河車通頭，再組織反擊），兵七進一，馬3退1，兵七平八（平兵打車，追回失子。若俥四平三??車5平3，炮七退二，包9進4，俥三進一，包9平5，黑優），車2進2，俥六退七，車5平3，傌七進八，馬1進2，黑車換雙後多卒易走。

8. …………　馬7退8　　　9.俥九進一　士4進5??

黑補右中士固防，過急，不易展開攻勢。以往網戰多走黑車1進1，俥九平二，馬8進7，傌七進六，包2平4，俥二進三（若俥二進六，車1平2，俥二平三，車2進4，黑方易走），車1平2，傌六退七，包4進2，炮八退二（退炮防黑包平3路壓傌攻相，使巡河炮失「根」被動），包4平

7，相三進一，包7平1，兵五進一（若炮八平九，包1平3，黑反易走），車2進5，兵五進一，卒5進1，炮八平九，士4進5，傌七進九，車2平1，傌三進四（躍傌力爭一搏，否則被黑車1平7壓住更為難走），馬7進6，傌四進六，卒3進1（棄卒，兌馬簡化局面後可穩佔優勢），兵七進一，馬3進4，兵七平六，馬6進7，炮五平三，卒5進1。黑兵種齊全，多卒佔優。

10. 俥九平二　…………

紅左橫俥右移，欺馬出擊，屬改進後主流變例。以往網戰紅多走俥九平六，黑有兩路選擇：①包9平7（攻擊紅三路馬兵相），相三進一。以下黑又有馬8進9和包2平6兩種變化，結果前者為紅多中兵易走，後者為紅多兵相略先。②馬8進7（適時開通左翼子力），兵三進一，卒7進1，炮八平三，馬7進8，俥六平二，馬8進7，炮五平四，包9平6（不給紅炮進六塞象腰機會），俥二進五，車1平4，俥二平三，象7進9。以下紅又有俥三進一和仕四進五兩路變化，結果前者為黑衝卒逼傌佔優，後者為紅子力靈活易走。

10. …………　馬8進7　　11. 俥二進六　…………

紅進俥驅馬，搶先發難。紅如兵三進一，車1平4，紅有兩種選擇：

①炮五平四，馬7進6（若卒7進1？炮八平三，演變下去，紅反易走）。以下紅又有相三進五和兵三進一兩路變化，結果前者為雙方均勢，後者為雙方大體均勢。

②兵三進一，車4進7，傌三退五（若傌七進六？？卒3進1，仕四進五，車4平2，兵七進一，車2退2，傌六進八，馬3進2，兵七平八，車2平7，變化下去，黑勢反

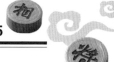

先），象5進7，俥二進六，包2退2，炮五平三。以下黑又有卒5進1和士5退4兩種變化，結果前者為紅多兵佔優；後者為紅子位略好，易走。

11. ‥‥‥‥‥	馬7進6	12. 兵三進一	卒7進1

13. 炮八平三　　　車1平4

14. 傌三進四　　　車4進7（圖26）

15. 炮五平三？？？　‥‥‥‥

　紅硬卸中炮窺象棄左傌，敗著！導致失子後，紅方一蹶不振。同樣飛炮，如圖26所示，紅宜徑走炮三退二！打車保傌為上策，黑如續走車4進1，炮五平四，馬6進4，仕四進五，馬4進3，炮三平七，車4退3，傌四退三，車4平3，相三進五，車3退1，炮七進二，車3平7，炮七進三，車7進3，炮四進四，包9進4，俥二退一，包9進3，俥二平一，包9平8，俥一平二，包8平9，炮四平七。演變下去，雙方雖子力對等，但紅方不會丟子，優於實戰。黑雖有在紅右翼底線空心包，7路車隨時可抽兌紅方子力，但紅七路過河直線雙炮也可直插黑右翼薄弱底線，在雙方互有顧忌中，紅方足可抗衡，鹿死誰手，勝負一時難料。

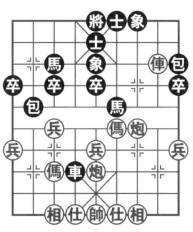

黑方　黃杰雄

紅方　程小剛

圖26

15. ‥‥‥‥‥	車4平3

16. 相三進五　　　車3退1

17. 俥二平三　　　將5平4？

黑出將，御駕親征過急，錯失了勝機。黑宜先走士5退4！紅如接走前炮進五，象5退7，炮三進七，士6進5，俥三平一，車3平5，傌四進六，馬6進4，傌六進七，包2平5！仕六進五，馬4進6！仕五進四，車5進1！帥五平六，包5平4！傌七退五，包4進2，傌五退四，車5退2，帥六進一，包4退2！仕四進五，士5進6，傌四進三，馬6進4！帥六進一，車5平4！黑棄馬借中將之威，車包絕殺，黑方完勝。

　　18. 前炮進五　象5退7　　19. 炮三進七　將4進1

　　20. 俥三平一　馬3退4　　21. 炮三退一　士5進6

　　22. 俥一平四　卒3進1

　　黑急進3卒邀兌，讓右巡河包順勢保左盤河馬，著法精巧！黑如馬6進8逃馬避捉??則傌四進五！將4平5，俥四進一，將5進1（若將5退1???傌五進三，馬4進5，炮三進一，士6進5，俥四進一！成俥傌炮聯手絕殺，紅勝），俥四進一！車3平4，俥四平五，將5平6（若將5平4???傌五進四！紅速勝），傌五退三，將6退1（若馬8退7??俥五退三！黑馬被殲後，也成紅俥傌炮聯手殺勢勝定），傌三進二，將6進1，炮三平一！馬8退7，俥二進三，將6退1，俥五退一！將6退1，炮一進一！成傌後炮妙殺，紅勝。

　　23. 兵七進一　車3退2　　24. 炮三退三　馬6進4

　　25. 炮三平八　………

　　紅平炮邀兌，無奈之舉。紅如硬走炮三進三，車3平6！俥四進一，將4進1，俥四退三，馬4退6！變化下去，黑雖殘士缺雙象，但多子易走佔優。

　　25. …………　車3平2　　26. 俥四進二　…………

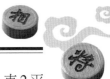

　　紅俥殺底士窺馬，明智之舉。紅如俥四平七？車2平6！俥七進一，將4進1，俥七進一，後馬進6，傌四退三，馬4進6，俥七退八，後馬進7，俥七平四，馬7進8！以下不管紅方是否兌馬，黑均多子易走反先。

　　以下精彩殺法是：車2平6，俥四退四，馬4退6，仕六進五，馬4進2，仕五進六，馬2進3，仕四進五，卒1進1，傌四退二，馬6進8，傌二進四，馬8退6，傌四進六，馬3進4！傌六進七，馬6進5！傌七進八，將4平5，傌八退七，將5退1，兵一進一，馬5進3，傌七退六，馬4退6，傌六退四，馬3退1，傌四退二，馬6進8。

　　至此，黑中、邊雙卒可長驅直入，殺向九宮，形成黑雙馬3個高卒對紅傌高邊兵仕相全的必勝局面，紅方只能飲恨敗北，拱手請降，黑勝。

　　此局雙方一開戰就進入了互鬥「巡河炮」激戰：紅伸右俥過河，黑平左包兌俥，簡化了局勢。當紅在第9回合高起左橫俥時，黑接著補右中士固防過早，不易拓展攻勢。剛步入中盤廝殺，當雙方先後兌去三兵7卒，各自跳起盤河傌馬之時，黑先進右肋車追殺紅左傌之機，紅卻在第15回合竟然匪夷所思地走炮五平三卸中炮棄左傌來窺殺左底象，導致失子後一蹶不振。儘管以後黑在第17回合出將丟失勝機，但黑方還是不失時機地先後兌去車包兵卒，雙馬馳騁，默契配合，連掃雙兵，形成黑雙馬3個卒對陣紅傌兵仕相全必勝局面。

　　這是一盤佈局在套路雙方穩步進取；中盤黑先補中士失去反攻機會，而紅卻鬼使神差地卸中炮棄傌導致少子告負的「一著不慎滿盤皆輸」的反面精彩殺局。

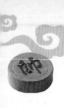

第27局 （上海）黃杰雄 先負 （青島）程小剛

轉巡河炮高右直俥雙傌盤河對右中象左包巡河退右包左移

1.炮二平五	馬8進7	2.傌二進三	車9平8
3.兵七進一	卒7進1	4.俥一平二	馬2進3
5.傌八進七	象3進5	6.炮八進二	包8進2

　　這是2013年10月1日國慶日網戰友誼賽的第二次精彩搏殺。雙方以中炮巡河炮七路傌對屏風馬右中象左包巡河互進七兵卒開戰。由於黑方上局先手告負，很想用流行於20世紀60年代曾盛行過的右中象伸左包巡河來出其不意地扳回一局的心情讓筆者十分理解。這路變化繁複，但妙著迭出，深受程老先生他們老一代棋手的喜愛。據資料顯示，在20世紀七八十年代的國內大賽中，老將們也頻頻採用它來戰勝過不少走中炮巡河炮的棋手大師們。黑如改走包2進2、包8進4、車1平3（或走卒3進1），可參閱上局「程小剛先負黃杰雄」之戰及其第6回合注釋。

　　7. 兵三進一 …………

　　紅挺三路兵邀兌，活通右傌，並可兌兵卒後使左炮右移出擊，同時也有亮出紅左俥的反擊出路的機會。

　　7. ………… 包2退1

　　黑退一步右包，既是繼左包巡河後，準備下一步左移打俥反擊，更是黑借打俥之機，迅速在左翼形成優勢兵力，伺機向紅右翼進行襲擊來應對紅巡河炮捉兵兌卒的正著。黑另有三變做參考：

　　①卒7進1（兌7卒不及退右包變例複雜多變），炮八平三，以下黑又有兩變：(a)車1平2，俥九平八，包2進

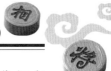

4，以下紅有傌七進六和傌七進八兩路變化，結果均為紅方佔優；(b)卒3進1，兵七進一，象5進3，俥九平八，以下黑有車1平2和馬3進2兩種變化，結果均為紅方先手。

②卒3進1（雙方互兌三兵卒，早在20世紀六七十年代裡極為盛行，出現過不少特級大師與大師們的精彩殺局。實戰證明，這也是一路變化繁複、精彩激烈的著法，足可供當今棋壇繼續借鑒），兵七進一。以下黑又有兩種不同選擇：(a)卒7進1，炮八平七（平炮攻馬，亮出左俥出路，新變），卒7進1，以下紅再有傌三退五和炮七進三兩路變化，結果前者為紅方反優，後者為在雙方對峙中，紅方稍好，易走。(b)包8平3，俥二進九，馬7退8，兵三進一，以下黑再有象5進7和士4進5兩種變化，結果前者為紅方佔優；後者為在雙方子力交換後的平淡局勢中，紅飛中相後，局面開朗，反擊局勢易展開。

③士4進5，兵三進一，象5進7，傌三進四，車1平4，傌七進六。變化下去，紅雙傌盤河出擊後，下伏炮五平六打車反擊的先手棋，紅勢佔優。

8. 俥二進一　…………

紅高起右直俥，快速打通右俥出路，不給黑右包2平8打擊右俥機會。網戰也流行過紅兵三進一的走法，黑方接走包2平8，俥二進五（一般來說，在佈局階段用俥換雙後，俥方略虧，對方易走。但此刻紅有過河兵做補償，一俥換雙並不吃虧。紅若俥二平一，包8平7，傌三進四，包7進3！變化下去，黑左翼子力靈活易走，足可抗衡，略優），馬7進8，兵三平二，包8平7〔若包8平3（伺機兌3卒活通右馬），傌三進四，卒3進1，兵七進一，包3進3，以下紅有

傌七進六和炮五平二兩種變化，結果前者為紅多兵易走佔優；後者為紅雖仍先，但攻勢減弱了〕，傌三進四，包7進4（若車8進2？炮五平四，車8平7，相七進五，車7進4，仕六進五，以下黑又有車1平2和士4進5兩路變化，結果前者為紅多兵得勢易走，後者為紅反佔優），傌四進六（也可徑走炮五平六！車1平2，相七進五，包7退3，炮六退一，車8進1，炮六平八，車2平1，仕六進五，車8平4，傌七進六，卒3進1，俥九平七，紅優），包7平2，傌七進八，車1平3，傌六進四。變化下去，紅右俥換雙後，有過河兵參戰，略先，足可抗衡。

8.………… 包2平7

黑平包藏左馬後保7卒，明智之舉，屬改進後流行正招。以往網戰流行過黑兩變，可做參考：①卒3進1??兵七進一，包8平3，俥二進八，馬7退8，兵三進一，象5進7，傌三進四。演變下去，黑子位分散，紅子力靈活易走。②卒7進1??炮八平三，包8平7，俥二進八，馬7退8，傌三退一，車1平2，俥九進一，包2進7，炮五平三，包7進3，傌一進三。變化下去，紅雙傌炮佔位靈活易走，黑右翼車包受牽，易遭被動。

9.兵三進一 …………

紅挺兵邀兌，主動積極，屬改進後新變。以往網戰流行紅傌三進四（右傌盤河，棄兵出擊，著法強勁），士4進5，傌四進六。以下黑有車1平3、卒7進1和包7平8三路變化，結果前者為紅方先手；中者為紅多中兵，有中炮之利佔優；後者為紅方勝定，也可參閱下局「程小剛先負黃杰雄」之戰。

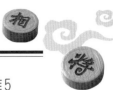

9. ………… 包7進3 10. 傌三進四 士4進5

黑補右中士，讓出右貼將車通道，正著。黑如改走車1平2？傌九平八，車2進4，傌四進二，車8進4，傌八進一！車8進4，傌八平二！變化下去，紅子位靈活易走。

11. 傌七進六 卒3進1

黑進3卒邀兌，搶先之著，便於右邊車快速出動，儘快破壞紅沿河防守構築。黑如改走包7進1，傌二平三，包7平4，傌三進六，包4平2，傌四進六，包2退3，傌九平八，車1平3，傌八進七！馬3退4，炮五進四！車8進3，炮五退二，車8平5，傌六退四，包8平6，相三進五。演變下去，紅有中炮，淨多中兵，子位靈活，反先佔優。

12. 兵七進一 車1平4 13. 炮八平七 車4進5
14. 炮七進三 車4平6 15. 傌九平八！ ………

紅利用黑右翼空虛之弱點，亮出左直傌搶攻，集中雙傌雙炮優勢兵力，快速進行反擊搏殺，是本局獲勝要著之一！紅如貪走炮七平三？？車8進3，傌九平八，車8平6！仕四進五，包8平3，傌八進六，包3平5！炮五進三，卒5進1，傌八平五，車6退2，相三進五。演變下去，雙方子力對等，和勢甚濃。

15. ………… 包8平3
16. 傌八進九 象5退3
17. 傌二平六(圖27) 車6平7？？？

紅由於不願求和，便抓住機遇，果斷先沉左傌叫將，現又右傌左移佔肋伏殺，大有迅雷不及掩耳之勢和唯有炸平盧山之威，揮動雙傌，強勢出擊，令黑方猝不及防，應接不暇，慌不擇路，疲於應付。黑現平左肋騎河車於相台窺殺紅

右底相，敗著！導致速敗，難以自拔。如圖27所示，黑宜儘快強化防守，徑走士5退4補一手為上策。紅如接走炮七平九，則士6進5（若象3進1？？？則俥八平六，將5進1，後俥進七，將5進1，後俥退一，將5退1，後俥平三！車8進1，仕六進五，車8進4，俥三進一，車6退4，俥三退三，車8平6，帥五平六！紅方勝定），俥八平七，將5平6，仕六進五，包3平5，炮九

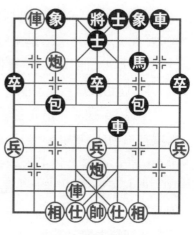

黑方　程小剛

紅方　黃杰雄

圖27

進二！將6進1，炮九退一，將6退1。變化下去，黑雖仍多子，右翼空虛，已殘底象，但優於實戰；紅雖有攻勢，好於實戰，尚有反擊機會，可以抵抗，但雙方勝負一時很難斷定。

18.俥六進七！　　包7進5　　19.仕四進五　　包7平9？？？

黑平底包叫殺，又一敗筆！黑宜走士5退4有驚無險可獲勝，紅如接走炮七平九，士6進5，炮九進二，將5平6，俥八平七，車8進9！俥七退四，將6進1，炮五平四，包7平4，炮四退二，包4平6，相七進五，車7進3，俥六退三，包6退6！相五退三，車7進1，仕五退四，車7平6，帥五進一，車6平5，帥五平六，車5平4！帥六平五，車8平5！帥五平四，馬7進6！雙車馬包聯手發威擒帥，黑勝。

20.炮七平五！　　士5退4　　21.俥八平七！？？　………

紅方在死裡逃生中反敗為勝地平左炮鎮中路叫將？！果斷拆除黑包護右底象的包架，似大佔優勢？！紅現平底線俥砍象，似一劍封喉!?但以下殺法卻令人瞠目結舌。

　　21.………… 　包3平4!!!　　22.俥六進一　…………

　　黑平包護底士，一開包滅敵！反敗為勝，令人震撼！真是絕處逢生，妙筆生輝！黑方由此步入了反擊佳境。紅如改走後炮進四？馬7進5，俥六進一，將5進1，俥六平五，將5平4，俥七退三，車8進9，仕五退四，車8退7，仕四進五（若帥五進一???車7進3！帥五進一，車8進5！殺，黑速勝），車8平5！俥五平八，馬5退3，俥八退一，將4退1，仕五進四，車7進4，帥五進一，車5進4，相七進五，車7退1，帥五退一，車5進1，帥五平四，包4平6，仕四退五，車5平6，帥四平五，車7進1，仕五退四，車6進2，帥五進一，車6平5！帥五平四，車7平6！雙底線俥抽殺成功，黑方完勝無疑。

　　22.………… 　將5進1　　23.俥六平五　…………

　　紅平俥鎮中路驅將，無奈之舉。紅如俥七退一？？將5進1，俥七退一，將5退1，俥七進一，將5進1，俥六退一，車8進9，仕五退四，車8退8，仕四進五，車7進4，仕五退四，車7退1，仕四進五，車8平4！俥七平六，包4平8！炮五平二，車7進1，仕五退四，將5平6，俥六退六（若相七進五???車7退2，炮二退二，車7平8，炮二平三，車8平5！仕六進五，包8進5，帥五平六，車5進1！俥六退一，象7進5，俥六進二，包9平7！黑包捷足先登，炸底炮後成雙底包疊殺，黑勝），車7退2，仕四進五，車7平4，仕五進六，將6退1。變化下去，黑淨多馬包必勝。

23. ………… 　將5平6

黑將平左肋道，明智之舉。黑如將5平4???後炮平六！車7平4（或徑走包4平8叫殺？），俥七平六！妙殺，紅速勝。

以下精彩殺法是：後炮平四，車8進9，仕五退四，車8退2，仕四進五，車7進4，仕五退四，車8平6！俥七退一，將6進1，炮五平三，車6進2，帥五進一，車6退1，帥五進一，車7退2！黑方完勝。

此局雙方一開局就轟轟烈烈地大鬥「巡河炮」之仗：紅急進三兵邀兌，黑退右包反擊，紅高出右直俥發威，黑右包左移發難，就在雙方步入中盤廝殺，先後兌雙兵卒和紅雙俥之機，紅雙俥強勢出擊，攻擊黑右翼薄弱底線之時，黑卻在第17回合走車6平7窺殺底相和在第19回合走包7平9叫殺而錯失勝機。然而，正當紅方不失時機地左炮鎮中，底俥殺底象，看似死裡逃生之際，黑卻在第21回合妙手回春地走了包3平4巧護底士而險象環生地反敗為勝。以後不管紅方如何動足腦筋，使盡渾身解數，也無法抓回快到手的勝利果實。這是一盤雙方開局爭奪在套路；中盤搏殺在智慧，在風險與機遇均等的挑戰面前，誰能冷靜思考，誰能把握真的戰機，誰能攻殺到位，誰就有望絕處逢生、反客為主、死裡逃生、反敗為勝的「短平快」精彩殺局。

第28局　（青島）程小剛　先負　（上海）黃杰雄

轉巡河炮棄三兵高右直俥三路俥對右中象左包巡河
退右包左移7路

1.炮二平五　馬8進7　　2.俥二進三　車9平8

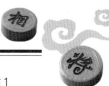

　3. 俥一平二　　馬2進3　　　4. 兵七進一　　卒7進1

　5. 傌八進七　　象3進5　　　6. 炮八進二　　包8進2

　7. 兵三進一　　包2退1　　　8. 俥二進一　　包2平7

　9. 傌三進四　　………

　　這是2013年10月1日國慶日象棋網戰友誼賽的第3盤龍虎之戰。雙方輕車熟路、落子如飛地很快又形成了中炮巡河炮右傌盤河對屏風馬右中象左包巡河退右包左移互進七兵卒拉開戰幕。黑退右包暗藏左馬後護7卒邀兌，一改網戰以往流行過的黑卒3進1和卒7進1的兩路變化，旨在以牙還牙，以其人之道、還治其人之身地再次挑起戰火，意要決一雌雄，一拼高下，看誰能保持良好心態在決勝局一舉拿下！讓我們靜心欣賞、拭目以待吧！

　　紅右傌盤河，大膽棄兵，強勢出擊，屬20世紀90年代初較為流行的主流變例。紅如兵三進一，改進後的進兵邀兌，可參閱上局「黃杰雄先負程小剛」之戰。

　　　9. ………　　卒7進1

　　黑急渡7卒，殺兵驅傌，屬改進後流行變例之一。黑另有兩變做參考：①車1平2?? 兵三進一，包7進3，俥九平八，黑如接走士4進5，炮八進三，演變下去，紅方易走佔先；黑又如改走車2進4，傌七進六！變化下去，紅勢開朗。②士4進5，傌四進六，以下黑又有卒7進1、車1平3和包7平8三路變化，結果前者為紅多中兵，有中炮之利佔優；中者為紅方先手；後者為紅方勝定（詳見下局「黃杰雄先勝王小明」之戰）。

　　10. 傌四進六　　卒7平8!

　　黑平7路卒，雙包同時打右俥和窺殺右底相，是一步棄

卒對攻佳著！以往網戰曾流行過黑車1平3，紅有兩種選擇：①俥九平八，卒7進1（衝卒保存實力），傌七進六，包8進2，以下紅又有兵五進一和仕四進五兩路變化，結果前者為紅雖殘仕，但傌位置好，雙方大體均勢；後者為紅雖殘仕，但有沉底炮拴車之利，雙方基本均勢。②傌六進四，車3進1，俥九進一（成下二線「霸王俥」，伺機策應左翼，使雙俥均「生根」。如俥九平八，車3平6，俥二平四，黑如接走車6進1，變化下去，黑足可抗衡；黑又如改走卒7進1？？炮八進三，車6進1，炮五進四，馬3進5，炮八平四，包7平6，炮四進二，演變下去，紅方佔優）。以下黑又有車3平6和卒7平8兩種變化，結果前者為紅多兵略優；後者為兌俥後，紅多子佔優。

　　11. 俥二進三　　包7進8
　　12. 仕四進五　　車1平3
　　13. 俥九平八　　包7平9
　　14. 傌七進六　　車8進3!（圖28）

　　黑左車佔卒林線，屬改進後主流變例，既不給紅前肋傌進四臥槽反擊機會，又可伺機走車8平7棄左包反擊。以往網戰曾出現過黑包8平7兌俥簡化局勢的穩健走法，但紅有反彈力，易主動，易走。紅接走俥二進五，則馬7退8，仕五進六（也可帥五平四！車3進1，傌六進七，車3平6！炮五平四，包7進5！帥四進一，車6平8，炮四平七，車8進7，帥四進一，象5退3，炮八進五，士6進5，炮七進四，象7進5，俥八進八，馬8進7，俥八平六！士5進4，炮七進三！紅方捷足先登，擒將入局）。以下黑有兩種選擇：①馬8進7，前傌進七，車3進2，傌六進五（若炮八進五？？象

5退3，俥八進五，包7進5，帥五進一，車3平4，演變下去，黑反易走），馬7進5，炮五進四。以下黑又有象5退3和士4進5兩種變化，結果前者為雙方在對攻中，紅略佔主動；後者為紅反易走，足可抗衡。②包7進5，帥五進一，以下黑有包9平4和車3進1兩路變化，結果前者為紅雖殘仕相，但雙炮佔位好，已構成攻勢，且淨多中兵佔優；後者為紅方勝勢。

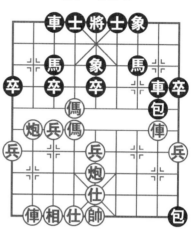

黑方　黃杰雄

紅方　程小剛

圖28

15. 炮八進二??? …………

紅伸左炮進卒林線窺殺中卒，敗招！錯失良機，導致速落下風。如圖28所示，紅宜徑走前傌進七邀兌為上策，黑如接走車3進2（若車8平7??炮八進五！車7進6，仕五退四，包9平6，帥五進一，變化下去，紅多子有攻勢，雖殘仕缺相，但黑右象位車和左馬左巡河包受困，紅仍先手），傌六進五，車3平4（若馬7進5??炮八進二！士6進5，炮五進四！車3平2，兵五進一！變化下去，紅方大優）。紅有兩變：①炮八進五（若傌五進三??車8平7，俥二進一，車7進6，仕五退四，包9平6！演變下去，黑棄子得勢佔優），士4進5，炮八平九，馬7進5，俥八進九，士5退4，炮五進四，車8平5，俥二進一，車5平7。變化下去，在雙方互有顧忌中，紅優於實戰，尚有機會，可以抗衡。②

俥五退四，包8平7，俥二進二，包7進5，俥二退六，包7平4，俥二進六（若俥二平一？？？包4平2！紅將丟俥），包4平2，相七進九，馬7進6（若車4平2，俥四進六，車2進2，俥六進四！變化下去，紅方佔優），俥二平七，車4平2（若士4進5，炮八進五！變化下去，紅勢開朗易走），俥四進六。至此，紅雖殘仕缺相，但子力靈活，優於實戰，多兵易走，足可抗衡，鹿死誰手，勝負一時難料。

15. ………… 　車8平7　　16. 仕五進六　…………

黑左車平7路，棄包出擊，算準此招後，紅帥厄運難逃。

紅揚中仕，先避一手，明智之舉。紅如貪走俥六進七？？？則車7進6，仕五退四，包9平6！帥五進一，車3進2，俥六進五（若炮八進三？？象5退3，俥六進五，馬7進5，炮五進四，車3平8！演變下去，紅方雖有「天地炮」攻勢，但黑有雙車雙包反擊態勢，又多士象易走，相比之下，黑方略先），車3平4，炮八進三，士4進5，炮八平九，車4進7！俥八進九，士5退4，俥二退三，包8平1！硬邀兌紅左底炮後，黑方勝勢。

16. ………… 　車7進6　　17. 帥五進一　車7退1

18. 帥五退一　車3進1！

黑高起右底象位車，伺機左移反擊催殺，至此，黑方由優勢逐漸轉為勝勢了。

19. 前俥進七　…………

紅強兌前俥，實屬無奈。紅如炮五平四？？車3平4，前俥進七，車4進4！炮八進三，象5退3，俥二退一，車4進2！紅如接走仕六進五？？則車4進1，相七進九，車4平5，

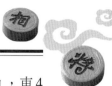

帥五平六，車7進1殺，黑勝；紅又如改走相七進九，車4
進1，傌七進六，包8平5，仕六進五（若炮四平五或走帥五
平四，則車7進1殺，黑勝），車4平5，帥五平六（若帥五
平四？？？則車7平6殺，黑勝），車5進1！黑也抽俥完勝
紅方。

　　19.…………　車3平6！　　20.炮八退五　…………

　　黑不失時機，平右車佔左肋道，緊鎖帥門，大有「炸平
廬山」之勢，不給紅方有任何翻身的反擊機會，黑方勝利在
望。

　　紅退左炮於下二線，無奈之舉。否則黑下一手有車6進
7絕殺兇招，黑方必勝。紅如先走炮八進三？？？象5退3，炮
八退八，車7進1，帥五進一，包9平4！傌六退七，包4平
2！後傌退八，車7平3，炮八平六，車3平2！變化下去，
紅俥傌被殺，仕相被殘，下伏包8平5兌中炮和車6進8成底
線「霸王車」殺勢，紅方也頹勢難挽，黑方必勝。

　　20.…………　車7進1　　21.帥五進一　包9平4！
　　22.炮八進八　象5退3　　23.俥八進五　車7退1
　　24.帥五退一　車6進7！

　　黑方抓住最後機會，飛包炸左底仕，退中象於右翼底線
固防，現又進左肋車於紅方下二線，快速連成紅方下二線的
「霸王車」，形成了黑雙車底包深入腹地，越逼越緊，乘虛
而入，強勢出擊，精準打擊，不留後患地以迅雷不及掩耳之
勢，一發而不可收地逼帥請降。以下紅有四種走法：①仕六
退五？？？則車7進1，仕五退四，車7平6，殺，黑勝；②帥
五平六？？？則車6平4！帥六平五，車7進1也絕殺，黑方完
勝；③俥二退四？？？包4平8！帥五平六，車6平4！帥六平

五，車7進1！黑也勝；④俥八平三？？？車7退4！炮五平三，車7進3，傌六退五，車7進2，傌五退四，車7平6！也形成黑雙車底包絕殺，黑勝。

此局雙方一開局就捲入了大鬥「左炮巡河」之戰：前8個回合與上局完全一樣，紅在第9回合進右傌盤河挑起戰火後，黑方強渡7卒殺兵，又棄卒炸底相，就在黑方及時應對：平左底邊包，揮雙車出擊之際，紅在剛進入中盤的第15回合走炮八進二入卒林窺視中卒，錯失良機而落入下風，由此一蹶不振。黑方抓住戰機，揮雙車叫帥佔肋道，平紅右翼底線黑包炸仕驅俥，最終黑雙車強勢佔據紅下二線形成「霸王車」殺勢，令紅方只有招架之功，而毫無還手之力，只能束手就擒。

這是一盤佈局雙方按套路就進入短兵相接；中局格鬥紅方挑起戰火後伸左巡河炮於卒林線，成算不足、後患無窮，最終被黑雙車包活擒紅帥的「短平快」精彩殺局。

第29局　（上海）黃杰雄　先勝　（蘭州）王小明

轉巡河炮棄三兵高右直俥三路傌對右中象左包巡河退右包

1.炮二平五	馬8進7	2.傌二進三	車9平8
3.俥一平二	馬2進3	4.兵七進一	卒7進1
5.傌八進七	象3進5	6.炮八進二	包8進2
7.兵三進一	包2退1	8.俥二進一	………

這是2015年2月20日春節象棋網戰對抗賽的一場精彩廝殺。雙方以中炮巡河炮高起右直俥棄三兵對屏風馬右中象左包巡河退右包互進七兵卒開戰。紅高起右直俥，避開黑包2平8打紅右直俥的反擊機會。網戰另一種流行走法是紅兵

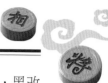

三進一，包2平8，俥二進五，馬7進8，兵三平二後，黑改走車1平2??俥三進四，車2進4，炮五平四。黑有兩種變化：①包8平3? 炮四平二，車8平9，相七進五，卒3進1，兵七進一，以下黑又有包3進3和車2平3兩種變化，結果前者為紅方略優，後者為紅反易走；②包8平1，炮四平二，車8平9，相七進五，車9進1，以下紅又有俥九進一和仕六進五兩路變化，結果前者為紅多兵易走，後者為雙方均勢。

　　8.…………　　包2平7

　　以上黑退右包一步後，紅卻高起一步右直俥，發揮右俥佔據下二路通道的反擊作用，也屬複雜多變的一路著法。現黑又一改卒3進1和卒7進1兩路變化，逕走平右包保7卒，正著，意要穩步進取。

　　9.俥三進四　………

　　紅躍右俥盤河，棄兵出擊，屬強勁下法。本章「黃杰雄先負程小剛」之戰中紅走的是兵三進一。

　　9.…………　　士4進5

　　黑補右中士固防，旨在儘快出動右翼貼將車主力，屬改進後流行走法之一。黑如卒7進1，俥四進六（*右俥搶先騎河攻右馬，是紅棄三路兵的續著*），車1平3。在近年網戰中的紅方有兩種不同選擇：①俥六進四！包7平6，炮八平三，包8平7，俥二進八，包7進5！仕四進五，馬7退8，俥九平八，變化下去，紅雖丟底相，但子位靈活，易走略先。②俥九平八，車8進3，俥七進六，卒7平8（*黑棄卒要得紅底相，旨在展開反攻*），俥二進三，包7進8，仕四進五，包7平9，俥六進七，車3進2，俥六進五，馬7進5，

炮八進二！士6進5，炮五進四！演變下去，紅有中炮和卒林線「擔子炮」攻守兩利，右巡河俥又拴鏈黑左翼車包，下伏炮八進三先手棋和多中兵易走優勢。至此，紅勢開朗，明顯反先。也可參閱本章的「程小剛先負黃杰雄」之戰。

10. 傌四進六　包7平8

黑平7路包驅趕紅右直俥，為以後前包沉底反擊創造有利條件，屬改進後流行著法。以往網戰黑方還流行過兩變，可做參考：①車1平3（亮出右象位車保右馬），傌六進四，士5進6，兵三進一，包7進3，俥二平三，象7進9，俥九進一！形成下二線「霸王俥」後，攻守兩利，紅方先手，易走，足可抗衡。②卒7進1（棄右馬，進7卒殺兵反擊），俥九平八（若傌六進七？車1進2，傌七退五，馬7進5！此時紅如貪走炮五進四？？？則包8平5！抽紅右俥後，黑方大優），車1平3，傌六進四，士5進6，炮八平三，包7進4（兌相台包，正著。黑若包7平6？？炮三進五，車8平7，傌四退二，馬7進8，俥二進四，車7進9，仕六進五，包6平9，俥二退二，車7退5，兵五進一！下伏傌七進五中炮盤頭傌反擊先手棋，紅方佔優），傌四退三，包8平7，俥二進八，馬7退8（若包7進5？？仕四進五，馬7退8，傌三進二，馬8進9，傌二進四！傌踩士叫將，紅有攻勢，大佔優勢，步入勝勢），傌七進六，士6進5，傌六進五，馬3進5，炮五進四，馬8進7，炮五退一！演變下去，紅炮鎮中，又淨多中兵，明顯佔優易走。

11. 傌六進四（圖29）　…………

紅策傌臥槽，棄俥催殺，精妙絕倫，利刃出鞘，兇招！紅如俥二平六逃俥？？則車1平4！紅騎河肋傌厄運難逃，黑

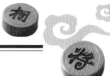

反大優。

11. ………　　後包進7？？？

黑進後包貪殺右俥，敗著！導致陷入困境，難以自拔而厄運難逃，最終敗此。如圖29所示，黑宜後包平6先避一手為上策（若士5進6？？俥二平三，後包平6，兵三進一！包6進2，兵三進一！包6進4，兵三進一！包6平3，兵三平四！紅棄子，連續4步衝兵掃淨黑卒馬士後有強烈攻勢而大優），兵三進一，包8進3，傌七進六，士5進6，兵三進一，包6進2，兵三進一，士6退5，傌六進五，馬3進5，炮五進四，車1平2，俥九平八〔若改走炮八進二？包8退3，相七進五，包8退1，炮五平二，包6平2，炮二進一，車8平9，俥九平八，車9進2！變化下去，紅左俥拴鏈黑右翼車包，黑左橫車也緊盯住紅右炮和三路過河兵。至此，紅雖淨多過河兵參戰，但一時難以發揮大作用；而今雙方大子等、仕(士)相(象)全，黑勢優於實戰，足可抗衡，鹿死誰手，一時難料〕。變化下去，雙方互拴對方俥車炮包，紅雖多過河兵略先，但黑仍優於實戰，足可抗衡。

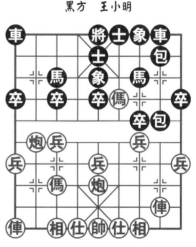

黑方　王小明

紅方　黃杰雄

圖29

12. 傌四進三　　將5平4

13. 炮五平六！　將4進1

黑進將避殺，無奈之舉。黑如硬走車8進1？？傌七進六，士5進4，傌六進五，士4

退5，俥五進七，將4進1，兵七進一！以下不管黑方接走馬7進6？還是徑走後包平3殺兵，紅都可續走炮八平六！成紅雙左肋炮疊殺速勝。

14. 俥七進六　士5進4　　15. 俥六進五　將4平5

黑將鎮中路，實屬無奈。黑如士4退5？？？則兵七進一，以下不管黑方接走馬3進5、馬7進5、前包退3或後包平3，紅方均可徑走炮八平六！成雙左肋炮疊殺，紅速勝。

16. 俥五進三　將5平6　　17. 俥九進一　士6進5

18. 俥九平四　士5進6　　19. 俥四進六！　將6進1

紅方不失時機，高起左橫俥搶佔右肋道，現又大膽再棄俥殺士叫殺，令黑方慌不擇路，猝不及防，疲於應付，顧此失彼。黑現進將吃俥，明智之舉。黑如誤走將6平5？？？則俥四進二！沉底抽右車，借俥炮之威成絕殺而紅速勝。

20. 炮六平四！！　後包退1

紅平左仕角炮於右肋道，一舉鎖死將門，不給黑將鎮中路機會。紅大膽先後棄雙俥的獲勝機會，終於到來了！

黑退後固防，明智之舉。黑如改走將6退1？？兵七進一！！前包退2，炮四進一，以下不管黑接走卒7進1？或後包進1、或前包退1，紅都可徑走炮八平四成雙肋炮疊殺，紅勝。黑又如改走前包退2？？炮四進一！卒7進1（若後包退1？？？兵七進一！卒7進1，炮八平四！成雙右肋炮疊殺，紅方速勝），後俥退四，卒7平6，俥四進六！紅俥炮同時叫殺，紅也勝。

21. 兵七進一！　前包退2　　22. 炮八平四！

紅方抓住最後戰機，先棄七兵讓出左炮右移叫殺之路，現雙肋炮叫殺不給黑雙包平6路解殺機會，一劍封喉！黑接

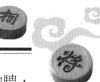

走前包平6??後傌退四！包8平6??傌三退四！雙傌馳騁，叫將殺包，傌到成功！

以下黑有四路走法：①包6退2???則後炮進三！成傌後炮妙殺！②象5進3???則前傌進六！也成傌後炮絕殺！③將6退1???則後傌退六，亦是傌後雙炮絕殺！④卒7進1???前傌進二！卒7平6，後炮進二！仍成傌後炮力殺。以下四路變化均為紅棄雙俥後成傌炮聯手妙殺。

此局雙方一開戰就挺進了鬥「巡河炮」之爭：紅邀兌三兵，高起右直俥，進右傌盤河出擊，黑退右包左移打紅右俥，補右中士，早早步入中盤格鬥。就在紅方第11回合躍騎河傌直赴臥槽，棄俥設下陷阱之際，黑在第11回合果然進後8路包貪吃紅右俥而跌入陷阱後，被紅方抓住戰機，策傌逼將，炮助傌威，盤傌彎弓，傌炮叫將，一傌當先，傌踏卒馬，棄俥引將高居三樓，以後雙傌雙炮聯手，在無俥形勢下，雙炮佔肋窺將，雙傌馳騁拴將，傌炮配合管將，借炮使傌發威，最終單騎絕塵，雙炮助威，擒將入局。

這是一盤佈局在套路，雙方心知肚明；中盤拼殺，紅設陷阱，黑飛包貪俥，跌落深淵，紅以棄俥為餌，大舉合圍，深入腹地，明爭暗殺，最終雙炮齊鳴、雙傌馳騁、驍勇善戰、逼將請降的「短平快」精彩殺局。

第30局 （上海）黃杰雄 先勝 （昆明）石狒

轉巡河炮七路傌高右直俥對左中象巡河包退右包邀兌左炮

1. 炮二平五　馬8進7　　2. 傌二進三　馬2進3

3. 兵七進一　卒7進1　　4. 俥一平二　車9平8

5. 傌八進七　象7進5

這是2012年5月1日國際勞動節網戰象棋對抗賽的一場激烈拼殺。雙方以中炮右直俥七路傌對屏風馬左直車中象互進七兵卒拉開戰幕。由於此輪的前兩局筆者是一和一勝，故黑方欲以補左中象較為冷僻佈陣來打亂紅方事前的準備，旨在於亂軍搏殺中奪回一盤來打成平手。黑如象3進5，可參閱「王斌先勝陶漢明」之戰；黑又如包2進2，可參閱本章「石獅先負黃杰雄」之戰。

　　6.炮八進二　　包8進2

　　黑也伸左包巡河，針鋒相對地準備邀兌3卒來活通右馬，或伺機退右包左移轟俥反擊，戰略意圖十分明確。至此，雙方演成了中炮巡河炮七路傌對屏風馬左中象直車左包巡河互進七兵卒陣式。看來，雙方一場惡戰已難以避免，兩軍狹路相逢勇者必勝。此路變化相當激烈，也複雜多變。

　　7.傌七進六　　包2退1

　　紅左傌盤河躍出，控制河口要津，是一步智守前沿的好棋！以往網戰流行過紅兵三進一（邀兌三兵，活通傌路），包2退1（若卒3進1？兵七進一，卒7進1，兵七進一！演變下去，紅反易走；黑又若卒7進1？？炮八平三，變化下去，紅勢開朗，好走，足可滿意），俥二進一。黑方有兩種選擇：①包2平8，俥二平四，後包平7（若卒7進1？則炮八平三！演變下去，紅方易走）。以下紅又有俥四進七捉包騷擾對方和兵三進一邀兌7路卒兩路變化，結果前者為紅雙傌炮對黑雙包馬，且紅多兵略優；後者為雙方局勢平穩。②包2平7，兵三進一，包7進3，傌三進四，車1平2，俥九平八，車2進4，炮八平九（平炮兌車穩健。若傌七進六？士6進5！變化下去，也是黑勢較為穩固），車2進5，傌七

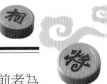

退八。以下黑又有士6進5和卒3進1兩種變化，結果前者為紅雖殘相，但多中兵，子位靈活略優；後者為紅多中兵稍好。

　　黑退右包，準備左移反擊，屬改進後當今棋壇的主流變例。以往網戰曾經出現過黑不退包，走卒3進1邀兌七兵，則兵七進一。黑有兩變：①包8平3？俥二進九，馬7退8，傌六進五，馬3進5，炮五進四！演變下去，紅有中炮多中兵佔優；②象5進3殺兵，則炮八平七驅馬！黑如接走象3退5？則傌六進七打右馬，紅易走；黑又如改走馬3進2？？？則炮七平九，包2平1，傌六進八！紅得子反先；黑再如馬3進4，俥九平八，包2平4，俥二進四，象3進5，炮五平六，在雙方互纏、拴鏈中，紅仍持先行之利。

　　8. 俥二進一　…………

　　紅高起右直俥，準備左移出擊，屬改進後主流變例之一。以往網戰流行過紅俥二進四，黑有兩種不同選擇：①包2平3（馬後藏包，旨在伺機邀兌3卒，又可適時開通右車），俥九平八。以下黑又有車1平2和卒1進1兩路變化，結果前者為紅方易走；後者為黑右翼子力擁堵，紅子位靈活易走。②卒3進1（邀兌3卒，及時活通右馬），兵七進一，包8平3，俥二進五，馬7退8，傌六進五（傌踏中卒簡明有力。紅若炮八平七？？則包3平4，變化下去，紅無便宜，黑反易走；紅又若兵三進一，包2平7，傌三進四，車1平2，演變下去，紅勢反而不好），馬3進5，炮五進四，包2平5，炮五進二，士4進5，炮八平五，以下黑又有車1平2和包3進2兩種變化，結果前者為紅多中兵略優，後者為紅方易走。總之，現紅高起右直俥後其橫線活動範圍較為廣闊，並可兼顧左翼，但易受到黑巡河包橫線的閃擊或遭受直

線的侵擾，各有利弊。

8.………… 包2平3

黑平右包藏右馬後反擊，屬改進後流行變例之一。以往網戰黑流行過兩變，僅做參考：

①卒3進1（邀兌3卒，使左包右移後邀兌左車），兵七進一，包8平3，俥二進八，馬7退8。紅有三變：(a)炮八平七，以下黑又有馬3進4和包3平4兩種變化，結果均為紅方佔優。(b)傌六進五（傌踩中卒直攻中路，簡明有力），馬3進5，炮五進四，包2平5（兌包老練，要解除中路威脅，並為右車讓出通道。黑若士4進5？則兵五進一！演變下去，紅勢開朗佔優），炮五進二，士6進5，俥九平八，卒1進1。以下紅又有兵五進一和相七進五兩路變化，結果前者為紅多中兵稍優，後者為紅勢稍好。(c)俥九進一（亮出左翼主力出戰，主動積極），包2平7，傌六進五（若炮五平八？馬3進4，變化下去，黑反易走），馬3進5，炮五進四，士4進5，俥九平八。以下黑又有車1平2拴鏈紅左翼俥炮和卒7進1強渡7卒發難兩種變化，結果前者為紅中兵威力大於黑7卒，稍佔優勢；後者為紅方易走。

②包2平8（平包打俥，以逸待勞，蓄勢待發，不甘示弱），俥二平四，車1平2，俥九平八，車2進4，炮五平七（給黑右翼施加壓力，靈活調形之招），卒3進1（搶先邀兌3卒來舒展子力，不給紅有兵七進一的先手棋），兵七進一，車2平3，相七進五，車3平4，俥四進三，馬7進6（針鋒相對之著。不給紅有炮七平六的先手棋），傌六進四，車4平6，俥四進一，包8平6，仕六進五，包8平7。演變下去，雙方子力對等，又相持對峙，結果雙方大量兌子

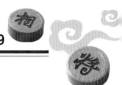

後戰和。

9. 俥九平八　車1平2　10. 炮八進三?? …………

紅急進左炮封車，劣著！導致河口失守，並波及紅右翼，使紅勢漸趨不利，落入下風。紅宜徑走俥二平四！卒3進1，兵七進 ‥，包8平3，炮五平七，車2進2，相七進五！變化下去，紅調形成功，陣形穩固，子位靈活，局勢開朗，優於實戰，足可抗衡。

10. …………　包8進1

黑進左包騎河，下伏卒7進1的進攻先手棋，妙手！黑如包8進2？俥二平四，車8進5，兵三進一，包8平7，相三進一，卒7進1，炮五平七！卸中炮後，紅方隨時走俥六退五或補左中相來調整棋形，各子力分佈均勻，陣形穩固，反彈力大，易走，仍持先手。

11. 俥二平六　包8進2

黑乘機再進左包邀兌，施展兌包後有車8進7捉俥的兌子爭先戰術，著法緊湊有力。

12. 炮五平七　包8平3　13. 傌六退七　包3平7

雙方兌炮包後，黑又馬不停蹄地平右包左移，暗藏左馬後來直接窺殺紅右翼三路兵傌相，穩正。黑如包3平6（若貪走車8進7?? 則俥六進七！車8平7，傌七退五，車7退1，俥六平七！馬3退5，炮八平三！車2進9，炮三退四！紅得子大優），俥六平四，包6平7，俥四進七，包7退1，相七進五，車8進7，俥四平七。以下不管雙方是否兌傌馬，都為紅勢易走，稍好。

14. 俥六進六　馬7進6??

黑進左馬盤河出擊，作為先棄後取來轉換先手的打算，

本是好棋，但在行棋次序上卻不妥當。賽後筆者在復盤時認為黑宜先走車8進7捉傌為上策，紅有3種不同攻守變化：

①俥六平七？車8平7，相七進五（聯雙相固防正著，紅若傌七進六？車7進2！殺去底相後，紅右翼底線易受攻被動），馬7進6！俥七退一，包7平8，俥七平五，包8進8，炮八退五，車7平8！變化下去，黑在紅右翼底線有攻勢反先；

②傌三退五？？馬7進6，炮八退一，士6進5，俥六平七！馬6進7，炮八退四，馬7進8！黑進左馬棄車叫殺，攻勢凌厲，已反先佔優了；

③傌七退五？？？馬7進8！炮八退一，包7進1。紅又有兩種不同選擇：(a)炮八平五？？士6進5，俥八進九，馬3退2，俥六退二，馬8進9！演變下去，紅右翼受攻，黑勢反先佔優；(b)俥六平七？？車2進3，俥八進六，包7平3，俥八平七，馬8進9，俥七平六（紅若貪走俥七進一？？？則馬8進9！變化下去，黑大優），包3進7！傌五退七，車8平7，俥六平五，車7進2！俥五平一，馬9進8，仕六進五，車7退3，俥一平五，卒7進1！演變下去，紅雖多中兵，但黑反多雙象，易防也易走，明顯佔優，強於實戰，足可抗衡，鹿死誰手，勝負一時難料。

15. 炮八退一　包7進1　　16. 俥六退二　…………

紅退左肋俥捉馬，明智之舉。紅如貪走俥六平七？？車2進3！俥八進六，包7平3，俥八平七，包3平4，俥七平五，車8進7，傌七退五，馬6進7，變化下去，黑雖少中卒，但兵種齊全，子位靈活，易走，反先。

16. …………　卒5進1

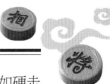

　　黑棄中卒，實屬無奈，非此招難解失子之危。黑如硬走馬6進7???炮八平五。黑方有兩種不同選擇都要丟子失勢：①士6進5??俥八進九，馬3退2，俥六平三，馬7退8，傌三進四，包7進7（棄包炸底相無奈，否則此包也厄運難逃），仕四進五（若俥三退五???則馬8進6！死裡逃生，不會丟子，反得底相易走），馬2進3，炮五退一，馬8進9，俥三退五！演變下去，紅雖殘底相，但淨多中炮有攻勢，顯而易見佔優。

　　②馬3進5??俥八進九，馬5進6，俥六退三，車8進7，傌七進六，馬6進7，俥八退七，馬7退8，傌六進四，包7退1，傌四進六，士6進5，俥六平四，馬8退9，俥四進六！士5進4，傌六進四，士4進5（若車8退5?俥八平四，士4進5，俥四平三，車8平6，俥四進五，馬9退7，俥四平三，後馬退9，兵五進一！馬7退9，傌三平一，後馬進7，俥一退一，馬9進7，俥一平七，前馬退5，相七進五，卒1進1，俥七平九！變化下去，黑邊卒被殺後，紅方有俥，且淨多雙高兵勝定），俥四平三，士5進6，俥三退一，馬9退8，俥三平四！至此，紅右俥砍士，左俥拴鏈黑車馬大佔優勢。

　　黑又如徑走包7進4???俥六平四，包7進3，仕四進五。以下黑方也有兩種不同選擇均要丟子失勢：①士6進5??相七進五，包7平9，帥五平四，紅多子佔優；②包7平9??炮八平五，士4進5，俥八進九，馬3退2，帥五平四！馬2進3，炮五退一，卒7進1，俥四平三！變化下去，黑雖多中象，但紅多子多兵大佔優勢。

　　17.兵五進一！　…………

紅急進中兵頂壓中卒，好棋！有意製造複雜局面，用擺出對搶攻勢，來解右翼之困。紅另有三變不同選擇，可供參考：①俥六平五，馬6進7，兵七進一（乘機渡兵，精巧），卒3進1，炮八平五，士6進5，俥八進九，馬3退2，俥五平三，馬7退8，傌三進四，包7進7，仕四進五，包7平9，俥三平二！車8平7，炮五平三！變化下去，紅雖殘相，但多子佔優；②傌三退五暫避？？則馬6進7！以下黑又有馬7進6、馬7進8和車8進8等反擊手段，使紅右翼薄弱底線難以防禦；③傌七退五雙傌連環？？則馬6進7後，不僅使紅左翼俥炮反擊時脫「根」缺少保護，且黑也有車8進8後再走馬7進9從紅右翼邊線切入的偷襲手段，使紅方顧此失彼，防不勝防。

　　17.………………　卒7進1

　　黑渡7卒壓三兵，棄卒攻擊三路傌相，明智之舉。黑亦可徑走馬6進7（若車8進7？？兵五進一，車8平7，傌七退五，車7退1，兵五平四，車7平5，相三進五，卒3進1，俥六平五，車5退2，兵四平五，卒3進1，相五進七，演變下去，黑右車被封，右馬受制；紅卻子位靈活，且有過河中兵管住黑右馬較優，易走），兵五進一，馬7退5，傌七進五，包7進5，俥六退一，車8進5！至此，黑多中馬佔先。以下紅如貪走傌五退三踩炮？？？則馬5進6，帥五進一，車8平4！黑白得紅俥大優，勝利在望了。

18. 兵五進一	馬6進8	19. 傌三進五	卒7平6
20. 相七進五	馬8進6	21. 傌五進四	馬6進7
22. 帥五進一	包7進2	23. 帥五平六	車2進1
24. 炮八平一	車2進8	25. 傌七退八	車8進3

26. 炮一進一　象5退7

27. 炮一進二（圖30）　卒3進1？？？

　　紅方不失時機強渡中兵殺卒欺馬，躍右傌盤頭後出擊，補左中相卸中帥應對有方，平左炮殺左邊卒兌車爭先，在沉右炮拴住底線，縮小黑方反擊範圍之機，黑卻在第27回合挺3卒攻傌，失之過早，錯失勝機，導致以後堅守艱難而飲恨敗北。如圖30所示，黑宜徑走車8平6攔馬後，紅有3種選擇：①仕六進五？？車6進1！傌六進二，車6平5，傌六平七，車5平4，仕五進六，馬7退6，仕四進五，車4平2！傌七平六，車2進5！黑得子後，子位靈活，又有過河卒參戰，已穩操勝券了。②傌六進二？？包7平5！仕六進五，士4進5，傌六平七，車6平4，仕五進六，馬7退6！仕四進五（若帥六退一？？？則馬6進4！紅如接走傌八進六？？？則馬4

進2殺，黑速勝；紅又如改走相五進三？？？？馬4退5，傌八進六，馬5進6，相三退五，將5平4，傌七進二，將4進1，仕四進五，車4進5！黑也勝；紅再如改走仕四進五？？？馬4進2，帥六平五，車4進6！也妙殺，黑完勝），包5平4，傌四退六，馬6退4！仕五進四，馬4進3，帥六平五，馬3進2！黑馬連踩雙傌後，也多子勝定了。③兵三進一，黑方有兩種不同選擇：

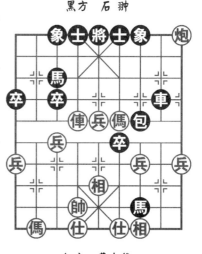

黑方　石翀

紅方　黃杰雄

圖30

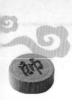

(a)車6進1！兵三進一，車6平7，俥六進二，車7平5，俥六平七，車5平2，仕六進五，車2進4，帥六退一，車2進1，帥六進一，車2退1，帥六退一，車2退2，仕五進六，車2平9，炮一平二，車9平1，俥七進二，馬7退6，俥七退三，馬6進4，俥七平五，士4進5，俥五平三，車1平8，炮二平一，卒1進1！至此，紅雖有沉底右炮，但黑多過河卒，且紅又殘中仕，黑車馬雙高卒不走漏著，必完勝無疑了。(b)包7平8！兵三進一，卒3進1，俥六進三〔若貪走俥六平七殺卒？？？則象3進1！兵五平六（若俥七進二？？？車6平4！帥六平五，包8進4！成馬後包妙殺），象1進3！黑得俥必勝〕，車6平2！仕六進五（若貪走傌四進五？？？車2進5！帥六進一，馬7退6！成車馬冷著妙殺，黑速勝），車2進5，帥六退一，車2進1！帥六進一，包8平6，兵三平四，馬3進2，俥六進一，將5進1，俥六退六，卒3進1！仕五進四，馬2進3，帥六平五，車2退1，俥六退二，車2平4！成車馬冷著，殺俥擒帥，黑方完勝。

28. 俥六進三　車8平6

黑現平車於左肋道壓傌，為時已晚，結果已完全兩樣了。黑如徑走車8平2？？則仕六進五，車2進5，帥六退一，車2進1，帥六進一，士4進5，傌四進五，士5進6，傌五進七！車2退8，俥六平三，車2平3，俥三平七！馬3進2，俥七進一，將5進1，俥七退一，將5退1，兵五進一，馬2進3，帥六退一，卒3進1，俥七退四！馬3進2，帥六進一，包7退2，兵五平四，士6退5，俥七進五，士5退4，兵四進一，包7進1，俥七平六，將5進1，俥六退一，將5退1，兵四進一！下伏俥六進一或兵四進一兩步殺招，

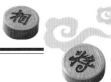

紅勝。

29. 兵七進一　士4進5　　30. 傌八進七　包7平5

31. 傌七進五　卒6進1　　32. 傌五進七　車6進1

33. 兵七進一　馬3進5??

紅方抓住戰機，渡七兵殺卒，躍左傌棄中兵和右肋傌，現在中傌站左高相台，七兵又欺右馬之際，黑卻選擇了逃右馬，敗筆！導致紅俥傌炮聯手捉殺擒將。黑宜改走包5平3卸中包頂傌，棄右馬後不給紅左相台傌出擊為上策。紅如接走兵七進一，則車6退2，兵七進一，卒6平7，仕六進五，車6平4！兌車後，紅雖多過河兵，但形成不了攻勢後，易有望成和，優於實戰，黑勢足可抗衡。

以下精彩殺法是：俥六退三，車6退2，傌七進六〔也可俥六平五，馬5退4（若車6平4??兵七平六，車4退1，俥五進一！連殺包馬後，紅俥傌炮過河兵大軍壓境後，紅必勝無疑），傌七進六，車6平4，炮一退五，馬4進2，炮一平六，車4平5，傌六進七，馬2退4，俥五平六。黑如接走將5平4??則炮六進四！車5平4，俥六進二，士5進4，炮六平三，馬7退8，炮三退四，將4進1，兵七進一，馬8退7，兵七平六！將4平5，炮三平八，將5平6，兵三進一！至此形成紅傌炮四個高兵仕相全對黑馬雙高卒單缺士的必勝局面；黑又如改走士5進4????兵七進一，士4退5，俥六進三，車5平3，炮六平三，車3進6，帥六進一，士5進4，俥六退一，將5進1，俥六進一，將5進1，俥六平四！成俥傌冷著妙殺勝〕，車6平4，俥六平五！馬5退6，炮一退五，馬6進7，俥五進一，馬7進8，仕六進五，卒6平7，俥五退二，馬8退5，俥五進一，馬6進8，俥五平二！馬8

進6，炮一平五！象7進5，炮五退一，車4退1，俥二平六！至此，紅炮鎮中，左肋俥傌管住黑車和將門，勝利在望了。黑如接走車4進1，則兵七進一！車4退1，傌六進七，將5平4，炮五平六，士5進4，俥六平四，士6進5，兵七平六！馬6退4，兵六進一，將4平5，兵六進一！成紅俥傌炮兵殺勢，紅勝；黑又如改走馬6退5??則俥六平五！卒7平6，炮五進一，馬7退8，俥五平六，馬8退7，俥六平三！卒6平5，俥三平六，將5平4，俥六平八，將4平5，俥八進四！車4退1，傌六進四！紅俥砍去黑雙馬後，也借俥炮之威，傌跳士角擒將，紅勝。

　　此局雙方一開局就馬上進入了大鬥「左炮巡河」之戰：紅左傌盤河出擊，高起右直俥，黑退右包，再平包藏右馬後，就在紅出左直俥護巡河炮，黑亮出右直車拴鏈紅俥炮之機，紅卻在第10回合伸左炮封車而落入下風。當雙方步入中局兌炮包後，紅右直俥佔左肋道急進黑右士角捉馬之機，黑卻在第14回合走馬7進6，次序有錯而丟失先機。以後紅強渡中兵出擊，黑急渡7卒反擊；紅中傌騎河，黑左馬叫帥；紅平炮兌車，黑進車捉炮；就在雙方針尖對麥芒，紅左炮沉底拴住黑將士象之時，黑在第27回合卻走了3卒3進1過早攻俥而錯失勝機。此後，紅不失時機，渡七兵，躍左傌，就在紅第33回合挺七兵驅右馬之際，黑卻逕走馬3進5逃馬後釀成大禍，被紅方退俥拴住黑肋車中包，策馬奔槽，俥殺中包，飛右底炮鎮中壓住左肋臥槽馬，最終紅俥傌炮兵聯手攻城拔寨擒將入局。

　　這是一盤雙方在佈局套路裡落子如飛；步入中局紅先左炮封車，落入下風，黑三失戰機，難以自拔，紅抓住戰機、

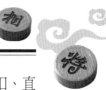

連連進逼、節節推進、步步追殺、著著生輝、絲絲入扣、直搗黃龍、可圈可點的精彩殺局。

第31局　（上海）黃杰雄　先勝　（瀋陽）周益群

轉巡河炮渡三兵右俥兌馬包對右中象左包巡河退右包左移

1. 炮二平五　　馬8進7　　2. 傌二進三　　車9平8
3. 俥一平二　　卒7進1　　4. 兵七進一　　馬2進3
5. 傌八進七　　象3進5

這是2015年2月19日春節網戰象棋友誼賽第3局周益群與黃杰雄之間在前兩局各勝1局後的一場「短平快」決勝局。雙方以中炮七路傌對屏風馬右中象互進七兵卒開戰。黑先補右中象固防，屬當今棋壇主流變例之一。黑如改走包2進2，可參閱本章「周益群先負黃杰雄」之戰；黑又如改走象7進5，可參閱上局「黃杰雄先勝石狮」之戰。

6. 炮八進二　　包8進2　　7. 兵三進一　　包2退1

黑雙包齊鳴，左進右退，在套路裡進行：先左包巡河是屏風馬方常用的一種成功的防禦體系之一，其變化是相當靈活、複雜多變的，且富有一定的反彈能力。其防禦戰略思想是不讓紅右直俥過河後，根據此後形勢發展需要，可退右包後再平包左移打俥，借此儘快在左翼形成優勢兵力，來尋機襲擊紅方右翼；也可伺機互兌兵卒來開通馬路，活躍子力，求得兩翼子力均衡發展。

現當紅挺三路兵邀兌，活通傌路，並可由兌兵卒，在使左巡河炮右移出擊的同時，也可讓出亮左俥的反擊之路，黑接著第2步退右包一步，意要在下招向左翼調動出擊來攻擊紅俥，同時也在自己左翼逐步形成優勢兵力，以迅速回應、

尋求機會反擊紅方右翼。黑如卒7進1（兌去三兵，屬另一路變化，但沒有退右包反擊那麼複雜多變），炮八平三。黑方有兩種不同選擇：①車1平2，俥九平八，包2進4，以下紅又有傌七進六和傌七進八兩種變化，結果前者為紅多中兵形勢稍好，後者為紅優易走；②卒3進1，兵七進一，象5進3，俥九平八，以下黑有車1平2和馬3進2兩路變化，結果兩者均為紅先易走。

黑又如改走卒3進1（雙方同時互兌三兵卒，早在20世紀六七十年代極為盛行，實戰證明這路走法也是一路繁複激烈、變化多端的著法，黑方較難掌控），兵七進一。黑方也有兩種變化：①卒7進1，炮八平七（平炮攻馬，又同時亮出左俥出路，新變），卒7進1，以下紅又有傌三退五和炮七進三兩路變化，結果前者為紅方佔優，後者為紅稍好易走。②包8平3，俥二進九，馬7退8，兵三進一，黑有兩種選擇：(a)象5進7，傌七進六，馬8進7，以下紅又有傌三進四和炮八平七兩種變化，結果前者為雙方均勢，後者為紅勢佔優；(b)士4進5（補右中士固防，又有出右貼將車的先手），炮八平三（平炮護過河兵，伺機再出左俥），象7進9，兵三進一，車1平4，傌三進四，馬8進6，炮五平四（乘勢卸中炮後再聯仕相，補整齊陣形），包2退1（若馬6進8，兵三平二，馬8退7，傌七進六，變化下去，紅方佔先），相七進五（若兵三進一，馬3進4，傌四進六，車4進4，雙方子力交換後，局勢平穩也很平淡）。紅飛左中相後，局勢明顯開朗，且很容易展開。

8. 兵三進一 …………

紅渡兵殺卒，強勢出擊，屬改進後主流變例之一，一改

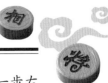

以往網戰流行過的紅俥二進一（黑退一步右包，紅高一步右直俥，搶佔了下二路通道，以儘快發揮右俥作用，也屬於複雜變化，雙方均難以準確掌控），包2平7。紅有兩種不同選擇：①傌三進四（棄三兵，進右傌，旨在下招傌騎河襲擊），卒7進1，傌四進六（躍傌騎河搶攻，是上招紅棄三路兵的續著），車1平3。以下紅又有俥九平八和傌三進四兩路變化，結果前者為雙方成對攻局面；後者為紅雖殘相，但子位靈活。②兵三進一（挺兵邀兌，放出了7路包），包7進3，傌三進四，黑有兩種不同選擇：(a)車1平2，俥九平八，車2進4，傌七進六，以下黑又有車8進3和士4進5兩路變化，結果前者為以下紅出左貼帥俥捉死黑方中馬後，雙方大體均勢；(b)士4進5，以下紅又有傌七進六和俥九平八兩種變化，結果前者為雙方對攻；後者為黑方反先的走法，意要出奇制勝。此招，也可參考本章「程小剛先負黃杰雄」「黃杰雄先負程小剛」和「黃杰雄先勝王小明」之戰。

　　8.…………　包2平8　　9.俥二進五　…………

　　紅揮俥殺包，準備一俥換雙，大膽進攻，屬改進後主流變例之一。以往網戰流行的紅俥二平一（避免一俥換雙而俥回原位，是一步繼續能發揮右俥主力軍作用的常見走法）。黑有兩變：①包8平7，以下紅又有兩種選擇：(a)兵三平二，包7進6，傌七進六，車8進4，俥一進二，包7退4（退包保卒是虛，下招平車攻相是實），以下紅還有俥一平四和炮五平七卸中炮兩路變化，結果兩者均為黑優易走；(b)傌三進四，包7進3，俥九平八，包8平9，以下紅又有相三進一和炮五平一兩種變化，結果前者為雙方均勢，後者為雙方對峙。②包2平7，以下紅也有兩種選擇：(a)傌三進

四，卒7進1，傌四進六（上招進傌棄兵，目的是現搶先躍傌），車1平3，以下紅有傌九平八和傌六進四兩種變化，結果前者為紅進炮拴住中馬後追回失子，形成了對攻局面；後者為紅雖殘相，但子位靈活易走；(b)兵三進一，包7進3，傌三進四，以下黑又有車1平2和士4進5兩路變化，結果前者為雙方大體均勢，後者為雙方對攻。

　　9.………… 馬7進8　　10.兵三平二　車1平2

　　紅右傌換雙後，黑先亮出右直車窺炮，不給紅左巡河炮過河窺殺中卒機會。以往網戰出現過黑包7平3，左直車捉二路兵的走法，紅接走傌三進四，卒3進1（以黑緩出右車來平3路包兌3卒，屬老式應法）。紅有兩路變化：①兵七進一，包3進3，傌七進六，車8進1，傌六進五，馬3進5，炮五進四，士4進5，傌九平八。以下黑有車8平6和車1平2兩種變化，結果前者為紅方好走，後者紅反優易走。②炮五平二，車8平9，兵七進一，包3進3，傌七進六，車1平2。以下紅又有傌九平八和炮八平七兩路變化，結果前者為雙方大致和棋，後者為黑多子佔優。

　　11.炮五退一　車2進4

　　12.傌三進四　包8平6（圖31）

　　黑平左包讓路，使黑直車和2路車同時窺殺二路過河兵。網戰上也有過黑包8平7的走法，紅接走兵九進一，車8進2，傌九進三，車8平6，傌九平六（若炮五平四？？車6平7，相三進一，車7進6！炮四進一，卒3進1，演變下去，黑子活躍，局勢開朗反先）。黑方有兩種不同選擇可供參考：①車2進1（紅子位極佳，黑果斷棄車換雙力爭均勢），傌七進八，車6進3。以下紅有傌八進九踩邊卒力爭

主動和相七進五後左俥受攻兩
路變化，結果前者為紅方佔
優，後者為紅俥受攻後黑方易
走。②卒3進1，俥四進六
（強行邀兌，力爭先手，好
棋！紅如炮五平八？？車2進
1，俥七進八，車6進3！黑右
車換雙後，黑有車6平3和卒3
進1殺七兵後追殺紅方俥炮的
先手棋而明顯反先佔優了）。

黑方 周益群

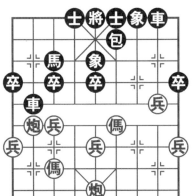

紅方 黃杰雄

圖31

黑有兩種選擇：(a)車2退2，
以下紅又有兵七進一和炮五平
八兩路變化，結果前者為紅方
佔優，後者為黑左車發揮反擊作用後佔優；(b)馬3進4，則
俥六進二，車2退2，兵七進一，車2平3，炮五平七，象5
進3，相七進五，車6平4，俥六平三，包7進1，仕六進
五，變化下去，紅俥換馬包，多過河兵參戰，黑有雙車包，
足可抗衡。

13. 俥九進一！ …………

紅先高起左橫俥，旨在佔左肋道快速反擊，獲勝要著，
筆者新招，由此，紅方步入佳境。如圖31所示，紅方曾有
過先走兵九進一的著法，黑接走車8進2，俥九進三，黑有
兩變：①車8平7，相七進五，車7進6（左車佔據下二線，
一是不讓中炮右移反擊，二是伏車7平6的偷襲惡手），俥
九平六，卒3進1，俥四進六（進右俥邀兌搶先，紅俥可強
行騎河來拴鏈黑右車卒），馬3進4，俥六進二，包6平3，

炮五平六！車7平4（棄左車換雙無奈，下伏仕六進五，車7退5，炮六平八打死車兇招，紅將多子多過河兵勝勢），俥六退四，卒3進1，炮八退四（若相五進七，包3進6，炮八退三，包3進2，仕六進五，包3平1，兵二進一，車2進3，黑方反先），包3進6，炮八平七，卒3平2，俥六進五，包3平1，炮七平九。演變下去，雙方對峙，互有顧忌，結果雙方大量兌子成和。

②車8平6，炮五平四，車6進3（棄車換雙，簡化局勢），炮八平四，包6進7，俥九退二〔退俥捉包，趁機露出邊俥，好棋，若俥九平六？？卒3進1，以下紅又有兩變：(a)俥六進三，卒3進1，俥六平七，車2平3，俥七退一，象5進3，變化下去，黑多過河卒易走；(b)俥六進四，馬3退2，兵七進一（如俥六退二？則車2進3，傌七進六，卒3進1，炮四平七，車2平4，仕四進五，車4退1，變化下去，紅子被拴，黑先），車2平3！演變下去，黑反先易走〕，包6退1（正著。黑若貪走包6平2，自縛河口車後反而不能殺兵），俥九平四，包6平4，炮四進三（若俥四平六，則車2平6，俥六進一，車6進1，傌七進六，卒3進1，兵七進一，象5進3，傌六進七，士6進5，變化下去，雙方局勢相對均衡而平穩），馬3退2（若包4退5，炮四平六，車2平4，傌七進八，車4退2，傌八進七，演變下去，紅優易走），兵二進一，變化下去，紅略好。

13. ………… 車8進2　　14. 俥九平六　卒3進1

黑挺3路卒活馬邀兌，明智之舉。黑如車8平7？？傌四進六！包6進1，傌六進七，包6平3，炮五進五！士6進5，俥六進五！肋俥進卒林，準備殺卒追包，紅反有攻勢步

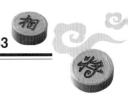

入佳境。

　　15. 傌四進六　　馬3進4　　16. 俥六進四　　包6平3

　　17. 炮五平八　　………

　　紅巧卸中炮逼黑車靠邊，讓開前巡河炮，又一獲勝佳著！紅方由此步入反擊佳境。紅如炮五進五??士4進5，仕六進五，車2退1！紅有兩種不同選擇：①俥六平七？車2平5！俥七進三，車8進2！炮八進五，將5平4，變化下去，紅雖多雙兵易走，但子力渙散，無法組織起有效進攻而黑反先。②炮五退二，卒3進1，俥六平七，卒3平2！俥七進三，將5平4，雙方兌子後，局勢雖緩和而趨於平穩，但黑有過河卒比紅有過河兵要好走些。

　　17. …………　　車2平1　　18. 炮八進五！　　士4進5

　　黑補右中士固防，實屬無奈。黑如象5退3???俥六進四，將5進1，後炮進七，包3進4（若將5進1???傌七進六，包3進4，傌六進四，將5退1，前炮平九，車8平1，傌四進六，將5進1，傌六進七！將5平6，俥六平四！紅勝），傌七進六，車8平5，前炮平九！車5平1，傌六進五！象3進5（若前車平2???則俥六平五！紅速勝），傌五進三，將5平6，俥六平四！肋俥兜底殺，紅勝。

　　黑又如改走包3退1???俥六進四，將5進1，後炮進七，包3進5（若先走象5進7???則前炮平九，車1平2，炮九退一，將5進1，俥六平七！車2退2，傌七進六，車8平6，傌六進七！將5平4，俥七平六！黑雙車顧此失彼，疲於奔命，最終借雙炮之威，成俥傌冷著擒將，紅勝），前炮平九，包3進4，仕六進五，象5進7，帥五平六！將5平6，炮九退一！將6進1，俥六平四！將6平5，傌七進六，將5

平4，俥四平六，將4平5，傌六進四！借俥雙炮之威，現傌到成功，黑將被活擒，紅勝。

19. 炮八進七！　士5進4

紅雙八路線炮齊鳴，直赴黑右翼薄弱底線作殺，兇悍犀利！現黑揚中士解殺，明智之舉，因下伏前炮平九打死車催殺凶著，紅必勝定。

20. 俥六進三！　卒3進1

紅俥砍士逼向九宮，勝利在望；黑渡3卒殺兵，直窺殺七路傌和底相，實屬無奈。黑如包3進4??前炮平九！車1平2，俥六進一，車2退3，俥六平八！變化下去，黑殘底士，紅多子有攻勢，也勝券在握了。

21. 俥六進一！　車1平3　　22. 炮八平九！

紅先借雙炮之威，砍士後急塞右象腰捉包；現紅又逞下二線俥之凶，平前沉底炮於邊陲叫殺，一劍封喉！令黑方只有招架之功而毫無還手之力，只好束手就擒。以下黑如續走士6進5？則炮八進一！成雙底線炮疊殺，紅方完勝。

此局雙方一開戰就進入了互鬥「左炮巡河」之仗：紅強渡三兵，棄俥兌馬包，黑退右包左移打俥，亮出右直車巡河，早早步入了中局爭鬥。就在紅退中炮，右傌盤河出擊，黑亮出右巡河車，左包佔左肋道反擊之時，紅在第13回合高起左橫俥推出試探型中局攻殺「飛刀」，接著當雙方兌傌馬後，紅左肋俥騎河拴鏈黑右車卒之時，當黑肋包平3路護卒出擊之際，紅又在第17回合卸中炮逼車入邊線，打入冷宮後，雙炮齊鳴，俥炮佔下二線，最終借俥之威，雙炮沉底摧城擒將。這是一盤雙方在佈局按套路，穩步進取，分庭抗禮；中盤廝殺，紅搶先進左橫俥拋出中局攻殺「飛刀」，平

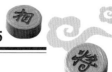

添複雜驚險，並牢牢掌控攻殺主動權，兌馬打車，根本沒給黑方一點反擊應對機會，而形成紅俥雙炮妙殺的「短平快」精彩殺局。

第32局　（上海）黃杰雄　先勝　（鄭州）季 石

轉巡河炮兌三兵右俥盤河對右中象左包巡河退右包左移

1. 炮二平五　馬8進7　　2. 傌二進三　車9平8

3. 俥一平二　卒7進1　　4. 兵七進一　馬2進3

5. 傌八進七　象3進5　　6. 炮八進二　包8進2

這是2015年2月19日春節網戰象棋對抗賽第2輪的一盤「短平快」精彩搏殺。雙方以中炮巡河炮對屏風馬右中象左包巡河互進七兵卒拉開戰幕。近來，網戰中出現了黑先走包2退1（準備提前去策應左翼，屬構思較為靈活的內部調兵遣將著法，但由於黑方過早暴露了佈陣意圖，反被紅快速改變進攻策略後，使退右包的威力難以發揮，使之變成針對性不強的應招，不能有效防止紅發揮先行之利和自己去擴大先手，故棋壇大賽中很少採用）。紅有三變：①兵三進一，包2平7（若包8進2，則形成與中炮巡河炮對屏風馬左包巡河變例殊途同歸的佈局陣式，以上5局均可參閱），傌三進四（棄兵躍傌，爭搶先手。紅若兵三進一？包7進3，傌三進四，包7平8！俥二平一，黑反客為主，奪得先機，紅俥回原位無趣，丟失先手）。以下黑又有卒3進1和卒7進1兩路變化，結果前者為紅兵種齊全略先，後者為黑左翼車包受牽後紅反佔優。②俥二進六，包8平9（立即平左包兌俥，旨在儘快削弱紅右翼攻勢。黑若馬7進6??則傌七進六邀兌後，黑左翼車包脫「根」被牽，形勢反而被動、不利）。以

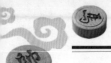

下紅又有兩種不同選擇：(a)俥二平三（平俥壓馬，尋求對攻），車8進2，傌七進六，以下黑又有包2平4和包2平7兩路變化，結果前者為黑潛伏反擊先手，好走，後者為紅反易走；(b)俥二進三（主動兌俥，穩中取勢），馬7退8，俥九進一（高起左橫俥，準備向黑方左翼發動攻勢），以下黑又有馬8進7和包2平7兩種變化，結果前者為紅方易走，後者為紅方略優。③俥二進四，包8進2，傌七進六，以下黑又有包2平3和卒3進1兩種變化，結果前者為黑右翼子力擁塞，紅卻子位靈活易走；後者為紅淨多中兵略優。

　　7. 兵三進一　　包2退1　　　8. 俥二進一　　…………

　　黑先退右包欲左移出擊，紅卻高一步右俥，佔據自己下二路通道，試圖左移反擊，或形成下二線「霸王俥」攻勢。這也是變化多端、繁複多變的一路下法，目的是不給黑平包打右俥回原位的機會，順勢而為地逐漸拓展為紅方優勢。紅如改走兵三進一，則可參閱本章「黃杰雄先勝周益群」之戰。

　　8. …………　　包2平7

　　黑右包藏左馬後保7卒，屬改進後新著。以往流行黑卒7進1或卒3進1走法，可參閱本章「黃杰雄先負程小剛」之戰中第8回合注釋。

　　9. 兵三進一！　　………

　　紅挺兵殺卒邀兌，一改傌三進四棄兵躍傌出擊的下法，意要出奇制勝。黑有兩種不同選擇：①士4進5，可參閱本章「黃杰雄先勝王小明」之戰；②卒7進1（渡卒殺兵，逼傌策出，屬改進後流行變例之一。黑如改走車1平2或士4進5，可參閱本章「程小剛先負黃杰雄」之戰中第9回合注釋），傌四進六（搶先策傌騎河捉馬，是右傌盤河的續

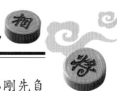

著），車1平3（若改走卒7平8，可參閱本章「程小剛先負黃杰雄」之戰），俥九平八（若俥六進四，包7平6，炮八平三，包8平7，俥二進八，包7進5，仕四進五，馬7退8，俥九平八，演變下去，紅雖殘底相，但子力較活，易走），車8進3，俥七進六，卒7平8（獻卒窺殺底相，意要展開反攻），俥二進三，包7進8，仕四進五，包7平9，俥六進七，車3進2，俥六進五，馬7進5，炮五進四（若炮八進二？包8平3！炮五進四，士4進5，兵七進一，車8進2！黑多子反優），士4進5（若車8平5，俥二進一，變化下去，紅多兵，黑多象，雙方互有顧忌），炮五退一。紅追回失子後，雙方形成了對攻局面，互有顧忌。

　　9.………… 包7進3　10.俥三進四　車1平2

　　黑亮出右車，屬改進後主流變例之一。以往網戰流行過黑士4進5（補右中士固防，未雨綢繆，老練而穩正），俥七進六〔如俥九平八？則車1平4，俥七進六，卒3進1，炮五平六，包7平4！炮六平五（若炮六進三？？？包8平5，俥二平五，包5進4！仕六進五，馬3進4，俥四進六，車4進4！黑方多子大優），卒3進1！必得一子後，黑多子多卒大優〕，卒3進1，兵七進一，包8平3，俥二進八，馬7退8，俥六進五，馬3進5，俥四進五，車1平2，炮八平五，包3平1（若誤走包3平5？？？則俥五退三，象5進7，前炮平三，象7退5，炮五進三！紅得子大優），相七進九，包7平5，前炮平三，車2進6！變化下去，雙方對攻，互有顧忌。

　　11.俥九平八　　　 車2進4
　　12.俥七進六（圖32） 士4進5？？？
　　黑補右中士固防，敗著！錯失良機，導致由此一蹶不

振。如圖32所示，黑宜車8進
3高起左車保卒為上策，紅如
接走兵七進一，車2平3，傌
六進五，馬7進5，傌四進
五，馬3進5，炮八進五，象5
退3（若士4進5？？炮八平
七！變化下去，紅有底線攻勢
佔優易走），炮八退三，包7
平5，俥二進三，象7進5，兵
五進一，包5進3，相七進
五，士6進5，仕六進五，卒1
進1，俥八平七，車3平2，俥
七進六，車8平6，炮八平

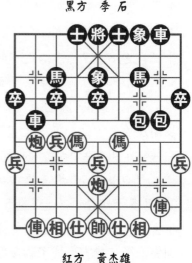

紅方　黃杰雄

圖32

五，包8退1，兵五進一，車2平5！炮五進二，車6平3，炮
五退三，士4進5。變化下去，紅雖多中仕，但雙方大子、
兵卒對等，局面簡化後，黑優於實戰，和勢甚濃。

　　13. 兵七進一　　車2平3　　14. 炮八進五　　馬3退2
　　15. 俥八進九　　士5退4　　16. 傌六進五　　馬7進5
　　17. 炮五進四　　士6進5　　18. 俥二平六　　將5平6

　　紅方抓住戰機，獻兵引車，棄左炮兌馬，傌踩中兵邀
兌，炮鎮中路大優，現右俥佔肋道催殺，令黑方如虎落平
川，慌不擇路，疲於應付，防不勝防，難逃滅頂之災。

　　現黑出將避殺，實屬無奈。黑如硬走包7平4？？俥六進
四！車3平4，傌四進六，包8平5，相七進五，車8進3，傌
六進七，將5平6，傌七進五！將6進1，傌五退七，下伏紅
俥傌踩士殺象兇招，紅方多子多仕相，成俥傌炮殺勢，也勝

利在望了。

19. 俥八平六　　士5退4　　　20. 俥六進八！　將6進1

21. 傌四進三！

紅方得勢不饒人，大膽棄俥兌雙士，硬逼將上樓，現傌到成功，再逼將上三樓，一氣呵成！黑如續走將6進1，則俥六平四！兜底絕殺，成完美的俥傌炮聯手，連續攻殺入局，紅勝。

此局雙方一開局就展開了互鬥「左炮巡河」之戰：紅高起右直俥強渡三兵邀兌，黑退右包左移至7路打兵，就在紅亮出左直俥護炮，黑伸起右直車巡河智守前沿之時，紅果斷躍起雙傌盤河之機，黑方卻急於補士4進5固防，錯失良機而速入下風，進而陷入困境。紅不失時機，棄兵驅車，沉底炮兌馬，左傌兌馬和中兵鎮住中包，雙俥砍雙士逼將上樓，最終馬到成功，硬叫將於三樓被擒。

這是一盤雙方佈局循規蹈矩，徐圖進取；中盤搏殺雙方智守前沿，蓄勢待發，鬥智鬥勇，大打心理戰：黑補中士急於求成，成算不足，後患無窮，紅大膽送兵，兌馬，棄俥挖士，最終借俥炮之威，傌到成功的「短平快」精彩殺局。

第三節　中炮巡河炮對屏風馬左包封俥

第33局　（上海）黃杰雄　先勝　（鄭州）季石

轉巡河炮右傌退邊陲對右中象左包封俥互棄三兵卒

互渡七兵卒

1. 炮二平五　　馬8進7　　　2. 傌二進三　　車9平8

3. 俥一平二　卒7進1　　4. 兵七進一　馬2進3

5. 傌八進七　象3進5　　6. 炮八進二　包8進4

這是2015年2月19日春節網戰象棋對抗賽的又一盤龍虎激戰。雙方以中炮巡河炮對屏風馬右中象左包封俥互進七兵卒拉開戰幕。由於此輪的前兩盤雙方各勝1局，故此戰就格外引人重視。黑方改用了近來網戰又重新燃起的伸左包過河封俥來應對紅中炮巡河炮，其實早在20世紀70年代就風靡過中國棋壇，成了屏風馬方常用的一種老式防禦體系。

由於此時的黑方採用的是以攻為守的戰略決策，故雙方往往容易發展成互相對攻的激戰場面，各路變化也相當精彩激烈。其中，以下實戰中的雙方先後互兌三兵卒更是精妙絕倫、耐人尋味。

7. 兵三進一　……………

紅急進三兵，準備伺機兌三兵後使左巡河炮右移，並迅速活通右傌，進而使紅雙俥、雙傌、雙炮6個大子俱活參戰，穩持先手。其特點是：兩翼子力均衡發展，剛柔相濟，攻守兩利，厚積薄發，屬當今棋壇較為穩健的下法，並有一定的發展前景，被棋友們看好。以往網戰流行的是紅俥九進一（起用左橫車屬緩攻型走法），士4進5，俥九平六。黑方有兩種不同選擇：①車1平3（亮出象位車，伺機挺3卒邀兌），俥六進三，卒3進1，兵七進一，馬3退4（兌卒，退馬，亮車，旨在儘快打開僵持局面，尋找最佳攻擊點），炮五平四，車3進4，相三進五，包2平3，炮八平七（兌炮正著，如逃傌則會丟中兵後黑方易走），包3進3。以下紅有相五進七和俥六平七兩路變化，結果前者為雙方大體均勢，後者為黑優易走。②車8進4（伸左直車巡河來智守前

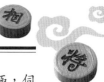

沿，但作用不大，有些徒勞味）？俥六進五（進俥積極，伺機殺卒壓馬），車1平3，俥六平七，車8退4（左車進而復退，下伏包8退3打死俥兜招），炮五平六。以下黑有馬3退4和包8退3兩種變化，結果前者為紅子力靈活佔優，後者為紅方兌去俥炮後多兵易走。

　　7. …………　卒3進1

　　黑主動搶先邀兌3卒，旨在儘快拆除紅方炮架子，屬激烈對攻的走法。黑如改走卒7進1（若先走包8平7？？兵三進一殺卒後，黑各子呆滯，紅反易走），炮八平三。以下黑有兩種選擇：①包2進4，炮三進二！演變下去，紅實現了右調巡河炮的襲擊計畫，局勢開朗，形勢不錯，下伏雙俥馳騁的反擊勢頭，仍持先手；②車1平2，俥三進四！右俥迅速盤河出擊，下伏俥四進三壓打右馬和炮三進五炸底象追回失子兩步先手棋，變化下去，紅穩持先手，易走。

　　8. 兵七進一　卒7進1　　9. 兵七進一　馬3退5

　　雙方演變成「四兵卒相見」局勢後，紅連渡七路兵襲馬，逼退右馬，正著。黑如貪走卒7進1？？？兵七進一！卒7進1，兵七平八！卒7平6，炮五平六，車1平3，俥九進二，包8退2，相七進五，卒6進1，俥二進四。變化下去，黑雖有過河卒直逼九宮，但紅多子也有過河兵參戰，局勢開朗，大優。

　　10. 俥三退一　…………

　　紅俥回邊陲踏捉左過河包，機警之變，屬較新變例，這路變化相當複雜，但紅可以掌控。紅如俥七進六（雖也屬攻棋，但這不如俥三退一的實戰效果那麼好），黑如接走卒7進1，俥三退五，車8進4（也可徑走包8平5！俥二進九，

馬7退8，紅如接走俥六進五，則馬5進7，俥五退三，士4進5，黑足可抗衡；紅又如改走俥六進四，卒7平6，俥四進二，馬8進9，演變下去，黑勢不錯，足可抗衡，易走），兵五進一，車8平4，俥五進七，馬7進6，兵五進一（棄中兵可緩解左盤河俥危機。若炮五平六？？車4進1，俥七進六，馬6進4！演變下去，黑肋車換雙後，又可左馬騎河爭先，易走），車4平5，炮八退三，車5進1（進中車壓俥腳，已做好了棄車換雙的準備），炮八平五，車5平4，俥七進六，馬6進4，俥九進二，車1平3，俥九平六。

以下黑有兩變：①馬4進5（馬踩中炮，再殺一兵，正確），相三進五，車3進3，俥二平三，卒7平6。以下紅有俥三進八和俥三進六兩種變化，結果前者為黑勢佔優，後者為紅也失子。②馬4進2（策馬臥槽捉俥，使黑勢日趨被動），俥六進四，馬2進3，後炮平六（若俥六退五？？馬3退4！關住紅俥，反而局勢不利），馬5進7，俥二進二。以下黑有包8平1和士4進5兩路變化，結果前者為紅方佔優，後者為紅方較優。

　10.…………　卒7進1

黑挺卒進兵林線，屬改進後流行變例。以往網戰多走黑包8進1，俥一進三〔也可先走俥七進六！包8退2，炮八平三（平左炮炸卒，棄俥搶攻，是一步獲得優勢的好棋。若俥六退七？車1平3！炮八平二，車3進3，俥七進八，車3進5！仕六進五，車8進5，俥二進四，卒7平8！黑多過河卒助戰反先，易走），包8平4，俥二進九，馬7退8，俥九平八。以下黑有包2平1和馬5退3兩路變化，結果前者為紅棄子後，由中炮鎮住黑窩心馬，且七路過河兵頗具威力而大佔

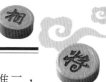

優勢；後者為紅多兵佔優，易走〕，卒7進1，俥二進二，車8進7，炮五平二，卒7進1，炮二進五（**巧妙牽制黑左馬中象右包活動**），包2進2，傌七進六，包2平5，相七進五，車1平2，俥九平八，包5平4，炮八進二！演變下去，雙方雖兵卒等、仕（士）相（象）全，大了基本相等，但紅勢佔優易走。

11. 傌一進二　車8進5

黑伸左直車騎河捉炮，不急於先走卒7平8殺傌，屬另一種反擊著法，但黑不如徑走車8平4來得實惠、易走。紅如接走炮八退一，卒7平8，俥二進三，車8平3（**車欺傌捉兵正著。若車8進2??炮八平三！演變下去，紅多過河兵佔優易走**）。以下紅有傌七進六和俥九進二兩種變化，結果前者為紅多中兵，且中傌佔位較好而佔優；後者為雙方大體均勢。總之，這兩路變化下去，黑勢優於實戰，足可抗衡，勝負難料！

12. 兵五進一　車8退1

黑退左車仍拴鏈紅右翼俥傌老練，如車8平5??傌二退一（**若改走炮八退三，卒7平8，俥二進三，紅方滿意**）！紅反多子佔優。

13. 兵五進一（圖33）　卒5進1???

紅果斷棄中兵，意要攔住黑左巡河車的右移出路，同時，也可隨時根據需要，伺機從傌盤中路發起新一輪的進攻。

黑急進中卒殺兵，敗著！錯失良機，落入下風，導致被動。同樣殺中兵，如圖33所示，黑宜徑走車8平5為上策，紅如接走傌二退一，車1平3，傌七進六，車5平4，俥二進

四，車3進3！炮五平六，車4平5，相三進五，車3進3，仕四進五，馬5進3，傌一退三，馬3進4，炮八退三（若炮六進三？？車5平4，傌九進二，包2平4，傌六退七，包4平3！紅如接走傌七退九？車4進4，炮八平七，車3進2，炮七平四，車3平1！黑追回失子後反有攻勢佔先；紅又如改走傌二平七，車3退1，相五進七，車4平3，相七進五，車3平2，炮八平九，卒1

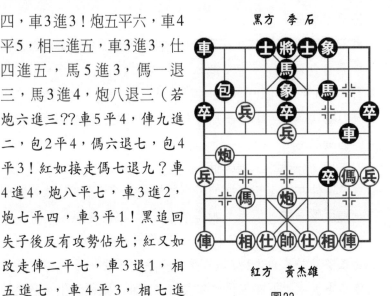

黑方　季石
紅方　黃杰雄
圖33

進1，炮九平八，包3進5，傌九平七，車2進1！黑也追回一子，多雙卒反優），士4進5，傌九進二。變化下去，在雙方糾纏中，紅雖多子稍好，但黑淨多雙卒，且有一卒已過河參戰，優於實戰，足可抗衡，鹿死誰手，勝負一時難斷。

14. 傌七進五　車8進1

黑伸左巡河車騎河捉炮是虛，不給紅中傌五進七是實。在1978年4月17日的全國大賽上劉殿中與蔣志梁之戰中黑曾走過車1平3？？傌五進三，車3進3，炮八進一，卒5進1，傌三進五，車8平5，炮五進三！車3進1，炮五進三！士6進5，炮八退三，車3平8（若貪走卒7平8？？？傌二進三！變化下去，紅勝無疑），傌九進一，卒7平8，傌九平五，車8進1，傌五平二，馬7進5，前傌進二！車8平6，前傌進一，車6退1，前傌平五！馬5進7，傌五退一。紅借

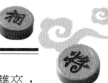

直線「霸王俥」之威，又乘兌車之機，連掃黑已過河雙卒，使紅優勢更趨明朗，最終形成紅俥兵完勝黑馬士象全局面。

15. 炮八平三！　包2進3！

紅平左巡河炮於右相台快速攔住黑左騎河車，以掩護中俥策出襲擊，精妙！黑及時伸右包騎河，準備儘快鎮中包邀兌，乘勢渡中卒反擊，絕倫！雙方針鋒相對，此番針尖對麥芒，大動干戈的強勢出擊，抓人眼球，令人拍案叫絕！

16. 傌五進七！　馬5退3！

紅左傌赴左相台，大膽棄巡河炮，設下抽車陷阱，凶著！

黑果斷退出窩心馬，硬與「抽車陷阱」擦肩而過，令人折服！是一步勿貪眼前、思謀遠處的好棋！黑如貪走包2平7？？？傌七進六！馬5退3，傌六進七，將5進1，傌七進九！紅設下棄炮得車的陷阱獲得成功而大佔優勢。

17. 傌七進五　包2平5

紅左傌踩中卒，下伏傌掛士角成傌炮同時叫殺凶招！

黑平右騎河包叫帥，明智之舉。黑如馬7進5？？以下紅有兩種選擇：①炮五進二！車8平7，傌五退三，包2平7，兵七平六（也可傌二退一，馬3進2，兵七平八，馬2退4，俥二進八，士4進5，俥二平三，包7平6，俥三退五！變化下去，紅多子多過河兵大優），卒7平8，兵六平五，士4進5，俥二進三！演變下去，紅也多子、多過河兵大優。②炮五進四！士6進5，俥九平八，包2平6，俥八進四，包6退3，傌五進三，車8進1，俥二進三，卒7平8，炮三進五！下伏傌三進二和俥八平四捉包殺招，紅方5子壓境後，必勝無疑。

黑又如改走士6進5，則可參閱下局「黃杰雄先勝王小明」之戰。

18. 炮五平二！　車8進1　　19. 傌五進四　將5進1
20. 俥九平八　　車1進1　　21. 俥八進四　包5退2
22. 兵七平六　　卒7進1

　　紅卸中炮打車棄傌，又中傌叫將亮出左直俥叫殺後，現再平肋兵欺中包之機，黑也挺7卒壓二路炮，旨在互相兌炮包，無奈之舉。黑如硬走包5平8？？？炮二平五！包8平5，兵六平五，車8進3，兵五進一！將5進1（若將5平4？？俥八平六，馬3進4，俥六進三！紅速勝；又若將5平6？？俥八平四，士6進5，傌四退三，士5進6，俥四進三！也是紅方速勝），傌四退五，馬7進5，炮三平五，車8退6，前炮進二，將5退1（若車8平6？？前炮平一，車6平5，炮五進四！殺中車後，紅淨多雙炮底相也必勝），傌五進三！將5平4，俥八平六，馬3進4，前炮平二！車1進1，炮五平六，士4進5（若卒7平6？？炮六進五！得馬後，紅淨多傌雙炮也必勝），傌三退五！俥六進三！將4平5，傌五進四！借俥炮中帥之威，傌到成功，摧城擒將，抽車紅勝。

23. 兵六平五　　卒7平8　　24. 炮三平五　卒8進1
25. 兵五進一　　將5進1　　26. 傌四退五　馬7進5
27. 俥八進二　　車8退3　　28. 俥二進一　車8進5

　　紅方不失時機，兵殺包棄炮，兵殺象叫將，進左俥窺殺中馬，現棄右俥殺卒，一錘定音！令黑方只有招架之功，而毫無還手之力。黑只能進左車，殺俥棄馬認負。黑如改走車8平6？？俥八平五，車6平5，俥二進五，將5退1（若士4進5？？俥二平五，將5平4，俥五進二！紅勝），俥二平五，

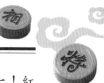

將5平4（若象7進5？？俥五進一，將5平4，俥五進七！紅也勝），俥五進七，將4進1，俥五退一，馬3進2，俥五平六，馬2進4，俥六進一！將4平5，俥六進二！將5平6，俥五退七，借俥炮之威，成俥後炮抽車妙殺，紅也完勝。

29. 俥八平五！

紅平左俥殺中馬，一氣呵成！黑接走將5平4，俥五進二，紅勝。

此局雙方一開局就聞到了左炮巡河對左包封俥的鬥炮聲：當雙方「四兵卒相見」後，又互渡七兵卒，黑先右馬退窩心，紅右俥退邊陲後，雙方步入了中盤爭鬥。當紅右邊俥踩了黑左過河包後，黑伸左車騎河捉炮而先不吃俥之時，紅連挺中兵驅黑巡河車之機，黑竟然在第13回合走卒5進1殺中兵，導致被動，落入下風，被紅抓住戰機，左俥盤中，左炮右移攔車，相台俥踩中卒，卸中炮打左車，俥掛士角叫將，進左俥驅中包，平肋兵殺中包，進中兵殺中象，引將上三樓，俥退中叫殺，棄右俥殺卒，左俥殺中馬，成俥俥炮聯手妙殺。這是一盤佈局在套路輕車熟路，智守前沿；中局廝殺，黑進中卒急功近利、成算不足、後患無窮，紅俥炮配合、俥兵聯手、得勢不讓人、運子取勢、兌子爭先、棄子逞威、謀子入局的精彩殺局。

第34局 （上海）黃杰雄 先勝 （蘭州）王小明

轉巡河炮右俥退邊陲對右中象左包封俥互棄三兵卒
互渡七兵卒

1. 炮二平五	馬8進7	2. 俥二進三	車9平8
3. 俥一平二	卒7進1	4. 兵七進一	馬2進3

5. 傌八進七　象3進5　　6. 炮八進二　包8進4

這是2015年2月20日春節網戰象棋對抗賽的又一場精彩搏殺。由於此輪前4局雙方各勝2局打成平手，故此戰格外引人重視。為在決勝局力拔頭籌、先發制人，黑突然改走左包封俥，以壓縮紅右俥主力的活動空間，來擾亂紅方賽前的準備方案，以出奇制勝。黑如改走包8平9（過急，紅右俥尚未過河，就平包兌俥，黑在步數上吃虧，不易拓展攻勢），俥二進九，馬7退8，俥九進一（高起橫俥，旨在伺機攻擊黑方左翼）。以下黑方有3種不同選擇：①包9平7？俥九平二，馬8進9，俥二進五，士4進5，相七進九，車1平4，兵五進一，包2進1，俥二退三，車4進6，傌三進五，卒9進1，兵五進一！變化下去，紅反易走；②士4進5？俥九平二，馬8進7，以下紅有傌七進六和兵三進一兩種變化，結果兩者均為紅多兵略易走先；③車1進1？俥九平二，馬8進7，傌七進六，包2平1，俥二進六，車1平2，俥二平三（若傌六進七？車2進2，炮五平七，馬7進6！演變下去，紅雖多兵，但無後續手段；相反，黑勢開朗，下伏包1進4和馬6進7兩步先手棋），車2進4，傌六進五。以下黑有馬3進5和馬3退2兩種變化，結果前者為紅多相，且兵種齊全易走；後者為紅淨多中兵佔優。

黑又如改走車1進1（啟用橫車為左翼車馬包相呼應，力求對攻），紅有兩種走法：①炮五平六（卸中炮穩健，以後再伺機進取，但度數相對緩慢，黑易應付），包2進2，炮六進五，馬7退8，炮六平二，車8進2，相七進五，車1平4，仕六進五，車4進5，兵三進一，車4平3（平肋車壓傌捉兵，爭取主動，正著。如卒7進1？？炮八平三後，紅下

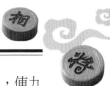

伏俥九平八和傌三進四等搶先招法，黑勢明顯不利），俥九平七，卒3進1（兌卒，活通馬反擊之路，穩正。若卒7進1？？炮八平三！黑車受脅，紅反先手），兵七進一，車3退2，傌三進四，卒7進1，炮八平三。以下黑有馬8退6和車8平6兩路變化，結果前者為雙方均勢；後者為黑車包被牽，紅可形成多兵佔優之勢。②兵三進一，包2進2（若卒7進1？？炮八平三，馬7進6，炮五平四！紅及時調整陣形後，局勢開朗，易走反先），傌三進四，卒7進1，傌四進六，車1平3（保馬明智，若馬7進8？傌六進七，包8進7，傌七進九！紅得子大優），炮八平三，卒3進1。以下紅有傌六進七和傌六進四兩路變化，結果前者為紅多子佔優；後者為黑兵種全，多中卒易走。總之，黑補右象後進右橫車的佈陣極不協調：當右橫車一旦過宮後，其右翼有嫌薄弱；如搶佔左肋道後又自塞象腰，有礙防守，這些弱點易被紅方充分利用後，易遭被動，要落下風。

　　黑如改走士4進5（補中士偏於防守，較難找到對攻機會，故近年來網戰很少見到），以下紅有兩種不同選擇：①兵三進一（挺三兵活傌，屬改進後走法，使巡河炮佈局計畫勝利實現），黑有兩變：(a)車1平4，兵三進一，象5進7，傌七進六，以下黑有包8進1和包2進2兩種變化，結果前者為紅多兵，拴鏈黑車馬佔優；後者為紅方佔優。(b)包2進2，傌三進四（若兵三進一，馬7進8，以下紅有俥二平一和傌三進二兩種變化，結果前者為紅多兵殘相略優，後者為紅右俥左調後子力集中易走），卒7進1（若馬7進8？炮五平二，卒7進1，傌四進六，變化下去，紅易走反先），傌四進六，包8平9，俥二進九，馬7退8，炮五平六，卒7進1

（進卒，保存實力，正招。若卒3進1，傌六進四，包9平6，兵七進一，象5進3，傌七進六，紅優），傌七進六，車1平3，相七進五，以下黑有包9進4和卒5進1兩路變化，結果前者為紅子力靈活佔優，後者為紅多子大優。②俥二進六（進右俥過河屬老式攻法，實戰證明不太理想），包2進1（高包於卒林線，下伏棄子搶攻手段，是一步針對過河車變例的一種較好應法），以下紅方有3種不同攻守變化，僅做參考：①俥二退二，則包2進1，俥二進二，包2退1，一旦雙方均不做改變，根據《棋規》可以判和。②炮五平六（及時卸中炮來調整陣形，以穩紮穩打為首選前提，可以參考），黑接走卒3進1，俥二退二，包8進2，相七進五，包8平9。以下紅方有俥二進五和俥二平五兩種變化，結果兩者均為雙方大體均勢。③俥二平三（平俥壓馬，接受挑戰，但實戰效果不佳），卒3進1，俥三進一，卒3進1，炮八退三，卒3進1。以下紅方有傌七退五和炮八平七兩路變化，結果前者為黑追回失子後反多卒佔優；後者為黑追回一子後，子力靈活反先易走。

　　黑又如改走車1平3（亮右象位車出擊，過急，不利於局勢展開），傌七進六，包8進3（進左包騎河，牽制住紅左盤河傌），炮五平七。以下黑有3種不同選擇：①士4進5？傌六進七，包8平2，俥二進九，馬7退8，傌七退八！紅方易走略好。②卒3進1（棄卒求變，但效果不太理想），紅有兵七進一和相七進五兩種變化，結果前者為紅俥傌炮兵聯手，左翼攻勢強而佔優；後者為雙方大體均勢。③包8平3（平包貪兵，效果也不佳），俥二進九，馬7退8，相七進五，包3退1（若包3進1？炮七進四，車3平1，俥

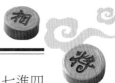

九平七，包3平7，炮八平七，紅反佔優），紅有炮七進四和兵三進一兩路變化，結果前者為紅得象佔勢易走；後者為紅兵種全，有過河兵佔優。

 7. 兵三進一　卒3進1　　　8. 兵七進一　卒7進1

 9. 兵七進一　馬3退5　　10. 傌三退一　卒7進1

 11. 傌一進二　車8進5　　12. 兵五進一　車8退1

 13. 兵五進一　卒5進1??

  黑挺中卒殺兵，敗筆！黑宜徑走車8平5，優於實戰，勝負一時難斷。可參閱上局「黃杰雄先勝季石」之戰中第13回合注釋。

 14. 傌七進五　　　　車8進1

 15. 炮八平三　　　　包2進3

 16. 傌五進七　　　　馬5退3

 17. 傌七進五（圖34）士6進5???

  如圖34所示，黑補左中士固防，也厄運難逃。黑如包2平5，可參閱上局「黃杰雄先勝季石」之戰；黑又如改走馬7進5，也可參閱上局第17回合注釋；黑再如改走士4進5???炮五進二，車8退1，傌五進四，將5平4，俥二進二，車8平4，俥九進二，車4進5，帥五進一，車1進1，俥二平六，車4退2（若車1平4??俥六進六，車4退8，炮八平三！士5進6，傌二退三，車4進4，炮八進五！變化下去，紅多子佔優），俥九平六，車1平4，俥六進六，將4進1，炮三平八！士5進6，炮八平六，士6退5（若象5進3??傌二進三，馬7進6，傌三進四，將4平5，傌四退五，將5平6，炮六進一，馬6退8，傌五進三，將6進1，炮六平四！下伏炮五平四殺著，紅勝），兵七平六，士5進4，炮五進

一！馬7進6，傌二退三，卒7
進1，傌三進五，象5進7，傌
五進七，馬3進2，兵六進
一！將4平5（若將4進1???
傌七進六，馬2進4，炮六進
二！得子後紅必勝），炮六平
五，將5平6，傌七進六，馬2
進4，後炮平四，將6平5（若
馬6退5???炮五進一，黑如
接走馬5退7，傌六進四！成
傌後炮殺，紅勝；黑又如改走
士6進5???傌六進四，士5進
6，傌四進二！傌炮同時叫

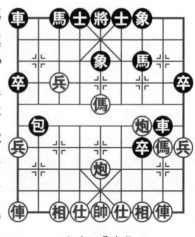

黑方　王小明

紅方　黃杰雄

圖34

殺，紅也勝），炮五退二！象7退9〔若馬6退7???傌六進
四，將5退1（此招棋黑如改走馬4退6??則炮四進三！得子
後紅淨多二子必勝），兵六進一！下伏傌四進三和炮四平五
兩步殺招，紅勝〕，傌六進四，將5平6，炮五平四！士6
進5，兵六平五，將6退1，兵五進一！馬4退5，傌四進
六！馬5進6，後炮進二！棄中兵後成雙炮妙殺，紅勝。

　　18. 炮五進二　　車8退1

　　黑退車欺傌，明智之舉。黑如車8進1??俥二進三，卒
7平8，傌五進四，將5平6，炮五平四，馬7進6，傌四進
二！將6平5，炮八平三！車1平2，炮八平五，紅多子大
優。

　　19. 傌五進四　　將5平6　　　20. 傌二進三！　　車8進5

　　紅進二路傌攔黑右車，又大膽棄右俥，精彩絕倫殺招！

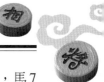

　　黑車殺俥，無奈之舉。黑如卒7平8??炮五平四，馬7
進6，炮三平八，士5進6，傌三進四！卒8進1，俥九進
一，車1平2，炮八平五，士4進5，傌四退五！馬6退7，
傌五退三！變化下去，紅方多子有攻勢，大佔優勢。

　　21.炮五平四　馬7進6　　22.傌四退二　士5進6

　　黑揚中士避殺，明智之舉。黑如馬6退7???傌三進
四，馬7進6，傌四進二！將6平5，後傌進三！紅雙傌馳
騁，天馬行空，現借炮之威，傌到成功，紅速勝。

　　23.傌二退四　包2平7

　　黑飛右包炸炮，正著！黑如貪走象5進7???則傌四進
六，士6退5，傌六進四！成傌後炮絕殺，紅勝。

　　24.傌四進六　將6平5　　25.傌三進四！

　　紅先進肋傌叫將，再進象台傌催殺，雙傌馳騁，借炮之
威，傌到成功，一氣呵成！

　　此局雙方一開戰就搶入了巡河炮對左包封俥之爭：雙方
「四兵卒相見」後，又互渡七兵卒襲擊右馬，早早步入了中
盤廝殺。當雙方互兌中兵卒後，又當紅左相台傌踏中卒，左
巡河炮已攔住黑左騎河車之機，黑已左車右包騎河，窩心馬
退右底象位之時，卻隨手補左中士固防，也難逃滅頂之災。
紅方抓住機遇，伸中炮打車，躍中傌叫將，進二路傌棄俥，
卸中炮叫殺，退肋傌得馬，棄右相台炮，進肋傌叫將，最終
借右巡河肋炮之威，進三路傌叫殺，一劍封喉，破城擒將。

　　這是一盤佈局雙方循規蹈矩，落子如風；中局格鬥，互
不相讓，敢打敢拼，精彩紛呈：黑補中士隨手，紅棄右俥，
當機立斷，攻守有度，雙傌雙炮巧妙聯手，殺馬又棄炮，雙
傌又行空地逼將請降的「短平快」精彩殺局。

第35局　（廣東）黃海林　先勝　（山東）陳富杰

轉巡河炮右橫俥左傌盤河對左中象右橫車左包過河挺中卒

1. 炮二平五　馬8進7　　　2. 傌二進三　車9平8

3. 兵七進一　卒7進1　　　4. 傌八進七　馬2進3

5. 炮八進二　包8進4??

　　這是2011年10月21日全國象棋個人賽的一場精彩廝殺。雙方以中炮巡河炮七路傌對屏風馬左直車過河包互進七兵卒開戰。由於前6輪雙方戰績同為一勝四和一負積6分，故此場「同門之爭」是狹路相逢勇者勝。現黑方提前伸左包過河，「新招」?! 真是前所未見的變著。由於此著過急，不符合棋理，要說是出其不意尚可，但堅持或過多使用，其效果必不理想。黑還沒等紅方啟用右俥就提前伸左包過河，既沒起到封鎖紅右俥作用，也打不到紅方中兵，是一步毫無實效又無任何作用的軟著或空招。黑宜先走象3進5靜觀其變為上策，紅如續走俥一平二，則包8進4！俥九進一，士4進5，俥九平六，車1平3〔若車8進4??俥六進五（準備殺卒壓馬出擊），車1平3，俥六平七，車8退4（左車進又復退，下伏包8退3打死紅左肋俥的手段），炮五平六。以下黑有馬3退4和包8退3兩種變化，結果前者為紅子力靈活佔優，後者為紅方易走〕，俥六進三，卒3進1，兵七進一，馬3退4（兌卒又退馬亮象位車，旨在儘快打開僵持局面），炮五平四，車3進4，相三進五，包2平3，炮八平七（無奈，紅如逃傌，則會丟失中兵落後手），包3進3，相五進七（明智！紅若俥六平七??車3進1，相五進七，馬4進3！演變下去，黑雙馬佔位靈活易走，略先），馬4進3，

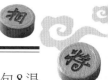

兵三進一（主動邀兌兵活傌，儘快消除右翼弱點）！包8退3，相七進五，馬3進2，俥六平四，卒7進1，俥四平三，馬7進8（同進雙外肋馬打俥，又出擊，主動積極）！俥二平三，車3平6，仕四進五，車6進2，兵一進一。變化下去，雙方子力對等，相持又對峙，雖大體均勢，但黑優於實戰，足可一搏。

6. 俥一進一　…………

紅高起右橫俥，準備左移佔肋道蓄勢待發，在伺機策應盤河傌出擊的同時，也巧妙避開了黑左包的封鎖。至此，雙方形成中炮巡河炮七路傌右橫俥對屏風馬左直車過河包互進七兵卒的佈局陣式，紅仍持先手。

6. …………　象7進5　　　7. 傌七進六　車1進1

8. 炮五平六　車8進3?!

黑進左卒林車，準備下招透過車1平8調運大子，在左翼聚成優勢兵力後集中火力攻擊紅方右翼，過急，不如徑走車1平6更為主動、靈活。紅如接走俥九進一，包8退1！右車佔左肋，退左包騎河拴鏈紅左翼巡河傌炮後，黑較易掌控局勢，至少要優於實戰，但此招的確也在以後實戰中發揮了作用。

9. 俥一平四　包8進1　　　10. 俥四平二　…………

紅平右肋俥拴鏈左翼車包，不如徑走相七進五更為主動。黑如接走車1平8，傌六進七，卒5進1，炮六平七，下伏兵九進一邀兌邊卒後，紅俥九進五窺殺中卒，紅仍佔優。

10. …………　車1平8　　　11. 相七進五　卒5進1！

黑方抓住機會，右車左移成直線「霸王車」，現急進中卒，是車8進3的後續手段，準備伺機跳盤頭馬出擊，好

棋！

12.俥九進一　包8退2!!!

以上雙方大打散手大戰，無譜可循，就靠個人功底，憑臨場準確發揮。現黑退左包騎河，牽制紅左翼巡河俥炮兵，要著！賽後分析，可以說黑方從第8回合伸車8進3起，就開始精心策劃這一手包8退2兇招。

13.俥二平七?　…………

紅右俥左移，軟手，錯失良機。紅宜兵三進一兌子簡化局面為上策。黑如接走包8平4，俥二進五！車8進2，炮八平六！卒7進1，俥九平八，包2平1，相五進三，士6進5。變化下去，雙方局勢平穩，基本均勢，優於實戰，足可一搏，鹿死誰手，勝負一時難料。

13.…………　卒3進1??

黑進3卒，準備邀兌發威，劣著！錯失均勢機會。黑宜徑走卒5進1渡河頂中兵壓打左俥搶先發難為上策，以下紅有兩變：①俥六退七！卒5進1！俥三進五，包8進3！俥七退一，馬3進5，俥九平四，包8進1，俥五退三，前車進5，俥四平二，車8進7，俥三退三，車8進1，俥七進六，馬5進4，炮八平六，士6進5，俥七平八，包2平1，俥八進六，馬7進6。演變下去，雙方兵卒等、仕（士）相（象）全，大子基本相等，大體均勢，黑勢優於實戰，可以抗衡，勝負難斷。②兵五進一，卒3進1，炮六退一，後車平6，兵三進一，包8平5，炮六平五，包5進3，仕六進五，卒7進1，相五進三，馬3進5，俥六進五，馬7進5，俥七進二。變化下去，雙方子力對等，局勢簡化後相對平穩，均勢，黑勢也強於實戰，足可一搏，鹿死誰手，勝負一

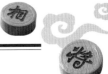

時難測。

14. 兵三進一　卒5進1??

黑渡中卒壓傌頂中兵，漏著！丟失先機。黑宜徑走包8平4兌傌簡化局勢為上策，紅如接走炮八平六，卒7進1，俥九平八，包2平1，相五進三，卒5進1！兵五進一，前車進3！俥七平六，前車平4，後炮平五，車4進2，俥八平六，卒3進1，炮六進二，車8進4。變化下去，黑卒過河略優，好於實戰，可以抗衡，勝負難定。

15. 傌三進二　卒5平4　　16. 炮八平六　馬3進5

雙方果斷兌子後，黑右馬盤中路捉炮，搶先佳著，不甘示弱，伺機反擊。

17. 炮六平五　車8平4　　18. 仕六進五　包2平3

黑車馬包連續出擊，調整陣形，以逸待勞，徐圖進取，走得有聲有色，有板有眼地牢牢掌控著先手。

19. 俥七平六！　卒7進1??

紅炮後藏俥，冷靜之招！此時紅三、七路兵「四兵卒相見」均不能動，紅希望由騰挪六路炮來打破僵局，故這招「葉底藏花」暗伏下一步要走傌二進三棄傌攻象出擊，一旦黑接走車8平7???則炮六進四打死7路車，來硬逼右肋車換雙俥，使紅方取得先手優勢。可以說，這一招給黑方出了一道難題。

然而，黑卻搶先進7卒邀兌，劣著！又失先機，導致紅相飛卒後，正好閃出炮六平二攻殺右車機會而反先。故黑宜走士6進5等一手，先固中防為上策，紅如接走兵七進一（若貪走炮五進三???則將5平6！炮六進二，卒7進1，相五進三，卒3進1，炮六平五，車4進7，俥九平六，象3進

5！變化下去，黑雖殘中象，但多子且有過河卒參戰大優），則馬5進3，俥二退三，卒7進1，相五進三，車4進5，炮六平五，車8平2！兵一進一，車2進6，仕五退六，車2退3，相三進一，車4進2，俥九平六，馬3進4，後炮平七，包3平1，炮七平九，包1進4！相三退五，馬7進5，相一進三，馬5進3，炮五平七，馬4退5，俥六進四，馬5進6，兵五進一，馬6進7！帥五進一，車2進2，俥六退四，車2平4！帥五平六，馬3進5，炮九進四，馬5進3！帥六平五，馬3進2！炮九平六，包1平8！炮七平四，馬2進4！炮六退五，包8進2！炮四退三，包8平6，炮六平四，馬4退6，帥五平四，馬7進9，俥三進二（也可俥三退一，馬9退7，俥一進三，馬7進9，俥三退一，雙方不變可判作和），馬9退8，俥二進一，馬8退9，雙方戰和。

20. 相五進三（圖35）　包3進3？？？

黑飛包炸兵，窺殺紅巡河俥相，敗著！導致以後該包被吊後速入下風，轉入被動。如圖35所示，黑3路包不可輕發，宜徑走卒3進1來保留過河卒為上策，紅如接走炮六平二，車4進7，俥九平六，車8平6，相三退五，卒3進1！這樣來保留過河卒，且左馬又有3路包保護而不「脫根」，比實戰下法要更為嚴密、更加易走。紅如續走俥六進五，士6進5，炮二進一，車6進2，俥二進一，馬7進9，俥六平五，馬9進7，俥五平二，馬7進5！兵五進一，車6平5！雙方巧妙地大量兌子後，子力對等，局勢平穩，基本均勢，和勢甚濃。

21. 炮六平二　　車4進7　　22. 俥九平六　　車8平6

23. 炮二平七！　………

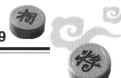

紅仕角炮乘兌車之機，左右逢源，打車又吊包，由此漸入佳境。

黑方　陳富杰

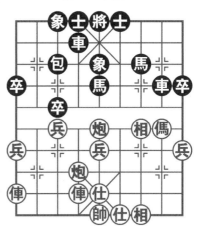

紅方　黃海林

圖35

23. …………　車6進3

24. 俥六進二　士6進5

25. 傌二進三　將5平6

26. 炮七平四　將6平5

27. 炮四平七?　………

紅平右仕角炮再吊拴3路包卒象，劣著！錯失擴先良機。紅宜走俥六進五塞住象腰反擊為上策，以下黑方有三種選擇：

①車6退3??炮五進三！士5進4，傌三進一！馬7退8，傌一進二，車6平8，傌二退四，馬5進7〔若車8平6??則傌四退六！包3平4，俥六平四！抽車絕殺，紅速勝；又若車8退2??俥六進一，將5進1，傌四退五，將5進1（如象3進5???則傌五進三，將5平6，俥六平四兜底妙殺，紅勝），炮四平五！士4退5（如將5退1???傌五進三，將5平6，俥六平四，也紅勝；又如包3平5??炮五進二！將5平6，俥六平四，車8平6，俥四退一！成紅俥傌炮聯手妙殺，紅亦勝），傌五退三！包3平5，兵五進一！借俥傌之威，紅中路炮兵也成絕殺，紅勝〕，炮四平六，車8平4，炮五退二，馬7退6，俥六退一，車4退1，傌四退六，將5進1，傌六退七！馬6進5，炮六平五，包3進1，兵五進一，紅傌包3個高兵必勝。

②馬5進7？？炮五進一，包3平6，炮四平七，包6平3，炮七平三，車6退3，俥三進一，車6進1，俥一進三！車6退3，炮三進三，馬7進5，俥六退二，車6平7，炮三平七！馬5進7，俥六平九！包3進1，兵一進一，包3退1，俥九平二，將5平6，俥二平四，將6平5，相三退五，包3進1，炮七平三，車7進3，兵五進一，包3平9，兵九進一！演變下去，紅有中炮、右肋俥守死將門，且又淨多雙高兵大優，遠遠優於實戰，易將優勢逐步轉成勝勢。

③包3平7？？？俥三進五，包7平6，炮四平七，象3進1，俥六退三，卒3進1，俥六平五，馬5進3，俥五平六，包6退2，炮五進一，馬3退2，帥五平六！包6平4，俥六平八，將5平6，炮七平四，包4平6，俥八進二！包6進4，仕五進四，馬7進6，俥五進七，馬6進5，俥八退五！卒3平2，仕四退五，馬5退3，俥八平五，馬3退5，俥五進三，變化下去，紅多俥勝勢。

27.…………　　將5平6？？

黑出將，旨在防患於未然，壞棋！導致局勢開始惡化。黑宜車6平9先掃邊兵為上策，紅如續走炮五進一，車9平6，帥五平六，車6退3，俥三進一，將5平6。黑在多邊卒局勢下，現出將後，紅也沒好的攻擊點，使黑方足可抗衡。

28. 相三進一　　包3平4　　　　29. 炮七平四　　將6平5

30. 炮四平五　　包4平2？？

黑平右肋包，劣招！暢開肋道，讓左肋俥不費吹灰之力就輕易可堵塞右象腰來攻殺中象，導致局勢又進一步惡化了。黑宜車6退3驅俥為上策，紅如接走俥三進一，車6進3，後炮平七，將5平6，炮七平四，將6平5，炮四平八，

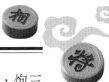

將5平6，傌一退三，車6退3，炮八平三，將6平5，炮三退一，包4退3，傌三進一，將5平6，炮三進六，包4平7，傌一進二，車6平8，俥六進三，車8退3，俥六平五，車8進6，炮五平八，車8平9，炮八退一，車9退2，俥五平九，車9平5，俥九平一，車5進2，俥一平八，卒3進1！變化下去，紅雙相散飛，黑有過河卒助戰易走，黑勢雖優於實戰，但雙方還是和勢甚濃，至少黑方不會落敗。

31. 俥六進五！　…………

紅果斷抓住戰機，大膽棄中兵，揮肋俥急塞右象腰，終於在雙方對攻中等到機會對黑中象實施有力打擊了。

31. …………　象5退7　　32. 俥六退三　　象3進5

33. 後炮平四　卒3進1　　34. 炮五進一！！　………

黑乘勢渡卒邀兌中炮，紅卻進中炮避兌，意再保持攻守變化，獲勝要著！在當前紅方大子位置靈活易走的有利形勢下，紅一定要有耐心，調整好自己的最佳心態來面對現實，等待時機。其中在此期間，紅最重要的就是儘量地千方百計來壓縮或縮小黑方子力的活動空間。紅如炮五平八？卒3平2，兵五進一，車6退3，炮四平三，馬5退3！俥六退一，卒2進1，俥六退一，卒2平1，俥六平九，馬7進5，兵五進一，馬5進3！演變下去，紅雖兵種齊全，有過河中兵參戰易走，但黑車雙馬活動空間明顯增人，對紅方造成的威脅也比兌炮前大了不少，紅反而得不償失，易遭被動。

34. …………　車6退3　　35. 炮四平三　將5平6

36. 俥六進一　車6進3?

在目前黑右翼底線有明顯破綻之機，黑現進肋車窺殺雙兵，壞著！易再次被紅方乘勢殺入。黑宜走包2退1智守前

沿，不給紅雙炮聲東擊西、左右逢源的反擊攻殺機會為上策；必要時，黑包可平2或平1路來抵擋紅方的進攻，以下實戰可證實。

37. 炮三平四　將6平5　　38. 炮四平九　車6退3
39. 炮九平三　車6進3　　40. 俥六平八　將5平6
41. 炮三平四　將6平5　　42. 俥八平七!　卒3平4???

透過以上5個回合的試探，紅方明顯感覺到此時此刻的黑方戰意不濃，故試探性地走了一步平俥追殺過河3路卒，想利用黑方企圖避戰求和的心理，大打心理戰，看陳大師如何應對。黑平卒佔右肋??逃卒，最後敗筆！可能陳大師始終認為這盤棋只要不出大亂招，怎麼走都是一盤和棋，故不假思索地隨手走了卒3平4???真是成算不足，一著不慎滿盤皆輸！這是本局失利告負的根源。黑宜徑走包2退1!!!穩守陣地為上策，紅如接走俥七退二，車4平5，傌三進一，包2退3！俥七進四，士5進4！傌一退三（*若硬走傌一進三??則包2平7兌子；紅又如改走俥七平八??則象7進9，炮五進二，車5平9，炮五平一，車9平1！演變下去，紅多雙相，黑多雙高卒，雙方互有顧忌，黑勢優於實戰，可以一搏，鹿死誰手，勝負一時難料*），車5平2！變化下去，雙方兵卒等、仕（士）相（象）全，大子基本相等，黑方無恙，優於實戰，勝負一時難定。另外，黑改走包2退3守住九宮上二線，也是一個不錯的正確選擇。

43. 炮五平八!!　…………

紅卸中炮左移八路出擊，一錘定音！機不可失，時不再來，紅方苦苦等了幾十個回合，苦盡甘來，終於尋找到進攻突破、撕開黑右翼薄弱底線的良機，吹響了進攻擒將的戰鬥

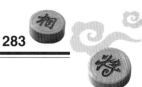

號角！至此，紅勝利在望了。

以下精彩殺法是：車6退2，炮八進四，象5退3，炮四平七（緊湊有力！若誤走俥七進三？？？則車6平2！變化下去，黑能逃過一劫），士5退6，炮七進七！將5進1，俥七進二，馬5退4，炮八退一，車6退1，炮八平六，車6平7，炮六退一，將5進1，炮六平三（紅雙炮齊鳴，進俥叫將，炸象兌馬，連削帶打，借俥之威，飛炮炸馬，入局迅速乾淨，呈多子勝勢局面）！包2進4，俥七退三。至此，黑車不敢殺炮，因紅有俥七進二叫將抽車的凶著，黑見自己少子又殘象，只好城下簽盟，起座認負，紅方完勝。

此局雙方一開戰就進入了巡河炮對左包過河的搏殺：紅高起右橫俥進七路偶卸中炮，不給黑左包過河封俥機會，只好補左中象右橫車，伸左直車於卒林調子換形，早早進入了中盤格鬥。就在紅高起左橫俥，黑挺中卒後又退左包騎河，大打散手來牽制紅左巡河偶炮兵之機，紅卻在第13回合走俥二平七錯失良機，而黑方卻接走卒3進1發威，錯上加錯，首次失去均勢機會。以後黑在第14和第19回合先後挺中卒和7卒又再失先機，更糟糕的還是在第20回合當紅走相五進三飛殺7卒時，黑卻徑走包3進3炸兵窺殺巡河偶相而陷入被動。以後儘管紅在第27回合走炮四平七錯失良機，黑方還是接走將5平6錯上加錯，導致局勢惡化，以後黑在第30回合走包4平2又使局面進一步惡化，在第36回合走車6進3，在第42回合走卒3平4闖下大禍，被紅方卸中炮沉底，平右肋炮窺殺右底象，最終利用底炮之威，飛炮炸馬，多子多相獲勝。

這是一盤佈局伊始就無譜可循，靠功力排兵佈陣；紅方

中盤掌控能力極佳，技藝精湛，經由非常耐心的長時間掌控，終於找到黑方破綻而精準打擊、不留後患、破城擒將的「馬拉松」精彩殺局。

第36局　（上海）黃杰雄　先勝　（臺北）薛中華

轉巡河炮右傌退邊陲對右中象左包封俥右馬退窩心
四兵卒相見

1.炮二平五	馬8進7	2.傌二進三	馬2進3
3.俥一平二	車9平8	4.兵七進一	卒7進1
5.傌八進七	象3進5		

這是2013年10月1日國慶日網戰象棋對抗賽的一場龍虎激戰。雙方以中炮七路傌對屏風馬右中象互進七兵卒拉開戰幕。黑如象7進5（補左中象固防要比右中象複雜多變），炮八進二，車1進1，俥九進一。以下黑有車1平6、車1平4和包8進4三路變化，結果前者為雙方平穩；中者為紅兵種齊全略先；後者為紅子力活躍，仍持先手攻勢。

　6.炮八進二　包8進4　　7.兵三進一　卒3進1

至此，雙方佈成中炮巡河炮對屏風馬左包封俥「四兵卒相見」陣勢。現雙方成三路兵卒對頂，目的在於不讓紅方巡河炮右移。黑如卒7進1？則炮八平三右移相台後，下招紅速出左俥後，紅仍持先手，黑反無趣。

　8.兵七進一　卒7進1　　9.兵七進一　馬3退5

　10.傌三退一　………

雙方互渡七兵卒後，紅未雨綢繆地先避一手，兼捉左過河包，好棋！紅如傌七進六，卒7進1，演變下去，紅反難走。可參閱本章「黃杰雄先勝季石」之戰中第10回合注

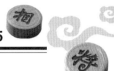

釋。

　　10.………… 包8進1

　　黑進左包打傌，避捉出擊。一改以往卒7進1（可參閱本章「黃杰雄先勝季石」和「黃杰雄先勝王小明」之戰），意要攻其不備，出奇制勝。黑能如願嗎？

　　11. 傌七進六！ 包8退2

　　紅左傌盤河避殺是假，巧設棄子陷阱是真！

　　黑果真速退左包，騎河窺殺傌炮，雖可必得子，但已落入陷阱，由此，一蹶不振了。

　　12. 炮八平三！ …………

　　紅飛左炮炸卒，傌炮真誠配合，使設置陷阱「天衣無縫」。紅如改走傌六退七，紅完全可不失子而續戰，但結果卻不一樣。

　　12.………… 包8平4　　　13. 俥二進九　馬7退8

　　14. 炮五進四！　車1平3　　15. 兵七平六　車3進4

　　16. 俥九平八　車3平7　　17. 相三進五　包2平1

　　18. 傌一進二！（圖36）　………

　　當黑左騎河包貪殺紅左傌後，紅不失時機地先兌左車，炮鎮中路，平兵保炮，左俥捉包，揚相保炮，現策傌驅車，四子撲出，大佔優勢。

　　18.………… 車7退1

　　黑退車窺中炮，無奈之舉。如圖36所示，黑如改走車7平4？俥八進七！包4退2（若貪車4退1？？傌二進三，車4平5，傌三進四！捷足先登，紅反速勝），俥八平九（若傌二進四，車4平6！不給紅傌過河參戰，黑足可抗衡），車4平5，傌二進四，車5平6，俥九退一，車6進1，俥九平六

（兌子後，紅俥可右移反擊，最終殺卒反勝）！象7進9，仕六進五，馬8進7，炮五退一，車6平2，帥五平六！車2退5，俥六平三！車2進4，兵五進一，馬7退9，俥三進二，馬9退7，炮三平二，車2退1，炮二進五！車2平8，炮二平一，車8進2，相五進三，車8退2，俥三平四！車8退3，炮一退三！變化下去，紅也淨多3個高兵，又有炮鎮中路鎖住黑窩心馬，紅必勝無

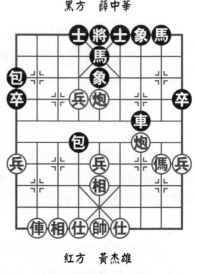

黑方　薛中華

紅方　黃杰雄

圖36

疑。黑如改走車7平8，可參閱下局「黃杰雄先勝張翔」之戰。

19.俥二進四　車7平6

黑平車捉俥，正著。黑如車7進1？炮三平六！紅多子勝定。

20.俥四進六　車6進1　　21.俥六進八　車6平3

黑車平象台，不給紅俥臥槽抽殺機會，明智之舉。黑如包1平2？？俥八進六！包4退3，俥八進七！以下黑方有兩種不同選擇：

①車6退1？？俥八平六！車6進2（否則炮三平八！紅必勝無疑），兵六平七，車6退2，俥六退一，車6進1，仕六進五，車6平2，帥五平六，車2退4，兵七進一，車2平3，兵七進一，車3平2，兵七平六！兵臨城下，借俥帥之威，

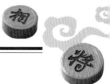

下伏兵六進一，車2平4，俥六進三殺招，紅勝。

②包4退1，兵六進一，包4平3，兵六進一，車6平4（若包3退1？？？則俥八平六！下伏兵六進一殺招，紅勝），兵六平七，車4退1，炮五退一，車4平5，兵五進一！馬8進7，炮三進五！以下黑有兩種走法：（a）象5退7？？？兵七平六！車5進1，俥八進二，馬5進4，俥八平六絕殺，紅勝；（b）馬5退7，俥八平五，士6進5（若士4進5？？？則俥五平八！將5平4，俥八進二！紅勝），俥五平三！馬7進9，俥三平二，將5平6，俥二進二，將6進1，俥二退一，將6退1，俥二平一！形成紅俥炮4個兵仕相全對黑車雙高卒雙士的必勝局面，紅也完勝。

22. 俥八進五！　車3退2

紅伸騎河俥欺黑車，逼黑車退守，兇悍犀利！黑如貪走車3平2？？？則傌八進七！單騎絕塵，紅反速勝。

以下精彩殺法是：俥八平二，馬8進9，俥二平三！馬9進7，俥三進一，象7進9，俥三進一。以下黑有兩種走法：①象9進7？？？俥三退二，車3平2，俥三平六，包4退2，炮三進五！紅成「天地炮」絕殺，紅方完勝；②車3進2？？？俥三平一！包1平9（若車3平7？？？則傌八進七！也是絕殺紅勝），炮三進五！紅方也成「天地炮」妙殺，紅勝。

此局雙方一開戰就步入了左炮巡河對左包封俥的廝殺：當雙方「四兵卒相見」又分別渡了七兵卒後，黑右馬退窩心，紅右傌回邊陲，早早進入了中盤搏殺。當紅左傌盤河做炮架，設下陷阱，黑巧退左包騎河窺殺紅方傌炮兵之時，紅果斷平左炮炸卒棄傌鞏固設下的埋伏，黑卻乘勢大膽平包得傌，故作「正經」，不予理睬；紅方抓住戰機，兌車鎮中

炮，進左俥捉包，平兵揚相保雙炮，俥傌逼車退守右翼，最終左俥右移殺馬追象，「天地炮」借俥之力大顯神威，一炮滅敵摧城擒將。這是一盤佈局雙方「四兵卒相見」，蓄勢待發；中盤決鬥雙方互不相讓，紅巧設陷阱，黑故作「正經」，不予理睬而闖下群禍，紅得勢不饒人地雙炮搶位，兵相護雙炮，俥傌左右窺殺，最終「天地炮」滅敵而紅方完勝的「短平快」精彩殺局。

第37局　（上海）黃杰雄　先勝　（台中）張翔

轉巡河炮七路傌右傌退邊陲對右中象左包封俥右馬退窩心

1. 炮二平五	馬8進7	2. 傌二進三	車9平8
3. 俥一平二	馬2進3	4. 兵七進一	卒7進1
5. 傌八進七	象3進5	6. 炮八進二	包8進4
7. 兵三進一	卒3進1	8. 兵七進一	卒7進1
9. 兵七進一	馬3退5	10. 傌三退一	包8進1

這是2014年1月1日元旦網戰象棋對抗賽的一場誘敵制勝之戰。雙方以中炮巡河炮七路傌右傌退邊陲對屏風馬右中象左包封俥右馬退窩心四兵卒相見拉開戰幕。在20世紀50年代起到60年代中期，用中炮巡河炮攻屏風馬左包巡河互進七兵卒的戰例較為風行。湖北李義庭特級大師擅長此佈局，曾著有《中炮巡河炮對屏風馬左包巡河》一書。而中炮巡河炮對陣屏風馬左包封俥佈陣則是在此基礎上逐步派生出來的，並漸漸形成應對中炮巡河炮的一大佈局體系。

黑進左包封俥後，及時採用對挺三路兵卒的戰術，旨在試圖儘快拆散左巡河炮的炮架，以免紅左炮右移後增加進攻黑左翼的力量。然而紅在雙方互不讓步的對攻中，往往以棄

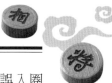

子為誘餌，巧設陷阱，使雙方在不知不覺的對殺中誤入圈套，陷入困境，跌入陷阱，落入深淵而難以自拔，其意旨在逼迫黑右馬退窩心，在紅炮鎮中鎖住窩心馬之際，紅乘勢迅速撲出各子，重新調形，排兵佈陣，搶佔要隘，一旦時機成熟，紅會強勢出擊，精準打擊，細膩之極，不留後患，直搗黃龍。此戰與上局一樣，當黑還未意識到陷阱時，得子又得意；當知道滑入陷阱後，再軟纏硬磨，背水一戰，疲於應付，已望塵莫及了，最終只能自食其果，城下簽盟了。

　　11. 傌七進六！　　　　包8退2

　　12. 炮八平三！（圖37）　　包8平4??

　　黑平左包貪殺左傌，敗著！導致紅俥傌雙炮聯手破城擒將。如圖37所示，黑宜走車1平3出車欺兵為上策，以下紅方有兩種不同選擇：①傌六進五??車3進3，傌五進三，馬5進7，傌一進三，包8退1，俥九平八，包2平3，相七進九，士6進5，俥八進四，車8進3！變化下去，黑雖少中卒，但中路穩固，又有卒林線「霸王車」固守前沿，優於實戰，足可抗衡。②兵七平六？包8平4！俥二進九，馬7退8，炮五進四，象7進9，俥九平八，包2平1，傌一進二，馬8進6，炮三平五，馬6進5，兵六平五，車3進2，俥八進四，包1進4，傌二退四，

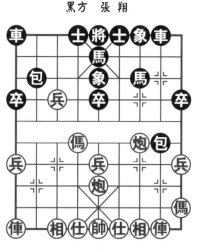

黑方　張翔

紅方　黃杰雄

圖37

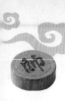

包4退4，傌四進三，象9進7，相三進五，車3進2！黑不給紅相台傌進中路反擊機會，演變下去，紅雖多過河中兵，又有中炮攻勢，但黑多子，能智守前沿，且下伏包4平3攻左底相先手棋，好於實戰，可以一搏，鹿死誰手，一時難定。

　　13. 傌二進九　馬7退8　　14. 炮五進四　車1平3
　　15. 兵七平六　車3進4　　16. 傌九平八　車3平7
　　17. 相三進五　包2平1　　18. 傌一進二　車7平8

　　紅方不失時機，速兌右車，炮炸中卒，肋兵保炮，左傌欺包，中相護炮，現策邊傌捉車，發出最後攻殺「通牒」，令黑方慌不擇路，措手不及，疲於應付，顧此失彼，防不勝防，煞費苦心。黑現平左巡河象台車，無奈之舉，也難逃滅頂之災。黑如改走車7退1或改走車7平4，可參閱上局「黃杰雄先勝薛中華」之戰及其第18回合注釋。

　　19. 傌二退四　車8平4　　20. 傌八進七　車4退1
　　21. 傌八平五！　………

　　紅回傌護炮，傌捉包象，現大膽棄肋兵殺中象，奠定勝基！令黑方只有招架之功，而毫無還手之力，只能束手就擒了。

　　21. …………　車4進1

　　黑進肋車巡河解殺，明智之舉。黑如象7進9??傌四進五，車4平5（若車4進1???傌五進四，馬8進6，傌五進一，紅勝），傌五退一，包4退4，傌五進四，包1平6，炮三平八，包4平2，傌五退一，包6平3，傌四進六，包2平4，炮八進五，包3退2，傌五平七，馬5進7，傌七進四，將5進1，傌七平六，包4平3，炮八退一，包3進1，傌六

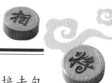

進七！將5平6〔若將5進1？？？炮八退一，以下黑如接走包3進2？？？則俥六退二殺，紅勝；黑又如改走將5退1？？？則俥六退二！將5平6（若將5退1？？？則炮八進二！紅勝），俥六平四，紅也勝〕，俥六平五，象9進7，俥五退一，將6進1，炮八退一，包3進1（若包3退1？？則俥五平七殺炮後，紅多俥多中兵多仕相也完勝黑方），傌七退六，象7退5（或走包3退1），傌六退五，借俥炮之威，傌和炮同時叫殺，傌到成功，紅亦完勝。

22.炮五退一　　包1進4

黑進右邊炮殺邊兵，實屬無奈，為時已晚，厄運難逃了。黑如改走包4平6？？傌四進二，包1進4，傌二進四，車4進2（棄車對搏，也無濟於事了），傌四退六！包1平5，仕六進五，包5退4，傌六進七，馬8進9，傌七進六！黑方盡全力先棄肋包，又兌中車後，仍被紅傌掛到士角，成功擒將入局，仍為紅方完勝。

23.炮三平五　　包1退2

黑退邊包無用，已來不及避殺，只好飲恨敗北了。黑如硬走車4平5殺前炮？？？則俥五進一砍中馬，借雙中炮之力，絕殺，紅勝；黑又如徑走馬8進7？？？則俥五進一殺中馬，也是紅方完勝；黑再如改走象7進5？？？後炮進三！雙中炮疊殺，窩心馬跳開，也是紅雙炮完勝黑將。

24. 俥五進一！

紅借雙中炮之力，俥挖中馬，一劍封喉！令黑方只能坐以待斃，城下簽盟，紅勝。

此局雙方一開戰就捲入了左炮巡河對左包封俥的爭鬥，當「四兵卒相見」接著雙方又急渡七路兵卒後，黑右馬退窩

心成了黑方落敗的「致命傷」。以後紅在第12回合炮炸相台卒棄傌，黑接走包8平4貪傌誤入圈套，被紅方兌車，炸中卒，兵相護雙炮，躍邊傌追車，傌回右仕角，左俥砍中象，退中炮攔車，相台炮鎮中，俥挖窩心馬，一著定乾坤，完勝黑方。

這是一盤開局雙方「四兵卒相見」，烽煙四起，因勢而謀，順勢而為；中盤搏殺，紅以棄傌為餌，設下陷阱，深入腹地，大舉合圍，最終借雙炮鎮中滅敵之威，中俥挖窩心傌攻營拔寨的「短平快」精彩殺局。

第四節　中炮巡河炮對屏風馬右邊包

第38局　（廣東）許國義　先負　（上海）孫勇征

轉巡河炮右移過河俥右傌退窩心對右邊包巡河車
互兌三兵7卒

1. 炮二平五　馬8進7　　2. 傌二進三　車9平8
3. 兵七進一　卒7進1　　4. 傌八進七　馬2進3
5. 炮八進二　………

這是2014年4月25日「朱寶位杯」全國象棋團體賽男子組的一場龍虎激戰。雙方以中炮巡河炮七路傌緩開俥對屏風馬左直車互進七兵卒拉開戰幕。紅方緩開右俥而先高起左巡河炮，屬先手方的一種緩攻型佈局。以往網戰紅多走俥一平二，馬7進6，俥二進六，象3進5，炮八進二（左炮巡河，旨在躍出左盤河傌邀兌，借此拴住已「脫根」的黑左翼車包，但同時紅右翼陣地已薄弱，欠穩固，易遭到黑兵力的

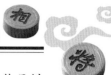

有力反擊，而較難掌控局面。故在大賽實戰中，這路佈局棋手們一般不太喜歡選用）。以下黑有卒7進1和士4進5兩種變化，結果前者為黑足可抗衡；後者為黑過河馬陷入深淵被殺，紅大優。

　　5.…………　　包2平1！

　　黑開右邊包，創新之變，準備儘快出動右車主力，一改以往網戰流行的象7進5和馬7進8等互有不同攻守變化的走法，旨在攻其不備、出奇制勝。黑如象7進5（補左中象的變化要比補右中象複雜多變），俥一平二，車1進1，俥九進一，以下黑有包8進4、車1平4和車1平6三路變化，結果前者為紅子位靈活，仍持有先手攻勢；中者為紅兵種齊全略先；後者為雙方局勢平穩。黑又如馬7進8，傌七進六（黑進左馬封俥後，紅左傌盤河，明為搶奪中卒，實則準備卸中炮調整實戰陣形，靈活，緊湊有力。紅若兵三進一，卒7進1，炮八平三，象7進5，以下紅有俥九平八和炮五平六兩路變化，結果前者為雙方均勢，後者為黑方足可抗衡）。以下黑方有象7進5和象3進5兩種變化，結果前者為紅較有攻勢；後者為紅揚高相制黑7路馬，又多中兵反先。

　　6. 兵三進一　　卒7進1　　　7. 炮八平三　　車1平2
　　8. 俥一平二　　車2進4　　　9. 俥二進六　　車2平7
　　10. 炮三進三　　包1平7　　　11. 傌三退五？？　………

　　雙方互兌三兵7卒後，紅左炮右移在相台後又及時兌去黑左馬，當右邊包左移窺打紅三路傌和底相之機，紅右傌退窩心，劣著！成算不足，後患無窮。同樣退右傌，紅宜徑走傌三退一較為穩健。在2010年全國象棋甲級聯賽第20輪萬春林與鄭惟桐之戰中，鄭惟桐接走卒3進1，兵七進一，車7

平3，傌九進二，車8進1，炮五退一，車3平6，炮五平七，象3進5，仕六進五，馬3進4，傌七進六，車6平7，相七進五，車8平3，傌六退七，車3平8，傌七進六，車8平3，傌六退七，車3平8，傌七進六，雙方不變判作和棋。

  11. ………… 車8進1   12. 相三進一 車7進4！

  黑伸象台車進紅方下二路，直插紅右翼薄弱底線，兇悍犀利！

  13. 傌七進六   車7平6

  14. 傌五進七   包7進6！（圖38）

  15. 仕六進五??? ………

  在紅躍出窩心傌之時，黑果斷不固防中路，卻大膽伸7路包至紅方下二路聯手左肋車出擊，充分顯示出黑方準備大打出手，在決心與紅方決一死戰之機，紅方卻補左中仕死守，敗筆！錯失良機，導致紅方由此落入下風。如圖38所示，紅宜先走傌六進五踩中卒為上策，黑如接走馬3進5，炮五進四，車8平6，仕四進五（也可改走傌二退六！變化下去，紅方易走，局勢不差），後車進2，炮五平九，後車退1，傌九平八，包7平9，傌二退六！這樣紅補右中仕固防，現又及時退傌於右翼底線防守，演變下去，紅勢強於實戰，足可抗衡，鹿死誰

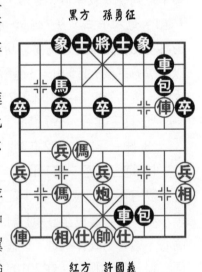

黑方　孫勇征

紅方　許國義

圖38

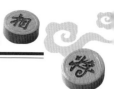

手，勝負一時難料。

15. ………… 　包7平8　　16. 炮五平三　…………

紅未雨綢繆，急卸中炮，不給黑後包8平7反擊機會，明智之舉。紅如貪走傌六進五??馬3進5，炮五進四，後包平7，傌二平三，車8平7（若車6退5？傌三進一，車6平5，雙方此時兌炮包後，局勢會趨於平穩）。變化下去，黑方全部4個大子都集結在紅薄弱右翼，紅將凶多吉少，很快被動，適得其反，欲速則不達。

16. ………… 　車8平7　　17. 炮三進二??　…………

紅炮進右高相台，又一敗著！再失先機，陷入困境。同樣進炮，紅宜徑走炮三進七棄炮炸左底象為上策，黑如接走車7退1，傌二進一，車7進7，傌九平八，車7平9，傌八進七，包8平7！傌二退七，馬3退5，傌八平二！變化下去，黑雖兵種齊全易走，但紅二路形成直線「霸王傌」後能攻易守，六、七路雙傌連環穩守，紅勢不差，優於實戰，足可一搏，勝負一時難測。

17. ………… 　後包平9　　18. 相七進五　卒9進1

黑挺起小左邊卒，旨在儘快威脅紅右邊防線。

19. 傌二退二　卒9進1！

黑連進9路卒，棄卒捉傌，意欲儘快使7路車通頭，伺機佔據兵行線反擊，好棋！

20. 炮三平一　車7進5！

紅平相台炮轟邊卒，無奈之舉。紅如傌二平一〔若兵一進一???則包9進5！傌九進一，包9進2，炮三退四，車7進8！帥五平六，車7平6，帥六進一，前車平5，傌六退四，包9退1，傌二退二，車6平5，帥六進一，後車平1

（若前車平4，傌七退六，車5平1，相五退七，車1平2！傌四退五，車2平4，帥六平五，車4平5！帥五平四，車5平4，俥二平一，車4進1，俥一退一，包8退6，黑多馬包士象必勝無疑），黑勝〕包8進1，相一退三，包9平6，俥九進二，包6進7！仕五退四，車6進1！帥五進一，車7平6，炮三平四，後車進4，俥一平四，車6退4。變化下去，紅雖多邊兵，但黑淨多雙士，且兵種齊全大優。

黑方不失時機，急伸7路車佔據兵行線，為以後伺機殺邊兵捉邊相襲擊紅右翼底線奠定了基礎。紅由此處於被動，下滑成劣勢。

以下精彩殺法是：炮一進一，車7平9，炮一平二，包8退4，俥二進一，包9進5（殺邊兵兌炮後，現又包炸邊相窺殺左傌，黑方由此步入反擊佳境）！俥二退三，馬3退5，俥九平八，馬5進7，俥八進五，包9進2！俥二退二，象3進5，帥五平六，士6進5，帥六進一，車9進2，俥二平三，馬7進9，俥八平四，車6退4，傌六進四，馬9進7，傌四退六（同樣要佔據河口，紅宜傌七進六連環駐守為好）？車9退5，傌六進七，卒5進1，前傌退六，包9退4，俥三進四，車9平4，仕五進六，包9退4（由於以上紅防守嚴密，黑一時找不到突破口，現巧退邊包於後方下二線，耐心尋找戰機），兵七進一，包9平7，俥三平四，士5進6，帥六平五，包7平6，俥四平三，車4平6（平肋車攻殺右底仕，找準了紅方的防守弱點，兌招！黑若貪走車4進4？？則紅俥三平六硬兌車後，黑雖多士象，兵種齊全，但紅多兵，黑取勝難度加大，且戰線漫長，不宜掌控局面，勝算不太大）！帥五平六，包6平7，俥三平二，包7平4，俥

二平三，車6進5，仕四進五，車6退2，兵七平六，車6平5（車掃中兵，打通了兵行線，紅防線破綻顯露，防守陷入困境了）！兵六平五，車5平3，兵五平四，車3進1！兵四平三，車3進1，帥六退一，車3平5！俥三退二，象5進7（黑經過準確計算，透過兌馬卒後，淨賺雙兵中仕，形成了黑車包高卒士象全例勝紅俥偶高兵單仕相的殘局枰面）！俥三平四，士4進5，俥四平三，象7進5，俥三平二，車5平1，俥二進七，士5退6，俥二退三（宜徑走帥六平五後，紅可多些周旋機會）？車1退1！退邊車可再砍左仕，黑方必勝。紅如接走帥六平五，車1平4！俥二退二，包4平1！邊兵被炸後，形成黑車包高卒士象全對紅俥偶中相的必勝局面，紅方只好飲恨敗北，黑勝。

　　此局雙方一開戰便投入了左炮巡河對右邊包之爭：當雙方兌去三兵7卒後，在紅進右俥過河，黑伸右巡河車左移象台棄馬兌炮之時，黑趁勢右包左移直逼紅三路偶相之機，剛步入了中局的紅方卻在第11回合走右偶退窩心，埋下了隱患；而黑雙車出擊，在車包直插紅下二線襲擊之際，紅在第15回合又補左中仕固防，落入下風。以後當黑8路車平7路，棄後包捉殺紅剛卸下的中炮之時，紅竟然在第17回合進三路炮於右相台而陷入了困境。黑方抓住戰機，果斷棄9卒進車，大膽兌包殺邊兵破邊相，躍馬補右象沉底包拴右俥，補左中士進左車馬順勢出擊，兌左肋車進象台馬退邊車保中卒，挺中卒退左邊包騎河車佔右肋道拴紅雙俥，退左邊包打俥揚士肋車佔據左肋道，肋車掃中兵打通兵行線，棄中卒又兌馬車挖中仕，最終中象掃兵補中路士象固防後邊車砍肋仕，邊包欲飛邊兵完勝紅方。

這是一盤佈局雙方循序漸進，徐圖進取；中盤廝殺，紅急於進取，先後退窩心傌，補左中仕，進右相台炮三失良機，被黑方棄卒殺兵，沉包兌傌馬殘仕殺相，最終車包卒攻城擒帥的精彩殺局。

第39局　（湖北）李雪松　先勝　（河南）金波

轉單提傌左橫傌巡河炮對高右橫車騎河邊包右中象外肋馬

　　1. 炮二平五　馬8進7　　2. 傌二進三　車9平8
　　3. 傌一平二　馬2進3　　4. 兵三進一　………

　　這是2012年10月18日全國象棋個人錦標賽的一場龍虎激戰。雙方以中炮進三兵對屏風馬拉開戰幕。紅方急進三兵佈陣係近代中國棋壇較為流行的主流走法之一。紅如傌八進九，卒3進1，炮八平七，馬3進2，傌二進四（若傌二進六，包2進1，傌二退二，演變下去，雙方另有複雜的攻守變化），卒7進1。變化下去，將形成五七炮單提傌巡河傌對屏風馬右外肋馬兩頭蛇陣式，雙方也另有不同攻守變化。

　　4. ………　卒3進1　　5. 傌八進九　卒1進1

　　紅左傌屯邊，成單提傌陣式，意要保持兩翼子力均衡發展。紅如傌八進七，黑可應以車1進1、馬3進4、包2進4或包8進4，這四路變化下去，黑方均可取得滿意效果。

　　黑急進1卒制傌，有靜觀其變之意。網戰上黑另有三變：①車1進1，炮八平七，馬3進2，兵七進一，象3進5，兵七進一，象5進3，傌九進一，變化下去，紅勢開朗易走；②士4進5，炮八進四，馬3進2，炮八平三！演變下去，紅方多兵，易於發展，前景看好；③象3進5，炮八進四，卒1進1，炮八平七，車1進3，炮七平三，包2進1，

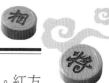

兵三進一，象5進7，炮三進三，車8平7，俥二進七。紅方得象有攻勢，易走。

6.俥九進一　…………

紅高起左橫俥，準備佔肋道出擊，屬流行變例之一。紅如炮八平七（若炮八平六，包8進2，炮六進四，以下黑有象7進5和包2進5兩種變化，結果前者為雙方平穩，後者為紅方先手），馬3進2，俥九進一（起左橫俥，旨在佔肋道，配合右翼展開攻勢，體現出現代佈局的特點與不同風格）。至此，雙方形成了五七炮單提俥左橫俥對屏風馬挺1卒互進三兵卒陣式，以下黑有馬2進1、象3進5、象7進5和卒1進1四路變化，結果前者為雙方平穩；中一者為紅勢看好；中二者為紅雖少子，但局勢略優；後者為紅多兵相佔先。

6.…………　卒1進1

黑急渡右邊卒，屬較為積極的攻法，旨在儘快亮出右橫車出擊。黑如象3進5，俥二進六，士4進5，俥九平六，車1平4，俥六進八，士5退4，俥二平三，馬3退5，炮八進四。變化下去，紅勢開朗，多兵易走，顯而易見，仍持先手。

7.兵九進一　車1進5　　8.炮八進二!?　………

紅高左炮巡河攔車，著法新穎、別緻！是紅方推出的一把佈局試探型「飛刀」，旨在攻其不備，意要出奇制勝。紅另有三變：

①俥二進四，車1平4，炮八平七，馬3進2，俥九平四，馬2進1，炮七退一，象7進5，傌三進四！變化下去紅方略優易走。

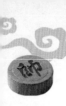

②在2012年全國象棋冠軍邀請賽上陶漢明與許銀川之戰中改走炮八平七，包8進2，俥二進四，象7進5，俥九平四，包2平1，俥四進三，車1平6，傌三進四，包1進3，俥二退二，包8平6，俥二進七，馬7退8，炮五平三，包1平7，炮三進四，馬8進6，炮三進一，馬6進7，炮三退三，馬7進6，兵五進一，馬6進7，炮三進三，包6退2，兵一進一，馬7退6，傌九進八，馬6退8，炮三平二，馬8退6！黑方反先，結果黑方完勝。

③筆者曾在網上走過俥九平六，士4進5，俥二進四，包8平9，俥二進五，馬7退8，相三進一，象3進5（補右中象固防，工整、穩正。如馬8進7，炮八進四窺殺7卒，演變下去，紅將多兵易走），炮八退二！車1退5（右車退底線，無奈之舉，旨在防紅炮八平九打死車兇招），傌三進四，車1平4，俥六進八，將5平4，炮八進六，卒7進1，兵三進一，象5進7，炮八平一！馬8進7，炮一平三，象7進5，相一退三。演變下去，紅多邊兵易走，結果雙方大量兌子後成和。

    8. ………… 包2平1

至此，雙方形成中炮巡河炮直橫俥單提傌對屏風馬高右橫車騎河右邊包互進三兵卒陣式。

    9. 炮八平五　象3進5　　10. 俥九平六！ …………

紅左俥佔左肋要道，是一步準備棄邊相爭先的好棋！紅如改走俥二進六??車1平5！傌九退七，車5平7，俥九進六，車7進2！俥九平七，車7進2！變化下去，黑多卒多象反先。

    10. ………… 馬3進2　　　11. 俥二進六　士6進5

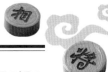

12.俥六進四　包8平9　　　　13.俥二進三　馬7退8

14.傌三進四(圖39)　馬2退3???

當紅雙俥齊發,黑平左包兌俥後,紅右傌盤河出擊之機,黑方透過兌子和調整陣形來抗衡,本著是一步關鍵選擇,黑卻退右馬提車,敗著!黑右馬本身完全可進攻,卻選擇了消極撤退,導致大大失先。如圖39所示,黑宜徑走包1進5兌傌爭先為上策,以下紅方有兩種選擇:

①兵七進一,車1進1,相七進九,車1平5,前炮進三,象7進5,俥六平二,馬8進7,俥二進二,包9進4,傌四進六,車5平4,傌六進五!包9平5,仕四進五,車4退4,俥二平三,士5進6,兵七進一,馬2進3,俥三進二,將5進1,俥三退三,車4平5,俥三平一,將5平4,俥一退三,馬3進4!帥五平四,士6退5,俥一平四,車5平6,俥四進四,士5進6,炮五進四,馬4退2,相三進五,馬2退4,兵七平八(若兵七平六或走兵七進一??則馬4退2踩雙後,黑方易走),馬4進3,相九退七,包5平2,兵三進一,包2進3,相五進三,馬3退4,帥四進一,形成黑馬包雙士對紅炮雙高兵仕相全的戰線甚長的局面,黑並不難走,勝負一時難定。

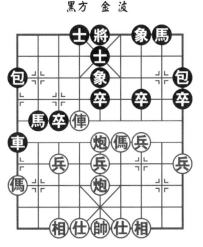

黑方　金波

紅方　李雪松

圖39

②相七進九,馬2進3,

俥六平二，馬8進7，俥二進二，馬3進1！俥二平三，馬1進3，帥五進一，馬3退2，帥五平四，卒5進1，俥四進三，卒5進1，俥三進一，象7進9，俥三平五，車1退2〔亦可走卒5進1！俥五退四，馬2進3，炮五平八，車1平6，帥四平五（若炮八平四？？？車6平7！黑多卒反先有攻勢），將5平6，帥五平六，卒3進1！黑車馬卒大有攻勢〕，俥五退三，車1平6，帥四平五，車6進6！帥五平六，車6退6，炮五平九，車6平1，炮九進二，卒9進1，俥五平四，士5進4，帥六平五，馬2進4，俥四平八，車1進1！俥八平六，馬4退2。變化下去，紅多中兵，黑多士，相比互有顧忌之下，黑方易走，勝算要略高於紅方。

如圖39所示，黑還可改走馬8進7靜觀紅變而變為妥，紅如接走俥四進三，包9進4，前炮進三，象7進5，俥三進五，車1平6！兵三進一，包1平4，兵三進一，馬2進3，俥九進七，包9平3，兵三進一，包4平7，俥六平七，包3平1，炮五進四，將5平6，仕四進五，車6退3，俥五進七，包7退1！俥七退六，包1退5！演變下去，紅雖多雙相，且俥俥炮有攻勢，但黑車卒雙士和下二線「擔子包」尚有抗衡能力，鹿死誰手，勝負一時難定。

15. 俥六進一　　馬8進7　　16. 俥四進三　包9進4

17. 俥六平七！　………

雙方互殺兵卒後，紅果斷平左肋俥壓馬，此刻的黑馬受制是第14回合退馬捉俥的惡果所在，可見一著不慎馬上受制。同時，這也是一步膽大心細、細膩至極、引誘黑方在不知不覺間中套失子的好棋！

17. …………　包1進5　　18. 兵七進一！　…………

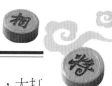

紅棄七兵頂卒打車，兇招！暗設陷阱，鬥智鬥勇，大打心理決勝之仗！試探黑方是否會中計的佳著！

18.………… 車1平3???

黑平車貪兵，落入陷阱，導致丟子，錯失和機，由此一蹶不振，難逃滅頂之災。黑宜徑走車1進1｛若誤走車1退3???則傌三進五！以下黑方有兩種不同選擇：①將5平6??傌五進七！車1平2，後炮平四！象7進5，炮五平四，包9平6，兵七進一，象5進7，俥七退一，將6進1，俥七平四，士5進6，俥四平八，將6平5，俥八進二！馬3進4，前炮平五，象7退5，相七進九！卒5進1，炮五進三，馬4退5，俥八平五，將5平4，俥五平四！再得一子後，紅方淨多兩子雙相必勝無疑。②象7進5??前炮進三，士5進4，前炮平七！馬7退5，炮七退二〔也可俥七平五！車1平3，俥五平一，將5平6（若包9平6???則俥一平四！包6平8，仕四進五，包8進3，相三進一，包8退9，帥五平四！包8平7，俥四進三！紅速勝），俥一進三，將6進1，俥一退六！馬5進6（若將6退1???俥一平四，將6平5，仕四進五，包1退4，俥四進三，包1平5，俥四平五，將5平6，俥五退二，車3進1，俥五平四！馬5進6，兵七進一，車3平4，炮五平四，將6平5，炮四進四！形成紅俥炮三個高兵仕相全完勝黑車雙士的局面），俥一平四，車3進1，兵七進一，車3平4，相七進九，士4退5，炮五平四！下伏炮四進四炸肋馬後，也形成紅俥炮三個高兵仕相全對黑車雙士的必勝局面，紅勝〕，馬5進7，相七進九！變化下去，紅多子多雙相也勝定｝，俥七進一，包1進2，前炮進三！象7進5，傌三進五，車1平5，俥七平九，馬7進6，傌五進三，

將5平6，俥九退七，卒3進1，仕六進五，馬6進7，俥九進四，馬7進5，相七進五，車5退1，俥九平七，車5平3，相五進七。演變下去，黑包雙高卒雙士能守和紅俥高兵仕相全。

　　19.相七進九　　車3進1　　20.俥七進一！　車3平5

　　21.傌三進五！

　　紅方抓住最後機會，飛邊相殺包，進俥砍馬，現又傌踩中象，傌到成功，一氣呵成！以下黑如接走象7進5？？前炮進三，將5平6，前炮退四！馬7進6，前炮平四，馬6進4，炮五平四，將6平5，前炮平九，士5退6（若將5平6？？？則俥七平四，將6平5，炮九進六悶殺，紅速勝），炮九平五！士6進5，俥七平四，卒5進1，俥四退三！馬4進2，仕四進五，包9進3，相三進一，卒3進1，兵三進一！卒3平4，俥四平二，將5平6，兵三平四，士5進6，兵四進一，士4進5（若卒4平5？？俥二平五！黑如接走卒5進1？？？則兵四進一殺，紅勝；黑又如改走將6平5？俥五進一！士4進5，俥五平八，士5進4，兵四平五！將5平4，俥八退二，士4退5，俥八進六，將4進1，炮四平六，士5退6，兵五進一！下伏炮五平六疊炮絕殺兇招，紅勝），俥二進五，將6進1，兵四平五！右仕角炮悶殺，紅方完勝。

　　黑方又如改走車5退1？？傌五進七，將5平6，俥七平三！包9平7，俥三平二，卒3進1，俥二退一，車5平6，仕六進五，包7平5，帥五平六，車6平4，炮五平六，將6進1，俥二平五，車4進1（若包5退1？？傌七退六，士5進6，傌六退五殺包後，紅方勝定），傌七退六，士5進6，傌六退七，包5平8，俥五退三！車4平5，傌七退五！至此，形

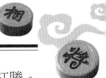

成紅傌炮高兵仕相全對黑包高卒單缺象的必勝局面，紅勝。

　　此局雙方一開戰就進入了左巡河炮與右邊包的決戰：紅鎮左巡河炮於中路，黑補右中象固防，紅左橫俥佔左肋道騎河出擊，黑進右外肋馬補左中士固守，雙方早早進入了中盤廝殺。就在雙方兌俥車之時，紅進右傌盤河出擊之機，黑卻在第14回合走馬2退3驅俥，大大失先。以後紅在第17回合平肋俥壓馬，在第18回合棄七兵打車暗設陷阱後，黑果然接著走車1平3貪兵跌落深淵，導致丟子，與和棋擦肩而過，被紅方俥相連殺馬包，傌踏中象，棄中炮砍馬，俥傌掃雙卒，巧兌中車，最終多子多相完勝黑方。

　　這是一盤紅在佈局拋出左炮巡河新招，黑方很不適應；中盤格鬥，紅巧設圈套，細膩至極，黑在不知不覺中先丟良機又錯失和棋機會，被紅方連消帶打、反奪先手、追回失子、謀子取勢、運子爭先、棄子設陷阱、兌子多子勝的「短平快」精彩殺局。

第40局　（北京）蔣川、（江蘇）伍霞　先負
（黑龍江）趙國榮、（江蘇）張國鳳

轉巡河炮七路傌退中炮對右邊包巡河車互進
左中相（象）七兵卒

1. 炮二平五　馬8進7　　2. 傌二進三　馬2進3
3. 俥一平二　車9平8　　4. 兵七進一　卒7進1
5. 炮八進二　包2平1

　　這是2011年6月18日首屆「金顧山杯」全國象棋冠軍混雙邀請賽的一盤精彩的「短平快」廝殺。雙方以中炮巡河炮對屏風馬右邊包互進七兵卒拉開戰幕。紅進左炮巡河屬老

版本佈局武器，自20世紀50年代起開始流行至今。

黑開右邊包是2000年起中國棋壇開發湧現出來的新千年的新戰術。而古老經典的防禦戰術則是黑象3進5，本書對此有專門章節給予論述和展示。

6. 傌八進七　　車1平2

7. 炮五退一　　車2進4

8. 相七進五　　象7進5（圖40）

9. 炮五平八?!　………

至此，雙方走成中炮巡河炮七路傌退中炮對屏風馬右邊包巡河車互進七兵卒互補左中相（象）陣式，現紅卸中炮左移窺打右巡河車是紅方拋出的最新試探型的一把佈局「飛刀」，旨在攻其不備，意要出奇制勝。紅方能順利如願嗎？讓我們靜心欣賞！如圖40所示，在2008年6月11日的全國象棋甲級聯賽上萬春林與蔣川之戰中紅曾經走過俥二進六！卒3進1，炮五平八，車2平1，兵九進一，車1進1！俥九進四，卒3進1，俥九進二，馬3進1，相五進七，包8退1，前炮進二，包8平3，俥二進三，馬7退8，傌七進六，馬8進7，相三進五，包1平3，後炮平一，卒5進1，兵三進一，卒7進1，炮一平三，馬1進2，炮三進三，馬2退3，傌六進七，後包進2，炮

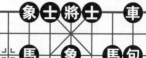
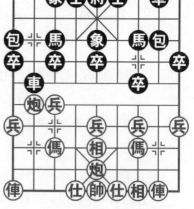

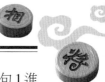

三進二，後包平1，仕六進五，包3平5，炮八退五，包1進3，仕五進六，卒5進1，兵五進一，包1平5，仕四進五。雙方大量兌子後，握手言和。

　　9. …………　　車2平4　　10. 兵三進一　卒3進1

　　11. 兵七進一??　………

　　紅挺七兵邀兌，劣著！錯失良機，導致落入下風。紅宜逕走後炮平七！不給兌兵卒後黑右肋巡河車站在右象台後再捉殺左傌機會。黑如續走卒3進1，則炮七進三，卒7進1，炮八平三，馬7進8，炮三平二，馬3進2，炮二進三！包1平8，炮七平二，包8進3，俥二進四，車4平7，傌三進四，馬2進3，俥二進一，車7平8，傌四進二，車8進4，俥九平八，卒1進1，俥八進三，車8平3，兵一進一。變化下去，雙方局勢平穩，子力對等，和勢甚濃，遠遠要強於實戰，可見挺七兵邀兌是致命傷！

　　11. …………　　車4平3　　12. 俥九進二　馬3進4

　　黑右馬盤河出擊，著法緊湊有力。黑也可逕走卒7進1打通前沿巡河線來活通左馬通道反擊，紅如接走相五進三，馬7進8，後炮平二，馬3進4，相三進五，車8平7，炮二進六，馬4進3，俥九平八，包1平8，傌三進二，馬8進6，傌二進一，包8平9，俥二進一，包9進4！變化下去，雙方雖子力對等，局勢相對平穩，但黑方子位靈活易走，也呈反先局面。

　　13. 兵三進一　　馬4進3　　14. 俥九平八　車3平7

　　15. 前炮平三??　………

　　紅平前炮於右相台攔車護右傌，敗筆！錯失堅守良機而陷入困境，導致難以自拔而飲恨敗北。紅宜逕走俥二進二保

右偶為上策，黑如接走包1平4，仕六進五，馬7進8，前炮平二，包8進3，偶三進二，馬8退7，俥八進二，馬3退4，俥八平七（若貪走俥八平三邀兌???則車7進1！相五進三，馬7進6，炮八進三，馬4進2，偶七進八，車8進5！以下不管紅方是否兌車，黑反多子佔優），馬7進6，俥二平三，以下黑有兩種走法：①車7進3，則偶二退三，演變下去，雙方子力對等，形成均勢；②車7平8，則偶二進四，前車平6，炮八進八！變化下去，雙方雖子力對等均勢，但紅有沉底炮易走，優於實戰，足可抗衡，鹿死誰手，勝負難料。

　　15. ………　馬7進8　　16. 炮八平二　車8進1

　　17. 炮二進三　車8平6!

　　黑方抓住戰機，進左馬打俥，又亮出左肋車，直逼紅方九宮下二線，由此全線發力，鋒芒逼人，展開了全面而有力的反擊！

　　18. 俥二進一　………

　　紅高起右直俥，守護下二線，無奈之舉。紅如徑走炮二進三??則包1平8，炮三平二，車6進7！點下二線象腰後，以下紅方有兩種不同選擇：①相五退七???車7進3！炮二進三，馬8進6，炮二進二，象5退7，仕六進五，馬6進4，帥五平六，馬4進3！俥二進四（若相三進一???車6退4，帥六進一，車6平4，仕五進六，車4進3！帥六平五，車7進1，黑雙車發威，砍仕又叫殺，黑速勝），車6進1！帥六進一，車6退1，俥二平六，車6平5！帥六退一（若帥六平五貪車??則車7進1殺，黑速勝），車5進1，帥六進一，車7進1，帥六進一，車5平4！黑雙車發難，再挖中

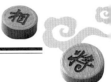

士，借雙馬之威，兜底妙殺，黑勝。

②炮二進三？？馬3進5！仕六進五，馬5進3，帥五平六，車6退1（若車7平4，傌七進六，車4進1，仕五進六，馬8進7，炮二進二，象5退7，傌二進六，馬7進5，仕四進五，車4退2，傌二平三，象3進5，傌三進一，車4退1，傌三進二，車6進1，帥六進一，車6退1，傌二進一！變化下去，紅雖殘去中相，但淨多邊兵，又有右沉底炮攻勢，足可抗衡），炮二進二，士6進5，傌三進四（若貪走仕五進四？？？車7平4，傌七進六，車4進1！黑速勝），車6退2，傌二進二，車7平4，傌二平六，車4進3，仕五進六，車6進4，帥六進一，車6平7，傌八退一，馬8進6，傌八平七，車7平8，炮二平一，馬6進5，傌七平九，馬5進6，帥六平五，馬6退7，帥五進一（若帥五平六？？則馬7退5，帥六平五，馬5進3！得傌後黑勝勢），車8退2，傌九進一，馬7退5，帥五退一，車8平4，傌七退八，車4退1，傌九平五，卒5進1，傌八進七，卒5進1！傌七進五，卒5進1！傌五平二，士5進6！變化下去，紅雖多子，但黑借露將之威，由優勢可轉為勝勢。

18. ………… 車6進6 19. 傌二平三 ………

黑進左肋車追殺右傌，硬逼紅右傌保傌，疲於應付。紅如炮二進三？？則包1平8！炮三平二，包8平7，傌三退一，馬3進5，相三進五，車6平5！傌二平五，車5平8，炮二平八，車7平3！傌五平七，包7退1，傌一退三，車8平5，仕六進五（若傌七平五？？？則車5平3！得子大優），包7平3，炮八平五，車5平3，傌七進一，包3進6！變化下去，雙方雖大子兵卒對等，但黑淨多雙象易走，也佔優勢。

19. ………… 馬3進5！

黑馬踩中相，馬到成功，一劍封喉，一舉擒帥！紅如接走相三進五，則車6平5，以下紅方有三種不同選擇供參考：①傌三退五??包8進3！俥三平二，車7進1！俥二進二，車7平6，俥八平九，車5平6！俥二退三，包8進2，傌五進六，前車平5，仕六進五，車6平3，傌六進八，馬8進6，兵五進一，馬6進8，帥五平六，包1平4，俥二進一，車3平4，帥六平五，馬8進6！俥二平四，包8進2！紅方疲於應付，防不勝防，顧此失彼，還是落敗，黑勝。②仕四進五??車7進1！炮二進三，包1平8，俥八平九，馬8進9，傌七進八，車5平1，傌八退九，車7進2！俥三進一，馬9進7，兵五進一，包8退1，兵九進一，包8平1，傌九進八，包1進4！傌八進九，馬7退5，傌九進七，馬5退3，傌七退五，包1平5！帥五平四，卒9進1！形成黑馬包高邊卒士象全對紅傌雙仕的必勝局面，黑也勝。③仕六進五??車7進1！炮二進三，包1平8，俥八平九，包8平7，傌七進八，車5平1，傌八退九，包7進5！仕五退六，馬8進9！變化下去，黑多子多卒多雙象也必勝。

此局雙方一開戰就馬上步入了左炮巡河與右邊包的爭鬥：由於雙方是混雙出戰，紅方相互配合不默契，在第9回合拋出了炮五平八打右車佈局「飛刀」後，又在第11回合走兵七進一邀兌錯失良機，後續手段跟不上，導致速落下風。以後，紅還在步入中局後不久的第15回合走前炮平三攔車護傌而陷入困境，難以自拔，反被黑方急進左外肋馬打俥，平左肋車進右仕角捉傌，最終馬踏中相，車包殺雙炮，雙車佔肋催殺，雙車包拴鏈雙俥雙傌，左馬直赴臥槽，借雙

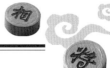

車馬包之威，沉左包擒帥入局。

　　這是一盤佈局紅方配合不默契，每當紅有重要決策之際蔣特大十分湊巧地不能出重拳，天意決定黑勢在先，同時紅卸中炮打車佈局「飛刀」不成熟，避開主流的副作用使自己也不熟悉，造成「雙打」中最容易出現的彼此思維脫節所致，最終紅方告負也不足為怪的「短平快」精彩殺局。

第五節　中炮巡河炮對屏風馬騎河包

第41局　（上海）謝靖　先勝　（湖北）汪洋

轉七路馬巡河炮卸中炮對右橫車佔右肋道左包騎河左中象

　　1.炮二平五　馬8進7　　2.傌二進三　車9平8
　　3.兵七進一　卒7進1　　4.傌八進七　馬2進3
　　5.傌七進六　………

　　這是2013年9月16日第3屆「溫嶺長嶼硐天杯」全國象棋國手賽的一場精彩激烈的「馬拉松」之戰。雙方以中炮左傌盤河對屏風馬左直車互進七兵卒拉開戰幕。紅進左傌盤河，佈成七路「先鋒傌」陣式，是一路穩健緩攻型的開局，曾盛行於20世紀50—60年代。紅如改走俥一平二，包8進4，炮八進二，象3進5，傌七進六，士4進5，炮五平六。變化下去，雙方形成中炮巡河炮七路傌卸中炮對屏風馬左包封俥右中士象互進七兵卒陣式，可參閱本章「中炮巡河炮對屏風馬左包封俥」一節。

　　5.…………　車1進1

　　黑高起右橫車，準備佔肋道後出擊，屬當今棋壇主流變

例之一。黑另有五變，僅做參考：①象3進5後，紅有兩變：(a)炮八平七，車1平2，俥九平八，包2進6，炮五平六，以下黑有士4進5和車8進1兩路變化，結果前者為雙方均勢；後者為紅方主動，易走。(b)俥七進六，包2進4（伸右包過河，意圖要棄包爭先）！兵七進一，卒3進1，俥六退八，卒3進1，以下紅有俥八退六和炮八平六兩種變化，結果前者為黑棄子有攻勢，易走；後者為黑方較優。②士4進5，炮八平七，包8平9，相三進一（不給黑走車8進5，則兵三進一脅馬的機會），車8進5，兵三進一，車8退1，俥一平二（若兵三進一??車8平7，演變下去，黑左巡河車通頭後佈局足可滿意），車8進5，俥三退二，卒7進1，俥九平八，車1平2，以下紅有相一進三和俥八進六兩種變化，結果前者為黑少卒，但得相滿意；後者為黑方略優。

③包2進3，俥六進七，包2進1，俥七退六（旨在讓七兵過河參戰，佳著）！包2平7，兵七進一，包8平9，兵七進一，車1平2，炮八進四，車8進5，兵五進一，士4進5，炮五平八，車8平5，相七進五，車2進3（若車2平1？俥六進八！演變下去，紅主動，易走），兵七平八，車5平4，兵八平七，馬3退2，俥九平七，變化下去，紅反較優。

④包8平9（似左三步虎陣式，效果不太理想）？俥一進一，士4進5（若車8進5??炮八進二！車8進1，炮五平七，象3進5，相七進五，變化下去，紅陣形穩固，易走），俥一平六，象3進5，俥九進一（再提左橫俥，以下二線「霸王俥」陣式來增強攻勢，好棋）！以下黑有車1平4和車8進6兩種變化，結果兩者均為紅方主動，好走。

⑤包8進3，筆者在網戰應對過紅俥六進七，包2進4，

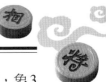

炮八平七，包2平3，俥一進一，車1平2，俥一平四，象3進5，俥四進七！包3退3，炮七進四，士4進5，俥九進一，車2進4，俥九平四，包8平4，俥四平六，車8進5，兵三進一，車8平7，相三進一，車7進2，俥六進三，車7平9，兵五進一，車9退1，兵五進一，車2平5，俥六進四，車9退1，兵七進一，車9平5，兵七平六！後車平6，俥四退三，馬7進6，俥六平七！車5平3，俥七退一！馬6進4，仕四進五，車3進4，炮五平四，馬4進2，兵六進一，馬2退4，俥七平八，馬4退3，兵六平七，車3退6，俥八退三！變化下去，黑雖少子，但淨多3個高卒；紅雖殘雙相，少三個兵，但多子，可智守前沿抗衡，結果紅炮巧兌3個卒後雙方握手言和。

　　6. 俥一平二　　車1平4　　　7. 炮八進二　　包8進3

　　至此，雙方形成中炮巡河炮左俛盤河對屏風馬右橫車佔右肋道左包騎河互進七兵卒陣式。黑如包8進1？？則炮五平六，車4平6，相七進五，象3進5，兵九進一，車8進1，兵九進一，卒1進1，俥九進五，包2退2，俥九進二！馬3退1，炮六平九，馬1退3，俥九進二！變化下去，紅俛雙炮直逼黑右翼佔先。

　　8. 炮五平六　　車4平8　　　9. 相七進五　　象7進5

　　黑先補左中象固防，明智之舉。黑如卒3進1？則俥九平七，卒3進1，相五進七，象3進5，相七退五，包8平2，俥二進八，車8進1，俥七進七，前包進4，俥七退七，前包退1，仕六進五，下伏進俥捉雙包的先手棋，紅反易走。

　　10. 俥九平七　　包2平1　　11. 傌六進七　　包8平2
　　12. 俥二進八　　車8進1　　13. 傌七退八　　車8平4

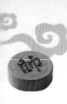

14. 仕六進五　車4進3　　15. 傌八進七? ………

雙方先後兌去俥車炮包後，現紅進左外肋傌壓馬棄邊兵，過急之舉。劣著！紅宜徑走兵七進一兌車為上策，黑如接走車4平3，俥七進五，象5進3，炮六平七，象3退5，傌八進七！馬3退2，傌七進九！馬2進1，炮七平九，馬7進6，炮九進四！馬6進7，炮九平一！變化下去，紅淨多邊兵，且兵種齊全，顯而易見佔優，易走。

15. ………　包1進4　　16. 兵三進一　卒7進1

17. 相五進三　車4平2　　18. 相三退五　馬7進6

19. 炮六平七　包1退1　　20. 俥七平九 ………

紅平俥捉邊包，穩步進取，明智之舉。紅如貪走傌七進五殺象，則象3進5，炮七進五，馬6進4。演變下去，黑雖殘底象，但黑大子子位靈活易走，反彈力甚強，紅孤炮難以發揮作用而無趣。

20. ………　卒1進1　　21. 傌七退九　車2平1

22. 炮七進五　車1退2　　23. 炮七退一　卒9進1

以上雙方先後兌掉俥車傌馬炮包兵卒後，簡化了局面，使局勢趨於平穩，至此，紅淨多七路兵易走，略優。

24. 炮七平八　卒9進1　　25. 兵一進一　包1平9

26. 俥九進七　象3進1

雙方再兌去邊路俥車兵卒後，形成了紅傌炮雙高兵仕相全對黑馬包高卒士象全的紅方稍優的局面。

27. 傌三進四　士6進5　　28. 炮八退一　象1退3

29. 炮八平九　士5進6　　30. 兵七進一　馬6進8

31. 傌四進五！　包9退4　　32. 兵七平六　包9平5

33. 兵六平五　包5進2　　34. 前兵進一 ………

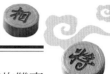

　　至此，雙方又順勢而為地再兌去‥子，形成了紅炮雙高兵仕相全對黑馬士象全的殘局枰面，一般在正常不走漏的情況下，黑方可以守和。

34. …………	士6退5	35. 相五進三	馬8退9
36. 後兵進一	馬9進7	37. 後兵進一	馬7進5
38. 炮九進四	象5退7	39. 後兵平六	馬5進3
40. 兵六平七	馬3退1	41. 兵七進一	馬1退3
42. 兵五平四	象7進5	43. 炮九平八	將5平6
44. 相三進五	馬3進5	45. 兵四平三	馬5退3
46. 相五進七	馬3退5	47. 炮八退五	馬5進3
48. 仕五進四	馬3進1	49. 仕四進五	馬1進2
50. 相七退五	馬2退4	51. 炮八進二	馬4退5
52. 兵七平六	馬5進3	53. 炮八進三	馬4退3
54. 兵六平七	馬3進4	55. 兵七進一	馬4退6
56. 兵三平二	將6平5	57. 帥五平四	馬6退5
58. 兵七進一！	馬5進3	59. 仕五進六	馬3退2
60. 仕四退五	象5進3		

　　61. 兵二平三（圖41）　馬2進4???

　　黑進馬貪捉七路兵，隨手？敗筆！導致丟象殘士後落敗！如圖41所示，黑宜走象3退1連象為上策，變化下去，至少紅兵不能兌去上象，而有望守和。

　　以下精彩殺法是：兵七進一（果斷挺兵殺象，算準一兵兌象士後，黑要守和開始有難度了），馬4退2，炮八退一，象3退5，兵七平六，將5平4，炮八平九，馬2進1，炮九退二，馬1退3，炮九退六（左邊炮退底線，老練有力！紅方殘棋要獲勝，定要先使炮歸家，再利用己方的仕相

帥做炮架，對黑方單士單象展開全線攻擊）！馬3進5，兵三平四，馬5進6，相五進七，象5進3，炮九平六，將4平5，炮六平五，馬6退7，帥四進一，象3退1，兵四平三，象1退3，帥四進一，象3進1，帥四平五，馬7退5，兵三平四，馬5進6，帥五平四，象1退3，帥四退一，象3進1，仕五進四，將5平4，炮五平六，將4平5，帥四平五，象1退3（又一壞棋！退右底象導致再失抵禦良機。宜將5平6！炮六平五，馬6退4，兵四平三，馬4退3！這樣變化下去，黑尚可抵禦紅炮兵的猛烈進攻）???炮六平五！馬6退4，兵四進一，馬4退6，兵四進一，象3進5，炮五進七（隨手飛炮貪殺中象，錯失速勝機會。紅宜先走帥五平六為上策，黑如接走馬6進5，炮五進三！士5進4，仕六退五，將5平4，炮五進四！這樣殺去中象後，紅可輕易快速取勝），士5進6，帥五平四，馬6退4，兵四平三，馬4進5，相七退五，將5平4，炮五平八，馬5進6，仕四退五，士6退5，炮八退七，士5進4，炮八平六，將4進1，相三退一，馬6退7，相五進三，馬7進5，仕五進四，馬5退6，兵三平四，馬6退8，兵四平三，將4平5，仕四退五（若貪走炮六進七???則馬8退6，炮六平四，將5進1，炮四平三，馬6退7！黑棄士踩兵後，增加了

黑方　汪洋

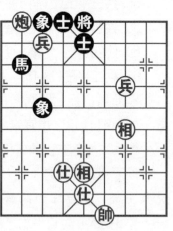

紅方　謝靖

圖41

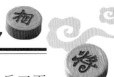

紅方的取勝難度，使紅反得不償失），馬8進6，兵三平四！將5平4（紅棄兵叫將，大膽出擊，鬥智鬥勇，大開殺戒，膽識俱全，令人擊節！黑如貪走將5平6？？？則炮六平四！士4退5，炮四進六！得馬後紅勝定），帥四進一，馬6退8（最後敗招！錯失守和機會。宜馬6進5！以下紅有兩種選擇：①帥四退一，馬5進3，帥四進一，馬3進2，炮六平五，馬2進3！黑馬佔據防守要位，不給紅帥進中路，黑可守和。②帥四平五，馬5進3，帥五平四，馬3進2，炮六進一，馬2退3，炮六退一，馬3進2，炮六平五，馬2退3，與①變殊途同歸，均可守和），兵四平三，馬8退9，兵三平二，馬9進8，帥四平五，馬8進6，仕五進四，將4退1，帥五退一，將4進1，炮六進一，將4退1，兵二平三！將4進1（紅棄兵逼宮，黑進將明智。黑若貪走馬6退7踏兵？？？則炮六進七打士後，再紅炮速歸家可獲勝），兵三平四！馬6進5，炮六退一，馬5退6，帥五進一，馬6進5，仕六退五，士4退5，兵四平五！紅兵挖中士，一劍封喉，一氣呵成！

以下黑如接走將4退1？？？則仕五進六，馬5退4，炮六進六！將黑子蠶食殆盡，紅方完勝；黑方又如改走將4平5吃兵？？？則仕五進六，將5平6，炮六平四，將6平5，炮四平五，將5退1，炮五進四！也把黑子殺完後，紅勝。

此局雙方一開戰就立刻捲入了紅左炮巡河對黑左包騎河的爭鬥：紅左傌盤河，卸中炮補左中相亮出左相位俥，黑高起右橫車佔右肋道後又平8路連車，也補左中象平右邊包，早早進入了中盤廝殺。當紅在第15回合走傌八進七棄邊兵壓馬錯失先機後，雙方進入了先兌兵卒和傌馬，又兌俥車兵

卒簡化局勢後，形成了紅傌炮雙高兵仕相全對黑馬包高卒士
象全的紅稍優局面。以後雙方各攻一面，疾如流星，苦於求
勝，煞費苦心，明爭暗鬥，步入冷戰。但好景不長，雙方再
兌去一子後，形成了紅炮雙高兵仕相全對黑馬士象全的在一
般不走漏情況下黑可守和的殘局枰面。然而，黑方還是「晚
節不保」，在雙方又糾纏了27個回合，到了第61回合走馬
2進4貪捉七路兵後，導致殘象丟士陷入困境。以後又互相
爭鬥了20個回合，到了第81回合黑竟然隨手走象1退3再丟
抗衡良機，被紅方鎮中炮，渡肋兵，直逼九宮，炮炸象，再
捉士，平兵逼將。但更糟糕的是黑在第100回合竟然走了馬
6退8，丟失守和機會後，被紅方棄兵逼宮，硬挖中士，一
著定乾坤。

　　這是一盤佈局就步入「鬥炮」大戰；中盤搏殺，大量兌
子，互不相讓，殘局爭鬥，黑三失和機，最終被紅炮兵巧妙
逼宮挖士、技高一籌、一擊中的、一拼輸贏、一舉拿下的經
典而罕見的紅炮低兵仕相全完勝黑馬單士的精彩殺局。

第42局　（上海）黃杰雄　先勝　（南昌）汪中山

轉左傌盤河巡河炮卸中炮對右中象象位車伸左包騎河兌3卒

1.炮二平五	馬8進7	2.傌二進三	車9平8
3.俥一平二	馬2進3	4.兵七進一	卒7進1
5.傌八進七	象3進5	6.傌七進六	車1平3

　　這是2015年2月21日春節網戰象棋對抗賽的一盤龍虎
激戰。雙方以中炮左傌盤河對屏風馬右中象象位車互進七兵
卒拉開戰幕。紅如改走炮八進二，車1平3，俥二進六，包8
平9（若馬7進6??傌七進六，變化下去，紅易走佔優），

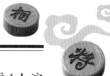

俥二進三（若俥二平三，車8進2，傌七進六，包2進1！演變下去，黑有反彈力，不會難走），馬7退8，傌七進六，士4進5，俥九進一。以下黑有馬8進7和卒3進1兩路變化，結果兩者均為雙方大體均勢。

又如網戰曾流行過紅炮八進二，卒3進1，兵七進一，象5進3，兵五進一，象3退5，兵三進一，車1平3（馬後藏車，準備續走馬3進4盤河爭先），兵三進一，馬3進4，兵五進一，卒5進1，傌三進五。以下黑有馬4進5和卒5進1兩路變化，結果兩者均為紅有過河兵參戰略優。

黑先亮出右象位車，屬穩健型流行變例。黑如改走包8進4，炮八進二，車1平3，炮五平七，包2退1（紅卸中炮，遙控黑方3路，貫徹既定計畫；黑退右包，準備加強3路線的反擊力量）！俥二進一，士4進5，俥二平四，包2平3，相七進五。以下黑有車3平2和包8退1兩種變化，結果前者為黑左翼空虛，紅多兵佔優；後者為紅多兵多相反先。

7. 炮八進二　包8進3

紅伸左炮巡河護左盤河傌，智守前沿；黑伸左包騎河，旨在牽制紅左翼巡河傌炮，針鋒相對，精彩絕倫！紅如先走俥九進一，卒3進1，兵七進一，馬3退5，炮八進二，車3進4，傌六進五，車3進1，炮八進一，包8進4，俥二進一，車3進4，俥九平七，車3平2，炮八退四，卒7進1（果斷棄卒，打破僵持局面，黑若包2進5？傌五退四！變化下去，紅反多兵易走反先），兵三進一（若俥二平六？？卒7進1，俥六進七，包8退5，俥六退一，包2退1！演變下去，紅無後續進攻手段，相反黑方略優易走），包8平

7，以下紅有俥二進八和俥二退一兩種變化，結果前者為雙方主力消耗後趨於和勢；後者為紅雖多兵，且兵種全，但已殘相後也有顧忌。

黑如改走卒3進1，兵七進一，馬3退5，俥九進一，車3進4，傌六進五，車3進1，炮八進一，包8進4，俥二進一，車8進3（高左車驅俥，穩步化解紅方攻勢），炮八進一，車3退2，傌五進三，車3平2，前傌退五（若前傌三退四？？則車2平6！變化下去，紅傌無好路可走而易遭被動），車2平3，俥九平七，車3進5，俥二平七，包2進5，俥七進五（進俥護中傌，暗伏下手傌五退三抽車手段，是一步儘快消除三路傌受攻的積極走法）！以下黑有馬5進7和包2平5兩路變化，結果前者為雙方大體均勢，後者為紅反多兵略優。

8. 炮五平七　卒3進1（圖42）

黑挺3卒邀兌，穩步進取，明智之舉。黑如士4進5？傌六進七，包8平2，俥二進九，馬7退8，傌七退八，演變下去，紅優易走；黑又如包8平3（貪兵得實利）？俥二進九，馬7退8，相七進五，包3退1（若包3進1？？炮七進四，車3平1，俥九平七，包3平7，炮八平七，紅勢開朗佔優）：以下紅有兩種不同選擇：

①炮七進四（謀卒得實利，並為左俥開路出擊），以下黑有車3平1和馬3退5兩路變化，結果前者為紅得象佔勢易走，後者為紅方佔先；

②兵三進一，士4進5（補右中士，準備儘快平車捉傌爭先），兵三進一，車3平4，傌六進七，以下黑有車4進5和象5進7兩種變化，結果前者為紅兵種齊全，且有過河兵

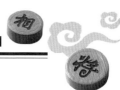

助戰佔優；後者為紅方易走佔先。

9. 兵七進一!! ………

紅殺3卒、大膽棄左炮，是筆者推出的最新試探型的一把佈局攻殺「飛刀」，一改網戰曾流行過的補左中相固防的穩健型走法，旨在攻其不備，意要出奇制勝。如圖42所示，紅如相七進五，則黑會接走卒3進1，相五進七，士4進5（若包8平3，俥二進九，馬7退8，相三進

黑方　汪中山

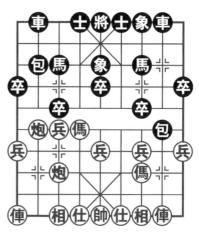

紅方　黄杰雄

圖42

五，包3退1，傌六進五！演變下去，紅方佔優），仕六進五（若傌六進七，包8平2，俥二進九，馬7退8，傌七退八，包2進2，仕六進五，包2平3，變化下去，雙方均勢），包2進2，相七退五，車3平4，傌六進七（若炮八平二，車4進5，兵三進一，車4退1，雙方平穩），馬3退1（若包2平3，傌七進九，變化下去，紅優易走），炮八平七，包8退2，俥九平八，包8平3（若馬7進8，前炮平二！變化下去，紅反先手），俥二進九，馬7退8，後炮進四，車4進4，前炮平一，馬1進3，炮七進二，包2平3，變化下去，紅淨多雙兵，黑子位靈活易走，雙方互有顧忌。

　　9. ………… 　　包8平2 　　10. 俥二進九 　　馬7退8

　　11. 兵七進一! 　馬8進7 　　12. 傌六進八! 　後包進1

黑棄後包頂左傌，無奈之舉。黑如後包退1?? 兵七進

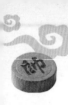

一！車3平2，傌八進九，後包平1，傌九進七，將5進1，炮七平九，馬7進6，炮九進四！變化下去，紅傌炮過河兵壓境，淨多雙兵易走大優。

13. 俥九進一　士4進5　　14. 炮七進五　馬7進6

15. 俥九平七　後包退2　　16. 俥七進三　馬6進7

黑馬踩三兵，明智之舉。黑如硬走前包進4？？俥七平四，車3平4，俥四進一！車4進9，帥五進一，將5平4，傌八進六，車4退2，俥四平八！！變化下去，紅多子多雙兵大佔優勢後，有望形成勝勢。

17. 炮七平九　前包進4　　18. 傌八進六　…………

至此，雖雙方兵卒等、仕（士）相（象）全，但紅俥傌炮過河兵在黑右翼有較強攻勢而大優。

18. …………　後包平4　　19. 兵七進一！　車3平2？？

黑平象位車讓路，劣著！由此黑陷入困境。黑宜徑走包4進1為上策，紅如接走兵七平六，車3進5，傌六退七，士5退4。變化下去，黑雖少子，但反多卒，優於實戰，沒陷入困境，可以抗衡。

20. 傌六進七　車2進1　　21. 炮九進二！　包2平1

22. 俥七平六　將5平4　　23. 傌三退五！　馬7進6

24. 傌五進七　卒7進1　　25. 傌七進八　卒7平6

26. 傌八進七　卒6進1　　27. 傌七進九！　………

至此，紅右傌從三路，連躍5步後，直插黑方右翼邊陲，使紅雙傌炮過河兵四子大舉壓境，令黑頹勢難挽，難以自拔。

27. …………　車2平1　　28. 兵七平八　車1平3

黑棄車兌傌，實屬無奈。黑如包4進1？？兵八平七，包

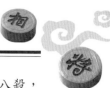

4退1，俥六平八，將4平5（若車1平2？？？則俥九進八殺，紅勝；又若包4進1？？俥八進五，將4進1，兵七平六，黑如接走將4進1？？？則俥七退八，將4退1，傌九退七！趁底線俥炮之威，雙傌馳騁，活擒老將，紅勝；黑又如改走士5進4？？俥八平五！士4退5，傌九退七，將4進1，俥五平八！車1平3，俥八退二，車3進1，俥八平七，將4退1，俥七進一，將4進1，俥七平六兜底殺，紅勝），俥八進五，士5退4，兵七平六，將5進1，俥八平六，將5平6（若象5進3？？？俥六退一，將5退1，俥六平四，車1平3，傌九進七，將5平4，俥四進一殺，紅勝），俥六退一，將6進1，俥六平三，士6進5，俥三退一，將6退1，兵六平五，馬6退4，帥五進一，卒6進1，前兵進一！將6平5，俥三進一殺，紅勝。

29.傌九進八　車3退1　　30.兵八平七！

紅兵臨城下，殺車逼將，一氣呵成！紅方完勝。以下黑如接走將4平5？？兵七進一，車3平4，兵七平六，卒6進1（若車4平3？？？炮九平七！士5進4，俥六進三，卒6進1，傌八退七，象5進7，俥六平五！士6進5，兵六進一，紅勝），兵六進一，士5退4，傌八退七！象5退3（或走士4進5？？？），俥六進五！絕殺，紅勝；黑又如改走包4進1？？兵七平六，士5進4，俥六進三，將4平5，俥六進一！士6進5（若車3平4？？？俥六進一，將5進1，俥六平五，將5平6，俥五平四！將6平5，傌八退七，將5平4，俥四平六！借底線俥炮之威，成俥傌冷著擒將入局，紅勝），炮九平七！馬6退4，帥五進一，卒6進1，傌八退七，卒6進1，帥五進一，將5平6（或走士5進4？），傌七進六！成俥傌

炮悶殺，紅也完勝黑方。

　　此局雙方一開戰就進入了紅左巡河炮與黑左包騎河的激戰：就在紅第8回合卸中炮、黑邀兌3路卒之時，紅又在第9回合果斷走兵七進一殺卒棄左炮，拋出最新探索型佈局攻殺「飛刀」後，使雙方早早步入了中盤廝殺。儘管黑方得子兌俥後，佔有多子先手，但並不得勢，且不太適應。當紅方沒幾個回合追回失子後，黑見紅俥炮過河兵已在右翼壓境，如虎落平川，慌不擇路，猝不及防，竟然在第19回合紅挺七兵攻殺黑右車肋包之時，走了車3平2，錯失抗衡良機，被紅右俥連進5步，直赴黑右翼邊陲與原先俥炮過河兵形成強大攻勢，最後逼黑車吃俥，陷入絕境，被紅兵臨城下、殺包吃車後，形成了俥俥炮聯手妙殺。

　　這是一盤雙方佈局時，紅推出攻殺「飛刀」；中盤搏殺，精彩激烈：黑得子失勢，紅棄子冷靜、見縫插針、曲徑通幽、敢打敢拼、五步躍馬、四子壓境、兵臨城下、俥俥炮聯手妙殺的精彩殺局。

第三章
中炮巡河炮對屏風馬進車類

第一節　中炮巡河炮對屏風馬象位車

第43局　（廣東）黃海林　先勝　（河北）申鵬

轉七路傌左橫俥外肋傌對屏風馬右中象象位車左包巡河

1.炮二平五	馬8進7	2.傌二進三	卒7進1
3.兵七進一	馬2進3	4.傌八進七	象3進5
5.俥一平二	車9平8	6.炮八進二	車1平3

這是2011年8月3日全國象甲聯賽的一場龍虎激戰。黑先挺7卒，形成屏風馬進7卒這一路變化；紅亮出右直俥，形成右中炮七路傌直俥那一路變化。雙方鬥智鬥勇，大打心理戰，很快形成了中炮巡河炮七路傌對屏風馬右中象象位車互進七兵卒陣式。紅如改走俥二進六，則黑有馬7進6、包8平9、包2進4和士4進5等多種常規變著。本書有關章節均有詳細介紹，可自行研究。

黑亮出象位車，著法新穎，是特級大師胡榮華在20世紀60年代前後亮出的新法寶，其進一步促進了這類局型日趨完善，也收到了一定的實戰效果。以往網戰黑多先走士4

進5，傌七進六，卒3進1，兵七進一，象5進3，炮五平六，馬3進4，兵三進一，象3退5，炮八平九，車1平3，兵三進一（衝兵過河出擊，邀兌，力爭主動）。以下黑方有兩種選擇：①象5進7（棄象飛兵，穩健可取）！炮六進三（若俥二進四，馬4進2，變化下去，黑不難走），以下黑有卒1進1和車3進4兩種變化，結果前者為雙方均勢，後者為紅反易走；②車3進5（進象位車騎河捉傌，尋求變化，不易掌控，效果不佳），俥二進四，包8平9，俥二平三（平俥避兌，明智之舉。紅如俥二進五，馬7退8，演變下去，紅無便宜可佔，黑反易走），以下黑有象5進7和馬4退2兩路變化，結果前者為紅多兵多相佔優；後者為紅有過河兵參戰，局勢佔優。

　　7. 俥九進二　　包8進2　　8. 兵三進一　…………

　　紅挺三兵邀兌，一要使紅炮八平三右移到右高相台反擊，二要拆散黑左巡河包架，使黑方漸處於被動和少了左巡河包右移反擊的很多機會。以往網戰紅常見走法是傌七進六，黑如續走包2退1，俥二進一，以下黑方有兩種不同選擇：①卒7進1，兵三進一，包8平1（上一手黑送7路卒之目的就在於現在的平左包到右邊路打紅左橫俥來展開有效攻勢），俥二進八，包1進3，俥二退七，包1平2，傌六退七，卒3進1，兵七進一。以下黑有馬3進4和馬3退5兩種走法，結果前者為對方對峙，後者為兌俥後紅反較優。②車8進1，俥二平四，卒3進1，兵七進一，包8平3，俥九平六，車8平4，兵三進一，士4進5，兵三進一，車3平4，俥四進三，馬3進4，俥四平三，包3平7！變化下去，雙方雖子力對等，又大子互不過河，但黑佈局足可滿意。

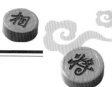

8. ………… 卒3進1

黑急進3卒，成「四兵卒相見」同時邀兌陣式，穩正之招。黑如先走卒7進1？炮八平三！變化下去，紅各大子十分活躍，局勢舒服，滿意好走。

9. 兵三進一！ …………

紅搶先渡三兵殺著，是紅方拋出的最新佈局攻殺「飛刀」！以往網戰的流行變例是紅兵七進一，包8平3，炮八平七，車8進9，傌三退二，卒7進1，俥九平八，包2進2，傌七退五，馬7退5，炮七進三，馬5進3，炮五平七！包3進5，傌五退七，包2平5，炮七平五，馬3進4，傌七進六，馬4進5，炮五進三，卒5進1，俥八進四！至此，黑雖淨多中象雙卒（其中一個卒已過河參戰），但紅多子易走，結果紅勝。現紅推出「飛刀」，旨在攻其不備，出奇制勝。紅方能如願嗎？讓我們靜心欣賞，拭目以待吧！

9. ………… 卒3進1

黑也渡3卒殺兵，形成雙方對攻態勢，明智選擇。黑如急走象5進7？？俥二進四，象7進5，兵七進一，包8平3，炮八平七！車8進5，傌三進二。變化下去，黑3路車馬包被困，紅反大子靈活易走，仍持先手。

10. 兵三平二 卒3平2 11. 傌七進八 馬3進2

12. 傌三進四！ ………

紅右傌盤河出擊，棄子搶攻，奪勢爭先，一著兩用的好棋：一可隨時卸中炮逼黑左車退回原位受困；二可不給黑右包打紅左外肋傌反擊機會，黑如接著硬走包2進3？？則炮五平二！車8平9，俥九平八，車3進5，傌四退六，馬2進4，俥八進二，車3平2，傌六進八，馬7進8，炮二平九！

演變下去，紅兵種齊全，略先易走。

　　12.………　　車8進1??

　　黑先進左直車，準備右移出擊，過急，劣著！顯然對紅推出的「飛刀」準備不足，導致落入下風後而遭被動。同樣要進車，黑宜先走車3進5先牽制紅雙俥為上策，紅如續走俥四退六，車8進1！以下黑有車8平4！黑雙車包追殺紅連環雙俥的先手棋，變化下去，黑不難走，有望反先奪勢，強於實戰，足可抗衡，勝負一時難斷。

　　13.傌八進六　車3進9　　14.兵二進一　車8平4??

　　黑逃左車避捉，消極防守，壞棋！錯失良機而陷入被動。黑宜徑走馬2進3兌子取勢為上策，紅如接走傌六退七，車3退3，俥九平八，包2進4，傌四進六，車3退2，兵二進一，車8平2，傌六進五！象7進5，兵二平三，卒5進1，兵三平四，象5退3，仕四進五，車3退2，俥二進七，車2進3，兵五進一，士4進5，兵五進一，包2平3！俥八平七，車2平5！至此，雙方大子，仕（士）相（象）對等，相互對峙，互有顧忌。紅雖多過河肋兵，但一時無法發揮作用；而黑勢優於實戰，足可抗衡，鹿死誰手，勝負一時難料。

　　15.炮五平六！　車4平3

　　紅卸中炮打右肋車，穩健有力！不給黑馬2進3踩雙得子、黑雙車砍殺左底仕的反先大優機會。

　　黑同樣平3路車不如徑走車4平6保持牽制局面為上策，不讓紅雙俥有伺機反擊機會，變化下去，黑足可抗衡。

　　16.兵二平三（圖43）　馬7退9???

　　黑逃左馬退守，敗筆！導致失子失勢，敗走麥城。如圖

43所示，黑宜徑走前車退2為
上策，紅如接走俥九平七，車
3進6。以下紅方有兩種選
擇：①炮六平五？馬2進4，
俥六進八，車3退4，俥四進
六，象5進3，兵三進一，馬4
進5，相三進五，車3平2，變
化下去，紅雖多過河兵參戰，
但黑多象，優於實戰，足可抗
衡；②炮六平三，馬2進4，
俥六退八，車3平2，俥八進
六，車2平3，俥六進八，車3
退4，俥四進六，馬7退5，俥

黑方　申鵬

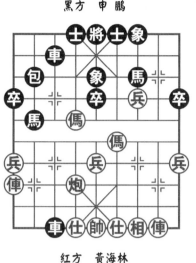

紅方　黃海林

圖43

六進四，馬5退3，俥四進三，將5進1，炮三平二（若改走
俥二進八，馬3進4，俥三退二，將5退1，俥二平六，士6
進5，變化下去，雙方對攻），將5平4，炮二進六，士4進
5，俥三退五，將4進1。演變下去，黑有驚無險，優於實
戰，可以抗衡，鹿死誰手，勝負一時難定。

　　17. 俥二進二！　士4進5

　　紅右俥進右炮位線，立刻形成了一道堅固的雙俥炮防禦
陣線，至此，紅雖殘相，但有過河兵管住黑左馬，陣形穩
固，已開始步入佳境。

　　黑右中士固防，別無他著可走。黑如硬走前車退2??俥
九平七，車3進6，炮六平五！士4進5，炮五平三！車3退
4，炮三平八，包2平1，俥六退八，車3進1，俥四退六，
車3平7，相三進五，馬2進4，俥二平三！以下不管黑方是

否兌俥，均為紅多過河兵壓住黑左邊馬而佔先，易走。

18. 傌四進五　前車退2　　19. 炮六進一　前車進1

黑前車又白走了一步棋，被紅連成炮位線「霸王俥」後，令黑方局面更加不利，紅雙俥雙傌炮過河兵6子的反彈力將會立馬顯現，黑方開始難以招架了。

20. 傌六進四！　後車進5??

紅阻止了黑方進攻後，現策傌臥槽，可開始大舉進攻了！黑方局勢日趨緊張，非常危險了，黑此時急進後車捉炮，加速敗程，難逃滅頂之災了。但黑如錯走士5進6頂傌???則傌五退七，象5進3，傌四進六！將5進1，俥二進六，將5進1，俥二平七，將5平4，俥七平一！至此，黑將單獨上了三樓後，已難逃紅雙俥炮兵的聯手惡殺了！賽後復盤研究時認為此招黑可改走車3平6尚可支撐，紅如接走俥九平四，車6退1，俥二平四，士5進6，俥四平二，包2退1，傌五退六！馬2進4，傌四進六，將5平4，傌六進八！馬4進2，俥二進六，士6退5，傌八退九，馬2進4，帥五進一，車3進5，炮六進一，車3平5。

以下紅方有兩種不同選擇：①帥五平六??馬4退6，傌九退八，車5平2，仕六進五，車2進2，帥六退一，車2退3，炮六退二，車2退2，俥二平一，車2平7！演變下去，紅多邊兵，黑多中象，優於實戰，足可抗衡，有望成和；②相三進五??車5平1，以下紅又有兩變：(a)帥五平四??車1退3，俥二平一，車1平7，變化下去，黑多底象，強於實戰，和勢甚濃；(b)帥五平六??馬4退2，仕六進五，車1進2，帥六退一，車1退5！炮六退二，馬2進4，仕五進六，車1平7，俥二平一，和局。

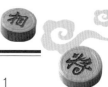

21. 傌四進三　將5平4　　22. 俥二平六　包2退1

紅方不失時機，策傌叫將，平俥保炮窺將，下伏炮六進
二後再炮六平七抽車和炮六平一抽馬兩步兇招。至此，紅已
形成巨大攻勢，令黑方無力抵抗，只能束手待斃了。

黑退右包驅傌，別無他著，坐以待斃只是時間問題了。

23. 傌五退六　馬2退4　　24. 傌六退八！

紅借左肋炮之威，連退左傌，叫將抽車，單騎絕塵，傌
到成功！紅必得車勝定。黑如接走後車平4，俥六進一，車
3退5，俥九平六，包2平7，前俥進三，車3平4，俥六進
四，將4平5，兵三平二，包7進5，傌八進七，包7平1，
傌七進九，包1平9，兵二平一，象7進9（棄邊象讓出馬退
路，無奈），兵一進一，馬9退7，傌九進七，馬7進6，俥
六平四！至此，黑馬厄運難逃，黑如硬接走馬6退7，兵五
進一，包9平7，俥四平三，包7平6，兵五進一，包6退
4，傌七退六，包6進4，傌六進五！馬7進6，俥三平四，
包6平5，兵五進一，包5退4，兵五進一，馬6退7，俥四
平三！將5平4（若馬7進6???則兵五平四！白吃黑馬也殊
途同歸，紅勝），俥三進三，將4進1，兵五進一！士6進
5，俥三退一，將4進1，俥三平五！紅俥抽絲剝繭，蠶食殆
盡，完勝黑方。

此局雙方一開戰就看到了左巡河炮對右象位車的爭鬥：
紅高起左橫俥於左邊相台，黑急進左包巡河，紅進三兵邀
兌，黑也挺3卒邀兌，很快在佈局階段形成了當今棋壇較為
流行的「四兵卒相見」的同時相互邀兌陣式。紅方大膽而果
斷地在第9回合推出兵三進一搶渡三兵追殺左包的最新探索
型佈局「飛刀」！令人耳目一新，要攻其不備，出奇制勝。

然而,當雙方各自急渡三兵卒,又先後殺去對方的左巡河炮包後,紅雙傌馳騁、踩卒又盤河之時,黑在第12回合走車8進1,對紅拋出的佈局「飛刀」準備不足,早早進入了中盤搏殺,使黑勢驟然落入下風而遭被動,在第14回合走車8平4消極防守又失良機,更糟糕的是到了第16回合竟然走馬7退9逃馬防守而陷入困境。以後黑雖頑強抵抗,但還是在第20回合走後車進5,錯失求和機會,被紅方進傌請將,俥炮窺將,退傌叫將,回傌抽車,硬逼黑車兌炮,又兌車馬,後換兵卒,最終只好棄邊象,傌踩中象,中包兌傌,底馬被殺,兵挖雙士,蠶食殆盡。這是一盤黑在佈局伊始對紅祭出的攻殺「飛刀」措手不及,速入下風;中盤搏殺又四失良機,被紅迅速擴優,運子取勢,謀子爭先,兌子擴優,棄子入局,抽絲剝繭,只剩「光將」的「短平快」精彩殺局。

第44局 (上海)黃杰雄 先勝 (寧波)田大春

轉七路傌高左橫俥對屏風馬右中象象位車互兌七兵3卒

1. 炮二平五	馬8進7	2. 傌二進三	車9平8
3. 俥一平二	馬2進3	4. 兵七進一	卒7進1
5. 傌八進七	象3進5	6. 炮八進二	車1平3

這是2012年1月1日元旦室內遊園象棋友誼賽的一場精彩決鬥。雙方以中炮巡河炮七路傌右直俥對屏風馬右中象象位車互進七兵拉開戰幕。黑先亮出新式象位車反擊武器,定是賽前做過功課,準備充分,有備而來,無往而不勝!能如願嗎?以往網戰多流行黑士4進5,以下紅有兩路主流變例:①兵三進一,以下黑又有卒7進1和車1平4兩種變化,結果前者為紅方佔優,後者為黑多子大優。②俥二進六,包

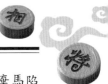

2進1（這是20世紀50年代末出現的新招，旨在計畫棄馬陷俥，力爭主動），以下紅有兩種不同選擇：(A)炮五平六（卸中炮封住黑右貼將車出路，著法穩健），卒3進1，俥二退二，包2平3，以下紅又有兵七進一和相七進五兩種變化，結果第一種變化為黑有包9平7攻勢佔優，第二種變化以下又有包8平9、卒3進1和包8進2三種變化，結果前者為黑方佔優；中者為雙方在互纏中黑反得力，後者為紅殘相，兵種全，有後顧之憂，局勢兩分。(B)俥二平三（貪圖得子，導致失先），卒3進1，俥三進一，卒3進1（棄馬後紅右俥陷於不利位置，又有黑卒渡河追炮，使紅左翼子力受制，黑勢變被動為主動了）。以下紅又有兩種走法：(a)炮八退三，包8進6（左包點佔下二線，試圖下招走包8平7後再包7退2打兵追殺紅死俥，同時還限制了紅傌退窩心後的出路，頓使紅方子力陷於全線癱瘓），以下紅有兵五進一（詳見本書中「竺越先負黃杰雄」之戰）、兵三進一（詳見本書中「華帥先負黃杰雄」之戰）、炮八平三（詳見本書中「江鳴先負黃杰雄」之戰）三種變化。(b)兵三進一，以下黑又有卒3平2和馬3進4兩路變化，結果前者為黑方子力活躍，形勢佔優；後者為紅方佔先。

　　網戰另一流行變例是黑包2退1（退一步右包，看紅方如何行動後再決定對策，屬於較為靈活的試探性著法，較有發展前景），俥九進一，包8進2（再高起左包巡河與直接先走巡河包結果會迥然不同，這樣雙包齊鳴後，黑開始有對攻，甚至有反先佔優機會了），俥二進一，卒3進1，兵七進一，包8平3！以下紅又有兩種不同選擇：①俥二進八，包3進5，仕六進五，馬7退8，俥九退一，包3退1，俥九

平七，包3平2，俥七進六，馬3進4，炮五進四，以下黑又有包2平5和士4進5兩路變化，結果前者為黑方佔優；後者為紅方主動，易走。②相七進九，車8進8，俥九平二，士4進5，俥七進六，車1平4，俥二進三，包3平4，以下紅有仕六進五和兵三進一兩種變化，結果前者為在雙方對峙中黑反易走；後者為黑勢不錯，易走。

以上黑方兩變著法，自20世紀60年代開始盛行，是屏風馬對付中炮巡河炮體系中的一大類型，其戰略計畫是伺機在象位線棄卒，以展開反擊。以下實戰足可證實，黑方此陣頗有反彈能力。

7. 俥九進二 …………

紅高左橫俥於左邊相台保俥，引而不發！旨在防止黑棄3卒打開七路線後順利破壞巡河炮事先準備好的戰略計畫。以往網戰另一流行著法是紅兵三進一（直接邀兌三兵，屬另一路攻法，但不及紅高起左橫俥後再邀兌三兵來得更為複雜），卒3進1（也邀兌3卒，既可拆散紅左巡河炮架子，又可直接發揮右象位車作用，是一步一舉兩得的好棋）！兵七進一（若兵三進一，卒3進1，在以下對攻變化中，紅不佔便宜），馬3退5，兵五進一，車3進4，俥七進五，卒7進1，炮八平三（若俥五進三？？馬7進6，俥二平一，馬5進3，變化下去，黑反易走），馬7進8，炮三平二，包8進3，俥二進四，馬5進7，俥九平八，包2平3，相七進九。以下黑方有兩種不同選擇：①馬7進6，以下紅又有俥二退一和俥二退二兩種變化，結果前者為雙方和定；後者接走馬6進7，俥五進三，馬7進5，相三進五，以下黑又有馬8退9和車8進2兩種變化，結果兩者均為雙方均勢的走法。②包

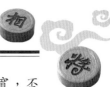

3退1，兵五進一（速送中兵後，可使右巡河伸路更寬，否則一旦黑走包3平8打伸後雙方局勢就較為複雜了），卒5進1，伸八進六，包3平5，伸八平三，以下黑又有卒5進1和馬7進5兩路變化，結果前者為雙方均勢，後者為紅方佔優。可參閱下局「黃杰雄先勝薛中華」之戰。

　　7.…………　馬3退5

　　黑右馬急退窩心，迅速準備邀兌卒來通活右象位車路。黑另有五變，僅做參考：①包8進4，兵三進一，以下黑又有兩變：(a)卒3進1（主動邀兌3路卒，以拆散紅左巡河炮架，來儘快活躍右翼子力），兵七進一，卒7進1，炮八平七，卒7進1，以下紅又有傌三退五和傌三退一兩種變化，結果前者為紅多子較優，後者為雙方對攻。(b)卒7進1（殺三路兵邀兌，不易掌控局面，反易落入下風），炮八平三，包2進4，傌七進六，包2退1，以下紅又有伸九平六和傌六進五兩種走法，結果前者為在雙方對峙中，紅子位靈活，反優易走；後者為黑子活躍。②包8進2，傌七進六，包2退1，伸二進一，以下黑又有車8進1和卒7進1兩種下法，結果前者為黑佈局滿意，好走；後者為雙方對峙。③包2進2（伸右巡河包，旨在進左外肋馬打伸反先），伸二進六，以下黑又有兩變：(A)包2平4，傌七進六，車3平2，伸九平八，包4退1，伸二退二，包4進1，伸二進二，包4退1，伸二退二，包4進1。以下紅還有炮八進三和伸二進二兩種弈法，結果前者為雙方對峙，後者為雙方不變可作和局。(B)包8平9，伸二進三（兌伸乾脆，若伸二平三？？？則車8進2！下一手黑有包2平4脅打死伸兇招，紅伸要逃，不佔便宜），馬7退8，傌七進六，包2平4（若馬8進7？則傌

六進七！演變下去，黑右象位車失去作用後，紅反易走），炮八進二，馬8進7。以下紅又有兩種選擇：(a)炮五平六，以下黑又有包4進3和車3平2兩路變化，結果前者為雙方大致成和，後者為紅反先手；(b)炮五平七，結果紅方主動。④包2退1，以下紅又有3路變化，可做參考：(A)傌七進六（左傌盤河，給左橫俥讓路，同時也給炮五平七攻打黑右翼打開了方便之門），包8進2，俥二進四，以下黑還有兩種著法：(a)卒3進1，兵七進一，包8平3，俥二進五，馬7退8，兵三進一，以下黑再有馬8進7和包2平7兩路變化，結果前者為雙方成和，後者為紅方佔優。(b)卒7進1，以下紅又有俥二平三和兵三進一兩種走法，結果前者為雙方均勢，後者為紅方失子。(B)俥二進四，包8進2，俥九退一（左俥使命完成後，現退一步來繼續發揮作用），卒3進1，俥九平六。以下黑方有馬3進4和包2平8兩路變化，結果前者為雙方對峙，後者為雙方不變作和。(C)俥二進六，包8平9，俥二進三（若俥二平三??則車8進2，變化下去，黑將有包2平7的對攻手段，易走），馬7退8，傌七進六，馬8進7（另有包2平7走法，反擊紅右翼，並給黑象位車騰出2路線空間），炮八退三（機動靈活，隨時可平到七路線來攻擊黑右翼），士4進5，炮八平七，車3平4，傌六進七，車4進8，以下紅又有炮七進二和傌七進五兩路變化，結果前者為雙方對峙，後者為黑反多子較優。⑤筆者在網戰應對過卒3進1??紅接走兵七進一，馬3退5，兵七平八，包2進3，傌七進八，車3進5，俥九平八，包8進3，傌八退九，車3進4？炮五平七，馬7進6，兵三進一，卒7進1，傌三進二，卒7平8，俥二進一（俥封下二線黑右車路）！馬5進

7，相三進五（揚中相驅右車於邊陸），車3平1，兵九進一（讓出炮打車通道，好棋）！卒8平7，俥二平三，卒7進1，炮七進一，車8進6，炮七平九！車1退2，俥八平九！紅得車大優，結果紅多子擒將入局。

8. 傌七進六　…………

紅左傌盤河出擊，準備攻擊黑方中路；在給左橫俥讓路的同時，也可伺機走炮五平七攻擊黑方右翼。一改以往網戰流行的紅俥二進四，卒3進1，兵七進一，車3進4，炮八退三（機動靈活，攻擊手段頗多），以下黑又有包2平3和馬5退3兩種變化，結果前者為紅棄子後有強大攻勢，後者為紅方稍好的不同走法，旨在攻其不備，意欲出奇制勝。

8. …………　卒3進1　　9. 兵七進一　…………

紅挺兵兌3卒，意要繼續保持複雜變化。筆者也曾走過紅炮五平七，包2平3，兵七進一，象5進3，炮七進五，包8平3，相七進五，車8進9，傌三退二，馬5進4，炮八平七，包3進3，相五進七，馬4進2，俥九平八，車3平2，相三進五，象7進5。至此，雙方子力對等，結果雙方兌子後握手言和。

9. …………　車3進4　　10. 傌六進五　車3進1

11. 炮八進一　包8進4

12. 俥九平六（圖44）　車3進4？？？

黑進右相台車貪底相，尋求對攻？！急於求成，急功近利，欲速則不達！是一步成算不足、後患無窮的敗著！導致陷入困境後難以自拔。如圖44所示，黑宜徑走車8進3穩步捉傌為上策，以下紅有兩種不同選擇：①炮八進一，車3退2，傌五進三，車3平2，傌三退四（若傌三退五？？則包8平

5，仕四進五，車8進6，傌三退二，車2平5！黑反多子大優），車2平6，紅如接走俥六進三??則包8退2！變化下去，黑方好走；紅又如改走傌四退六??則車6平4，傌六退八，車4進4，傌八退六，馬5進7，演變下去，黑雖少中卒，但優於實戰，足可抗衡，勝負難斷。②俥六進二，車3平4（若車3退2??傌五退四，包8平5，炮五進五！象7進5，俥二進六，車3平8，傌

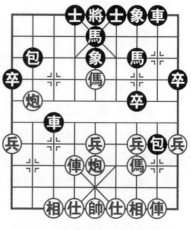

三進五！變化下去，雙方雖大子、兵卒對等，但紅淨多相佔優易走），傌五退六，馬5進3，兵五進一（若炮八退三??則馬3進4！演變下去，黑不難走，也優於實戰，足可一搏），車8平4，俥二進三，車4進2，炮八退三，車4平5（若士4進5??兵五進一！車4平5，俥二進四！變化下去，紅仍易走），兵三進一，士4進5（若卒7進1??則傌三進五！車5平2，炮八進五，車2退3，傌五進三，士4進5，傌三進四！紅方勝定），兵三進一，馬7進5，兵三平四，馬5進3。變化下去，紅雖多過河兵助戰略先，但黑子位較好，優於實戰，足可抗衡，鹿死誰手，勝負一時難料。

13. 傌五退四　包8退1

黑退左包避捉，無奈之舉。黑如包8平5？炮五進五！象7進5，俥二進九，馬7退8，傌三進五！變化下去，雙方

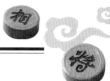

雖子力對等，但紅子位靈活，局勢開朗，反先易走。

14. 俥六進六！ …………

紅俥塞右象腰，是一步點下二路後不讓黑窩心馬跳出反擊解困的獲勝要著！紅方由此步入反擊佳境！紅如貪走炮八平五雙炮鎮中，強勢出擊的話?? 則包2進7，俥六平八，包2平4！底包炸底仕後，黑反攻勢不斷，大佔優勢；而紅方將面對複雜多變的對攻局面，顧忌較大，不易掌控。

14. ………… 車3退5　　15. 炮八退四　馬7進6

16. 傌四進六　包8退4

黑退左包先打俥，明智之舉。黑如急走馬5進7?? 傌六進四！士6進5，傌四進三，將5平6，炮八平四！士5進6，俥六進一！將6進1，俥六退一，將6退1，俥六平八，包2進2，兵五進一，包8退1，後傌進五，車8進3，仕四進五，車8平5，俥二進四！互相牽制，雙方互纏，變化下去，黑將受困，紅多中兵，又有攻勢，較優。

17. 俥六退一　馬5退3　　18. 傌六進四　車3平2

黑平右象台車，老練穩正！黑如貪走馬3進4??? 則傌四進六！包8平4（若先走將5進1? 則傌六退七！紅得子較優），傌六退七！紅也得子大優。

19. 俥六進一　士6進5　　20. 傌四進三　將5平6

21. 炮八平四　士5進6

黑揚中士避殺，實屬無奈。黑如硬走馬6進5??? 傌三進五，車2進4，仕四進五，車2平4，炮五平四！捷足先登，成雙右肋炮疊殺，紅勝。

22. 俥六進一　將6進1　　23. 俥二進六　卒7進1

24. 俥二平七　車2平3　　25. 炮五平四！ ………

紅卸中炮窺殺左盤河馬，棄俥妙殺，一炮滅敵，勝利在望！

25.………… 車3退1 26.俥六退一 將5退1

黑退將避殺無奈，如馬3進5？？？則後炮進四，車3平6，後炮進四！雙炮齊鳴，轟車炸馬，一氣呵成，擒將入局。

27.後炮進四 車3平6 28.後炮進四！

紅方也是雙炮齊鳴，炸掉車馬，滅敵擒將，紅方完勝。

此局雙方一開戰就捲入了左巡河炮與象位車的酣鬥：紅高起左橫俥，引而不發，黑右馬退窩心，通活車路，紅七路傌踏中卒，黑象位車殺兵捉炮，早早進入了中盤搏殺。就在紅逃左炮、黑進左包封俥之時，紅又亮左橫俥於左仕角之機，黑卻在第12回合走車3進4貪殺底相而留下禍根，難以自拔。以後儘管黑退車包，雙馬馳騁，揚士平車解殺，但還是被紅左俥塞象腰，左傌叫將，左炮佔肋，關住馬士後，俥挖底士，雙炮齊飛，轟車炸馬，一劍封喉，摧城擒將。

這是一盤雙方在佈局套路裡鬥智鬥勇，不輕舉妄動；中局拼殺，黑先象位車貪殺底相，留下隱患，急功近利，成算不足，一味求速，後患無窮，紅卻各子巧妙貫穿，棄相送俥，引敵上鉤，穩紮穩打，不留後患，最終雙炮轟馬炸車，疊炮絕殺的「短平快」超凡脫俗的精彩殺局。

第45局 （上海）黃杰雄 先勝 （臺北）薛中華

轉七路傌渡三兵兌七兵對屏風馬右中象象位車兌3卒

1.炮二平五 馬8進7 2.傌二進三 車9平8

3.俥一平二 馬2進3 4.兵七進一 卒7進1

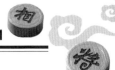

5. 傌八進七　象3進5　　6. 炮八進二　車1平3

7. 兵三進一　………

這是2013年10月1日國慶日遊園象棋對抗賽第3輪第3盤決勝局。在前兩盤互交白卷、握手言和的情況下，此戰令雙方高度重視，故筆者拿出自己擅長的中炮巡河炮七路傌右直俥去迎戰黑方的屏風馬右中象象位車，並互進七兵卒後拉開戰幕。現紅挺三兵直接邀兌，選擇不及先高起左橫俥後再邀兌三兵來得更為複雜的走法，意在穩紮穩打，穩中求勝，旨在兌兵活通右傌，貫徹自己熟悉巡河炮的預定計畫。

紅如俥九進二，可參閱本章節前兩局「黃海林先勝申鵬」和「黃杰雄先勝田大春」之戰；又如在1961年全國象棋個人錦標賽上「李義庭先負胡榮華」之戰中紅曾走過俥九進一；再如在1964年全國大賽上「朱學增先負胡榮華」之戰中紅改走傌七進六，均不盡如人意。

7. …………　卒3進1

黑也邀兌3卒，成「四兵卒相見」陣式，針鋒相對之招。

8. 兵七進一　…………

紅先進七兵過河殺卒，明智而主動。紅如硬走兵三進一??卒3進1，兵三進一，包8平9，兵三進一，車8進9，傌三退二，卒3平2，傌七進八，馬3進2，傌八進六，包2平7。變化下去，雙方雖兵卒等、仕（士）相（象）全，但黑方易走，有反先趨勢，紅勢並不樂觀。

8. …………　馬3退5

黑右馬退窩心，追殺過河七兵，明智之舉。黑如卒7進1??炮八平七，卒7進1，傌三退五，包2進4，俥二進四！以下伏俥二平三捉雙和兵七進一得馬兩步先手棋，紅反

易走。

9. 兵三進一　…………

紅渡三兵殺卒，力爭主動之招！紅如兵五進一，車3進4，傌七進五，卒7進1，炮八平三，馬7進8，炮三平二，包8進3，俥二進四，馬5進7，雙方兌去炮包兵卒後均勢、平穩。

9. …………　車3進4　　10. 兵三進一！　…………

紅衝兵棄傌，壓馬脅馬，尋求變化，精妙絕倫！是本局的精華所在之一。一改以往網戰流行的紅傌七進六，車3進1（若先走車3平7殺兵，則傌三進四，馬5進3，變化下去，雙方平穩），俥二進四，車3平2，兵三進一，包8平9，俥二平四，車8進4（若馬7退9，炮五進四！紅中炮鎮住窩心馬後較為易走，且局勢會有好轉），傌六進五。以下黑又有車2平6和車2退2兩路變化，結果前者為雙方和勢甚濃；後者為雙方大體均勢的不同走法，旨在攻其不備，意欲出奇制勝。

10. …………　車3進3　　11. 炮八平三　…………

紅左炮站相台三路，棄傌爭先發威，繼續加大變化力度，好棋！紅如逕走兵三進一，馬5進7，雙方平穩，挑不起變化。

11. …………　車3退2（圖45）

黑退車追炮，頗見功力，騎河嚴控，攻守兩利。黑如逕走包8平9，俥二進九，馬7退8，炮五進四，包9平7，兵三進一，象7進9，傌三進四，馬8進7，炮五退一！車3平6，傌四進三，車6退4，炮三進三，包2平7（若車6平7？炮三平八，車7平2，炮八平一！紅反多子多兵相勝定），

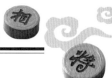

偶三進一！變化下去，紅反多
兵相佔優，易走。

12. 俥二進四！　…………

紅進右俥保炮，再加大尋
求變化力度，是本局的精華所
在之二。如圖45所示，筆者
在一次快棋決勝賽上曾大膽地
走過紅炮三進三（立即炸馬，
追回失子，但結果不盡如人意
而戰和），黑接走包2平7
（若馬5進7？兵三進一，包2
平7，炮五進四，士6進5，相
七進五，變化下去，紅優易

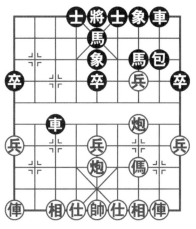

黑方　薛中華

紅方　黃杰雄

圖45

走），兵三進一（若炮五進四？？包7進5，俥二進六，車3
退2，演變下去，紅棄子後難以掌控局面），馬5進7，俥二
進六，車3平7，俥九進二！士6進5（若車7進2？炮五進
四，馬7進5，俥九平三！紅偶炮兌車後，紅既多中兵，又
能伺機驅趕中馬後，雙俥得包大優），炮五退一，包8平
9，俥二進三，馬7退8，炮五平三，車7平2，俥九平四，
包9平7，偶三進四，車2退1，炮三平五（若偶四進五貪中
卒？？則包7進7打相，仕四進五，馬8進7，以下不管紅方
是否兌馬，黑雖少中卒，但多中象後並不難走，足可一
搏），車2平6，炮五進四，包7平6，俥四平二，車6進
1，俥二進七，車6平7，相七進五，車7進3，兵五進一。
變化下去，紅雖多中兵，但雙方大子等、仕（士）相（象）
全，局面大體均勢，結果雙方弈和。

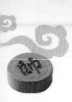

12. ………… 包8平9 13. 相三進一 …………

黑平左包兌俥，旨在黑右車襲紅相台炮，而紅揚右邊相先保炮，是一步及時到位的等著！紅如貪走俥二進五??馬7退8，相三進一，馬5進3！變化下去，黑趁兌俥後反多子大優。

13. ………… 車8進5 14. 傌三進二 包9進4

黑飛邊包打兵，無奈之舉。黑如逃馬7退9?? 炮五進四，車3退2，炮五平一！車3進3，傌二退三，包9平8，炮三平五！紅雙炮齊鳴，連炸雙卒又炮鎮中，現傌護中兵，雖少一子，但淨多雙兵，棄子得勢，易走。

15. 炮三進三 …………

紅飛相台炮打馬，追回失子，不給黑方多子抗衡機會，老練而穩重之招！紅如先走俥九平八？包2進4，兵三進一，馬5進7，傌二進三，象5進7！關傌頂炮護馬後，黑足可抗衡。

15. ………… 馬5進7 16. 傌二進四 馬7退8

17. 傌四進六 車3退3

紅不進三兵殺馬，而是連續策傌捉馬，欺車驅包臥槽，大打出手，是本局的精華所在之三！硬要逼黑退車保包抗衡，如車3平2?? 傌六進七，將5進1，俥九進一，車2平8，俥九平六，馬8進9，兵三平四，車8退3，炮五進四，象3進3，俥六平三，車8退1，俥三進八，車8平7，俥三平四！至此，紅俥傌炮過河兵四子壓境，形成左中右的立體形強大攻勢，紅方將上演一場「少子多兵」擒將的鬧劇；黑又如誤走車3退2??? 則炮五進四，士6進5，炮五平七！紅白得黑車必勝。

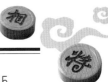

18. 俥九平八　包2進4　　19. 炮五進四　士6進5

至此，黑已多子，紅多雙兵有攻勢，這也是紅方以上三大精華所換來的可以滿意的局面。當時筆者沒有急於求勝的心態，而是以把握大局、注重細節、穩步進取為上策，一旦不能獲勝，也絕不能落敗，因為這畢竟是決勝局。

20. 兵五進一　車3進4　　21. 炮五平一　…………

紅卸中炮炸邊卒，力掃千鈞，不給黑卒9進1以後渡河參戰反擊的機會，是一步繼續貫徹既定方針、進一步擴先反優的好棋！

21. …………　馬8進9　　22. 兵三平二　馬9退7

23. 兵二平三　車3平5　　24. 仕六進五　車5平7

25. 俥八進二　包2平5　　26. 帥五平六　車7退3??

黑退車貪兵追殺傌炮，急於求成劣著！導致由此陷入困境而一蹶不振。黑宜徑走包5平4等一手後伺機回防為上策，紅如續走俥八進一，車7退3，俥八平六，車7平9，傌六進七，將5平6，俥六平四，車9平6（若馬7進6??則兵五進一！士5進6，兵五進一，士4進5，兵五平四！車9退1，兵九進一，變化下去，紅追回失子後，淨多過河兵，又有俥傌冷著攻勢，紅方反優易走），俥四平一〔追回失子後，雙方大子等、仕（士）相（象）全，紅多中兵易走〕！車6平3，俥一平四，馬7進6，兵五進一，車3退2，俥四進三，將6平5。演變下去，紅雖淨多中兵，但雙方和勢甚濃，紅難以進取，黑足可抗衡，強於實戰，不會落敗。

27. 炮一進三！　馬7退9???

紅方不失時機，隨手沉右底炮叫將引馬，試探型之招！

黑果然也隨手退馬踩炮，順手牽羊，正要得意之機，忽

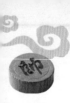

然發現，壞了！最後敗筆，成千古冤局，後悔莫及，但為時已晚，一切都已成既定事實：隨手敗著，一輩子難忘！此刻，黑應靜下心來，飛左邊象避將為上策，改走象7進9！傌六進七，將5平6，炮一退六！追回失子後，雖雙方大子等、仕（士）相（象）全，但紅淨多中兵佔優，易走；而黑方足可抗衡，強於實戰，鹿死誰手，勝負一時難斷。

　　以下精彩殺法是：傌六進七，將5平6，俥八平四！成俥傌冷著絕殺，以下黑如硬走包5平6？？？則俥四進一！車7平6？？？俥四進三！士5進6？？？俥四進一！紅俥連掃黑包車士後，仍摧城擒將，紅勝。

　　此局雙方一開戰就進入了左巡河炮對右象位車的拼殺：當雙方互挺三路兵卒，形成「四兵卒相見」陣式後，紅搶渡七兵殺卒首先發難，黑右馬退窩心，追殺過河兵，紅連衝三兵過河壓馬，黑連進象位車，掃兵砍傌。就在紅加大變化力度平炮棄傌發威之時，黑退右車於相台捉炮，雙方早早進入中盤搏殺之機，紅在第12回合進右俥保炮，不願求和，加大了尋求變化力度：黑平左包兌俥，又包轟邊兵，紅右炮兌馬，又策傌赴臥槽，雙方針鋒相對，剛柔相濟，剛勁有力！以後黑右翼車包搶佔兵林線，而紅亮出左直俥後中炮連炸雙卒後巧衝中兵，這一來令黑方策馬迂迴，車左盼右顧，鎮中包後，卻在第26回合走車7退3貪兵追殺傌炮，急功近利，錯失求和良機而陷入一蹶不振。然而，更糟糕的是當紅沉右底炮叫將之機，黑卻匪夷所思地隨手在第27回合竟然徑走馬7退9踩殺紅底角炮，貪子落入陷阱，成千古冤局而飲恨敗北。最終紅揮俥傌，連滅包車士後成冷著絕殺。

　　這是一盤佈局雙方在套路裡打拼；中盤廝殺，精彩紛

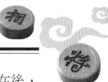

呈，互不相讓，紅不願求和，三次推出本局的精華所在後，在最後緊要關頭竟然能奏效；而黑方兩次隨手貪子，急功近利，急於求成是萬萬要不得的，只有確保不走漏，以平常心態，平衡利弊，分清得失，關注勝負，機不可失，時不再來，能求和絕不爭勝，已佔優絕不隨手，子力進退要有序，運子攻守要有度，一味求勝、反難成事、貪子上鉤、必將落敗的經典的「短平快」反面精彩殺局。

第46局　(鎮江)才 軍　先負　(上海)黃杰雄

轉左橫俥七路傌高起右直俥對屏風馬右中象象位車馬退窩心

1. 炮二平五	馬8進7	2. 傌二進三	車9平8
3. 俥一平二	馬2進3	4. 兵七進一	卒7進1
5. 傌八進七	象3進5	6. 炮八進二	車1平3

這是2014年5月1日國際勞動節遊園象棋友誼賽的一場龍虎激戰。雙方以中炮巡河炮七路傌對屏風馬右中象象位車互進七兵卒開戰。黑現平右象位車，伺機通過棄3卒來打開3路反擊路線，進而能遏制紅方左巡河炮計畫的順利實施。

　　7. 俥九進一　…………

紅高一步左橫俥，準備快速啟用左翼主力投入戰鬥，但實戰效果不是最理想。其實黑平象位車變例，自1962年全國象棋個人錦標賽上特級大師胡榮華首創後，曾一度是應付中炮巡河炮的有力應著，這給紅方立刻提出了一個較難的課題。但紅方幾經周折，實戰，研究改進，終於在20世紀70年代中期找到了俥九進二高俥保傌的新變例，有效地遏制了黑方對紅方七路線的有力反擊，掌握了先手優勢，從而又給黑方回敬了一個新的防守課題。可參閱本節中「黃海林先勝

申鵬」和「黃杰雄先勝田大春」之戰。

紅又如改走兵三進一，可參閱上局「黃杰雄先勝薛中華」之戰。紅再如改走俥二進六，以下黑方有兩種不同選擇：①包8平9（平左包兌俥，穩健。若馬7進6？則傌七進六，變化下去，紅優易走），俥二進三（若俥二平三？車8進2，傌七進六，包2進1，演變下去，黑不難走，足可一搏），馬7退8，傌七進六，士4進5，俥九進一。以下黑又有兩種變化：(a)馬8進7，俥九平二，卒3進1（若包2進2？？？俥二進六，馬7進8，兵七進一，卒3進1，傌六進八，馬3進2，俥二退二，紅方得子較優），兵七進一，象5進3（若車3平4？俥二進三，象5進3，炮五平六，變化下去，紅反易走），炮五平六，象3退5。以下紅又有俥二進三、俥二平七和相七進五3路變化，結果前者為雙方大體均勢，中者為雙方平穩，後者為黑不難走。(b)卒3進1，兵七進一，車3平4，傌六進五，車4進3，俥九平二，馬3進5，炮五進四（若俥二進八，馬5進6！變化下去，黑反優易走），車4平5，俥二進八，卒7進1（棄卒，準備平包攻傌來打通兵林線），兵三進一，包9平7，傌三退一，車5進3，相三進五，象5進3。以下紅有俥二退六和俥二平三兩路變化，結果前者為雙方大體均勢，後者為黑反有攻勢。②包2進1（高起右包於卒林線，試圖伺機棄子爭先），俥二退二（退俥巡河穩健。若俥二平三？卒3進1，俥三進一，卒3進1，變化下去，黑方棄子得勢，略先易走），包2退1，傌七進六（若俥二進二，包2退1，雙方如此循環不變，可判作和棋），馬7進8，俥二平四，馬8進7（若卒7進1？俥四平三，包2平7，傌六進五！演變下去，紅優），炮五平

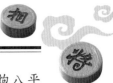

七，包2平4，炮八退一，馬7退8（若包8平7，炮八平三，包7進4，相三進五，變化下去，紅方易走），相七進五。以下黑又有兩種不同選擇：(a)士4進5（補右中士固防，為出右貼將車開路），炮八平七，以下黑有包8平7和車3平2兩路變化，結果前者為紅棄子得勢易走，後者為紅稍好易走；(b)車3平2（平車捉炮，儘快活動右翼主力），炮八平七（若先走俥九平八，包8平7，演變下去，黑反不難走），車2進6，兵七進一（若前炮進三，車2退2，變化下去，雙方平穩），車2平3，兵七平六，卒3進1。以下紅還有兵六平七和兵六進一兩種走法，結果前者為雙方大體均勢，後者為黑方佔優。

　　7.………… 卒3進1

　　黑果斷棄3卒，實施原定方針計畫，儘快打通3、7路線，一改以往網戰流行的黑包8進2棋形舒展而穩健的堅守型下法，意要攻其不備、出奇制勝，黑方能如願笑到最後嗎？紅如接走兵三進一，卒3進1（若卒7進1？則炮八平三！演變下去，紅方易走；又若包2退1？兵三進一，包2平8，俥二進五，馬7進8，兵三平二，變化下去，也是紅方好走），兵三進一，象5進7（若卒3進1？兵三平二，卒3平2，傌七進八，黑如接走馬3進2？則傌八進六，演變下去，紅方好走；黑又如改走車8進4？？俥二進五，馬7進8，俥九平七，變化下去，紅反佔優），兵七進一，包8平3，俥二進九。以下黑方又有兩種不同選擇：

　　①馬7退8（退馬踩俥，保留住巡河包今後的作用），傌七進六，馬8進7，傌三進四。以下黑方還有士4進5、象7進5和象7退5三路變化，結果前者為紅多中兵略優，中者

為紅方佔先，後者為紅方佔優易走。

②包3進5（包轟底相，先得實利，但易少卒失勢），仕六進五，馬7退8，俥九退一（若俥七進六？則馬3進4，演變下去，黑反易走），包3退1，俥九平七，馬3進4（若包3平2？則俥七進六，變化下去，紅優好走）。以下紅還有炮五進四和炮八平五兩種變化，結果前者為紅雖殘相，但多兵有空心中炮得勢易走；後者為黑不難走。

　8. 兵七進一　　馬3退5

黑右馬退窩心，是一步繼平右象位車後實施棄兌3卒計畫的有力續著。

　9. 俥七進六　車3進4　　10. 俥六進五　車3進1

　11. 炮八進一　包8進4　　12. 俥二進一　………

紅高起右直俥，形成己方下二線「霸王俥」陣式，既可避免右俥被封，又可隨時支援左翼，穩健之著。

　12. …………　車3進4

黑車殺底相，毀紅屏障，力爭對攻，厚積薄發，徐圖進取，以逸待勞，以往網戰流行過黑車8進3高左車捉俥，以儘快化解紅方攻勢的穩健著法，紅接走炮八進一，車3退2，俥五進三，車3平2，俥三退五〔若俥三退四??則車2平6！俥四退六，車6進4，俥二平三（若俥九平三???則包8平5！仕六進五，車6平7！俥三進一，車8進5，黑得子大優），包8平5！仕六進五，包5退1，黑反架中包後，子位靈活易走〕，車2平3，俥九平七，車3進5，俥二平七，包2進5，俥七進五（進俥保俥，下伏俥五退三抽車手段，是一步積極消除三路俥受攻的好棋！）。以下黑又有兩種不同走法：①包2平7（打俥，謀子），俥五退三，以下黑還有

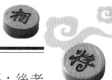

包8平5和車8退2兩路變化，結果前者為紅多兵略優；後者為紅棄子佔優，易走。②馬5進7（既消除窩心弱點，又對紅伸偶施加壓力，穩健可行。若走車8平6??伸七平八，包2平7，偶五退七！黑反失車），伸七退四，以下黑又有馬7進5和包2平5兩種走法，結果前者為雙方大體均勢，後者為紅方佔優。

　　13. 伸九平七　………

　　紅亮左伸邀兌，搶佔要道，蓄勢待發，不甘示弱，明智之舉。紅如傌五退四？則車3退5！變化下去，黑方易走。

　　13. …………　　車3平2　　14. 傌五退六??　………

　　紅退中傌盤河，老式走法，易落下風，效果不佳。網戰流行紅炮八退四，黑接走卒7進1（果斷棄卒，打破僵持局面。如包2進5，則傌五退四！變化下去，紅方反優），兵三進一（如伸二平六，卒7進1，伸六進七，包8退5，伸六退一，包2退1！演變下去，紅反無續攻手段），包8平7。紅方有兩種不同選擇：①伸二進八，包7進3，仕四進五，馬7退8，以下紅又有帥五平四和仕五進四兩種變化，結果前者為雙方主力消耗後和勢甚濃，後者為黑反易走；②伸二退一（退右伸保底相，穩正），車8進9，傌三退二，包7平1，炮八平九，以下黑又有馬7進6和車2退3兩種變化，結果前者為紅雖多兵，且兵種齊全，但殘相後也有顧忌；後者為紅優。

　　14. …………　　　包2平4（圖46）

　　15. 傌六進七???　………

　　黑平右士角肋包後，直襲左底仕，而紅卻進左傌保仕，而棄左騎河炮爭勢，敗筆！導致最終丟子失勢，飲恨敗北。

如圖46所示，紅宜徑走仕四進五補右中仕固防後，準備伺機棄俥爭先為上策，黑如接走包8平5，傌三進五，車8進8！俥七進七，車8進1（沉左車窺底相，迅速展開對攻；也可徑走車8退5，回防堅守），傌五退七，車2退1，俥七平六，車8平7，仕五退四，車7退2，炮八退三（若不保持變化，硬走俥六退一？？則車7平5！傌六退五，車2退4，黑左車換雙後，也得雙相後反先佔優），車7退1，俥六退一！車7平3。以下紅又有兩種不同選擇：①炮八進五（急進左炮窺殺中象，準備破釜沉舟，決一雌雄）！黑如接走馬7進5，傌六進五（若炮八平九？則後馬5進7躍出窩心馬後，黑方反優），車3進1，傌五退六！車3平5，傌六退五！馬5退3，俥六退一，馬3進2，俥六平一！變化下去，雙方大子和兵卒對等，黑雖淨多雙象易走，但紅追回失子後，優於實戰，尚可抗衡，鹿死誰手，勝負一時難定。②仕四進五（補右中仕消極防守，效果不盡如人意）？黑如續走卒7進1，炮八進五（為時已晚，但如改走俥六進一？則卒7平6！演變下去，也是黑優易走），卒7平6，炮八平五，象7進5，俥六平五，車2平4（若誤走車2退3？？？則俥五平八！叫將抽車後紅勝勢），俥五平四（無奈之舉，若俥五平六？？則馬7進5！變

黑方　黃杰雄

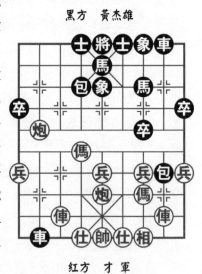

紅方　才軍

圖46

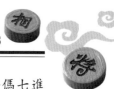

化下去，仍為黑先好走），馬5進4，傌六進五（若傌七進五??則馬4進5！演變下去，還是黑方佔優），士4進5，俥四平三（若俥四平九??則馬4退3！傌五進三，卒6平5，俥九平四，將5平4！變化下去，紅右肋傌和左傌同時受攻，必再丟子落敗），卒6平5！至此，紅俥無好位可佔，左傌被黑雙車將活擒，接下來紅中炮又將受攻而頹勢難挽。

　　15. ………… 　車2退5！　　16. 俥二平六　馬5退3

　　17. 傌七退五　士6進5　　18. 俥六進五　包8退2

　　紅肋俥進卒林線，下伏俥七進八！象5退3，傌五進六！將5平6，俥六平四，士5進6，俥四進一！成俥傌炮聯手妙殺兇招！

　　黑現退左包巡河驅趕紅中傌，意欲儘快化解紅兇猛攻勢。雙方針鋒相對，互不相讓，看誰能笑到最後！

　　19. 傌五進三　車8進3　　20. 俥七平四　包4退1

　　紅下二線俥佔右肋道，下伏傌三進五硬踏中象的攻擊手段；現黑退右肋包於右象腰，旨在予以化解。

　　21. 俥六進二　車8平7　　22. 俥四進七　包8退2

　　23. 兵五進一　馬3進2　　24. 俥六平八　車2進2

　　25. 兵五進一　馬2進3　　26. 俥八退五　馬3進2

　　黑方不失時機，雙包齊鳴：棄包殺傌，又包保中象；紅雖渡中兵，雙俥封塞雙象腰，又平左俥拴鏈車馬後兌掉左車，不甘示弱，但黑能順勢而為，見縫插針，進退有序，果斷兌車，現已多子佔優了。

　　27. 傌三進五　馬2進3　　28. 帥五進一　車7平8

　　29. 帥五平六　………

　　紅出帥避殺，無奈之舉，因黑下伏包8平5後再車8進4

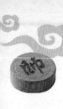

殺招！但紅如誤走帥五平四???則馬3退5！下伏馬5進4和馬4退7踩仕踏兵的先手棋，黑必勝無疑！

29. ………… 車8平3　　30. 炮五平七 ………

紅卸中炮壓馬攔車，實屬無奈。紅另有兩變均不盡如人意：①俥四退四??車3進3，俥四平七，車3平5，俥七退三，包8平5！炮五進三，車5退2，演變下去，黑淨多子多中象勝勢；②兵三進一??馬3退2，仕六進五，車3進3，兵三進一，象5進7，俥四退五，車3平4！仕五進六（若炮五平六??包8平5！變化下去，黑肋車拴住紅俥包3個大子後，黑也多子多象勝定），車4進1，帥六平五，馬2退4，俥四平三，象7進5。以下紅又有兩種選擇：(a)兵五進一??馬7進5，炮五進四，馬4退5，俥三平二，馬5進6，俥二平四，馬6進4，帥五退一，車4平8！演變下去，黑也多子得仕相勝勢；(b)兵九進一??馬4進5，相三進五，包8平5！中包拴住紅中路俥相後，也多子多士象勝定。

30. ………… 車3進3　　31. 俥四退五　包8進4！

32. 兵三進一　包8平5！　　33. 俥四退一　卒7進1！

黑渡7卒殺兵，四子壓境兌招！黑也可徑走包5平1得子佔勢不讓人，紅如接走炮七平九，則包1退1，兵三進一，包1平4，俥四平三，馬3退4，炮九平六，車3進2！成車馬包聯手絕殺，黑勝。

以下精彩殺法是：仕六進五，馬7進8，兵五進一，馬8進6！至此，黑車包雙馬過河7卒五子壓境，攻勢迅猛！紅俥炮單缺相難以抵擋，只好遞上降書順表，黑方完勝。

此局雙方一開戰就見到了左巡河炮對右象位車的廝殺：紅高起左橫俥，七路俥踩中兵後形成下二線「霸王俥」，黑

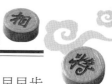

棄3卒，右馬退窩心，象位車殺七兵後捉左巡河炮，早早步入了中盤搏擊。就在黑進左包封俥，右相台車掃去紅左底相後避開紅平左橫俥邀兌之機，紅卻在第14回合走俥五退六盤河的老式走法而落入下風，接著又在第15回合走了俥六進七棄炮爭勢導致丟子失勢，被黑方抓住機會，退右車殺炮，退窩心馬保包，補左中士固防，退左包窺中俥，進左車拴俥馬，棄右包殺前俥，回左包保中象，進右馬巧兌俥，右馬臥槽叫帥，車左右逢源捉俥窺炮，最終黑包炸中俥，渡7卒殺三兵，左外肋馬騎河地形成五子壓境的迅猛攻勢，硬逼紅帥就範。這是一盤佈局雙方有套路爭鬥；中局格鬥紅方連續退，進左傌，闖下大禍而丟子失勢，以後竭盡全力保子抗衡，也不敵黑五子壓境的聯手攻殺入局的精彩殺局。

第47局　（上海）黃杰雄　先勝　（長春）梁曉敏

轉七路傌高左橫俥右邊相對屏風馬右中象象位車
互兌7卒三兵

1.炮二平五	馬8進7	2.傌二進三	卒7進1
3.兵七進一	車9平8	4.傌八進七	馬2進3
5.俥一平二	象3進5	6.炮八進二	車1平3
7.俥九進二	包2退1		

　　這是2010年5月27日上海網戰象棋友誼對抗賽的一場殊死之戰。紅方高起左橫俥保傌，是一步防黑棄3卒打開紅七路線，以達到直接破壞左巡河炮計畫的引而不發的成熟新變。紅如俥九進一，可參閱本節「才軍先負黃杰雄」之戰；紅又如改走兵三進一，可參閱本節「黃杰雄先勝薛中華」之戰。

黑速退右包，旨在左移反擊，屬改進後的常用變例，比起馬3退5、包2進2、包8進2、包8進4和卒3進1等多種不同走法，毫不遜色，足可與紅方抗衡。黑如改走馬3退5，可參閱本節「黃杰雄先勝田大春」之戰；黑又如改走包8進2，可參閱本節「黃海林先勝申鵬」之戰。至此，雙方形成了中炮巡河炮高起左橫俥對屏風馬右中象象位車退右包互進七兵卒的、在20世紀50—60年代時十分流行的當時一致認為紅接走俥九進二的最佳續著的高左橫俥著法。

8. 兵三進一　包2平7

紅急進三兵主動邀兌，繼續貫徹原既定左巡河炮右調的戰略計畫；而黑退右包後左移到7路馬後藏包，意要充分發揮己方下二路包的反擊作用。黑如改走卒7進1主動邀兌後，則紅炮八平三！變化下去，紅方子力開揚，反先易走了。又如在1991年5月15日全國象棋團體賽上呂欽與柳大華之戰中黑曾走過包8進2，兵三進一，包2平8，俥二進五，馬7進8，兵三平二，車3平2（先亮右直車牽制紅偶炮活動空間，老練之招，如硬走包8平7打相捉兵，則偶三進四後有炮五平二打車的先手棋，黑將速落下風。此刻，紅有過河兵，黑車包佔位靈活易走，雙方各有優劣），偶三進四，車2進4，炮五退一（退中炮，阻止黑兌3卒，開通偶路，爭取對攻。若炮五平六，則卒3進1，兵七進一，車2平3後雙方局勢平穩），包8平1（左包右移邊路，繼續貫徹兌兵搶先意圖，若急走卒3進1???則炮五平八，車2平1，兵九進一！活擒右俥，現有右邊包「生根」保護後，便不怕紅進九兵捉死車了，且有黑走車2平1威脅紅左翼俥炮的先手棋）！炮五平二，車8平9，俥九退一，卒3進1，炮

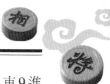

二平八，車2平1，後炮平七，卒3進1，炮七進三，車9進1，俥九平六，包1平3，炮七進四，車9平3，俥六進三〔肋俥巡河、保偶護炮過急，易落下風。紅宜俥六進五佔據卒林積極進攻為上策，黑如接走馬3退1，偶七進六棄左相進攻；黑又如改走馬3進2，俥六退四，馬2退1，偶七進六。以下黑又有兩種不同選擇：①車3進8，偶六進五，車3退4，炮八退三！演變下去，紅可繼續保持淨多雙兵優勢，優於實戰，足可抗衡；②車3平4，仕四進五，車1進2，偶四進五，車1平5，俥六平四，車4進3（若車5退2，偶六進四！車4平6，偶五進三！變化下去，雙方將形成互纏局面後紅足可一戰），偶六進四，車5退2，偶五進三，士4進5，炮八平三，馬1進3，相三進五，馬3進4，俥四進二，以下不管黑方兌馬與否，雙方也將形成互纏局面〕，車1平6！至此，黑平左肋車壓偶老練！逼兌紅俥已成定局。最終黑無法攻破紅偶相雙兵而戰和。

$\quad$ 9. 相三進一　　卒7進1　　10. 炮八平三　　包7進4

11. 相一進三　　車3平2　　12. 俥二進六　　車2進4

13. 俥二平三　　車2平7　　14. 俥三退一　　象5進7

15. 俥九平八（圖47）　象7退5???

以上雙方兌去俥車炮包兵卒後，開始簡化了局面，此刻雙方雖子力對等，但無形中黑在步數上已失去兩先，步入下風。此時，在雙方各有一側防禦薄弱的情況下，紅方的側翼進攻反擊的速度，顯然要比黑方快得多。紅方已在雙方平穩攻防中，逐漸步入了佳境。

而黑在失先被動局勢下，退左中象固防，敗著！錯失良機而陷入困境。如圖47所示，黑宜徑走馬7進6不給紅左偶

盤河反擊擴優機會為上策，紅
如續走俥八進三，包8進2，
兵五進一，象7進5。

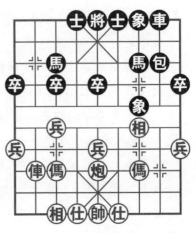

以下紅有兩種選擇：①俥
八進二，包8退2，傌七進
五，馬6進5，傌三進五，車8
平7，兵五進一，車7進3，以
下不管紅方是否兌中兵卒，雙
方均子力對等，黑勢好於實
戰，足可一搏；②兵五進一，
卒5進1（若誤走卒3進1??俥
八進二！包8退2，兵五平
四！紅反得子較優），俥八平

圖47

五，士6進5，傌七進五，馬6進5，俥五退二，變化下去，
雙方雖子力對等，但黑勢優於實戰，足可抗衡，鹿死誰手，
勝負難斷。

16. 傌七進六　車8進1

紅方不失時機，果斷躍左傌盤河出擊，直攻黑方薄弱右
翼。

黑高左直車，迅速要照應右翼，實屬無奈，已別無他著
了。

17. 炮五平六　卒3進1　　18. 兵七進一　象5進3
19. 仕四進五　象3退5　　20. 俥八進四　包8進1
21. 俥八進一　車8平3　　22. 相三退五　馬7進8??

紅卸中炮，雙方互兌3卒七兵後，又補中仕，回中象
（相），當紅在左俥拴鏈黑右翼車馬後，已佔先機的情況

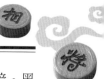

下，黑進左外肋馬過急，導致再次先失後，易陷入困境。黑宜徑走卒9進1等一步，不給紅傌六進四欺包，赴臥槽的反擊機會為上策。紅如接走傌三進二，包8進1，傌六進四，馬7進6，傌二進四，馬3進4，炮六進二（若硬走傌四進六??則車3進2！下伏馬4進5或馬4進6兩步先手棋，黑反易走），包8平7！變化下去，雙方互纏，各有顧忌，雙方雖子力對等，但黑勢優於實戰，足可抗衡，鹿死誰手，勝負一時難料。

23. 傌六進四　包8平6　　24. 兵五進一　馬3進4
25. 傌四進二　士6進5

黑補左中士固防，實屬無奈。黑如車3平8捉馬??傌二進四，車8平6，傌四退二，車6平8，傌二進四，車8平6，變化下去，則形成黑方「二捉」對紅方「一捉」的按照現行棋規、黑為禁止的著法，故黑須改走補中士著法。

26. 傌二進三　包6退2　　27. 後馬進二　車3進3
28. 傌二進四　馬8退6　　29. 兵五進一　馬6退7
30. 兵五平六　包6進1！

紅方不甘示弱，雙傌馳騁，兌去一傌後，黑立刻高左士角包打俥保中象，老練有力之招！黑如貪走車3平4殺過河兵，則傌四進五破象後，紅方呈勝勢。

31. 兵六平七　包6平2　　32. 傌四進六　包2進6
33. 帥五平四　士5進6　　34. 炮六平八　將5平6
35. 炮八進四　卒9進1　　36. 炮八平五！　………

雙方步入無俥車棋戰後，紅炮趁勢出擊，又炸中卒後，形成了紅淨多過河兵的略優局面。在此現狀下，紅方以小勝積大勝的精彩殺法，請繼續欣賞下去：黑方接走包2平1，

炮五退三，包1平4，兵九進一，馬7進6（宜改走馬7進8避開紅炮五平四拴鏈後，黑尚可支撐）？炮五平四！將6平5，傌六進四！將5進1，兵七進一（傌踩左士，再兵進卒林，紅又多了一點小勝局面），包4退2，炮四平五，將5平4（無奈之舉，若誤走將5平6???則傌四退二，下伏傌二退三踩馬踏邊卒的兇招，紅必得子完勝黑方），炮五進三，包4平6，傌四退二，馬6進5，帥四平五（攻不忘守，佳著）！包6退3，兵七進一！馬5退3，兵七進一（兵臨城下，逼將上三樓）！將4進1，炮五平六，包6平5，帥五平四，馬3進1，傌二退四，包5平6，傌四退五，馬1退3，炮六退五！馬3進5〔借七兵逼將上三樓之威，現退肋炮叫殺，一炮滅敵，令黑方，疲於應付，顧此失彼，只有招架之功而毫無還手之力了。黑進中馬壓紅中傌，無奈之舉。黑如硬走象5退3???則傌五進六！黑如接走包6平4??則炮六進五得包勝定；黑又如改走馬3進4??傌六進四！將4平5，仕五進六，馬4退3，炮六平五，將5平6，炮五平四，將6平5，傌四進三，將5平6（若將5平4???則炮四平六，馬3進4，炮六進二！再得一馬後紅必勝；黑又若改走將5退1???則炮四平二！下伏炮二進七成傌後炮絕殺，紅也勝），仕六進五，將6退1（若硬走馬3進5???則仕五進四，馬5退6，炮四進五！也得馬後紅勝），傌三退四！也成右肋道傌後炮妙殺，紅方完勝〕，仕五進六，包6平4，傌五進七！果斷棄炮，進傌欺包，單騎絕塵，傌到成功！黑如接走包4進5???則傌七進八！借兵之威，單傌擒將，紅勝；黑又如改走馬5退3??則炮六進五！白得一包後，紅也必勝。

此局雙方一開戰就馬上展開了左巡河炮與右象位車的爭

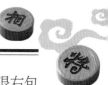

奪：紅高起左橫俥保傌，進三兵邀兌，補右邊相，黑退右包左移至7路兌去包兵卒後，又巧兌雙方右直俥車，早早進入了中盤廝殺。當紅在第15回合亮出左橫俥後，黑卻接走象7退5在無形中已失去兩先，跌落下風。以後雙方互兌3卒七兵，互退中象（相），紅俥拴住黑右車馬已佔先的情況下，黑卻急於求成地在第22回合走馬7進8，再次失先後，紅利用黑二捉對紅一捉的現行棋規，逼黑改補左中士後，雙方再先後兌去俥車傌馬步入了無俥車棋戰。此後，紅方不急不躁，穩紮穩打，注重細節，積小勝為大勝：出帥平炮巧炸中卒，回中炮挺邊兵，傌踩左士，進七兵鎮中炮逼將上三樓，卸中炮鎮中帥不給黑反攻機會，最終紅回中傌，退肋炮，傌進相台後，傌到成功，一炮滅將，得子入局。這是一盤佈局在套路雙方輕車熟路；中盤廝殺黑兩失戰機，雙方步入了無俥車棋戰後，紅不溫不火、細膩至極地積小優為大優，最終積小勝為大勝、得子擒將的經典的精彩殺局。

第48局　（汕頭）關仲星　先負　（上海）黃杰雄

轉七路傌巡河炮橫直俥對屏風馬右中象象位車退右包左移

1. 炮二平五	馬8進7	2. 傌二進三	卒7進1
3. 兵七進一	馬2進3	4. 俥一平二	車9平8
5. 傌八進七	象3進5	6. 炮八進二	車1平3
7. 俥九進二	包2退1	8. 俥二進六	………

　　這是2015年2月19日春節網戰象棋友誼賽的一場生死之戰。雙方以中炮巡河炮七路傌高左橫俥保傌進右直俥過河對屏風馬右中象象位車退右包互進七兵卒拉開戰幕。紅進右直俥過河，屬老式走法，一改以往俥二進四、傌七進六和兵

三進一均可演變成複雜變化的選擇，旨在老譜翻新，在賽前做足功課的基礎上，攻其不備，出奇制勝，揮俥過河，力爭主動。但筆者深知，紅進過河俥的弈法，一旦導致雙方兌俥車後，演變結果大多是黑方滿意。今天一搏，結果會如出一轍嗎？紅另有三變僅做參考：①俥二進四，包8進2，俥九退一，卒3進1，俥九平六，以下黑有兩變：(a)馬3進4，炮八進三，包2平4，俥六平八，包4進1，兵七進一，車3進4，炮八進二，象5退3，傌三退五，車3進2，演變下去，雙方對峙；(b)包2平8，俥二平四，馬3進4，俥四進四，卒3進1，炮八進三，車3進2，炮八進二，車3退2，炮八退二，車3進2，雙方不變作和。②傌七進六（左傌盤河出擊，既給左橫俥讓路，又可伺機走炮五平七攻擊黑右翼），包8進2，俥二進四，以下黑又有三路變化：(A)卒3進1，兵七進一，包8平3，俥二進五，馬7退8，兵三進一，以下黑還有馬8進7和包2平7兩路變化，結果前者為雙方下和，後者為紅優。(B)卒7進1，以下紅又有俥二平三和兵三進一兩種走法，結果前者為雙方均勢，後者為紅方失子。(C)包2平3（平包護卒，有邀兌兵及平車捉炮的先手），炮八進二，卒3進1，以下紅又有兩變：(a)兵七進一，以下黑還有包8平3和包3進3兩種變化，結果前者為紅方稍優；後者為雙方互纏，局勢趨向複雜化。(b)炮五平七，卒3進1，炮七進五，包3平8，俥二平四，車3進2，以下紅又有傌六退五和俥四進三兩路弈法，結果前者為黑方較優，後者為黑優易走。③兵三進一，包2平7（紅進三兵邀兌，貫徹既定左炮伺機右調反擊的戰略計畫；黑右包左移，旨在充分發揮己方下二路包的攻殺作用。黑若誤走卒7

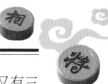

進1，炮八平三，變化下去，紅子力開揚）。以下紅又有三變：(a)傌三進四，卒7進1，傌四進六，以下黑還有包8進5和卒7平8兩路變化，結果前者為雙方平穩，後者為紅優；(b)兵三進一，包7進3，傌三進四，包7平8，以下紅又有傎二平一和傎二進五兩路變化，結果前者為雙方平穩均勢，後者為黑反先易走；(c)相三進一，以下黑還有車3平2和卒7進1兩路變化，結果前者雙方均勢，後者為紅方主動。也可參閱上局「黃杰雄先勝梁曉敏」之戰。

8.…………　　包8平9

黑平左包兌傎，必然之招！黑如馬7進6？紅傌七進六強行邀兌左馬後，黑左翼車包「脫根」後被封，形勢反而不利。

9.傎二進三　…………

紅進傎邀兌，簡化局勢，穩健有力！以往網戰流行過紅傎二平三（平傎壓馬，尋求變化的另一種主流變例），車8進2，傌七進六。黑有3種不同選擇：①包2平4（平右肋包，準備走包4進2攻傎），炮八進二，車3平2，傌六進五（傌踩中卒穩正。若傎九平八？？？則包4進2，變化下去，紅方丟子），馬3進5，炮八平五，馬7進5，炮五進四，包4進5，以下紅又有兩變：(a)炮五平九（炸邊卒求變。若炮五進二？士4進5，紅雖多兵，但傌位不佳，黑易反先），車8進4，以下紅還有傎三平七和兵三進一兩路變化，結果前者為紅多兵有中炮佔優，後者為紅方易走稍好；(b)炮五平一（炮打9路卒，可掩護三路傌出擊），車8進4，傎九平四，以下黑還有車2進6和車8平7兩種變化，結果前者為紅多兵且兵種齊全佔優，後者為紅優易走。②卒7進1（果

斷棄7卒對紅三路線施加壓力），兵三進一，包2平7，俥三平四，車8進6（車佔下二路是棄卒計畫的續著。若馬7進8？俥四平三，車8退1，炮八進四！變化下去，紅反易走佔優），以下紅又有兩種選擇：(a)傌六進七（傌踏3卒，謀取實利），馬7進8，以下紅還有兵三進一和俥四進二兩路走法，結果前者為紅兵種齊全，多兵佔優；後者為黑優易走。(b)兵三進一（主動棄兵，以緩解三路線壓力），包7進3，傌三進四，包9進4，炮五平一（卸中炮攔包，不給黑包9進3後形成猛烈攻勢的機會），車8平7，俥九平三（若相七進五？？車7退2，演變下去，黑反易走），車7退1，傌四退三，以下黑還有包9平7和包7進5兩種走法，結果前者為雙方互纏，後者為紅較有先手。③筆者在網戰應對過黑包2平7，紅接走俥三平四，車3平2（若馬7進8？俥四進二，包7進5，相三進一，變化下去，紅雖少兵，但子位靈活，佔優，易走），俥九平八，馬7進8，傌六進五，馬3進5，炮五進四，包7平5，炮五進二，士4進5，俥四平七，馬8進7，兵七進一！變化下去，紅淨多過河兵參戰，佔優易走，結果雙方大量兌子後，紅多兵多仕相巧勝。

9.………… 馬7退8　　10.傌七進六？？ …………

眼前的紅右傌處於「無根」保護，防禦薄弱的狀態，現左傌盤河與中炮聯手合攻黑中卒，劣著！給黑方提供了反擊機會，紅宜徑走炮五平六為上策，黑如接走包2平7，相七進五保右傌固中路後，再伺機走俥九退一調整俥位，移師右翼，開攻黑左翼的著法計畫較為穩健。

10.………… 包2平7！(圖48)

黑右包左移7路，攻擊紅三路傌，吹響了進擊反攻的號

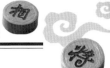

角。一改以往網戰流行過的黑馬8進7,進左馬,護中卒的走法,紅接走炮八退三,士4進5,以下紅有兩變:①炮八平七,車3平4,傌六進七,車4進8,炮七進二(若傌七進五?馬3進2,傌五進七,將5平4,變化下去,黑優易走),包2平4,仕四進五,車4退2,炮七退二,馬7進6,俥九平八,馬6進7,傌七進九!紅傌赴臥槽,略佔優易走;②炮五平六,包2平3,俥九平八,卒3進1,演變下去,雙方平穩的走法,旨在攻其不備,意要出奇制勝。

11. 傌六進五???　………

紅左傌貪殺中卒邀兌,敗著!由此落入下風,錯失互纏機會後導致少卒失勢,易陷入困境。如圖48所示,同樣踩卒,紅宜先走傌六進七為上策,黑如接走包7進5,相三進一,士4進5,炮五平七,車3平4,傌七退六,車4平2,傌六進七,車2平4,炮七平六!下伏相七進五固防中路保右傌和傌七退六打車及俥九退一以退為進的子力調整等多種反擊計畫,變化下去,紅不吃虧,尚可繼續與黑方互纏下去,優於實戰,足可抗衡,鹿死誰手,勝負一時難料。

11.…………　車3平2!

黑方不失時機,車平2路牽住紅左巡河炮後,頓時使紅方子力部署顯得非常被動又彆扭,而落入下風。

黑方　黃杰雄

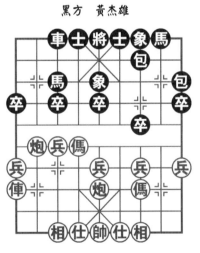

紅方　關仲星

圖48

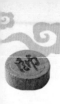

12.俥九平八 卒7進1! 13.傌三退五 卒7進1!

黑連衝7卒，渡河殺兵，佔據兵林線，顯而易見已佔物質優勢；與此同時，右車還拴鏈紅左翼俥炮，形勢大好，而且較為樂觀，易走，足可滿意。

14.前傌進七?? …………

紅進傌邀兌，劣著！又失良機，導致局勢進一步下滑。紅宜改走炮八進二搶佔要隘為上策，黑如接走士4進5（若包7平5？後傌進七，馬3進5，炮五進四，變化下去，紅反易走），則兵五進一，馬3進5，炮五進四，馬8進7，兵五進一，馬7進8，俥八平四（若相七進五？則包9進4！演變下去，黑方易走），車2平4〔若卒3進1（若包9進4？則俥四進三！變化下去，紅方滿意），炮八平一，卒3進1（若馬8退7？則炮一平二，演變下去，紅不難走），炮一平三！變化下去，紅勢會逐漸開朗，稍好易走〕，相三進五，車4進8，傌五退三，將5平4，仕四進五，包9進4，傌三進一！包9平1，炮八退四！變化下去，黑雖淨多雙卒參戰，但紅有中炮過河中兵助戰，又伏炮八平六窺將攔車的先手棋，優於實戰，足可一拼，鹿死誰手，勝負一時難料。

14.………… 包9平3 15.兵七進一 包7平5

16.兵七進一 包3退2 17.兵七平六?? ………

在雙方兌傌馬和互鎮中炮包的形勢下，紅不甘示弱地連衝七兵襲右包，來勢洶洶，拼命來反擊爭先，但紅窩心傌的出路仍是個大問題，因黑下伏包5進5炸中兵做悶殺的先手棋，紅方不得不平兵預防，結果卻白丟過河兵陷入困境。與其白失一兵，紅不如徑走炮五平七強兌右底象位包，拼死一搏為上策（若急走相七進九??則車2進4！變化下去，局勢

逐步開朗，黑反易走），黑如接走包3進7，則傌五進七正好躍出窩心傌後守住中兵，演變下去，紅多過河兵足可抗衡；黑方又如改走包5進5，傌五進六，包3進7，俥八平七，包5退1（若包5平1？炮八平五！士4進5，傌六進五！紅方勝勢），俥七平二！馬8進7，俥二進二！黑包難逃，頹勢已呈，但黑可接走包5進1（若包5退2？兵七平六！中包也厄運難逃），炮八平五，士4進5，俥二平三，馬7進6，俥三進一！車2進4，炮五進一，車2平4，俥三平四，車4進2，俥四退一，車4退2，炮五進一，車4平5，炮五退三，車5進2，雙方順勢而為，均不走炮五平九殺右邊兵（卒）繼續保留複雜變化地兌去中炮包後，雙方子力對等，和局已定。

17. ……………… 車2進3 18. 傌五進七 …………

紅棄肋兵，以解脫窩心傌困境，無奈之舉。紅如硬走兵六進一??則包5進5！飛包鎖住中路傌炮，黑勢大優，有望入局。

18. …………	車2平4!	19. 炮八進五	卒7平6
20. 仕六進五	馬8進7	21. 炮五平二	馬7進5
22. 俥八進二	車4進3	23. 俥八平七	馬5進3
24. 俥七平六	包5進5!	25. 相七進五	將5進1!
26. 俥六退一	馬3進4	27. 傌七進六??	…………

黑方不失戰機，車殺過河兵後，又強行兌車，使馬包卒佔位較好，已佔勝勢。在此困境下，紅左傌盤河出擊，劣招！錯失拉長戰線後尋機求和良機，紅宜徑走傌七進五兌中包後，利用雙炮佔位來轟馬炸卒為上策，簡化局勢後，黑接走卒6平5，仕五進六，包3進3，炮八退八，包3平5，帥

五平六，下伏炮八平五、炮八平六、炮八平九和炮二平一4步轟馬炸卒的先手棋，黑雖多過河中卒，又兵種齊全，但紅有機會在漫長的無俥棋戰中尋覓求和機會，優於實戰，足可周旋。

以下精彩殺法是：將5平4，俥六進七，包3進2，帥五平六，將4平5，仕五進六，包3平4，俥七進八，包4進1，仕四進五，包5退1！帥六平五，馬4進6！帥五平四，包4平6！炮二進三，包6進1！黑方抓住最後機會，平將雙包齊鳴，馬掛仕角逼帥，最終馬雙包卒催殺，令紅方只有招架之功，而毫無還手之力。以下紅如接走炮二退一，馬6退8，炮二平四（若仕五進四???則卒6進1！黑速勝；又若帥四平五???馬8進7，帥五平六，包5平4！黑也速勝），馬8退6！以下紅有兩種不同選擇：①帥四平五???馬6進8，俥八退七，馬8進7，帥五平六，包6平4，俥七退六，包5退2，炮八退八，馬7退8，帥六平五，卒6進1，俥六進四，包5進1，俥四進三，將5平6，俥三退一，卒6平5！相三進五，馬8進6，帥五平四，包5平6！成馬後包妙殺，黑勝；②俥八退七???馬6進8，帥四平五，馬8進7，帥五平六，包6平4，俥七退六，包5退2，炮八退八，馬7退8，炮八平六，包5平4，俥六退四，前包進4！至此，雙方兵卒等、仕（士）相（象）全，黑淨多雙包也必勝定。

此局雙方一開戰即出現了左巡河炮與右象位車的爭奪：紅走橫直俥出擊，黑退右包，平左包兌俥雙包齊鳴應對，就在雙方兌俥車後的第10回合紅走俥七進六出現了防守漏洞，在第11回合剛步入中盤決鬥又走俥六進五貪吃中卒後落入下風，在第14回合還走前俥進七，導致局勢進一步下

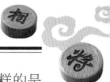

滑，在第17回合再走兵七平六，白丟過河兵。更糟糕的是在第27回合在強行兌車後，黑馬包卒佔位好的困境下，走傌七進六硬要保持複雜變化，錯失了有望拉長戰線後的求和良機，被黑方趁勢雙包齊鳴，馬掛仕角，棄卒砍相，得子入局。這是一盤雙方佈局伊始，循規蹈矩，徐圖進取；中盤搏殺，紅急功近利，急於求成，五失良機，黑方卻機不可失，時不再來，運子有序，兌子爭先，謀子取勢，棄子得勢不讓人，技高一籌拼到底的在平淡中見功力，積小優為大優，以風捲殘雲之勢擒帥入局的精彩殺局。

第二節　中炮巡河炮對屏風馬右橫車

第49局　（浙江)趙鑫鑫　先勝　（山東)卜鳳波

轉巡河炮左橫俥七路傌對屏風馬右橫車7路馬兌中炮

1. 炮二平五　馬8進7　　2. 傌二進三　車9平8
3. 兵七進一　卒7進1　　4. 傌八進七　馬2進3
5. 炮八進二　車1進1

這是2014年5月9日全國象棋甲級聯賽的一場龍虎激戰。雙方以中炮巡河炮七路傌對屏風馬右橫車互進七兵卒拉開戰幕。黑高起右橫車後，可視局面發展需要，或佔右肋道，或調到左肋道，或佔據左象位線，向紅右翼展開反擊。黑如改走象7進5，可參閱本書「中炮巡河炮對屏風馬左中象」章節。

6. 俥一平二　馬7進6

黑躍左馬盤河出擊，較為少見，一改網戰多走象7進5

和車1平4兩大主流變例，旨在攻其不備，意欲出奇制勝。
黑如象7進5，傌七進六，包8進4，仕六進五，卒3進1
（紅用左傌盤河回擊黑左中象，也屬流行走法。黑棄3卒，
目的是拆除紅左巡河炮架後，黑平右橫車捉拿紅左盤河傌來
進行對攻），兵七進一，車1平4，紅有兩種不同選擇：①
傌六進七，車4進4，以下紅又有兵七平八和炮八退二兩路
變化，結果前者為雙方激烈對攻，後者為紅方佔優；②傌六
進八，包2進3，傌八進七，車4進1，傌七退六，包2進
2，以下紅有傌三退一和仕五進六兩種變化，結果前者為雙
方均勢，後者為黑方反優。

黑又如改走車1平4，俥九進一，象7進5，俥二進四，
黑有兩種不同選擇：①車4進5（肋車過河，準備攻擊紅左
正傌），傌三退五，車4平2，俥九平六，士6進5，俥六進
三，以下黑又有卒1進1靜觀其變和包2進2右包巡河兩種走
法，結果前者為在雙方互纏中，黑不難走；後者為紅方易
走。②包2進2（伸右包巡河，以逸待勞），俥二平六，車4
平6，兵三進一，車6進6，俥九平三（若傌三進四？？馬7進
6！變化下去，黑反優易走），卒7進1，俥六平三，馬7進
8，傌七進六，士6進5。以下紅有炮八退二和炮五平七兩路
變化，結果前者為黑雖少卒，但子力靈活較為易走；後者為
黑不難走。

7. 俥九進一　馬6進7　　8. 傌七進六　馬7進5??

黑左正馬從第1、6、7回合和現在的第8回合共運行了
4步，在未受到任何威脅情況下，主動兌掉紅中炮，劣著！
損失度數太大，易遭被動，落入下風。黑宜改走包8進4進
左包封俥為上策，紅如接走炮五平七，象3進5，傌三退

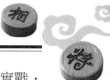

一，包8退2，俥二進四，車1平8，變化下去，優於實戰，黑足可抗衡，勝負難測。

9. 相七進五　　車8進1　　10. 傌六進七！　……………

紅左傌踩殺3卒，是一步此刻最佳的等著，靜觀其變，蓄勢待發。趙特大的控盤節奏掌控得如此恰到好處，耐人尋味，讓人大開眼界，令人大飽眼福！紅如硬走俥九平四？？包8平7！俥二進八，車1平8，炮八退二，卒7進1！俥四進二，車8進3，傌六進七，車8平7！黑有過河卒參戰，並與7路車包直窺紅三路傌相，得勢反優，局勢開朗，易走。

10. …………　包8進7　　11. 俥二進八　車1平8

12. 傌三進四　象3進5　　13. 俥九平六　卒7進1

14. 傌四進六（圖49）　車8平4？？

黑平左車右移佔右肋道拴鏈紅左肋道俥傌，白送過河7卒，敗著！導致棄卒後損失較大，有些得不償失。如圖49所示，黑宜卒7進1保留過河卒為上策，紅接走傌六進七，包7平3，俥六進五，車8進7，仕六進五，車8退4，俥六平五，車8平2，炮八進三，車2退2，變化下去，紅雖多兵易走，但黑有過河卒助戰，謀和希望有增無減，優於實戰，足可抗衡。

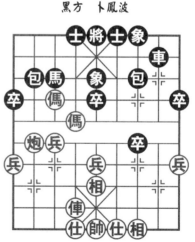

黑方　卜鳳波

紅方　趙鑫鑫

圖49

15. 炮八平三！　包2進7

16. 仕六進五　　包2平1

17. 炮三退三　　車4進2　　18. 傌六進四！ …………

紅策傌赴槽，棄傌邀兌肋車，有強攻搏殺的大無畏精神，入局手段乾淨俐落，鋒芒逼人，頗見功力！

18. …………　　車4平3??

黑平肋車貪傌，劣著！得子失勢，導致被動後由此一蹶不振。黑宜車4進5兌車求穩望和為上策，紅如接走傌四進三，將5進1，炮三平六（若炮三平二貪殺??則車4平5！帥五進一，將5平4，黑反多士易走），包1平3，炮六進六，包7平4，相五退七，包4退1，傌三退四，將5退1，兵五進一，包4平1，兵五進一，卒5進1，傌七退五，馬3進5，傌四退三，包1進5！傌五進七，包1退1，相七進五。變化下去，雙方雖兵卒等、仕（士）相（象）全，黑兵種齊全雙卒被控，一時無法渦河參戰，和勢甚濃，但黑優於實戰。

19. 傌四進三　　將5進1　　20. 炮三平二　　包7平8

21. 帥五平六　　將5平6　　22. 炮二平四　　包8平7

23. 俥六進七　　士6進5　　24. 俥六退四　　車3平2??

紅方不失時機地進傌叫將，平炮叫殺，出帥催殺，橫炮對將，揮俥叫抽，如火如荼，強勢出擊，精彩紛呈，令人擊節！而黑車平2路，壞招！急於出車，再失良機。同樣要出車參戰，黑宜先走卒5進1為上策，紅如接走俥六平四，士5進6（若包7平6???俥四進三，將6進1，傌三退四妙殺），以下紅又有兩種不同選擇：①俥四進三，將6進1（若將6平5？則俥四平三！紅得子大優），仕五進四，車3平6，炮四進五，將6退1，兌車後，黑雖殘士少卒，但仍好於實戰，足可周旋；②俥四平三，車3平6，炮四進一，將6

平5，俥三進三，包1平2，變化下去，黑及時撤回右包防守，雖少卒，將位不安，但仍優於實戰，尚可周旋。

　　以下精彩殺法是：兵七進一（渡七兵通俥路，下伏俥六平四再俥四平八叫將抽車，兇招）！士5進4，俥六進三！包1退1，仕五進四（若貪走炮四平九？？？則車2進6，帥六進一，包7平4！得俥後，再下伏車2退1叫帥抽邊炮的先手棋，黑多子必勝），包7平6，炮四進六，將6進1，俥六平七，車2平4，帥六平五，卒5進1，兵七平六！紅果斷棄兵攔車，一氣呵成！以下黑如接走車4進1？傌三退二，將6退1，俥七平五！車4退1，傌二退四，車4進1（若車4平6？俥五退二殺中卒後，紅多中兵多仕相勝定），傌四進三，卒9進1，傌三退五，車4退1〔退肋車追傌，明智。若將6退1？？？俥五平三，象7進5，傌三平五，卒1進1？俥五平一，將6平5，俥一進二，將5進1，傌五進七（叫將拴死右肋車，兇悍）！車4退2，俥一退二，車4平3，俥一平七！棄傌得車，紅方必勝〕，俥五進二，將6進1，傌五退三，車4平7，俥五退四！紅也多中兵多仕相完勝黑方，黑見已回天乏術，只好城下簽盟，飲恨敗北。

　　此戰一開始雙方就進入了左炮巡河對右橫車之爭：紅亮出直橫俥七路傌出擊，黑也左馬盤河連續踏兵踩中炮過急，步數虧損，落入下風。中盤格鬥在雙方兌俥車後，在紅右傌騎河窺黑右馬，黑渡7卒於右相台之機，黑在第14回合走車8平4拴紅俥傌而白送過河7卒，錯失謀和機會。以後黑又在第18回合平肋車貪馬由此一蹶不振，又在第24回合走車3平2錯失最後周旋機會，被紅方渡七兵通俥路，俥砍士逼馬，揚仕叫將兌包追回失子，棄兵攔車蓋帽，一劍封喉！最

終黑車殺兵後，紅傌冷著砍中象殺中卒，呈紅多兵多仕相完勝。這是一盤黑在佈局時以左馬兌中炮度數虧損落入下風；中盤廝殺紅在纏鬥中棄傌強攻，先發制人：殺7卒，渡七兵，追回失子，棄七兵，殺象卒，撕破黑方防線而多兵多仕相、破城擒將的精彩殺局。

第50局　（昆山）曹天一　先負　（上海）黃杰雄

轉七路傌巡河炮直橫俥對屏風馬右橫車佔左肋道左中象

1. 炮二平五　馬2進3　　2. 兵七進一　卒7進1
3. 傌八進七　馬8進7　　4. 傌二進三　車9平8
5. 炮八進二　車1進1

這是2015年2月21日春節網戰象棋友誼賽的精彩廝殺。雙方以中炮巡河炮十路傌對屏風馬直橫車互進七兵卒拉開戰幕。由於紅方曹天一是當地高手，筆者不敢懈怠，徑走直橫車較為拿手的陣式，旨在先聲奪人，打響第一炮，能如願嗎？讓我們拭目以待吧！

　　6. 俥一平二　象7進5　　7. 俥九進一　…………

黑補左中象，配合右橫車出戰，是近年來網戰中較為流行又很成熟的主流變例之一。黑如改走馬7進6，可參閱本節「趙鑫鑫先勝卜鳳波」之戰。

紅高起左橫俥出擊，是應對左中象右橫車較為成熟的主流變例之一。紅如改走兵三進一，黑方有兩種不同選擇：①包2進2（高右巡河包，準備打俥爭先），俥二進六〔伸右直俥過河，不給馬7進8打俥反擊機會。如兵三進一，馬7進8，傌三進二（若俥二進五，包2平8，兵三平二，車1平7，變化下去，黑方好走；又若俥二平一，車1平7，演變下

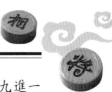

去，黑也易走），象5進7，以下紅有炮五平二和俥九進一兩種變化，結果前者為雙方均勢，後者為紅多兵略優〕，卒7進1，以下紅又有兩種變化：(a)炮八平三，馬7進6，俥二平四，車1平7，以下紅還有俥四退一和炮三進二兩種走法，結果前者為黑多卒象佔優；後者為黑兵種全，佔位好佔優。(b)俥二平三，包2平7（平包打俥，趁勢爭先），以下紅還有俥七退五和俥三退一兩種變化，結果兩者均為黑方得子較優。②卒7進1（兌卒反擊，效果不佳），炮八平三，包2進2，炮三進二，車1平6，俥二進四，包8平9，俥二平三，車8進4，俥九平八，以下黑又有兩種選擇：(a)車6進3（雙車巡河反擊，穩健有力），俥七進六，車6平7，俥三進一，車8平7，以下紅還有俥三進四和俥三進二兩種變化，結果前者為在對攻中黑反易走；後者為紅有中炮，多兵較好。(b)包2平7（隔斷俥炮連線，驅右馬爭先），俥三進四，馬7退8，以下紅還有俥八進六和炮五平四兩路變化，結果前者為黑得俥勝定，後者為紅佔勢易走。

7. …………　**車1平6**

黑橫車搶佔左肋道，旨在攻擊紅右正俥，著法不多見，旨在攻其不備，意要伺機入局。以往網戰流行的是黑車1平4（橫車佔據右肋，旨在儘快對紅左翼子力進行牽制），紅有三種選擇：

①兵三進一，以下黑又有兩變：(a)包2進2，以下紅還有兵三進一和俥二進六兩路變化，結果前者為雙方大體均勢，後者為黑方易走；(b)卒7進1，炮八平三，車4進3，俥九平八，以下黑還有包2平1和包2進2兩路變化，結果前者為紅多兵稍好，後者為紅方佔優。

②俥二進四，以下黑又有兩變：(a)車4進5（進車過河，準備攻打左俥），傌三退五，車4平2，俥九平六，士6進5，俥六進三，以下黑還有卒1進1和包2進2兩路變化，結果前者為在雙方互纏中，黑不難走；後者為紅反易走。
(b)包2進2，俥二平六，車4平6，兵三進一，車6進6，俥九平三（若傌三進四，馬7進6，演變下去，黑優易走），卒7進1，俥六平三，馬7進8，傌七進六，士6進5，以下紅還有炮八退二和炮五平七兩種變化，結果前者為黑雖少卒，但子力靈活較為易走；後者為黑不難走。

③傌七進六，以下黑又有兩路走法：(A)包8進3（左包騎河牽制紅左盤河傌和巡河炮），炮五平六，車4平8（若車4平6？相三進五，包2退1，炮六平七，車8進4，俥二進一，變化下去，紅優易走），相三進五，包2退2（若卒3進1？兵七進一，包8平2，俥二進八，車8進1，兵七進一，馬3退5，俥九平七，車8平6，兵七進一！演變下去，紅方佔優），俥九平七，卒3進1，以下紅方還有兩變：(a)炮八退一，卒3進1，傌六進七，前車平4，以下紅再有傌七進五和仕四進五兩種走法，結果前者為黑雖殘象，但有卒過河參戰較為易走；後者為雙方均勢。(b)兵七進一（強衝七兵，棄子佔勢反擊），包8平2，俥二進八，車8進1，兵七進一，馬3退1（馬退邊陸，貫徹預定計畫），兵七平六，以下黑還有前包進2和卒5進1兩種變化，結果前者為紅雖少子，但多兵得勢易走；後者為黑右邊馬受制，紅右肋傌有威力有攻勢佔優。(B)包8進4（左包封俥，壓縮左俥活動空間可參閱下局「黃杰雄先勝曹天一」之戰），炮五平六，以下黑還有兩種走法：(a)車4平6，炮六平七，以下

黑再有車6進6和卒3進1兩路變化，結果前者為紅子力靈活佔優，後者為紅多兵佔優易走。(b)車4平8，俥九平四，包2進2，以下紅再有兵五進一、俥二平一和俥二進一三路變化，結果前者為黑雖殘象，但有過河卒，雙方局勢互纏；中者為雙方大體均勢；後者為黑多過河卒參戰略好易走。網戰也曾出現過黑馬7進6走法，紅接走俥七進六，黑如接走馬6進7，則炮五退一，變化下去，紅方先手；黑又如改走馬6進4？炮八平六，演變下去，紅左俥有捉包的先手棋。

8. 俥二進六　包2進1!

黑高起右包於卒林線窺打紅右過河俥，屬改進後主流變例之一。以往網戰流行黑先走車6進6，紅接走俥九平三，卒3進1，兵七進一，象5進3，俥七進六，包2進1，俥二退二，包8平9，俥二進五，馬7退8，紅有兩變：①俥六進五，象3退5，炮八退二，車6退4，俥三平七，以下黑又有馬3進5和馬3進4兩路變化，結果前者為紅少子，但有攻勢；後者為紅優易走。②炮五平七，車6平4（紅卸中炮攻馬兼有補左中相七進五的先手；黑平肋車捉俥，針鋒相對），炮七進五，車4退2，以下紅又有炮七平八和炮八平七兩路走法，結果前者為黑方反先，後者為黑先易走。至此，雙方演變成中炮巡河炮七路俥直橫俥對屏風馬直橫車左中象高右炮於卒林互進七兵卒陣式。

9. 俥二退五??　…………

紅退右俥於己方下二線，成「霸王俥」軟手，易遭被動。筆者在網戰改走過紅俥九平六（平左肋俥欲牽制黑方右翼），黑接走車6進6，俥六平三，士6進5，俥七進六，卒3進1，俥二退二，卒3進1，炮八退二，車6退5（若車6平

7，炮八平三，卒3平4，俥三平七，變化下去，紅方易走），傌六進七，包2進3，俥三平七，包2平7（若包2平3？俥二平七，包3平7，相三進一，包8進7，傌三退二，車8進9，仕六進五，車8退1，炮五平三，演變下去，紅方佔優），相三進一，卒3進1，兵五進一，車6進4，炮八進六，包8進1（若象5進3？則兵五進一，演變下去，紅方佔優），傌七退六（下伏兵五進一巧渡的手段，略佔優勢），包8平6，俥二進五，馬7退8，兵五進一，變化下去，紅方易走，結果紅多子入局。

9. …………… 卒3進1！

黑挺卒邀兌，活通右馬，機動靈活，適時佳著！

10. 兵七進一　象5進3　　11. 炮八平七　象3退5

12. 俥九平八　馬3進4　　13. 兵五進一　包8進2

14. 炮七進三?? ………

紅伸左炮窺殺左馬，入「馬腳」邀兌，意欲簡化局勢，過急！易陷入困境。紅宜徑走兵三進一邀兌7卒更為主動積極為上策，黑如接走包2平3，傌三退五，卒7進1，炮七平三，馬4進3，俥八進二，馬3進5，相七進五，包8平3，俥二進八，馬7退8，傌七進六，前包平4，俥八進二，車6進3，傌五進七。變化下去，雙方基本均勢，紅勢優於實戰，足可一搏，鹿死誰手，勝負一時難斷。

14. ………… 馬4退3　　15. 俥八進五　馬3進4

16. 俥八平六　車6進6　　17. 傌三退一　馬4進6

18. 俥六退三　包8平9　　19. 俥二平三　馬6進5

黑方不失時機，果斷兌炮，策馬騎河，驅右馬入邊陲，現又馬兌中炮，一整套全新的反擊組合戰術，讓人眼睛一

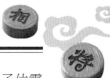

亮、耳目一新，霎時間，黑已取得兵種齊全之利，且子位靈活，顯而易見，黑勢反優，開始步入佳境了。

20. 相三進五　車8進5　　21. 傌一退三　車6平9

22. 傌七進八　車8平5！　23. 傌八進九　馬7進6

24. 俥三平六　車9平5！　25. 仕四進五　士6進5

26. 傌九進七　將5平6　　27. 前俥進六！　士5退4

28. 俥六進八　將6進1　　29. 相七進五！　馬6進7！

以上雙方攻守俱緊，針鋒相對，互不相讓，刀光劍影地大開殺戒：在雙方兌俥車過程中，紅俥挖雙士，黑車掃中相，馬踩三兵，至此，黑雖殘雙士，但掠得一相，且佔多卒之利，而紅俥傌一時難以形勢有效攻勢；相反，黑車馬包聯手後易很快形成有力攻勢，相比之下，黑仍易走，能繼續保持著領先攻殺優勢，旨在以小優積大優，最終以小勝積大勝。

30. 傌三進四　車5平6　　31. 俥六退三　馬7進9

32. 俥六平五　馬9進7　　33. 帥五平四　包9平8

34. 傌七進六　將6平5　　35. 傌六退七　將5平6

36. 傌七進六　將6平5　　37. 俥五退二　卒7進1！

根據棋規，紅方不能長叫將，須變著後，黑方抓住機會，果斷棄過河卒，準備速戰速決，著法老練，明智之舉！黑如車6平5？則傌四進五，包8退2，傌五進四，將5退1（若包8平6！傌四退三，將5退1，傌六退五，象3進5，兵一進一，包6平9，兵一進一，包9進2，傌三進一，卒9進1，相五退三，演變下去，紅高兵單缺相可守和黑馬高卒雙象），傌四進二，將5平4，相五進三，馬7退8，兵九進一！馬8退7，傌二退三！象5進7，至此，將形成紅雙高邊兵單缺相完勝黑高邊卒雙象的局面。

38. 相五進三	車6進1	39. 傌六退七	將5平6
40. 俥五進二	將6退1	41. 傌七進五	將6平5
42. 傌五退三	包8平3	43. 俥五平二	象5退7
44. 俥二退一	象3進5	45. 俥二平四	包3進5
46. 帥四進一	包3退7	47. 俥四退二	馬7退6
48. 傌三退一	馬6進8	49. 帥四退一	包3進7!
50. 傌四退五	馬8退7		

紅揮中俥，雙傌馳騁，掃去雙卒，首先發威；黑沉著冷靜，鬥智鬥勇，進退有序，攻守有度，巧用兌車之機，妙用馬包配合，沉相位底包，拴住紅中底傌，現又退馬踩相，不給右邊兵渡河參戰機會，為以後殘棋入局奠定基礎。

51. 傌一退二	象5進7	52. 傌二退三	包3退7
53. 仕五進六	包3平6	54. 帥四進一	象7退9
55. 傌三退二	馬7退5	56. 帥四退一	馬5退7

黑退出底包，鬆開紅方帥仕後，紅似鬆了口「氣」，但實際上黑馬包巧妙聯手發威，還是不給紅傌帥以透鬆機會，現退帥，實屬無奈，紅如急走帥四平五???則包6平5，帥五平四，包5進7！黑得子必勝。

57. 帥四進一	馬7進6	58. 傌五進四	馬6進7
59. 傌四進五	馬7進8!	60. 帥四平五	馬8退7
61. 帥五退一	馬7退9!(圖50)		

黑當機立斷，借左士角包之威，利用中將佳位，單騎叫帥，踩馬踏兵，令人大開眼界，讓人大飽眼福，機不可失、時不再來地馬包聯手，謀子勝定。

以下精彩殺法是：仕六進五，馬9退7，兵九進一，馬7退5，帥五平六，包6平4，帥六平五，包4平5，傌五退

三，馬5進4，帥五平四，馬4
退3，俥三進四，將5平6，仕
五進四，包5進2，俥四退
五，馬3進1（馬踏邊兵後，
紅頹勢已呈，基本上已喪失抗
衡力量了）！俥五進七，包5
退1，俥七進五，馬1退3，俥
五退七，馬3進5，帥四進
一，象9進7！至此，紅仕難
逃，只能走帥四退一（若仕六
退五？？？則包5平6悶殺，黑
勝；又若改走俥七退五作墊
？？？則包5進3得俥後，黑也

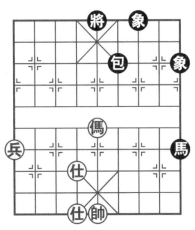

黑方　黃杰雄

紅方　曹天一

圖50

完勝；再若俥七進五？？？則馬5進4！帥四退一，包5平6！
仕四退五，馬4退6，帥四平五，馬6退5！黑借包之威，連
續馬踩仕踏中俥完勝），包5平6，帥四平五（若仕四退五
？？？則馬5進6成馬後包妙殺，黑勝），馬5進6，帥五進
一，馬6退4，帥五退一，象7進5，帥五進一，包6平1，
帥五退一，包1退3，帥五進一，包1平5，帥五平六，馬4
進6！帥六退一，將6進1，俥七退九，包5平4！仕六退
五，馬6退4，帥六平五，包4平5（鎖死中仕，黑勝利在望
了）！俥九退七，將6退1（若貪走馬4進5？？則俥七退五！
將6退1，帥五平六，包5平8，帥六進一，包5平9，形成紅
帥守和黑包雙象的局面）。

　　以下紅有兩種不同選擇：①俥七進六？？馬4進5，俥六
退八，馬5退3！借中包和左肋將之威，回馬叫帥，單騎絕

塵入局，黑方完勝。②帥五平六??包5進8！傌七退五，馬4進5！形成黑馬必勝紅帥的完勝局面。

此局雙方一開戰就聽到了左炮巡河與右橫車的廝殺聲：紅拋出直橫俥發威，黑補左中象，右橫車佔左肋道回擊，就在黑高起右包在卒林線窺捉紅右過河俥之時，紅走俥二退五軟招開始被動，在步入中局激戰不久的第14回合又走出炮七進三邀兌黑右包而陷入困境。以後儘管雙方攻守俱緊，先手兌去馬包兵卒，在兌俥過程中，黑被殘雙士，紅失相丟兵，雙方互有顧忌，但雙方仍是針尖對麥芒，互不相讓，平添了複雜驚險。由先手兌車兵卒後，黑反得到了兵種齊全的優勢，黑放棄7卒取勢，兌肋車回馬，沉包捉中傌，馬踩相窺邊兵，揚象退炮得勢，馬包同時叫殺抽傌又踩邊兵，連續平包叫帥驅傌，馬回象台踏邊兵，出將拴馬逼紅揚仕，最終馬包鎮中，逼帥下臺，進馬踩仕，抽絲剝繭，包鎮中路，馬掛仕角，馬包拴住中仕，棄包炸仕兌傌，吞食淨盡，馬勝光帥。這是一盤雙方佈局在套路徐圖進取；中盤搏殺精彩紛呈；紅急功近利兩丟機會，黑謀子取勢、兌子爭先、棄子跟進、運子機警、殺光入局的「馬拉松」式的精彩殺局。

第51局　（上海）黃杰雄　先勝　（昆山）曹天一

轉七路傌巡河炮直橫俥對屏風馬左中象右橫車佔右肋道左包封俥

1.炮二平五	馬8進7	2.傌二進三	車9平8
3.兵七進一	卒7進1	4.傌八進七	馬2進3
5.俥一平二	象7進5	6.炮八進二	車1進1

這也是2015年2月21日春節網戰象棋友誼賽的又一場

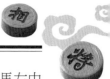

龍虎之戰。雙方仍以中炮巡河炮七路傌右直俥對屏風馬左中象右橫車互進七兵卒開戰。湊巧的是筆者也擅長用中炮巡河炮佈陣，黑一見此陣也立即高起右橫車，想以其人之道，還治其人之身，試圖要決一雌雄。黑方能如願嗎？在1991年10月全國象棋個人錦標賽上徐天紅與呂欽之戰中黑曾先走包2退1，紅接走俥二進四（若俥二進六，則包8平9，俥二進三，馬7退8，俥九進一，包9平6，俥九平二，馬8進7，俥二進五，包2平7，變化下去，雙方另有不同攻守變化），包8進2，炮五平六，卒3進1，相七進五，包2平8，俥二平五，包8平3，俥九平八，車1平2，兵七進一，包3進3！黑可抗衡，結果雙方戰和。

　　7. 俥九進一　　車1平4

　　黑橫車佔右肋，意要對紅左翼子力進行牽制，屬當今棋壇主流變例之一。黑如車1平6，可參閱上局「曹天一先負黃杰雄」之戰。

　　8. 傌七進六　………

　　紅左傌盤河攔車，準備隨時卸中炮五平六欺車出擊，屬改進後主流變例之一。紅另有兩變僅做參考：①俥二進四，以下黑又有車4進5和包2進2兩路變化，結果前者為在雙方互纏中，黑不難走；後者為黑雖少卒，但子力靈活較為易走；②兵三進一，以下黑又有包2進2和卒7進1兩種變化，結果前者為雙方大體均勢，後者為紅多兵易走。

　　8. ………　　包8進4

　　黑伸左包封俥，以壓縮紅右直俥活動空間，屬改進後主流變例之一。以往網戰流行過黑包8進3（進左騎河包，對紅左翼河頭傌炮進行牽制），炮五平六，車4平8（若車4

平6？相三進五，包2退1，炮六平七，車8進4，俥二進一，卒3進1，兵七進一，包8平2，炮七進五，車8進4，俥九平二，象5進3，俥二平七，變化下去，紅優易走），相三進五，包2退2（退右底包是為右馬留出後路。若卒3進1??兵七進一，包8平2，俥二進八，車8進1，兵七進一，馬3退5，俥九平七，車8平6，兵七進一，車6進4，偶六進八，象5進3，俥七進四，紅方佔優），俥九平七，卒3進1，紅有兩種不同選擇：①炮八退一（左炮退兵林線，以退為進，伺機反撲），卒3進1，偶六進七，前車平4。以下紅又有仕四進五和偶七進五兩種變化，結果前者為雙方均勢；後者為黑雖殘象，但有過河卒較為易走。②兵七進一（果斷渡兵殺卒，棄炮取勢爭先），包8平2，俥二進八，車8進1，兵七進一，馬3退1（馬退邊陲，貫徹既定方針不變），兵七平六。以下黑又有前包進2和卒5進1兩種走法，結果前者為紅雖少子，但多兵得勢好走；後者為黑邊馬受制，紅肋偶有威力佔優。

9. 俥二進一　…………

紅高起右直俥，成己方下二線「霸王俥」反擊攻勢，來加強兩翼子力聯繫。紅如先走炮五平六，黑有兩種不同選擇：①車4平6，炮六平七，以下黑又有車6進6和卒3進1兩路變化，結果前者為紅子力靈活佔優，後者為紅方多兵好走。②車4平8，俥九平四，包2進2，以下紅有兵五進一、俥二平一和俥二進一3種變化，結果前者為黑雖缺象，但有卒過河助戰，成互纏局勢；中者為雙方大體均勢；後者為黑多過河7卒參戰易走。

9. …………　卒3進1

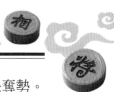

　　黑主動兌3卒，意欲儘快拆除紅巡河炮架，爭先奪勢。黑如包2進2（伸右巡河包，準備包2平4頂傌，以應對紅卸中炮打車的手段），傌六進七（傌踏3卒，先得實利，又可避開包2平4頂傌手段）。黑有兩種不同選擇：①車4進5，傌二平六，車4平3，傌九平七，車3進2，傌六平七，包8退2（以防七路兵渡河參戰），炮五平七，馬7進6。以下紅方又有相七進五和傌七進五兩路變化，結果前者為紅多兵，子力佔位好，已佔優勢；後者為黑方易走。②馬7進6，傌九平六，車4進7，傌二平六，包8退3，以下紅又有傌七退六和炮五平七兩種變化，結果前者為紅多兵佔優，後者為黑有反擊抗衡機會。筆者在網戰也應對過黑車4進3的走法，紅接走炮五平六！車4平2，炮八進三，車2退2，相七進五，車2進4，傌二平六，包8進2，傌六平二，車8進8，傌九平二，車2平4，炮六平七，車4退1，傌二進六，馬3退5，炮七進四！卒9進1，傌二平一，變化下去，紅兵種齊全，多兵佔優，結果多兵多仕相入局。

　　10. 炮五平六　　　車4平6（圖51）
　　11. 傌二平七??? 　………

　　紅右傌左移保兵似乎加強了對黑3路線的壓力，但黑接走包8退1牽制紅巡河傌炮兵後，反使局面變得複雜，令紅方產生較大顧忌。如圖51所示，紅宜徑走兵七進一兌卒較為簡明，黑如接走車6進6（進肋車捉傌欺炮，力爭主動。若象5進3，紅如接走傌二平七，演變下去，紅反先手；紅又如改走炮八平七，象3退5，傌九平八，變化下去，紅方易走），相七進五，包8平5。以下紅有兩變：

　　①傌二平五（墊中傌解帥，精巧之招），車6平7，炮

六平三，象5進3，炮八平七
（平炮打馬，準備亮俥，若俥
九平七，象3進5，俥七進
二，包5進2，仕六進五，馬3
進4，演變下去，雙方大體均
勢），馬3退5（若象3退5？
俥九平八，包2進2，俥八進
二，包5進2，仕六進五，包2
平4，俥八進四，馬7退5，俥
八進一，紅優），俥九平八，
包2平3，炮七進三，馬5進
3，俥八進六（也可俥八進
二，包5進2，仕六進五，象3

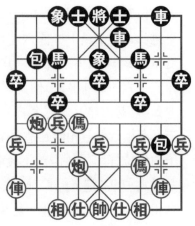

圖51

進5，兵三進一，車8進4，變化下去，紅兵種齊全，略為好
走），馬7退5，俥八退四，包5進2，仕六進五，演變下
去，紅兵種好，子力活，亦佔優。

　　②仕六進五（補左中仕邀兌車，鞏固中路，但效果不夠
理想），車8進8，炮六平四，車8平7（平車追傌，力爭主
動。若象5進3？炮八平七，象3退5，俥九平八，演變下
去，紅反佔優），炮四進五（若兵七進一？車7退1，兵七
進一，車7平6，兵七平八，車6退6，俥九平七，車6平4，
傌六進七，車4進5，變化下去，黑反易走），車7退1，炮
四平七，車7進2，帥五平六（若炮七平三？包2平7！傌六
進四，包7平8，傌四退五，車7退3，變化下去，黑棄子得
勢易走），車7退2，兵一進一，卒5進1，俥九平七，包5
退1，炮八進一，包5平8，炮八平五，士6進5，俥七進

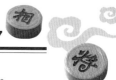

二，卒7進1！演變下去，黑得相後局勢較好，易走。

11. …………　包8退1

黑退左包騎河，針鋒相對，互不讓步。

12. 兵三進一　…………

紅強挺三兵，邀兌左馬，勢在必行，最佳方案之一。紅另有四變，僅做參考：①炮八進二？？則車6進4！兵三進一，車6平7，傌三進二，車7平4，炮六進七，車8進5，炮六平四，馬7退6，兵七進一，車4平3！以下不管紅方是否兌車，黑雖殘去雙士，但淨多雙馬佔優。②兵七進一？則包8平2！兵七進一，車8進5，兵七進一，車8進4！仕六進五，後包進2！變化下去，黑多子又得勢，佔優易走。③相七進五？卒3進1，相五進七，馬3進4，炮六進三，車6平4，炮六平四，馬7進6，傌六進四，包8平2！下伏車4進3和車8進7雙車追殺紅雙傌的先手棋，黑方滿意。④筆者在網戰改走過紅相三進五（果斷棄右中相，穩健）！卒3進1，相五進七，馬3進4，炮六進三，車6平4（車捉傌炮，可追回失子）！炮六進四，車4退1，俥七平六，車4進4，傌六退七，車4平3，俥六進三，包8平3（得回一相，作為補償）！傌七退五，士6進5，傌五進六（若先走俥九平七？則包3進1，紅無後續手段，黑方易走），車8進7，俥六平二，車8退2，傌六進七，包3進1，兵五進一！車8進2，傌七進八，車8平7，傌八進九，車7平4，俥九平七，包3退2。變化下去，雙方大子、兵卒對等，紅殘中相，黑缺底士，大體均勢，最終雙方大量兌子成和。

12. …………　包8平4　　13. 炮八平六　包2進5

黑急進右包窺右傌，及時疏通己方右翼子力，好棋！黑

如徑走卒7進1殺兵？則俥九平八捉包，黑如接走包2平1，俥八進六，卒7進1，俥八平七，卒7進1，相七進五，卒7平6，兵七進一，卒6進1，仕六進五。變化下去，黑雖兵種齊全，又互有過河兵卒參戰，但紅勢有發展後勁，易走。黑又如改走卒3進1？？則俥七進三，馬3進2，兵三進一，馬2進4，俥七平六，象5進7，炮六進七！變化下去，在雙方大子、兵卒對等的情況下，紅多底仕略優，易走。

14. 相七進五　卒7進1　　15. 俥九平八　車6平2
16. 兵七進一　卒7進1　　17. 傌三退五　車8進8

黑伸左車點紅下二線，機警有力，不給紅傌五進七順利躍出的反擊機會；同時也不給紅方接走兵七進一？？否則黑接走馬7進6撲出後，紅反深有顧忌，局勢不利。

18. 傌五退七　車8平3　　19. 俥八平七　馬7進6？？

黑左馬盤河出擊，捉巡河炮，又窺殺中兵，過於強勢，反而被牽，劣著！致使紅先走炮六平七先手捉右馬後贏得時機，及時亮出俥七平八，牽制住黑右翼車包而陷入困境。黑宜改走包2進2沉底包拴住紅七路底傌後有望爭先，紅如接走前炮退一，馬7進6，兵七進一，馬3退5，俥七進二（若改走俥七平三？則車2進5，前炮平三，車2平5，炮三進一，馬6進4！變化下去，黑反易走），馬5進7！兵七進一，馬7進8。變化下去，雙方雖互有過河兵卒參戰，形成互纏局面，但黑方優於實戰，尚有機會馬踩兵反擊，鹿死誰手，勝負一時難測。

20. 前炮平七　馬3退5　　21. 俥七平八　包2退1
22. 傌七進九　包2進1　　23. 炮七退二　包2退2
24. 俥八進二　象5進3　　25. 仕六進五！　………

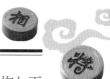

紅先補左中仕保左仕角炮，明智之舉。紅如先走炮七平八??則車2平4！炮六平七，車4進7！傌九退七，包2平8！炮七進一，包8進4，傌八進三，馬6進4。變化下去，黑躍馬棄卒窺殺中相，紅方局面透鬆，黑反有車馬包過河卒四子壓境佔優機會。

　　25.………… 　馬6進4 　　26.傌八平六?? 　…………

紅平傌壓馬避捉，過急！主動放棄對黑車包的牽制，使以後局勢漸趨均勢。紅宜進炮壓馬避開捉車為上策，即走炮七進二！黑如接走象3退5，炮六平八，馬4退3，傌八平七，車2平1，炮七進五，馬5退3，傌七進三！車1進1，傌七平五，卒9進1，炮八進一，卒7進1，兵五進一！下伏炮八平五和兵五進一渡中兵兩步先手棋，強於實戰，多相佔優；賽後也考慮紅可徑走相五進七，擋馬護傌，黑如續走包2退3，相三進五，象3進5，炮七平八，馬5退3，兵五進一！馬4退3，炮八退二，馬3退4，炮六平八，卒7平8，前炮進五，馬4進2，傌八平二！車2平1，傌二進三，馬2退4，傌二平一！變化下去，紅多兵又兵種全反先。

　　26.………… 　馬4進6 　　27.傌六進五 　車2退1
　　28.傌九進八! 　………

紅左邊傌躍出，獲勝要著！！為以後伺機形成紅傌傌雙炮聯手攻勢奠定勝機。記得在1991年10月20日第5輪全國象棋個人賽上趙國榮與萬春林之戰中也巧走到此局面，當時趙特大走紅炮七進二??包2進3，炮七平二（若傌九進八??象3進1，傌八進六，包2平4！反牽制後，紅方無趣），馬5進6，傌六退二，士6進5，傌六平五，馬6進7，炮二進五，車2進5（進車先行護馬，左右兼顧，著法老練），仕

五進四，卒7進1，仕四退五，卒7進1，炮六進一，馬7退5，炮六平四，馬5進6，俥五平三，士5進6，俥三進三，將5進1，俥三退一，將5退1，俥三進一，將5進1，俥三退六，馬6退5，兵五進一，車2平5，俥九進八，車5平2，俥八退六（此刻，黑多過河卒已略優，紅不宜久纏，故及時退俥，實行兌子謀和計畫），象3退5，俥六退八，車2進3，俥三進五，將5退1，俥三退七，車2退2（交換後形成紅俥炮對黑車馬殘棋，雙方子力均等，已兩難建樹了），兵一進一，馬5進6，俥三進八，將5進1，俥三退一，將5退1，炮二退八，車2平1，俥三退四，卒1進1，仕五退六，馬6進4，炮二平六，車1進2，仕四進五。至此，形成紅俥炮高兵仕相全對黑車馬雙高卒士象全的正和局面，結果雙方戰和。

28. ………………	馬5進7	29. 俥八進六	士4進5
30. 炮七平八	包2平3	31. 炮八進六！	包3進1
32. 炮六平八！	車2平1	33. 俥六進八	包3進2
34. 後炮退一	卒5進1	35. 帥五平六！	………

黑挺中卒解殺，過急敗筆！但黑如車1平2，則俥八進七！車2進1，俥六平八，包3退6，俥八平七，包3平4，炮八進八，象3進1，俥七進一，包4退2，俥七退四，象1退3，俥七進四，馬6退5，帥五平六，馬5進4，炮八平六，士5退4，俥七退二，馬7進8，俥七平六，馬8進6，兵五進一，馬4退3，俥六進二！將5進1，俥六平四！紅俥連消帶打地砍去黑雙士後，也形成戰線較長的紅俥三個高兵仕相全對黑雙馬4個高卒的必勝局面。

紅御駕親征，出帥催殺，一劍封喉！

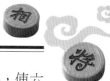

　　以下精彩殺法是：馬7進5，前炮進一！士5退4，俥六進一，將5進1，俥六平五，將5平6，俥五平四，將6平5，俥四平五，將5平6，俥五退三！至此，黑見邊車受困，少子又殘去雙士，已回天乏術，只好城下簽盟，紅勝。

　　此局雙方一開戰就進入了左巡河炮對右橫車的決鬥：紅高左橫俥，躍左傌盤河，提右直俥成下二線「霸王俥」出戰，黑右橫車佔右肋道，左包封俥，挺3卒欲拆除巡河炮架。當紅卸中炮打右肋車之時，黑右肋車轉為左肋車剛步入中局搏殺之機，紅卻在第11回合走俥二平七使局勢變得複雜難控，落入下風。但以後紅迅速調整作戰策略，果斷挺三兵兌馬，補左中象俥捉包。就在雙方互渡七兵卒之時，紅退出窩心傌之機，黑在第19回合走馬7進6窺殺中兵，過於強勢，反被牽制，由此一蹶不振。此後儘管紅在第26回合走俥八平六放棄了對黑車包的牽制，但紅還是在第28回合走出了傌九進八的獲勝佳招。紅連續進傌，騎河出擊，雙炮齊鳴，打壓右車，攔包出帥，御駕親征，俥砍雙士，擒馬入局。這是一盤雙方在佈局階段循規蹈矩，按部就班；中局廝殺，紅平右俥左移先落下風，黑左馬盤河捉中兵，太過強勢而陷入困境。最終紅在關鍵時刻推出進傌新招，聯手俥雙炮，得勢不饒人地砍去雙士，又殺中馬的完美入局的精彩殺局。

第52局　（河南）李林　先負　（廣西）莊玉庭

轉巡河炮兌右車七路傌左邊相對屏風馬右橫車佔右肋平包兌俥

　　1.炮二平五　馬8進7　　　2.傌二進三　卒7進1

這是2011年4月23日全國象棋乙級團體賽的一場殊死之戰和關鍵之戰。黑方第2著就挺7卒，乃是此局佈陣戰術的決定性導向。黑如改走車9平8，紅接走兵三進一，包8平9，兵七進一，馬2進3，炮八平七，象3進5，演變下去，雙方將形成五七炮兩頭蛇對左三步虎屏風馬的另一套路流行變例。

　　3. 俥一平二　車9平8　　　4. 俥二進六　馬2進3
　　5. 兵七進一　車1進1

黑方不走常見的包8平9兌俥，而是搶提右橫車出擊，估計是有備而來，可見黑第2回合挺7路卒是為此「配套」而來的。細心的旁觀者會發現，這種走法不可忽視，肯定是黑方蓄意發起的大膽進攻的反擊信號。同時可見，這一佈陣在歷年甚至在近幾午的國內大型比賽中不曾多見，相對顯得較為冷門。在關鍵時刻，另闢蹊徑，謀變進取，是莊特大的一大取勝法寶。這次黑能如願以償嗎？黑如象7進5，紅接走傌八進七（若先走俥二平三，則車8平7，變化下去，黑足可抗衡），車1進1，炮八進二，車1平6，俥九進一，包2進1，可參閱本節「曹天一先負黃杰雄」之戰，即形成了20世紀60年代初流行過的左中象橫車高右包陣式。

　　6. 傌八進七　…………

紅先進七路傌出擊，易形成五八炮、五九炮或中炮巡河炮陣式，這是紅方賽前做過「功課」的，也是有備而來的。紅另一路重要變化是改走炮八平七成五七炮陣式，黑如續走車1平4，炮七進四，象3進1，傌八進七，車4進2，兵七進一，象1進3，俥九平八，車4平3，俥八進七，象3退5，傌七進六，車3進1，俥八退三。變化下去，易趨平穩，

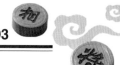

紅雙俥靈活，黑左翼暫時受困，相比之下，紅方稍好。詳細殺法可參閱本套叢書中的《五七炮對屏風馬短局殺》一書。

　　6. ………… 　車1平4(圖52)

　　黑搶先平右橫車佔右肋，是黑方高起右橫車後的有力續著。黑如徑走包8平9，紅接走俥二平三，包9退1，傌七進六，以下黑有車1平4和車1平6兩種主流變化，演變下去，雙方均有較複雜的對攻變化，雙方一時都難以掌控。黑又如改走馬7進6，可參閱本章本節中的「趙鑫鑫先勝卜鳳波」之戰；黑再如徑走象7進5，可參閱本節中的「黃杰雄先勝曹天一」之戰。

　　7. 炮八進二??? …………

　　紅現伸左炮巡河，劣著，過於求穩會直接影響到紅左俥出動，導致被動挨打，速入下風。由於黑搶先出動右橫車佔右肋道，已走不成左巡河炮對右橫車的對壘局面，故往往太過穩健，反易弄巧成拙。如圖52所示，紅宜走炮八平九成五九炮陣式日趨主動（或直接挺中兵，迫使黑走象7進5，形成左中象右橫車局面，紅反有類似的進攻手段足可抗衡），黑如接走包2進4，以下紅方有兩變：

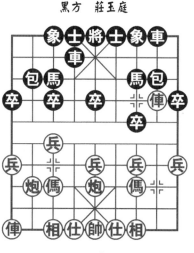

黑方　莊玉庭

紅方　李林

圖52

　　①俥九平八，包2平7，相三進一，車4進5（若象7進5??兵五進一，車4進5，傌七

進八，演變下去，紅反主動，易走），傌七進八，車4平3，傌八進九，士6進5，傌九進七，包8平3，炮五進四！包3平5，俥二進三，馬7退8，俥八進五，馬8進7，炮五退二，車3退1，俥八平三！車3平5，炮九平五！車5平3，俥三退二！馬7退9，炮五進五，象3進5，相七進五，車3進1，兵九進一，車3退2，俥三進五，車3平7（若馬9進8？則俥三退二！黑如接走車3平8？？則俥三平七殺卒佔先；黑又如改走馬8退9？？則俥三平一也殺邊卒後，淨多雙兵佔優），俥三平一，車7進3，相一退三，車7退1，俥一退二，車7平5，兵九進一！變化下去，紅多過河邊兵易走。

②兵三進一，卒7進1，俥二平三，包8進4，俥三退二！包8平7，相三進一，馬7進6，兵五進一，象7進5，俥九平八，車4進5，傌七進八！變化下去，紅相台俥傌雙炮子位活躍，在以下雙方對攻中，紅方機會較多，強於實戰，足可一搏，鹿死誰手，勝負一時難斷。詳細殺法可參閱本套叢書《五九炮對屏風馬短局殺》一書。

    7.………… 包8平9   8.俥二進三?…………

紅選擇兌俥，簡化局面，還是太過求穩，不利於紅勢健康發展；相反，又顯得示弱。紅可以不選擇兌俥，徑走俥二平三為上策，黑如包9退1，傌七進六，卒3進1，炮五平六！車4平6，俥三退一！變化下去，雙方同樣步入了兇險而激烈的對攻局勢，但紅仍不乏機會，優於實戰，足可抗衡。

    8.………… 馬7退8   9.傌七進六 卒3進1

    10.相七進九 ………

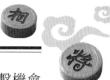

　　雙方兌俥車後，紅左俥晚出，似乎已無主動出擊機會了。紅現飛左邊相護七路兵，屬無奈之舉。紅如俥六進五，馬3進5，炮五進四，卒3進1！演變下去，紅空頭中炮很不穩固，而黑渡3路卒後可迅速發揮作用，紅勢反而不利。

　　10. …………　卒3進1　　11. 相九進九　馬3進4！

　　12. 炮八退二　………

　　黑方不失時機，果斷進右馬盤河，頂馬踩左巡河炮，一舉兩得後，下伏馬4進6踩中炮，踏右俥的先手棋，黑反而易走。紅如硬卸中炮拴鏈黑右肋車馬，即走炮五平六??則黑包2平4邀兌，炮六進三，包4進3，炮八平六，車4進3，炮六平一，包9平7，相七退五，包7進4，兵九進一，象7進5。變化下去，黑反多卒反優易走，而紅方無趣。至此，縱觀枰面，黑方佈局階段已大獲成功，可以放心大膽地開始有計畫、有步驟地把握好時機，組織進攻反擊了。

　　12. …………　馬8進7　　13. 炮五平六　包2平4

　　14. 炮六進三　包4進3　　15. 炮六平八　車4進3

　　16. 前炮退二　包4平8！

　　雙方先後兌去俥車俥馬兵卒後，此刻，黑方經由鬥智鬥勇，大打心理戰後，黑勢已反客為主，順勢而為地佔優反先了。紅在佈局階段的吃虧，輸在了心理，敗在了過於求穩，正所謂「樹欲靜而風不止」，因時因地，因勢因敵而異是非常重要的。

　　17. 後炮平七　象7進5　　18. 相七退五　馬7進6

　　19. 仕六進五　車4平2！

　　黑平巡河車，先手捉炮，進而有效避開紅走俥九平六的邀兌車手段，著法機警而機敏，沉穩而老練，為以後伺機取

勢謀子奠定基礎。黑方由此開始步入佳境。

20.炮八平六　車2進2　　21.炮六進五?? …………

紅進左肋炮塞象腰，又一壞著！導致紅傌被殲，底俥被炸。紅宜改走炮六退二堅守臥槽為上策，不給黑馬赴臥槽反擊機會，黑如接走馬6進4，俥九平七，包9平7，炮七進二，包8進1，兵九進一，變化下去，紅可堅守，優於實戰，不會丟子。

21.…………　馬6進4!

黑勢反先後，先車佔兵線，現一鼓作氣，又策馬騎河追殺七路炮，一馬當先，氣勢咄咄逼人，為以後伺機臥槽請帥，得子入局做了更深層次的鋪墊。

22.俥九平七　包9平7　　23.炮七進二　馬4進6
24.炮七退一　馬6進7　　25.帥五平六　包8平4
26.炮七退二　馬7進9

紅方連續進退七路炮，苦苦防守，煞費心計，委曲求全，進退維谷；黑雙包齊鳴，躍馬請帥，驍勇善戰，滴水不漏，令人大飽眼福，擊節稱快！現黑馬暫且蟄伏於紅右翼底角線，伺機發威，厚積薄發，平添了複雜驚驗，佳著！

27.帥六平五　包7進4　　28.炮七平六?? …………

紅炮平左肋道亮出車道，形成直線式「擔子炮」攻防陣式，最後敗筆！導致由此一蹶不振，丟子告負。紅宜先走傌三退二避一手為上策，黑如續走車2平5，傌二進一！包4平5，傌一進三，車5平7！演變下去，紅右底相和雙邊兵厄運難逃，也頹勢難挽了，但紅勢優於實戰，尚有周旋機會。

以下精彩殺法是：包4平7！傌三退二，車2平4，相五進三，車4退5！炮六進一，車4平8！至此，紅底傌難逃，

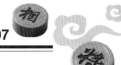

黑多子勝定。以下紅如硬接走傌二進一？則馬9退7，帥五平六，包7進3，帥六進一，包7平3，傌一退三，卒7進1！至此，黑方多子多過河卒多雙象，完勝紅方。

　　此局雙方佈局一開始就進入了黑提前兩步進右翼橫車佔右肋與「遲到的」左炮巡河之爭，導致紅落入下風。當黑平左包邀兌傌時，紅卻在第8回合選擇走了傌二進三兌傌，太過求穩後又失抗衡機會。以後儘管雙方先後兌去傌車傌馬兵卒，黑方還是由鬥智鬥勇，順勢而為地反客為主了。面對黑勢反彈後的困境，紅方沒有調整好心態，在第21回合又急走了炮六進五塞象腰敗招，導致紅傌、底傌被滅而敗走麥城。這是一盤開局伊始紅用「遲到」的左巡河應對黑早就進右橫車佔右肋道開始失策後，又兌右傌過穩而失去良機，最終進肋炮堵象腰導致丟子失勢、潰不成軍、城塌池破、宮崩城倒的反面精彩殺局。

第三節　中炮巡河炮對屏風馬右肋車

第53局　（江蘇）朱曉虎　先勝　（開灤）景學義

轉巡河炮七路傌左橫傌卸中炮對屏風馬右橫車
佔右肋道左包封傌

1. 炮二平五	馬8進7	2. 傌二進三	車9平8
3. 傌一平二	馬2進3	4. 兵七進一	卒7進1
5. 傌八進七	車1進1		

　　這是2013年5月7日全國象甲聯賽首輪的一場強強對決。面臨前3台雙方戰成4：2、江蘇隊領先開灤隊2分的嚴

峻形勢下,如果此戰黑方獲勝,開灤隊才有希望以加賽快棋
來決一勝負,故黑此時此刻的求勝心切已躍然枰上,不願按
套路形成中炮七路傌對屏風馬雙包過河的主流變化,而是臨
時變招,高起右橫車,形成賽前有過準備的另一種不同的戰
鬥風格。黑如改走包2進4,則兵五進一(另有傌二進四、
傌七進六、傌七進八和兵三進一4種不同攻守變化的走
法),包8進4(另有象7進5將形成另一套路攻守變化),
傌九進一(若兵五進一,則士4進5,兵五平六,象3進5,
仕四進五,以下黑有馬7進6和包2平3兩種變化,結果前者
為雙方各有千秋;後者為紅雖多兵,但黑兵種全,雙方互有
顧忌)。以下黑有象3進5和包2平3兩路變化,結果前者為
紅仍持先手攻勢,後者為紅淨多雙相佔優。

6. 炮八進二　車1平4

至此,雙方形成了中炮巡河炮七路傌對屏風馬右橫車佔
右肋互進七兵卒流行變例。黑如象7進5,則傌九進一,車1
平4,傌七進六,包8進4,傌二進一,卒3進1,炮五平
六,車4平6,以下紅有兵七進一(可參閱本節「謝迅生先
負黃杰雄」之戰)和傌二平七(可參閱本書「黃海林先勝武
俊強」之戰)兩變。

7. 傌七進六　…………

紅左傌盤河出擊,屬穩健型老式著法。網戰也曾流行過
紅傌九進一,象7進5,傌七進六,包8進4,傌二進一,黑
有兩種不同選擇:①包2進2(準備一旦紅卸中炮打車時,
黑可包2平4兌炮爭先),傌六進七,車4進2,兵七進一,
包2退1,傌九平七,包8退2,仕六進五,士6進5,傌二
平三,包8平9,以下紅又有傌二進五和傌二平七兩路變

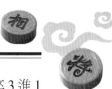

化，結果前者為紅方較好，後者為紅仍佔優。②卒3進1
（挺卒邀兌，拆去巡河炮架），炮五平六〔若俥二平七，則
卒3進1，俥七進三，馬3進4，炮五平六，馬4退2，炮六
進六，馬2進3，俥九平七，車8進1，俥七進三（如炮六退
一??則車8平3，俥七進二，包2平3，演變下去，黑反優易
走），車8平4，變化下去，雙方局勢平穩〕，馬3進4，兵
七進一，車4平3。以下紅又有炮六進三和俥九平七兩路走
法，結果前者為紅優易走；後者為黑有車對紅無俥略優，好
走。

　　7.………………　包8進4　　　8.俥九進一!　…………

　　紅高起左橫俥，以策應全局，屬中炮巡河炮佈局中的關
鍵而經典著法之一。紅如先走炮五平六，則車4平6，俥九
進一，象7進5，炮六平七（平七路炮對黑右翼襲擊，一旦3
路卒渡河殺兵，紅炮可飛雙偶邀兌），卒3進1，兵七進
一，車6平4（先棄3卒，旨在換取現平車追偶來對搶先手
的機會）。紅有3種不同選擇：①偶六進五，以下黑又有包
8平5和車4進4兩路變化，結果前者為雙方對峙，後者為紅
多過河兵好走；②炮七進二，象5進3，俥二進一（高右俥
露頭，可圓仕相，使紅陣營完整，靈活之招），車4進3，
俥二平六，象3退5，俥九平七，馬3退5（避開紅炮打底象
後的得子攻勢），偶六退七，車4平3（若車4進4??則俥七
平六，演變下去，黑右翼比較空虛），相三進五，馬7進
6，炮八退一，以下黑又有馬5進7和卒7進1兩種下法，結
果前者為雙方對峙，後者為紅優易走；③筆者在網戰中迎戰
過紅偶六進八的走法，黑續走包2進3，炮七進五，包2進
4!仕四進五，包8平5!帥五平四（若誤走相三進五???則

車4進8殺，黑速勝），車8進9，俥三退二，車4平6，仕五進四，車6進6，俥九平四，車6平8，俥二進一，車8平7，俥四平三，車7進1，俥一退三，象5進3，演變下去，黑多卒多士較優，結果黑多卒入局。可參閱下局「唐丹先勝金海英」之戰。

　　8. ………… 　象7進5

　　雙方因勢利導，巧妙地變換了行棋次序，至此，雙方走成了當今棋壇較為流行的中炮巡河炮七路俥左橫俥對屏風馬右橫車佔右肋左包封俥左中象的一路佈局變化。黑如改走網戰流行過的車4進3，則炮五平六，車4平2，炮八進三，車2退2，俥二進一，象7進5，相七進五，車2進4，俥二平六。黑有兩種不同選擇：①包8進2，俥六平二，車8進8，俥九平二，車2平4，以下紅又有炮六平七和仕四進五兩路變化，結果前者為殺去黑卒，紅兵種稍好；後者為雙方均勢。②車2平4，炮六平八，車4平2，俥九平八，包8進2，以下紅又有俥六平二和俥六進一兩種下法，結果前者為局勢平穩，後者為紅略優易走。

　　9. 炮五平六！ ………

　　紅現卸中炮打車，屬紅方當前棋壇中的一路較為少見的新下法。以往流行的是紅俥二進一（形成己方下二線「霸王俥」靈活而機動的走法，可防黑包打中兵佔優的走法形成），黑如接走車4進3（另有包2進2和卒3進1兩路變化，可參閱本局第7回合「俥七進六」中的注釋），則炮五平六，車4平2，炮八進三，車2退2，相七進五，車2進4，俥二平六，變化下去，局面相對簡化，但紅也是略先局面（可參閱本局第8回合「象7進5」中的注釋）。

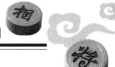

9. ………… 車4平6 10. 俥二進一?? …………

紅高起右直俥，聯成下二線「霸王俥」，準備補中相固防反擊，劣著！反給了黑進車捉傌的先手機會。紅宜炮六平七繼續保持對黑右馬3路線施加壓力為上策，黑如接走包8退1，則相七進五，車6平4，傌六進七，包8平2，俥二進九，馬7退8，傌七退八，車4進1，傌八進七，變化下去，紅多兵，子活，易走佔優。

10.…………車6進6

黑進肋車捉傌窺炮，接受挑戰。如被紅輕易先補好中相後，那局面將無任何弱點了。

11. 相七進五 包8平5 12. 仕六進五 車8進8
13. 炮六平四 車8平7

雙方巧妙兌俥車後，黑取得了中兵實利，現車又捉傌窺底相，黑棋局面有反先趨勢了。

14. 炮四進五! ………

紅方長考了十餘分鐘後決定進右仕角炮打右馬邀兌，推出了不太成熟的新招，能如願修成正果嗎？讓我們拭目以待吧！在2002年全國象棋個人錦標賽上俞雲濤與趙鑫鑫之戰中紅曾走過傌六退七驅殺中包，結果雙方大量兌子成和。

14. ………… 車7退1
15. 炮四平七(圖53) 象5退7???

面對紅俥砍右馬後，直窺殺三路兵相的兌招先手，黑現卸中象保左馬，敗著！黑由於過於保守，隨手退象，錯失勝勢機會。其實賽後復盤時，大家都認為此時的紅方子位並不理想，有漏洞可鑽，如圖53所示，黑完全可徑走車7進2殺去底相搶先進攻為上策，紅如接走炮七平三，則包2平7，

傌六進四，車7退2，以下紅方有兩種不同選擇：①傌四進三??車7平5，帥五平六，車5平2，傌三退二（不給黑包5平9打邊兵後有沉底叫帥的抽俥機會），車2進2，帥六進一，包5平6，仕五進四，車2退4，俥九平七，卒3進1！俥七進二（若誤走兵七進一??則車2平8，俥七進二，包6平9，兵三進一，車8進3，仕四進五，包9進2，俥七平一，車8退4，俥一退二，卒7進

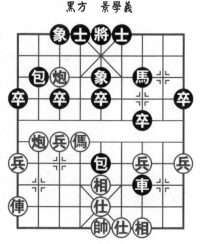

黑方　景學義

紅方　朱曉虎

圖53

1！兵七進一，卒9進1！雙方大量兌子後，黑反淨多雙高卒雙象必勝），包6進3！演變下去，黑淨多士雙象，優於實戰，足可抗衡，鹿死誰手，勝負一時難測。②傌四退五???車7平5，傌五進四???包7平8！帥五平六，包8進7，帥六進一，包8退1，帥六退一，包8平1！抽俥後，黑反淨多子多卒多雙象必勝。

　　16. 俥九平六　車7退1　　17. 傌六進七　包5平9

　　紅亮出左橫俥後，雙方一陣兌兵卒交換後，黑此刻仍淨多雙高卒，子位靈活好下。

　　18. 俥六進七　車7平2　　19. 俥六平八　包9平5

　　20. 帥五平六　車2平4　　21. 帥六平五　車4平2?

　　黑平車捉炮叫殺，過急，又失大優機會。黑宜順手牽羊地走車4平1殺去邊兵叫殺後，演變下去，黑淨多三大高卒

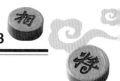

大優。

22. 帥五平六　包5平3??

黑卸中包追傌窺炮，又一敗筆！給了紅方巨大的反撲機會。剛才上一步黑如車4平1殺去邊兵後，現再平包打傌反擊，結果則會截然不同，故現為時已晚了。黑宜徑走馬7退5邀兌子力為上策，紅如接走傌八退一，則馬5進3，傌八平七，包5平3，炮八進三，包3退3！傌七退一，車2退4，傌七平五，車2平5！傌五平九，卒9進1！變化下去，雙方子力對等，和勢已定。

23. 傌八退一　包3退3　　24. 兵七進一！　車2平4

面對紅下伏炮八平五叫將抽車的困境，黑車現在的唯一出路只有平車叫帥，幫帥「安家」了。

25. 帥六平五　包3平4　　26. 炮八平七！　………

紅方不失時機，先渡兵欺包，現炮平相台，遙控著黑3路底象，而此時的黑方根本無法逃象或補左中象，棋形惡劣，難以調整，而淨多3個高卒也完全發揮不了作用，似乎只能束手待斃了。

26. ………　包4進2　　27. 前炮平六！　………

紅果斷平前炮打車，細膩之極，算準打車後，紅可獲勝勢。

27. ………　包4平5　　28. 炮七進五　士4進5
29. 炮六平七　將5平4　　30. 傌八退七　………

黑御駕親征，出將叫殺，紅攻不忘守，傌退底線，以退為進，一錘定音！一氣拿下！

以下精彩殺法是：象7進5，前炮平七，象5進3，炮七進一，紅平邊炮棄七兵，現進炮叫殺，一炮滅敵。黑如接走

包5平3棄包??則俥八進九，將4進1，炮九退一，將4進1，俥八退二！借雙炮聯手，單俥擒將，紅勝；黑又如改走將4平5??則炮七進一！成底線雙疊炮絕殺，紅也勝。

此局雙方一開局就立即進入了左巡河炮對右肋車的激烈爭奪：紅左傌盤河，黑左包封俥，紅高起左橫俥，黑補左象。就在紅卸中炮打右肋車之時，黑平右肋車佔左肋之機，紅急於在第10回合走俥二進一，反而給了黑方進車追傌的反攻機會，使雙方兌俥車後，黑取得了中兵實利。然而，好景不長，在步入中盤搏殺不久，雙方先後兌去右傌馬後，黑卻在第15回合走了象5退7，錯失勝機。以後就在雙方一陣兵卒交換後，黑仍多雙卒，子位靈活好下的局面下，黑卻好景不長，在第21回合走車4平2，在第22回合再走了包5平3，連續兩步劣著，給了紅方巨大的反撲機會：紅退俥殺包，渡七兵欺包，平相台炮伏擊，平前炮打車，飛炮炸底象，俥退底線回防，棄兵平炮伏殺，最終俥雙炮三子歸邊入局。

這是一盤紅在佈局進右俥出現問題，中盤格鬥，黑三失良機，給了紅反擊機會，紅得勢不讓人，俥借雙炮發威，雙炮靠俥擒將的反客為主的精彩殺局。

第54局　（北京）唐丹　先勝　（浙江）金海英

轉巡河炮七路傌卸中炮對屏風馬右橫車佔右肋左包封俥

1.炮二平五　馬8進7　　2.傌二進三　卒7進1

這是2011年11月14日第2屆全國智力運動會象棋專業女子團體賽的一場精彩廝殺。賽前，眾人都認為奪冠大熱門、實力強大的北京女隊將會毫無懸念地戰勝以小將為主、

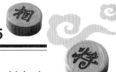

意在練兵在浙江女隊取得開門紅，然而比賽的結果令所有人瞠目結舌、驚詫萬分、難以置信、大呼意外。

金特大深知「超級丹」尤其擅長進三兵類的佈局，故在第2回合黑便搶進7卒，不給紅方施展進三兵的機會，策略性極強。

3. 俥一平二 車9平8 4. 兵七進一 馬2進3

5. 傌八進七 車1進1

黑先提右橫車是頗有新意的下法，也是金特大常用的擅長反擊的著法之一。以往網戰流行先走黑象7進5，紅如續走炮八進二，則車1進1，傌七進六，包8進4，仕六進五，卒3進1（紅用左傌盤河出擊，也是一種攻法。黑棄3卒之目的是要用橫車去捉拿紅河口傌），兵七進一，車1平4。紅有兩種不同選擇：①傌六進七，車4進4，以下紅又有兵七平八和傌六進八兩路變化，結果前者為雙方對攻激烈，後者為紅優易走；②傌六進八，包2進3，傌八進七，車4進1，傌七退六，包2進2，以下紅又有傌三退一和仕五進六兩種變化，結果前者為雙方均勢，後者為黑先易走。

另一種流行變化是黑包2進4（不給紅伸左巡河炮機會），紅如續走兵五進一，則包8進4，俥九進一，包2平3，相七進九，車1平2，俥九平六，包3平6，變化下去，雙方將演變成五八炮挺中兵左橫俥邊相對屏風馬右橫車佔右肋雙包過河變例。金特大一開戰便果斷捨棄上述兩大主流變化，另闢蹊徑，大膽創新。意在出其不意，旨在攻其不備，能真正奏效嗎??讓我們靜心欣賞、拭目以待吧！

6. 炮八進二 車1平4

黑右橫車佔右肋道，形成了中炮巡河炮七路傌對屏風馬

右橫車佔右肋互進七兵卒的主流變例之一。另一類常見變化是黑象7進5，俥九進一，車1平4，傌七進六，包8進4，炮五平六（若改走俥二進一，則可參閱上局「朱曉虎先勝景學義」之戰中第6回合注釋），則車4平6，炮六平七，車6平4，俥二進一，包2進2，俥九平六，包2平4，俥六平八，卒5進1！變化下去，黑勢不錯，開局滿意，佔先易走。

　　7. 傌七進六　包8進4　　　8. 炮五平六 …………

　　紅提前卸中炮趕車，一改以往俥九進一的主流變例，旨在攻其不備，意在出奇制勝。紅如先走俥九進一，可參閱上局「朱曉虎先勝景學義」之戰。

　　8. …………　車4平6　　　9. 炮六平七　車6進6
　　10.炮八退二　車6退2　　　11.炮八進二　卒3進1
　　12.兵三進一！(圖54) ………

　　紅棄兵捉車好棋，爭先擴優佳著！體現出唐特大良好的大局觀和運籌帷幄的基本功。

　　12. …………　　包8平7??

　　黑平包壓傌避捉，過軟壞招，消極防守，易落下風。如圖54所示，黑宜徑走車6平7殺兵進攻為上策，紅如接著走相七進五，則車7進1，兵七進一，包8平5，仕六進五，車8進9，傌三退二，馬3退5，傌二進三，包2平5。以下

黑方　金海英

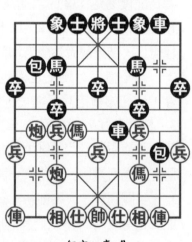

紅方　唐丹

圖54

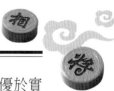

不管紅右俥是否兌中包，雙方均相持、對峙，黑勢優於實戰，尚有機會，足可抗衡，勝負一時難測。

　　13. 俥二進九　馬7退8　　14. 相七進五　馬3進4

　　雙方兌俥車後，黑進右馬盤河，棄3卒無奈。黑如卒3進1??貪兵渡河棄馬，則俥六進五，車6進3，俥五進七，卒3平2，炮七進七，士4進5，炮七平九，包7進3，仕四進五，下伏俥九進二後再伺機俥九平六催殺兌招，在雙方對攻中，顯而易見，紅已佔盡先機，有望轉為勝勢。

　　15. 兵七進一　車6平4　　16. 炮七進二！　車4進3

　　17. 炮七進五！　士4進5　　18. 兵七平六！　………

　　紅棄俥殺卒追殺右馬後，不急於吃，而先炮進相台打車，待車離開不再捉左巡河炮時，又飛炮炸底象，巧得實利後，現再棄兵殺馬，追回失子，精彩的騰挪、巧妙的頓挫後，為紅方迅速開出左俥，使局面豁然開朗，做了深層次的鋪墊，「超級丹」成熟、穩健、老練、精湛的運子技巧，讓人折服！

　　18. …………　卒7進1　　19. 俥九平七！　…………

　　紅方果斷、迅速、順利地開出左相位俥後，一下子令殘象後空虛的右翼底線壓力驟增，危險上升，麻煩接踵而至。

　　19. …………　車4退4　　20. 炮七平九　將5平4

　　21. 仕四進五　包7平6　　22. 俥七進九　將4進1

　　23. 俥七退二　車4退2　　24. 俥七進一　將4退1

　　25. 俥七進一　將4進1　　26. 俥七退五　卒7進1

　　27. 傌三退一？　………

　　就在雙方進退有序、攻防有度的關鍵時刻，紅現退傌避捉，劣著！丟失了擴先反優良機。關鍵時候，審時度勢，擺

正心態，思謀遠處，勿貪眼前，把握好「往往進攻是最好的防守」是十分重要的。賽後復盤時，一致認為，紅在此時此刻，不能飄飄然，而是要把握戰機，腳踏實地大膽走炮九平三炸去左象叫殺為上策，其實這時的黑方顯得十分尷尬，進退維谷，難以為繼，很難收拾。

　　黑如接走車4平6，則俥七進四，將4進1，俥七平八！包2平1，俥八退三，將4退1，炮八平六，卒7進1，炮六退三！將4進1（若誤走車6平7？？？則仕五進六，包1平4，俥八進三！紅借「天地炮」之威，迅速揮俥擒將，紅勝），仕五進六，將4平5，俥八進二，士5進4，俥八平六，將5退1，俥六平四，包1進4，俥四平二！左底傌被活擒後，紅雖少雙兵，但淨多俥多仕多雙相完勝黑方。

　　27. ………　　包6平9　　28. 兵五進一　　將4退1
　　29. 俥七進五　　將4進1　　30. 俥七退三　　車4進3
　　31. 炮八進二　　包2平8？？

　　也許是由於黑方在逆境下被壓抑了太久，故當局面一旦略有緩和之際，便突然將右包迅速左移，哪怕還有一線希望？！能夠由此反守為攻、反敗為勝也是件天大的好事。然而黑方卻萬萬沒想到此步敗筆瞬間令自己滑向了萬丈深淵，從此無法自拔，再也沒有回生的希望。此時的明智走法是黑徑走將4退1仍無大礙為上策，紅如接走俥七平五，則包9退2，以下紅有兩種不同選擇：①炮八退四，包9平8，俥五平二，馬8進7，變化下去，黑雖殘中象，但多過河卒參戰，強於實戰，足可一拼，鹿死誰手，勝負一時難斷；②兵五進一，包9進1！在以下雙方互纏又對峙的搏殺中，黑可依靠包9平5對紅中路進行騷擾，取得完全可周旋的抗衡態

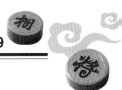

勢，也遠遠優於實戰，可以一搏，勝負難料。

32. 炮八進一！ …………

紅炮進上二線，蜻蜓點水，一錘定音，一著制勝！紅俥雙炮一氣呵成，由此組成了經典的難以逃脫的殺陣。

32. ………… 包8進7　　33. 相三進一　　包9平1

紅揚邊相棄邊傌，下伏俥七進二叫將，再飛炮絕殺兇招，黑只好忍痛割愛，無奈之下，只能送邊包解殺，進而紅白得一子，穩操勝券了。

以下精彩殺法是：炮九退六！馬8進7，炮八退五，車4進1，炮九退二，士5進4，俥七平九，車4平2，炮八平七，車2平3，炮七平六，將4平5，兵五進一（速棄中兵，活通俥路兇著！由此奠定勝局）！馬7進8，兵五進一，將5平6（若馬8進6？？？則兵五平六！馬6進5，兵六進一！以下黑如接走車3平5？？則俥九進二，將5退1，兵六進一，士6進5，俥九進一，士5退4，俥九平六！紅俥兵捷足先登入局；黑方又如改走車3退5？？則俥九平五，將5平6，兵六平五！士6進5，俥五平四，士5進6，俥四進一！殺，紅勝；黑再如徑走將5平6？？則俥九平四，將6平5，俥四平五，將5平6，兵六平五！士6進5，俥五平四，士5進6，俥四進一！紅也勝），兵五進一（中兵一路狂飆，黑已危在旦夕，老將難逃滅頂之災）！車3平5，俥九平三，士6進5，俥三進二，將6退1，俥三進一，將6進1，炮九進七，士5退4，俥三退一，將6退1，兵五進一！挺中兵進花心。既能做左邊炮架，又能困住黑將，下伏俥三進一和俥三平四兩路殺法，紅方完勝。以下黑如接走車5退5（或徑走士4進5），則俥三進一殺，紅勝；黑又如改走車5平1？？？則俥三進一

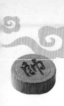

悶殺，紅也勝；黑再如硬走包8平7???則俥三平四也絕殺，紅勝。總之，透過紅方一番令人眼花繚亂的精彩殺法入局，讓人們再度見識了「超級丹」的強大。

此局雙方一開局就捲入了左巡河炮對右肋車的格鬥：紅左傌盤河，卸中炮，退巡河炮，雙炮齊鳴，黑左包封俥，進左肋車捉傌窺炮，早早步入了中盤廝殺。就在黑棄3卒欲拆除巡河炮架，紅挺兵捉黑左巡河肋車之機，黑卻在第12回合走包8平7消極防守，錯失對峙機會而落入下風。儘管以後在雙方先後兌去俥車傌馬兵卒的過程中，紅多得底象佔先，紅在第27回合走傌三退一錯失了勝機，然而黑方還是「晚節不保」地在第31回合走包2平8滑向了萬丈深淵，無法自拔地被紅方進一步八路炮，點位催殺，揚邊相伏殺，雙炮齊鳴，得包又殺邊卒，棄中兵涌俥路，殺中卒逼宮，俥殺底象請將，邊炮叫將逼揚中士，退俥逼將下樓，兵挖花心，一氣呵成，借炮兵之威，一俥擒將。這是一盤佈局在套路，雙方輕車熟路，徐圖進取；中局爭鬥精彩激烈：黑先平包壓傌落入下風，紅右傌退邊陲，丟失了勝機；然而，黑方「晚節不保」，在關鍵時刻右包左移跌落深淵，最終被紅中兵挖花心中士後一俥擒將的精彩殺局。

第55局　（廣西）潘振波　先負　（北京）王天一

轉過河俥渡中兵巡河炮對屏風馬平包兌俥右橫車佔右肋過河

1.炮二平五	馬8進7	2.傌二進三	車9平8
3.俥一平二	馬2進3	4.兵七進一	卒7進1
5.俥二進六	包8平9	6.俥二平三	包9退1

這是2012年5月8日全國象甲聯賽首輪廣西隊與北京隊

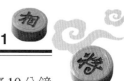

四局慢棋，全部戰和不分勝負，按比賽規定要加賽10分鐘快棋，經過抽籤，由潘振波與王天一加賽決勝局。潘振波首先飛刀出鞘，從而演繹了跌宕起伏、扣人心弦的搏殺，雙方對攻激烈，扣人心弦，奉獻出一盤精彩對局。雙方以中炮過河俥對屏風馬平包兌俥互進七兵卒的正規變化拉開了戰幕。

　　7. 傌八進七　　車1進1

　　黑高起右橫車，是一路對攻激烈、兇悍無比的攻殺變化，展現出黑方銳意進取、決一死戰的求勝決心。黑能如願嗎？以往網戰流行的是黑士4進5，紅如接走炮八平九，則車1平2，俥九平八，包9平7，俥三平四，馬7進8，炮五進四，馬3進5，俥四平五，包7進5，傌三退五，卒7進1，俥八進五，馬8進6，俥五退二，車8進8，炮九退一，車8退1，相三進五，馬6進5！變化下去，雙方形成了激烈的對攻局面，結果雙方大量兌子後成和。

　　8. 兵五進一　　…………

　　紅急進中兵，毅然接受了黑方的挑戰，使雙方劍拔弩張、一發不可收！這是20世紀90年代出現的冷門戰術，而穩健的主流戰術是紅炮八平九，車1平6，傌七進六，士6進5，俥三退一，包2平1，炮五平七，車6進1，相三進五，包9平7，俥三平八，車8進8，俥九平八，馬7進8，後俥進一，車8平2，俥八退四，馬8進6，兵三進一，馬6進7，炮七平三，包7進6，炮九平三，包1進4，俥八進二，包1退1，傌六進七。變化下去，紅多兵易走，局面稍好。

　　8. …………　　包9平7　　　9. 俥三平四　馬7進8

　　10. 兵五進一　　………

紅硬渡中兵頂卒，大打出手兇招，看來一場惡戰已不可避免。這路變化在以往網戰中曾出現過幾次，雙方互有勝負。在2012年江蘇揚州「龍坤杯」象棋公開賽上陳寒峰與謝靖之戰中又有了最新的改進，即紅改走俥四平三，則包7平5，炮八平九，包2進4，俥九平八，包2平3，仕六進五，車1平4，俥八進七，車8進2，炮九進四，車4進5，兵三進一，馬8進7，炮九平五，包5進4，前炮退一，車4退2，俥八退四，包3進3，俥三平五，士4進5，俥五平六，車4平5，俥八平三，車5平2。變化下去，雙方雖互有顧忌，但紅殘底相後仍多兵易走，結果紅勝。

10. ………… 卒7進1　11. 兵五平四　象7進5

黑補左中象固防，著法穩正。黑如先走包7平5，則兵四平三，馬8進7，俥四退三，象7進5，炮八進二，包5平7，炮八平三，包7進4，俥四平三，包7平5，仕六進五，車8平7，兵三進一！變化下去，紅有過河兵參戰，稍好易走。

12. 兵四平三　馬8進7　13. 傌三進五　車1平4

14. 炮八進二　車4進5

至此，雙方形成了「遲到的」中炮巡河炮盤頭傌過河俥渡中兵對屏風馬平包兌俥右橫車佔右肋過河壓中傌左中象渡7卒陣式。此時的紅方也出現過兵三進一的下法，黑方接走卒7平6，則俥四退二，包2進4，炮五平三，車4進5，兵三進一，包2平5，俥四退一，包7平5，俥四平三，象5退7，傌七進五，車4平5，俥三平五，包5進5，兵九進一，馬3退5。演變下去，紅雖有過河兵助戰，但黑兵種齊全，又有空心中包發威，黑勢易走，足可滿意。

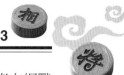

　　黑右肋車佔據兵行線窺殺中傌，主動積極。筆者在網戰曾走過黑車8進8先發制人的下法，紅接走傌九進一，則車8平1，傌七退九，馬7進5，相三進五，包2進1，傌九進七，卒3進1，俥四進一，馬3進4，兵七進一，象5進3，傌五進六，車4進3，俥四退二，車4平6，兵三平四，卒7進1。變化下去，雙方均有過河兵卒參戰，紅兵種齊全，黑淨多過河卒，基本均勢，結果雙方兌子成和。

　　15. 兵三進一！　卒3進1！

　　紅兵進卒林線，是潘特大推出的最新改進型在探索中的中局攻殺「飛刀」！在1992年全國象棋個人錦標賽上張致忠與柳大華之戰中紅曾走仕六進五？士6進5，相七進九，卒7平6，炮八平四，馬7進6，炮四平三，馬6退5，炮三進四，馬5退4，俥四退四，包2進2，兵三進一，車8進5，炮三退一，馬4進6，兵七進一，卒3進1，炮三平七！卒3進1！演變下去，黑棄子搶攻，雙車馬過河卒四子壓境，形勢樂觀，反先已易走，結果黑勝。

　　黑挺3卒邀兌，雙方先後互進三路兵卒出擊，由此步入了緊張、精彩、刺激的全力搏殺。

　　16. 兵七進一　包7平3！

　　黑左包右移，窺殺七路傌兵相，高瞻遠矚，精確到極點！以上黑方在加賽快棋中非常有限的時間裡能夠下出如此高品質的精準有力的棋局，叫人驚歎，耐人尋味，讓人讚歎，令人叫絕！

　　從棋戰中可明顯看出王特大思路敏捷，反應極快，計算力極強，心態極好和低調行棋，具備了一位職業棋手良好、成熟、沉穩、與時俱進的大局觀。如此錯綜複雜的局面，絕

非一般人所能駕馭和掌控的，難得呀！實在難得！！！

17. 炮八平七　包2進4

黑伸右包進卒林打中傌，旨在簡化局勢，在穩中取勝。如要保持複雜變化，在混亂局勢中反擊，黑也可徑走車8進4！紅如續走傌四退一，則車8平6，傌五進四，包3進3，炮七進三！包3平5，傌四退五，包2進4，炮五進三，包2平5！傌七進五，車4平5，相七進五，卒5進1！炮七退一，馬7退5。變化下去，黑多過河卒參戰，略先易走，感覺黑方後勁足，反擊潛力很大，也是一種不錯的選擇。

18. 炮七進三　包2平5

由於快棋決賽，雙方用時均很緊張，子力過多，各路變化也同時增多，且繁複多變，很難在短時間計算準確，運子到位，故雙方在心態上都希望減少變化，容易把握局勢，也可掌控局面。

現紅先接受換子來減少局勢變化，明智之舉，如徑走傌五進三踩卒，則馬7退5，傌四退五，包2平3，演變下去，雙方局勢混亂，犬牙交錯，鹿死誰手，勝負一時難料。

黑先飛右包兌傌，保留7路馬以後的進攻機會，老練有力！黑如急走馬7進5踏炮邀兌，則相七進五，包2平5，傌七進五，車4平5，兵七平六，車5平4，傌四平五，包3平5，傌五平九，車4退2，仕六進五，車8進6，相五進三，車8平3，炮七平八，車3平2，炮八平七，車4平3，炮七平六，包5平9，相三退五，包9進5。

演變下去，雙方大子等、仕（士）相（象）全，紅雖多過河兵助戰，但一時發揮不了大作用，局勢平淡，局面平穩，基本成均勢，且和勢甚濃。

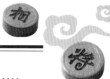

19. 傌七進五　車4平5　　20. 炮七進二 …………

紅飛左炮炸底象，必走佳著！力爭一搏，先發制人，否則易被黑方掌控局面。因此時此刻，黑不敢走象5退3貪炮？？否則紅會接走傌四平五，包3平5，傌五退三！得車後紅勝定。

20. ………… 　　士4進5

21. 炮七平九　　馬7退5(圖55)

22. 傌四退五??? …………

紅右肋傌退相腰，敗著！錯失先機，導致由此落入下風，易遭被動。同樣退傌避捉，如圖55所示，紅宜徑走傌四退一為上策，黑如接走馬5退3，則傌九平八，馬3進2，傌八進二，象5進3，傌四平七！馬2退3，傌八進七，士5退4，傌八退六，士4進5，傌八平五，車8進2，炮九平七，包3平1，炮五進四，將5平4，炮五平七，車8平3，後炮平一！車3平9，炮七退三，卒7平6，仕四進五。

變化下去，黑雖兵種齊全，但紅淨多過河兵和雙相參戰，明顯佔優，強於實戰，以後反擊進攻機會甚多，故紅傌退相腰，稍一軟就即陷入被動，這真是「兩軍狹路相逢勇者勝」的真實寫照！

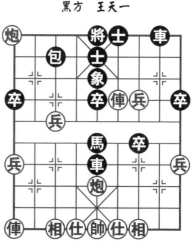

黑方　王天一

紅方　潘振波

圖55

22. ………… 　馬5退3

23. 傌九平八　馬3進2

24. 俥八進二　車8進6

此時此刻，紅雙俥先後被黑方封鎖，攻勢也大為受阻，局勢明顯已落入下風。紅如第22回走俥四退一！現即可俥四平八直接攻擊黑右翼空虛底線，令紅勢反優，黑反有顧忌，不敢大膽放手地進攻。這真可謂是「一步之差，千里之遙呀」！

至此，黑雙車搶佔兵林線，加上馬和過河卒助戰已四子壓境，雖殘去底象，但兵種齊全，多過河卒參戰，已反弱為先了！

25. 俥四進四??　…………

紅伸右肋俥騎河，過急，錯失求和機會，壞棋！同樣揮肋俥，紅宜徑走俥四平六！黑如接走象5進3，車則六進五，包3進8！什六進五，包3平1，炮九平七，車5平4，俥六平五，將5平4，炮五平六，將4平5，炮六平五，將5平4，炮五平六，將4平5。如雙方堅持不變走下去，則可根據棋規判和棋。

25. …………　象5進3

黑揚中象攔俥，不給紅肋俥四平八的反擊機會；同時又做3路包架，窺殺紅左底相，著法精妙，令人擊節！

26. 俥四平六　車5平4

黑卸中車邀兌，是一步簡化局勢、降低搏殺風險的好棋！在迫使紅方兌車簡化局面後，黑現已完全在掌控局勢了。黑也可先飛包3進8炸底相，紅接走仕六進五，包3平1，帥五平六，車5平4，俥六退二，車8平4。演變下去，黑淨多過河卒助戰，且兵種齊全，也能完全控制局面。

27. 俥六退二　車8平4　　28. 仕六進五　包3平2

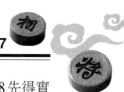

　　黑平包欺俥，是一路攻法，但也可徑走包3進8先得實利為上策，因紅方以下並沒有明顯或有力的反擊手段，變化下去，仍為黑優易走。

　　29. 俥八平七　　包2進4　　30. 俥七進二??　包2退2!

　　紅俥進相台，捉包窺殺，壞著！又失良機。紅宜改走俥七進三兌子簡化局面為上策，黑如接走將5平4，則炮五平六，馬2進4，仕五進六，車4進1，兵三平四，包2進4，相七進九，車4進2，帥五進一，卒7進1，兵四平五！卒7平6（若卒7進1??則俥七退三！紅反主動易走），俥七退三！變化下去，雙方大子、兵卒對等，紅優於實戰，在以下雙方互有顧忌的對攻中，紅方糾纏機會不少，足可周旋，有望成和。

　　黑不失機會，包退卒林追殺三兵，又下伏包3平2打俥窺殺左底相，至此，黑方優勢明顯，紅勢逐漸陷入困境。

　　31. 炮五平二　　將5平4　　32. 炮二進七??　將4進1

　　紅沉右炮叫將，強行進攻，又失求和機會，壞棋！由於此時紅俥位不靈活，不能對黑方構成威脅，故此刻紅方的戰略思想應改變為謀和才是上策，故紅宜徑走炮二平六，黑如接走馬2進4，仕五進六，車4進1，俥七平三！既保三路兵，又牽制兵林線上的黑方車卒，這樣糾纏下去，紅求和機會會更大一些。

　　33. 炮二退八　　包2平3　　34. 俥七平八　包3進6!

　　黑飛包炸底相，打開了紅方固防缺口，黑方攻勢瞬間大增，兩軍再度步入了劍拔弩張的搏殺高潮！

　　35. 仕五進六　　包3平2!

　　紅揚中仕攔車，暗伏炮二平六打死黑車兌招！

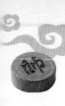

黑平底包打俥，準備兌俥後多卒，兵種好，再度反擊，是一步攻守兼備的好棋！

36. 俥八平七　車4進1　　37. 帥五進一　包2退1

黑果斷退包邀兌，旨在穩中求勝。黑也可徑走馬2退4，紅如接走炮二進七，則士5進6，以下紅有兩種不同選擇：①俥七平八??馬4進3，俥八進四，將4退1，炮二平七（若俥八退六？車4進1，帥五進一，馬3退4，帥五平四，卒7進1，黑勝），車4退6，炮七退六，車4平2！得俥後，黑方多子，多過河兵參戰，必勝。②俥七進一???馬4進6！帥五平四，車4進1，帥四進一，包2退2，仕四進五，馬6進4，相三進五，車4平5，俥七平六，將4平5，俥六退三，卒7進1！一卒擒帥，黑勝。

38. 炮二平八　車4進1　　39. 帥五退一　車4平2

40. 炮九平七　卒7進1

雙方兌炮包後，紅殘仕缺相，敗象已呈：炮兵各位置欠佳，難以構成有效攻勢，開始頹勢難挽了，現衝卒逼宮，勝利在望！黑亦可徑走象3退1，炮七退三，車2進1，帥五進一，卒7平6，俥七平四，車2平3，炮七退二，車3平4，兵三平四，車4退1，帥五進一，車4退1，帥五退一，馬2進3！帥五平四，卒5進1，仕四進五，車4退1，兵四平五，象1進3，炮七平六，將4退1，兵五平六，將4平5，兵一進一，車4平5，炮六退二，卒5進1！以下紅有兩種選擇：①俥四平三？車5平6，炮六平四，卒5進1！俥三平五，卒5進1！必得炮後，黑勝定；②俥四進二，車5平7，相三進一，車7進2，帥四退一，車7平5！炮六平二，車5平8，炮二平三，車8平7，炮三平二，卒5進1！變化下

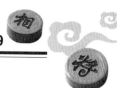

去，黑車馬過河中卒三子壓境後，也必勝無疑了。

以下精彩殺法是：俥七退一，卒7進1，俥七平六，士5進4，帥五平六，士6進5，兵三進一，象3退5（退中象固防穩健，也可徑走車2進1，帥六進一，馬2進1！演變下去，紅也無力防守），炮七退三，將4退1，兵三進一（衝三兵逼宮，做最後努力，試圖把局勢搞亂來渾水摸魚），車2進1，帥六進一，馬2退3（馬退象台回防，勢在必行）！俥六進二，車2退1，帥六退一，車2進1，帥六進一，車2退3（此時雙方的用時都很吃緊，黑連續叫將完全是巧妙利用棋規來增加自己的用時。此刻，車退兵林線更加有力穩健，加強自身防禦是當務之急的正確決策，紅方局面尷尬，已頹勢難挽）！炮七平六，將4平5，兵三平四，車2平9（此時紅如先走俥六平七？則車2平4，帥六平五，車4退3後，紅也是必敗局面，故平兵逼宮偷殺；黑也將計就計地趁機掃殺邊兵，淨多3個卒勝定）！仕四進五（補右中仕固防，無奈之舉。紅若俥六平七？？則車9平4，帥六平五，車4退3，俥七退三捉死7路卒後，黑仍有兩個高卒可渡河參戰，紅仍無法守和），車9退2！俥六退三，卒7進1，俥六平三，士5退6（攻不忘守，好棋），炮六退四（炮退左仕角避抽殺，實屬無奈。紅如硬走俥三平八？則車9平4，仕五進六，士4退5，炮六平一，士5退4，俥八進二，車4平9，炮一平二，車9平6，俥八平三，車6退3，俥三退三，士6進5！變化下去，黑車馬雙高卒單缺象還是能完勝紅俥炮高邊兵單仕單相的），車9平7，俥三平四，士4退5，俥四進二，車7平4，帥六退一，車4進2（伸車佔兵林線反擊，黑也可徑走馬3進2襲擊，紅如接走炮六退一，則馬2

進1，炮六進一，馬1退3，帥六平五，車4平2！變化下去，黑也形成車馬卒三子聯手殺勢，必勝定），帥六平五，馬3進2（策馬臥槽，黑車馬卒三子大軍壓境，吹響了大舉進攻的號角，紅帥由此厄運難逃）！炮六平八，車4平3，炮八平六，車3進3！炮六退二，卒7進1！沉底卒殺底相，成車馬卒聯手殺勢，黑必得底炮入局。以下紅如硬走仕五進六？則馬2進4！帥五進一，車3平4！俥四退二（若誤走俥四平六？？？則馬4退6抽俥後，黑方完勝），馬4進3，俥四平七，將5平4，帥五進一（若錯走俥七退一？？？則車4平5！帥五平四，車5平6！妙殺，黑勝），卒5進1！黑中卒可長驅直入地攻殺紅帥，黑勝。這場跌宕起伏、扣人心弦的搏殺，由北京隊戰勝廣西隊而宣告結束。

　　此局雙方一開戰就看到了「遲到的」左巡河炮對右肋車進兵林線的中盤爭鬥：就在雙方先後互進三兵卒出戰，由此步入了緊張、精彩、刺激的搏殺之際，黑在第16回合拋出包7平3窺殺七路俥兵相的高瞻遠矚、精確到極點的高招，讓優勢的天平開始向黑方傾斜了。然而，紅方不甘示弱，在雙方先後兌去俥馬炮包後，紅因勢利導地巧得底象的優勢情況下，卻在第22回合走俥四退五錯失先機，在第25回合又走俥四進四丟失求和機會，在第30回合再走俥七進二捉包窺卒，再失良機而陷入困境。到了第32回合紅還走炮二進七沉炮強行叫將反擊而錯失最後求和希望，被黑方平包捉俥炸相，平包打俥砍左仕，退包邀兌急進7卒，用車連續叫帥贏得用時，車掃邊兵退車邀兌，最終車馬聯手叫帥困炮，卒殺底相俥踩左仕後車殺底炮擒帥。

　　這是一盤黑方利用「遲到的」左巡河包對右肋俥進兵林

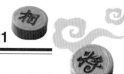

線之機，祭出左包右移攻殺新招，紅利刃出鞘，黑厲兵秣馬，紅短兵相接，黑劍拔弩張地演繹了一場驚心動魄、賞心悅目的入局乾淨俐落，絕無半點拖泥帶水的高水準精彩殺局。

第四節　中炮巡河炮對屏風馬過河車

第56局　（浙江）黃竹風　先勝　（內蒙古）李鴻嘉

轉七路傌巡河炮右中仕緩開俥對屏風馬左邊包過河車挺1卒

1. 炮二平五　馬8進7　　2. 傌二進三　車9平8
3. 兵七進一　………

這是2013年4月25日全國象棋團體錦標賽的一場遭遇戰。紅先挺七兵而緩開俥，屬一種靈活多變的佈局方式，在大數情況下，都可能會形成當今棋壇流行的中炮七路傌大類的佈局格調。紅如改走俥一平二亮出右直俥，就是本書各章節闡述的主流變化。紅又如改走兵三進一，包8平9，兵七進一，馬2進3，傌八進七，車1進1（紅方緩開右俥，先進三、七兵來控制黑雙馬，這路以「兩頭蛇」出戰陣式卻延緩了紅雙俥的出戰速度，似佳實劣。而黑現搶出右橫車卻是深諳棋理。至此，紅方先手已埋下了隱患），炮八平九，包2進4（伸右過河包尋求對攻，正著。若包2退1，變化下去，則將會偏重於防守，局勢不太樂觀），俥九平八，包2平3，紅方有兩種不同選擇：①兵五進一，士6進5，傌七進五，車1平4，以下紅又有俥八進三和兵五進一兩路變化，結果前者為雙方平分秋色；後者為紅無先手，黑方好走。②

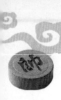

傌三進四（右傌強行盤河出擊，輕率，劣著）？車1平4，傌四進三，車8進3，炮五平三，包3平9，傌三退四，象7進5，以下紅又有傌八進七和炮三進五兩種變化，結果前者為黑得子勝望較濃，後者為黑得相佔先。

　　3. ⋯⋯⋯⋯　卒7進1　　4. 傌八進七　⋯⋯⋯⋯

　　紅進七路傌，易形成中炮先鋒傌緩開傌佈局陣式。紅如先走傌一平二，可參閱下局「孫浩宇先負王天一」之戰。

　　4. ⋯⋯⋯⋯　馬2進3　　5. 傌七進六　⋯⋯⋯⋯

　　紅採用先鋒傌（即左傌盤河）陣式，這是黃大師賽前針對李大師做的細緻準備，不打無準備之仗，是黃大師在關鍵戰役使出的一把「利劍」，往往都能取得戰和或獲勝的較好戰績，此戰能如願嗎？網戰以往流行過紅傌一進一高起右橫傌的另一路複雜變化，以下黑有5種選擇：①士4進5，傌一平六（控住將門），以下黑又有馬7進6和象3進5兩路變化，結果前者為紅佔先手，後者為紅局面順暢。②象3進5，傌一平四，包8進2（伸左包巡河，準備兌3卒來開通馬路，保持兩翼均衡發展），以下紅有炮八平九、傌七進六和兵五進一3種變化，結果前者為紅雖殘相，但子力較活又多兵佔優；中者為形成雙方相互牽制的膠著狀態；後者為雙方明爭暗鬥，步入冷戰。③象7進5（補左中象，靜觀戰事發展，含有穩守反擊之意），以下紅又有傌一平四、傌一平六、傌七進六、炮八平九和兵五進一5路變化，結果前者為兩分局面；中一者為經過拼逐，雙方對峙；中二者為雙方各有利弊；中三者為紅穩住陣腳後局面漸見有利；後者為紅略先。④包2進4，兵五進一，象3進5，傌一平四，以下黑又有士4進5、包8進4和包8平9三種變化，結果前者為雙方

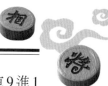

平穩，中者為雙方勢均力敵，後者為紅勢略優。⑤車9進1（新變！為當今屏風馬對付中炮橫俥佈陣開闢了新的思路）！俥一平四（若改走俥一平六，則黑又有車9平6和馬7進6兩種變化，結果前者為紅佔優勢，後者為黑有過河卒略好），以下黑還有包8進2和包2進4兩路變化，結果前者為黑子位靈活，可與紅方抗衡；後者為紅仍持先手。

　　5.………… 　　包8平9

　　黑左包平邊路，以開出左車通道，形成「遲到的」左三步虎陣式，這一招雖在李大師對局中並不多見，但他對此路變化卻情有獨鍾，每逢大賽都屢屢採用。

　　網戰中的常見變例是黑象3進5，紅如續走炮八平七，則車1平2，俥九平八，包2進4，兵七進一，包2平3，兵七平八，卒3進1，炮七平八，車2平3，兵八平七，象5進3，演變下去，黑方足可抗衡。

　　6. 炮八進二 　　…………

　　紅進左炮巡河，工穩之招。紅如改走俥一進一，則車8進5，炮八進二，車8進1，炮五平七，象3進5，以下雙方變化繁複，相互糾纏，不易掌控。

　　6.………… 　　車8進8

　　黑左直過河，直點下二線出擊，這招在大賽中較為少見，是黑方賽前準備過的一種積極探索的求變思路。以往各種大賽中，通常流行黑象3進5、象7進5、包2進2、車1進1等各種不同攻守變化的走法，本書各有關章節均可逐一參閱，讀者可自行掌握。

　　李大師的這一創新思路能修成正果嗎？再讓我們拭目以待吧！

7. 仕四進五　卒1進1

黑挺1卒，旨在出動右卒林橫車，是賽前做過「功課」研究好的一路新變，一改以往常見的黑包2退1，炮五平六，包2平3，俥九平八，車1平2。演變下去，黑足可抗衡的走法，意欲出奇制勝、攻其不備。

8. 炮五平七　包2平1

紅卸中炮，直窺殺3路馬卒象，旨在調整陣形，伺機出擊！此局面與2009年「蔡倫竹海杯」象棋精英邀請賽上卜鳳波與倪敏之戰中對局相同。

黑平右邊包，突然鋒芒一轉，不走車1進3卒林線橫車，而是另闢蹊徑，屬改進型走法，能奏效嗎？讓我們繼續欣賞下去。當時，倪敏執黑對陣卜特大走的是車1進3??俥六進七，車1平2，炮八進三，車2退1，相三進五，馬7進6，兵九進一，卒1進1，俥九進四！車2進2，俥九進一，車2平1，俥七退九，象7進5，俥一平四，馬6進4，炮七平六。變化下去，紅多兵，子力靈活較優，結果紅勝。

9. 俥六進七！　…………

紅左俥果斷踩卒窺殺右邊包，勢在必行，必然招法。至此，黑在第6回合走車8進8點下二線一招，顯而易見有些落空；相反，在無形的調整陣形中，紅方先手在不斷有序擴大。

9. …………　卒1進1　　10. 俥七進九　象3進1

11. 兵九進一！　………

紅俥踏邊包，挺邊兵殺卒，順手牽羊，順勢而為，連殺雙卒，多兵反優，得勢不讓人！紅如逃炮改走炮八進三？則馬3進2，炮八平一，象7進9，兵九進一！這樣兌子簡化了

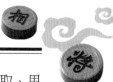

局面後，雖變化下去也是紅先易走，但這招讓銳意進取、思謀遠處、從長計議的黃大師是肯定不會接受的。

　　11. …………　車1平2　　12. 俥九平八　士4進5

　　13. 兵三進一！ ………

　　紅挺三兵，通俥路，邀兌卒，活左炮叫悶邀兌車，是一步儘快打開局面、拓展優勢、活躍逞威、強勢出擊的好棋！

　　13. …………　馬3進4　　14. 兵七進一　象1進3

　　15. 兵三進一　象3退5　　16. 炮八進一　馬4進3??

　　黑馬進兵林線追炮，劣著！急功近利，反給了紅方再度拓展優勢的機會，導致黑勢明顯落入下風，易陷入困境。黑宜先走車8退2搶佔兵林線為上策，紅如接走炮八退二，則馬4進3，兵三進一，車8平7，兵三進一，車7進1，兵三平二！包9退2，相三進五，車7退3，俥一進二，車2進4！演變下去，雖紅仍淨多雙兵佔優，但黑兵種齊全，紅左路俥炮受牽，雙車形成了巡河「霸王車」後可以抗衡，好於實戰，勝負難料。

　　17. 兵九進一　象5進7　　18. 相三進五　馬7進6

　　19. 俥八進四　馬3退2　　20. 兵九平八！　包9平6

　　雙方先後兌去俥馬炮包兵卒後，紅淨多過河兵穩佔優勢。

　　黑左邊包佔士角，封住紅右俥，不給紅出右貼帥俥的出擊機會，針尖對麥芒，不甘示弱，敢打敢拼，正著。黑如徑走象7退5??則俥一平四，車8退4，俥四進四，包9平6，俥四平五！變化下去，紅雙俥逞威後將會大佔優勢。

　　21. 兵八進一　象7退5　　22. 兵一進一　車8退4

　　23. 俥一進三　包6平9?

黑左士角包又平邊路，是一步感覺棋，過於自信，再落下風，黑不如徑走車8平7靜觀其變為上策，紅如接走俥一平二，則車7進2，俥二進二，馬6進5踩中兵易走；紅又如改走傌三進二，則車7平8。以下不管紅方是否兌俥，黑不難走；紅再如炮七平八，則包6平7，傌三進四，包7平6，傌四進六，車2平4！變化下去，黑也可抗衡，勝負難定。

24. 兵五進一　馬6退8　　　25. 炮七平九　車8進4

26. 兵一進一（圖56）　卒9進1??

黑貪邊卒，敗著！導致紅有機會巧渡中兵後擒將入局。如圖56所示，黑宜徑走馬8退6穩守中路為上策，不給紅渡中兵反擊機會，在以下的複雜糾纏爭鬥中，雙方各顯神通，局勢還不明朗。然而這一敗筆，令黑方只好飲恨敗北。

27. 俥一平八！　…………

紅右俥左移，形成八路線直線「霸王俥」，算度深遠，含蓄有力，勢大力沉，勢不可擋！充分顯示出黃大師良好的大局觀和紮實的基本功，耐人尋味，令人擊節！這可能也是黑方忽略的重要變化。

以下精彩殺法是：車8退4，兵八平七，車2進5，俥八進一，車8進1，傌三進五，車1退1，兵七平八，車1退2，傌五進七，象5進3（揚中象，敗筆！輸得更快。黑宜徑

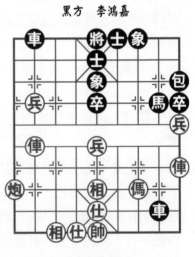

黑方　李鴻嘉

紅方　黃竹風

圖56

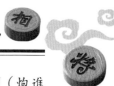

走馬8退6擋住中兵過河，尚可支撐）???炮九進四（炮進卒進林線，窺殺中卒和8路馬，一炮滅敵，鎖定勝局）！包9進1，兵五進一（巧渡中兵，兌悍緊湊之招，兵貴神速，獲勝要著）！馬8進9，炮九平五！士5進6，兵八平七，包9平3，俥八進五，將5進1，傌七退五，車1平4，俥八平四（砍底士，又窺殺士象，黑方勝定）！車4進7，相七進九，馬9退7，傌五進三，車4退5，炮五平七，車4平3，俥四平三（再砍底象老練，不給黑方任何一點反擊機會，至此，黑已無險可守，只好坐以待斃）！馬7進5，俥三平四，卒9進1，俥四退二！馬5退7，俥四退二，象3退5，傌三退四，車3平8，相五進三，卒9平8，相九退七，馬7進9，相三退五，馬9進8，傌四進五，車8平9，兵五平六，車9進6，仕五退四，車9退3，傌五進四，將5平4，兵六進一，馬8退6，兵六進一，將4退1，兵六進一！紅連續進肋兵，現兵臨城下，棄肋兵叫殺，黑將只有招架之功，而毫無還手之力，只好認負。以下黑如接走將4進1???則俥四平六！成俥傌冷著巧殺；黑方又如改走將4平5???則傌四進三！傌到成功，妙殺，紅方完勝。

　　此局雙方一開戰就捲入了左巡河炮對左車過河之爭：紅補右中仕，卸中炮，左傌踏卒兌邊包，黑棄1卒，平右邊包、飛右邊象殺傌，早早地步入了中局廝殺。就在紅棄七兵，渡三兵，左炮騎河避捉之機，黑在第16回合走馬4進3陷入被動，在第23回合走包6平9再落下風。更糟糕的是黑在第26回合竟然走卒9進1貪吃邊兵而跌入困境，但到了第32回合再走象5進3輸得更快，反被紅方左邊炮進卒林炸中卒，棄兵沉底俥砍士，揚邊相攻不忘守，傌進相台又兌中

包，俥砍底象又殺士，退俥捉馬揚相頂馬，中傌叫將，肋兵逼宮，一氣呵成！

這是一盤佈局雙方開始爭鬥，你推我擋，互不相讓；中盤搏殺精彩激烈，黑進馬，平包，挺卒，揚象，四失良機，紅俥傌炮兵聯手發威，砍士殺象及時到位，不給黑方喘息機會，最終連續3步進肋兵，借俥傌冷著之威，活擒老將入局的精彩殺局。

第57局　（成都）孫浩宇　先負　（內蒙古）王天一

轉過河俥七路傌巡河炮對屏風馬平包兌俥右中士左直車過河

　1.炮二平五　馬8進7　　　2.傌二進三　車9平8
　3.俥一平二　馬2進3　　　4.兵七進一　卒7進1

這是2014年5月12日全國象棋甲級聯賽的一場龍虎激戰。本局雙方以左中炮開戰，為以柳大華特級大師為代表的部分棋手常用，意在令對手感到不適應後，易落入下風。但為了讀者欣賞起見，筆者改為右中炮，即順手方向開戰。雙方以中炮對屏風馬互進七兵卒開戰。紅如先走傌八進七，可參閱上局「黃竹風先勝李鴻嘉」之戰。

　5.俥二進六　包8平9　　　6.俥二平三　包9退1
　7.傌八進七　士4進5　　　8.傌七進六　………

第7回合黑如改走車1進1，可參閱本章「潘振波先負王天一」之戰。現紅左傌盤河出擊，這是一種策略性選擇，看黑方如何應對。以往網戰流行過紅兵五進一，包9平7，俥三平四，卒7進1，傌三進五，卒7進1，兵五進一，車8進8，傌五進六，象3進5，傌七進八（進左外肋傌棄左炮，新攻法。紅若傌六進七踩馬，則車1平3，傌七退五，以下

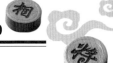

黑有馬7進8和馬7進5兩路變化，結果前者為黑方滿意，後者為紅方較優），馬7進8（躍馬欺俥，主動積極。另有包2進5和卒7平6兩種走法，結果前者為紅雖得子，但局勢被動；後者為紅雖殘仕缺相，但各子佔位極好，有強大攻勢），俥四平三，馬8進6，以下紅又有俥三退三和俥三進二兩路下法，結果前者為黑方易走；後者為黑方接走包2進5後，紅還有俥三退五、兵七進一和俥三平四3路變化，結果前者為黑可抗衡，中者為黑右車從3路開出後佈局滿意，後者為紅失俥後黑方勝定。

　　8.………… 包9平7　　9. 俥三平四　車8進5

　　10. 炮八進二　車8進3!

　　至此，雙方形成了「遲到的」中炮巡河炮過河俥七路傌對屏風馬平包兌俥左直車點下二線互進七兵卒陣式。黑現再進左直車，逃離騎河險地，主動變著，未雨綢繆，強烈的求勝之心已躍然枰上。以往筆者曾在網戰上走過黑象3進5，紅接走炮五平六，卒3進1，兵三進一，車8退1，兵七進一，象5進7，炮八平七，馬3進4，炮六進三，卒7進1，炮六進三，包7平4，炮七平三，車8平7，相七進五，包2進1，俥四退二，包2進2，傌六進五，馬7進5，俥四平八，象3退5。變化下去，雙方大子等、仕（士）相（象）全，紅雖多中兵，但局勢相對平穩，結果雙方大量兌子成和。

　　11. 傌三退五　象3進5　　12. 炮八退三　車8退3

　　13. 傌五進七　包2進3　　14. 傌六進七　包2退4

　　15. 後傌進六　包2平3　　16. 炮八進六!　………

雙方一陣調整子位，排兵佈陣後，紅已多兵易走，現又

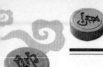
進左炮壓右馬,窺殺中象和左馬,是一步準備棄子殺中象取勢的強手。

　　16. ………… 　　車1平4(圖57)

　　17. 俥九平八??? ………

　　紅現亮出左直俥過早,敗著!導致紅底線空虛後易遭偷襲。如圖57所示,紅宜徑走仕六進五固防後來靜觀其變為上策,黑如接走車4進4,則傌七進五,象7進5,炮八平五!將5平4,後炮平六!車8平4,俥九平八,前車進2,俥八進九,將4進1,仕五進六!包3進4,俥八退一,將4退1,俥四進二,包7退1,俥四平三!馬7進6,炮五平二,包7平8,炮二退二!變化下去,黑雖多子,但紅多雙相,且可追回一子後,優於實戰,足可一搏,鹿死誰手,勝負一時難斷。

　　17. ………… 　　車4進4

　　18. 傌七進五 　　車8平4

　　19. 傌五進三 　　包3平7

　　20. 仕四進五 　　馬7進6?

　　黑左馬盤河出擊,嫌急,易給紅有喘息機會,宜徑走馬7進8反擊為上策,紅如接走炮八平九,則後車平2,俥八進五,馬3進2,炮五進四,將5平4,炮九平二,包7進5!變化下去,紅雖多兵相,但黑多子易走,且雙馬隨時可踩殺雙邊兵,反彈力和後勁攻

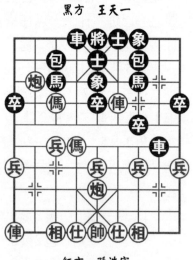

黑方　王天一

紅方　孫浩宇

圖57

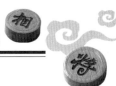

勢強烈，已明顯反先佔優。

21.炮八平九　馬3進2　　22.炮九進二　馬6進5??

黑馬貪中兵，劣著！誤認為下伏馬5進3可捉俥叫殺？完全漏算了紅方接下來的反擊妙手，致使黑方苦盡甘來、苦心經營的大好形勢，瞬間化為烏有，由此落入了下風。黑宜改走前車平3為上策，紅如續走俥四平五，則車3退4，俥五平八，車3平2，前俥平七，車2平3！黑方可長兌紅前俥，根據棋規，因紅方要長捉吃和叫殺，故紅須變招，否則要判負，故黑方反優，好於實戰，且前景看好。

23.兵七進一！　…………

紅挺兵過河欺車，棄兵反擊妙手！這正是黑方上一手馬踏中兵時所忽略的好棋。

23.…………　　後車平3

紅渡兵偷襲後，黑只能平後車吃兵，實屬無奈。黑如硬走馬5進3???則帥五平四！後車平5，俥八進五！將5平4，炮五平六！車4進2（若士5進4???則俥四進三，將4進1，俥四退一！將4退1，俥八進四！紅速勝；又若將4平5???則俥八進四！黑如接走車4退4??則炮九平六！白得黑車必勝；黑又如改走士5退4???則俥四進三，將5進1，俥四退一！黑如接走將5退1???則俥八平六！紅也勝；黑又如改走將5進1??則俥八退二，車4退3，俥四退一，將5退1，俥八平六！白得黑肋車後，紅也勝定），仕五進六！殺去肋車後，紅多子又有過河兵參戰也勝利在望。

24.俥四平五　　車4進1　　25.俥五平八　　將5平4

26.前俥進三　　將4進1　　27.前俥退四　　車3平2

28.俥八進五！　…………

雙方在先後兌去俥車兵卒後，現紅又追回失子，優勢明顯。

28. ………… 象7進5 29. 炮五平六 士5進4
30. 俥八平五?? ………

紅鎮中俥捉殺馬象，壞棋！誤以為以下黑方只能走將4平5保護中路馬象後，紅再接走炮九退二可穩佔先手??其實紅只有走炮九退二，象5進3，俥八平七，馬5進4，相三進五，包7平5，俥七平五，將4退1，炮九進二，將4平5，俥五平八！包5進1，帥五平四。變化下去，黑馬受制出不來，紅反多雙相易走。

30. ………… 包7平5 31. 俥五平八 馬5進4
32. 炮六平四 象5進3 33. 相三進五 車4平6
34. 炮四退二?? ………

紅右肋炮退底線，繼續保持攻殺變化，無奈之舉。紅如徑走炮九退一，則車6進1，炮九平五！車6平5，俥八進三，將4退1，炮五平六，士4退5，俥八退七，將4進1，俥八平六，士5進4，俥六進六，將4進1，相七進五！雙方戰和。

34. ………… 象3退5 35. 炮九平五 包5平8
36. 炮四平二 車6平7 37. 炮二進一 車7進2
38. 俥八平六?? ………

紅平俥捉肋馬，急於簡化局面，急功近利，造成丟子落敗。紅宜徑走炮二退一先避一手為上策，黑如續走車7平8，則炮二平四，車8平9（若先走將4退1??則俥八進四，將4進1，炮五平七，包8退1，炮七平二，車8退9，雙方兌炮包，紅多底相，黑多7卒，基本均勢，和勢甚

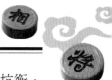

濃），炮五平九。變化下去，紅不會丟子告負，足可抗衡，勝負難料。

　　38.………　　馬4退3　　39.俥六退二　　車7平8

　　40.俥六平七　　將6退1!　　41.俥七進三　　卒1進1!

　　雙方兌子後，黑立刻退將，關死中炮，黑方得子後，只要有一個小卒過河參戰，黑就必勝無疑。

　　42.俥七平一　　將4平5!　　43.俥一平九　　車8進1

　　44.仕五退四　　車8退3　　45.俥九退一　　車8平9

　　46.俥九平五　　包8進8　　47.相五退三　　卒7進1!

　　48.俥五進二　　士4退5　　49.俥五退三　　車9平6

　　50.仕六進五　　………

　　紅先補左中仕固守，明智之舉。紅如貪走俥五平三??則車6進3!帥五進一，車6平5，帥五平四，車5平4!俥三退二，士5進6!黑揚士作包架後，下伏包8退8催殺兇招，至此，紅又必丟底相後，很難守和黑車包雙士。

　　以下精彩殺法是：卒7進1，兵九進一，車6平1，俥五平二，包8平9，俥二退四，包9退3，俥二進四，卒7進1，相三進五，包9平7，俥二平三，卒7進1，仕五退六，車1平4（黑車包卒聯手推出了一整套絲絲入扣的組合戰術：先平包擋俥，再卒臨城下，現又車佔右肋，伺機將5平4助攻作殺，令紅方只有招架之功，而毫無還手之力，只能坐以待斃了），仕四進五，卒7平6!俥三平四，包7平6!仕五進六，車4進1!俥四退一，車6進1，黑果斷棄包砍仕，現車塞相腰，一劍封喉！以下紅如接走俥相五進七，則將5平4，仕六進五，卒6平5，帥五平四，車4進1，黑出將助攻，卒挖中仕，現沉車叫殺，一氣呵成！黑勝。

此戰雙方一開戰就演繹了「遲到的」左炮巡河對左車點下二線的精彩對決：紅右傌退窩心，退左炮打車，黑退左車騎河捉傌，進退右包還擊，早早地步入中盤搏殺。就在紅雙傌連環，左炮過河窺視中象準備棄傌搶攻之時，黑亮出右貼將車打算還擊之機，紅在第17回合走俥九平八過早暴露底線空虛破綻後，易遭偷襲。以後儘管黑在第20、22回合連續進左盤河傌貪殺中兵錯失先機，此後紅當機立斷，順勢而為在兌去俥車兵卒後追回失子反優之機，卻在第30回合走俥八平五追殺馬象，又失良機，由此一蹶不振。此後紅在第34回合走炮四退二再失求和機會，更糟糕的是在第38回合竟然匪夷所思地誤走俥八平六，急功近利，造成丟子。以後黑方利用車包聯手優勢，先掃邊兵，再捉仕窺相，順勢渡7卒參戰，車包攜手擋俥衝卒，車佔右肋，卒臨城下，棄包殺仕，車卒擒帥。

　　這是一盤佈局雙方在套路裡輕車熟路；中盤廝殺，在黑兩失先機情況和紅在追回失子佔優形勢下，過於急功近利，既失求和機會，又不慎丟子，最終被黑方棄包殺仕、車卒破城的精彩殺局。

第五節　中炮巡河炮對屏風馬騎河車

第58局　（啟東）才明軍　先負　（上海）黃杰雄

轉過河俥七路傌巡河炮對屏風馬平包兌俥右中士象左騎河車

1. 炮二平五	馬8進7	2. 傌二進三	卒7進1
3. 俥一平二	車9平8	4. 俥二進六	馬2進3

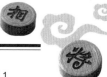

5. 兵七進一　包8平9　　6. 俥二平三　包9退1

7. 傌八進七　士4進5　　8. 傌七進六　包9平7

9. 俥三平四　象3進5　　10. 炮八進二　車8進5

　　這是2014年5月1日國際勞動節遊園象棋友誼賽的一場精彩廝殺。雙方以中炮巡河炮過河俥七路傌對屏風馬平包兌俥右中士象伸左直車騎河互進七兵卒拉開戰幕。第9回合黑如先走車8進5，可參閱本章第4節中「孫浩宇先負王天一」之戰。黑現伸左直車騎河旨在拴鏈紅左巡河炮盤河傌和七路兵，不給紅快速反擊機會。以往第9回黑方曾一時流行過象7進5的複雜求變著法，但實戰效果一直不理想，紅有5種不同走法：

　　①俥九進一，車1進1，傌三退五，車1平4，傌五進七，車4進3，炮五平六，車4平2，炮八進五，車2退2，傌六進七，馬7進8，俥四平三，馬8退9，俥三平一，車8進2，炮六平一，車2進1??傌七進八！下伏炮一平八打死車和俥一進一必得子大優的先手棋；

　　②炮五平七，車8進5，炮八進二，卒3進1，兵三進一，馬3進4，俥四進二，車8退1，兵七進一（若俥四平三??則卒3進1！黑必可追回失子後多過河卒佔優），包2退1，俥四退七，卒7進1，兵七平六！車8平4，傌六退五，車1進2，演變下去，黑棄子得勢，易走；

　　③炮五平六，以下黑又有車8進5和包2進4兩種變化，結果兩者均為紅方主動，好走；

　　④炮八平七（成五七炮陣式），車8進5，兵三進一，以下黑又有車8退1和車8平7兩路變化，結果前者為紅方佔優，後者為紅反主動易走；

⑤傌六進七？包2進4，兵五進一，卒7進1，兵三進一，車8進6（黑先棄7卒，再左車佔兵林線，是與紅方抗衡的有效下法），仕四進五，包2平3，傌七退八（若炮八平七保傌？則車1平2！黑方大子均已出動後，反擊後勁甚大，紅反無益），馬3進4！俥四進二，包7進4，兵七進一，包7平2，兵七平六，車1進2，炮五平六，車8平7，相七進五，車1平3，俥九平七，馬7進8，兵五進一，卒5進1，兵六平五，車3進2，兵五進一，包2退4，俥四退六，包3進1！變化下去，黑方主動，較為易走。

紅現進左炮巡河，未雨綢繆，準備黑伸左直車騎河反擊。

黑伸左直車騎河，窺視紅左翼巡河傌炮兵後組織反擊，屬改進後的探索型弈法，究竟實戰效果如何，讓我們拭目以待吧！紅如改走馬7進8？？則俥四平三，馬8退9，俥三平一！變化下去，紅反多兵易走。

11. 炮五平七？ ………

紅卸中炮窺殺黑3路馬卒，看似正常應對，但卻忽視了黑有棄車反擊的先手棋。紅另有3種走法，均不盡如人意：

①炮八平九，車1平3（若誤走包2平1？則炮五平九！紅優），傌六進五，車8進3（若錯走車8平3？則俥四退二，紅反先），演變下去，黑足可抗爭。

②傌六進五，車8平3，以下紅又有傌五進七和炮八平九兩種走法，結果前者左車未能及時出動，難佔便宜；後者為黑方滿意，好走。

③俥九進二，包2退1（形成下二線「擔子包」穩正。若卒3進1？？則傌六進五，車8平3，傌五進七，車3平2，

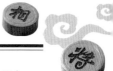

俥四進二，包7平9，傌七退六，變化下去，紅反較優）。
以下紅有3種不同選擇：(a)在1980年全國象棋團體賽上
「呂欽先負趙國榮」之戰中紅曾走過傌六進五；(b)炮五平
六？則包2平3，演變下去，黑棋形工整，子路較為通暢，
佈局足可滿意；(c)炮五平七？卒3進1！兵三進一，車8平
7（車殺兵，搶先有力）！則相七進五，馬3進4，俥四退
五，卒3進1！相五進三，馬4進2，俥九退一，車1平4，
俥九平七，卒3平4，變化下去，黑優。

　　11. …………　　卒3進1

　　黑棄3卒搶攻，明知3路馬卒受攻，卻逆境先發制人，
強行打通3路線，是一步「明知山有虎，偏向虎山行」的好
棋！黑如先走包2進1??則相七進五，卒3進1，傌六進七，
車8進3，兵七進一，象5進3，炮八平七，象7進5，俥九
平八，車1平2，俥四退二，馬7進8，兵三進一，卒7進
1，俥四平三，包7平9，傌七進五，象3退5，後炮進五！
變化下去，紅得象佔勢，反持先手易走。

　　12. 兵三進一　　車8平7

　　黑車殺三兵、窺殺雙傌，意欲棄車爭勢，伺機反撲，佳
著！黑如急走車8退1??則兵七進一，卒7進1，兵七進一，
車2平4，炮七進二！卒7進1，傌三退五，馬3退2，相七
進五，下伏傌五進七後紅子全盤走活、局勢開朗的先手棋，
紅反大佔優勢。

　　13. 相七進五　　馬3進4!

　　黑策進右馬，反捉右過河肋俥，是一步高深的隱伏手，
更是一步爭先取勢的關鍵要著！黑方由此步入佳境。

　　14. 俥四退五　　………

紅俥退下二線，先避一手，無奈之法。紅如硬走俥四進二??則包2退1，俥四平三，包2平7，相五進三，車1平2，俥九平八，卒3進1！炮八進三，卒3平4！相三退五，卒7進1！變化下去，黑追回失子後，淨多雙過河卒有攻勢大優。

　　14.………… 卒3進1！

　　黑渡3卒殺兵，捉傌窺炮，果斷棄左車，大膽而兇狠有力！黑如誤走車7進1???則炮八退一！車7進1，炮七平三，卒7進1，炮三進五，包2平7，俥四進七！前包進7，相五退三，包7進8，仕四進五。變化下去，黑雖淨多過河卒和雙象，但已少一大車而頹勢難挽，厄運難逃了。

　　15. 相五進三！　馬4進2　　16. 傌六進七　馬2進3

　　17. 俥四平七　　卒3進1　　18. 俥九平八　包2平3

　　19. 相三退五　　車1平4

　　20. 仕六進五　　卒7進1（圖58）

　　黑棄左相台車後，馬踩雙炮，挺卒平包，穩守3路線，現又亮出右貼將車，強渡7卒脅傌，令紅雙俥雙傌無好位置可佔，頓顯被動，進退維谷，難以為繼，敗勢已呈。如圖58所示，以下黑方精彩殺法是：俥八進七，卒7進1，俥八平七，卒7進1，傌七退八，馬7進6，傌八退七，卒3進1，後俥進一，馬6進5，後俥進四，馬5退4，前俥平九，包7進1！俥九進一（若俥九退一???馬4進2，俥九平八，馬2退3，俥八平七，黑多子勝定），馬4進6，相五進三（若俥七平九??馬6進8！仕五退六，車4進8！仕四進五，馬8進7，帥五平四，包7平6，以下紅又有兩種不同選擇：①後俥平五???卒7平6，俥五平四，卒6進1，帥四平五，

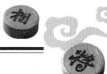

卒6進1！借左士角包之威，馬卒同時叫殺，黑速勝；②帥四進三？？？卒7平6！帥四進一，馬7退6！成馬後包妙殺，黑也勝），包7進1！俥七退二，馬6進4，兵九進一，車4進4，俥九進一，士5退4，相三退五，馬4退5，俥七平五，卒9進1，俥九平八，包7平9！俥八退六，卒7進1，俥八平四，包9退2，俥四進三，卒1進1，俥四平五，包9平5！前俥平九，卒1

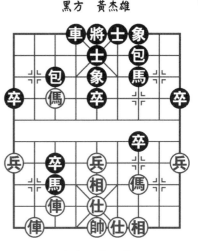

黑方　黃杰雄

紅方　才明軍

圖58

進1，俥九退二，卒7平6，俥九退二，車4進2，俥九平六，車4平9！帥五平六！馬5退4，俥五平六，包5平4！前俥進三，包4進6！俥六退五，士6進5。至此，雙方形成了黑車雙高低卒士象全對紅俥仕相全的必勝局面，黑方完勝。

　　此局雙方一開戰就在套路裡展開了中炮過河俥七路傌對屏風馬平包兌俥右士象互進七兵卒的佈局爭鬥，剛進入中盤搏殺，就看到左炮巡河對左騎河車的拼搶：紅卸中炮窺殺3路馬卒，忽略了黑方棄車反擊手段。黑渡3卒棄車，馬踏雙炮，進卒平包硬守住3路線，亮出右貼將車，強渡7卒脅傌，使紅雙俥雙傌立顯被動；黑方得勢不讓人地衝雙卒躍馬，棄包卒殺傌，兌馬送3卒，馬踏兵捉俥，進7包逼俥，馬騎河逼相，包逼俥巡河，車馬巡河逼俥，邊包鎮中打俥，

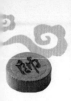

巧兌邊路兵卒，卒臨城下逼宮，肋車妙掃邊兵，最終巧棄馬包兌俥，淨多雙卒擒帥。

這是一盤佈局在套路厲兵秣馬，紅落下風；中局攻殺雙方如火如荼，搏擊風浪，全線發力，黑透過棄車換雙炮，又經過獻馬包兌俥，最終黑淨多雙卒完勝紅方的精彩殺局。

第59局　（上海）黃杰雄　先勝　（青島）魯天鳴

轉過河俥七路傌卸中炮對屏風馬平包兌俥右中士象左車騎河

1. 炮二平五	馬8進7	2. 傌二進三	車9平8
3. 俥一平二	卒7進1	4. 俥二進六	馬2進3
5. 兵七進一	包8平9	6. 俥二平三	包9退1
7. 傌八進七	士4進5	8. 傌七進六	包9平7
9. 俥三平四	象3進5	10. 炮八進二	車8進5
11. 炮五平六（圖59） …………			

這是 2013 年 10 月 1 日國慶日遊園象棋對抗賽的一盤決勝之戰。由於此戰雙方都十分重視，故筆者還是祭出了中炮巡河炮過河俥七路傌對屏風馬平包兌俥右中象伸左直車騎河互進七兵卒拉開了戰幕。

紅現卸中炮，於左仕角處封堵黑方試圖亮出右貼將車的通路，使自己陣形進一步穩正、工整，這是筆者賽前做足「功課」的結果，不知此戰紅

黑方　魯天鳴

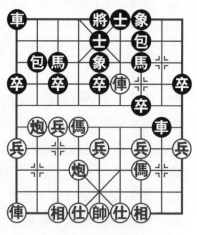
紅方　黃杰雄

圖59

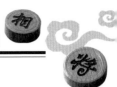

方能否奏效，讓我們拭目以待吧！

紅如改走炮五平七，可參閱上局「才明軍先負黃杰雄」之戰。以往網戰曾流行過紅俥九進一，使兩翼子力平均展開，有利於進一步保先佔優。黑方有3種不同選擇：

①包2退1（成己方下二線「擔子包」防守陣式），俥九平七，卒7進1，傌三退一（先右傌屯邊，以避開黑7路包威脅，穩正），包2平3，傌六進四，馬7進6，俥四退一，車1平2，炮八平三，車8退3，演變下去，黑方足可抗衡。

②卒7進1，以下紅又有兩種選擇：(a)傌六進七？車1平4，兵三進一，車8進1，演變下去，黑大子全已出動，佈局滿意；(b)兵三進一？車8平7，傌三進四，馬7進8，俥四平三，車7退2，傌四進三，包7進8，仕四進五，包2進2，兵七進一，象5進3，俥九平七，象7進5，變化下去，黑多中象易走稍好。

③馬7進8，俥四平二，包2進2，俥九平七，以下黑又有兩種不同走法：(a)車8進1？傌三退一，車8進3，傌六進四，變化下去，紅方主動，好走；(b)卒3進1??俥二進二，包7進5，傌三退一，卒3進1，傌六進四，卒3平2，俥七進六，下伏傌四退三、俥七平八和炮五進四3步先手棋，紅主動易走，後勁頗大。

11. ………… 卒3進1??

黑挺卒追殺七兵，旨在拆除左巡河炮架後伺機反擊，敗著！易被紅方將計就計巧妙利用後，導致黑方跌入陷阱丟子告負。如圖59所示，黑宜徑走車8進3點下二線出擊為上策，紅如接走傌三退五（傌退窩心後，既可切斷黑8路車在

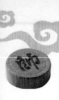

紅下二線上的反擊通道，又可預先避開7路包的後發火力，一著兩用），則馬7進8，炮八退三，車8退2，俥四平二，卒7進1，炮八平七（平左炮活通俥路，明智之舉。紅如兵三進一？？則車8平5，相三進五，馬8進6！演變下去，黑方滿意，好走），卒7進1，俥九平八，包2退1，俥八進七，車1平3，炮七進五，馬3退4，相三進五，車3進2，俥八退二，馬8進6，俥二平四，車8退1，偽五進七，馬6進8。變化下去，優於實戰，黑方滿意，足可抗衡。如圖59所示，黑也可跳馬7進8！俥四平二，包2進1（進右包堅守卒林，威脅紅過河右俥，是一步具有反彈力的好棋）！俥二進二，包2退2，相三進五，車8進3，仕六進五，馬8進9，俥二退七，馬9進8，炮八退一，車1進2，炮六退一（若貪走偽六進七？？車1平2，炮八進五，車2退1！演變下去，黑勢反先易走），馬8退7，炮八平三，包7進5，俥九平八，包2進5，炮六進二（若兵七進一？？卒3進1，偽六退八，車1平2，兵五進一，馬3進4！變化下去，黑反棄子有攻勢，易走略先），包2平3（若包7平4？？俥八進三，包4進2，偽三進四，至此，黑方多卒，紅子活躍，雙方互有顧忌），偽六進七，車1退2，炮六平三，包3平7，俥八進七，車1平3，兵九進一，卒9進1，兵五進一，包7平6。黑反較優，有很強反彈力。

另外，如圖59所示，筆者在8年前也曾應對過黑包2進1走法？？紅接走俥四退五，卒3進1（若車8退1？則相七進五，包2退2，俥九平七，包2平3，俥四平八！紅反易走），兵三進一，車8退1（若貪走車8平7？？則相七進五，車7進1，炮八退一，變化下去，黑車被擒，紅方大優），

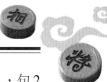

兵七進一，象5進3，炮八平七，馬3進4，俥九平八，包2平4，炮六進三，卒7進1，炮六平四，卒7進1，俥八進七，包4退1，傌三退五，包4平5，相三進一（揚右邊相，先防7路包偷襲），車8進3（若包5進4？？則傌五進七！演變下去，紅多子佔優），傌五進七，車8平9，炮四退一。變化下去，黑雖多過河卒、多象，但紅多子較優易走，結果紅方多子入局。

12.兵三進一　………

紅棄三兵捉車，屬改進後主流變例之一。在1992年全國象棋團體賽上蔣全勝與李來群之戰中紅曾別出心裁地走了炮八平九打車，黑接走包2平1，傌六進七，包1進3，兵九進一，車1平4，仕四進五，車4進3，兵七進一，車8平3，俥四進二，包7平9，俥四平三，車3退1，傌七進九，馬3進2，兵九進一！馬1退2，兵九進一，馬1退2，俥三退一，馬2進3，兵九進一。變化下去，紅淨多過河兵參戰略優，易走，結果紅勝。

從實戰效果來看，此路著法可參考。

12.…………　車8平7？？

黑平車貪得一個區區小兵，又一隨手敗筆！！！導致7路相位車跌入陷阱，厄運難逃，真是得不償失啊！黑宜改走車8退1穩健防守為上策，紅如接走兵七進一，則象5進3，炮八平七，馬3進4，炮六進三〔若先走俥四進二？則包2退1，炮六進三，包2平6（如卒7進1？則炮六進三！演變下去，紅優），炮六平二，車1平4（如走卒7進1？？則炮二進一，車1平4，傌六進七，變化下去，紅反多子較優），傌六進四，馬7進8，兵三進一，馬8進7！變化下去，黑足可

抗衡〕，卒7進1，炮六進三（棄還一子，可緩和局勢，正著）！包7平4，炮七平三，車8平7，相七進五。以下黑方有兩種不同選擇可參考：

①包2進1，俥四退二，包2進2，傌六進五（踩卒可得實利），馬7進5，俥四平八，象3退5，仕六進五，馬5進3，傌三進四，車7平6。演變下去，紅雖多中兵易走，但雙方子力等、仕（士）相（象）全，黑勢優於實戰，機會不少，可以抗衡。

②包4進2，以下紅又有兩種選擇：(a)俥四退二，包4平2，俥四平五，後包平5，傌六進五，馬7進5，俥五進二，包2進4，傌三退五，車1平4，傌五退七，包2退1，紅稍好；(b)俥四進二，包2平4，俥九平七，車1平3（若後包進3??則俥七進五！變化下去，紅反佔優），俥七進四，後包退1，傌六退四，車7進1，俥七平三，後包平6，俥三進三，變化下去，紅將得象略先，但這兩種變化，黑勢好於實戰，均可抗衡。

筆者在10年前的一次決戰中，回憶起來也曾試走過較為冷門的黑車8進3直接點殺紅方下二路，試圖騷擾紅方陣營的走法，紅接走兵七進一，車8平4〔若貪走象5進3??則兵三進一！包7進3，相三進五，車8平2，炮八平九，車1平2，俥四平三，象3退5，俥九進一（進左橫俥邀兌，爭先佳著。若俥三進一貪馬??則馬3進2，俥三退一，馬2進4！黑追回失子後反奪先手較優）！車2退3（若車2平1兌車？則炮九退三！演變下去，紅反主動，好走），傌六進七，車2進2，仕四進五，馬7退8，炮九平三，包7平4，俥九平七，包4退1，俥三退一，車2退4，俥三平六，包6進4，

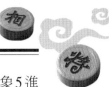

伸六退三！變化下去，紅反大佔先手〕，仕四進五，象5進3，兵三進一，包7進3，相三進五。

以下黑方有兩種不同選擇：

①在1979年第4屆全國運動會象棋個人決賽上，胡榮華與柳大華之戰中黑曾走過象3退5？紅續走俥四平三，車1平3，傌六進四（進傌助攻穩正。若俥三進一般馬??則馬3進4，俥三退一，馬4進2！變化下去，黑勢反先，易走）！車4平2，炮八平三，馬7退9，俥三平一，包2退1，炮三平一，演變下去，紅優好走，結果紅勝。

②包7平4（攔傌邀兌爭先取勢，穩正）！傌六進四，馬7進6，俥四退一，包2進2！變化下去，雙方子力對等，黑方強於實戰，足可抗衡，鹿死誰手，勝負一時難斷。結果雙方大量兌子成和。

13. 相七進五！　車7進1　　14. 炮八退一！　………

紅方抓住戰機，迅速揚中相捉車，現又退左炮打車，令黑左車跌入了「死胡同」後，被迫兌右傌，而陷入困境。

14. …………　車7進1　　15. 炮六平三！　馬3退4

黑無奈棄車兌傌後，黑7路馬包再度受攻，厄運難逃。現右馬退底線，讓右包護左馬，實屬無奈。黑如硬走馬3進4？則俥四進二，包7平9，炮三進五，包9進5，炮八平一，包2平7，俥四退三，馬4退3，俥九平八。變化下去，紅雖殘去雙兵，但多俥大優。

16. 俥四進二！　包7平9

黑左包平邊路，無奈之舉，只好再丟一子，落入困境，難以自拔。黑如改走包2退1???則炮三進五！包7平9（或象7進9），俥四退二，卒9進1（若先走卒5進1？則俥四

平一！下伏俥六進七回殺中卒先手棋，紅也多子多兵大優），俥四平五！演變下去，紅也多俥大優。

以下精彩殺法是：炮三進五，包2平7，俥四平一，車1平2，俥九平八，卒3進1，相五進七，包7進7，仕四進五，包7平9（若先走馬4進3，則俥一退二！下伏俥六進五踩中卒邀兌俥先手棋，紅也多子多兵大優，勝勢），俥六進五，車2進3，俥五退六，卒7進1，相七退五，卒7進1，俥一平三，卒7平8，兵一進一，卒8進1，俥三退四，馬4進3，俥八平七！紅雙俥亮相，俥盤左河，炮守兵林線，淨多大俥，攻勢大增；而黑見子力懸殊，右翼車馬又和紅右翼底線炮及過河卒隔山相望，毫無還手之力而大勢已去，只好含笑起座，遞上降書順表，飲恨敗北，紅方完勝。

此局雙方一開戰就進入了左巡河炮對左騎河車的格鬥：紅卸中炮於左仕角，黑卻在第11回合走卒3進1跌入圈套受困，早早步入中盤廝殺。當紅棄三路兵捉車之機，黑又在第12回合走車8平7貪殺三兵而誤入紅方巧設的陷阱，不能自拔，被紅方補中相欺車，退左炮炸車，飛右炮轟馬，平右俥殺包，兌兵卒棄相，俥踩中卒退守，落相平俥驅卒，最終雙俥出戰，俥炮聯手，令黑方只有招架之功，而毫無還手之力，只好束手待斃告負。

這是一盤雙方佈局在套路輕車熟路；黑在中盤一開始，先棄3卒殺兵，後又平車貪殺三兵落入陷阱而一蹶不振，最終以淨少一俥而含恨告負的精彩殺局。

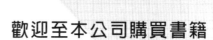

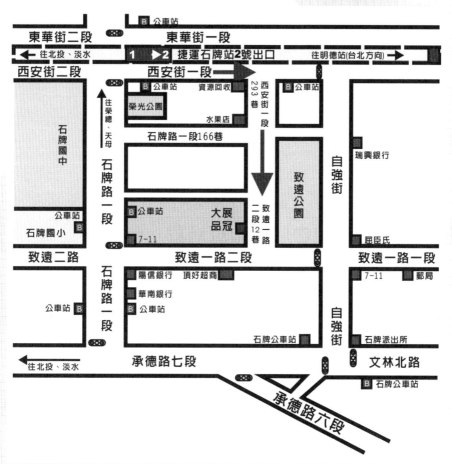

建議路線
1.搭乘捷運・公車
　　淡水線石牌站下車，由石牌捷運站２號出口出站(出站後靠右邊)，沿著捷運高架往台北方向走(往明德站方向)，其街名為西安街，約走100公尺(勿超過紅綠燈)，由西安一段293巷進來(巷口有一公車站牌，站名為自強街口)，本公司位於致遠公園對面。搭公車者請於石牌站(石牌派出所)下車，走進自強街，遇致遠路口左轉，右手邊第一條巷子即為本社位置。

2.自行開車或騎車
　　由承德路接石牌路，看到陽信銀行右轉，此條即為致遠一路二段，在遇到自強街(紅綠燈)前的巷子(致遠公園)左轉，即可看到本公司招牌。

國家圖書館出版品預行編目資料

中炮巡河炮對屏風馬短局殺＜上＞／黃杰雄　編著
　　──初版，──臺北市，品冠文化，2019〔民107.06〕
　　面；21公分 ──（象棋輕鬆學；30）
　　ISBN 978－986－97510－3－2（上冊：平裝）

1.象棋

997.12　　　　　　　　　　　　　　　　108005315

中炮巡河炮對屏風馬短局殺＜上＞

編 著 者／黃 杰 雄

責任編輯／劉 三 珊

發 行 人／蔡 孟 甫

出 版 者／品冠文化出版社

社　　　址／台北市北投區（石牌）致遠一路2段12巷1號

電　　　話／（02）28233123 · 28236031 · 28236033

傳　　　眞／（02）28272069

郵政劃撥／19346241

網　　　址／www.dah-jaan.com.tw

E－mail／service@dah-jaan.com.tw

承 印 者／傳興印刷有限公司

裝　　　訂／眾友企業公司

排 版 者／弘益電腦排版有限公司

授 權 者／安徽科學技術出版社

初版1刷／2019年（民108）6月

定價／400元

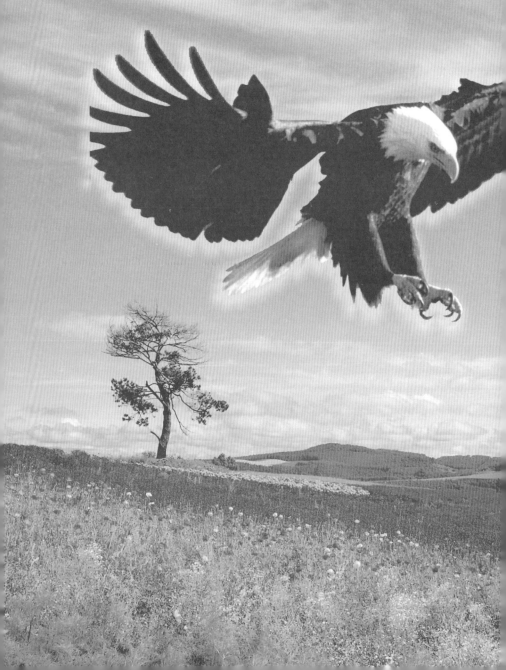

大展好書　好書大展
品嘗好書　冠群可期

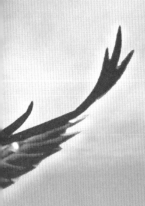

大展好書　好書大展
品嘗好書　冠群可期